TÉCNICAS DE ESTADO

Fundação Editora da Unesp

Presidente do Conselho Curador
Mário Sérgio Vasconcelos

Diretor-Presidente
Jézio Hernani Bomfim Gutierre

Superintendente Administrativo e Financeiro
William de Souza Agostinho

Conselho Editorial Acadêmico
Danilo Rothberg
João Luís Cardoso Tápias Ceccantini
Luiz Fernando Ayerbe
Marcelo Takeshi Yamashita
Maria Cristina Pereira Lima
Milton Terumitsu Sogabe
Newton La Scala Júnior
Pedro Angelo Pagni
Renata Junqueira de Souza
Rosa Maria Feiteiro Cavalari

Editores-Adjuntos
Anderson Nobara
Leandro Rodrigues

GÜNTER FRANKENBERG

TÉCNICAS DE ESTADO
PERSPECTIVAS SOBRE O ESTADO DE DIREITO
E O ESTADO DE EXCEÇÃO

Tradução de Gercelia Mendes

Copyright © 2010 Suhrkamp Verlag Berlin
© 2018 Editora Unesp

Todos os direitos reservados e controlados pela Suhrkamp Verlag Berlin

Título original em alemão
Staatstechnik: Perspektiven auf Rechtsstaat und Ausnahmezustand

Direitos de publicação reservados à:
Fundação Editora da Unesp (FEU)
Praça da Sé, 108
01001-900 – São Paulo – SP
Tel.: (0xx11) 3242-7171
Fax: (0xx11) 3242-7172
www.editoraunesp.com.br
www.livrariaunesp.com.br
feu@editora.unesp.br

Dados Internacionais de Catalogação na Publicação (CIP) de acordo com ISBD

F829t

Frankenberg, Günter
   Técnicas de Estado: perspectivas sobre o Estado de direito e o estado de exceção / Günter Frankenberg; tradução de Gercelia Mendes. São Paulo: Editora Unesp, 2018.

   Inclui bibliografia.
   Tradução de: *Staatstechnik: Perspektiven auf Rechtsstaat und Ausnahmezustand*
   ISBN: 978-85-393-0744-9

   1. Ciências Sociais. 2. Política. 3. Estado. 4. Estado de direito. 5. Estado exceção. I. Mendes, Gercelia Batista de Oliveira. II. Título.

2018-835   CDD 300
                                                                        CDU 3

Elaborado por Vagner Rodolfo da Silva - CRB-8/9410

Índice para catálogo sistemático:
1. Ciências Sociais: 300
2. Ciências Sociais: 3

Editora afiliada:

Para Emily, Anya, Jenny, Max e Lucas

SUMÁRIO

PREFÁCIO 11

CAPÍTULO I
CRÍTICA DA TÉCNICA DE ESTADO 15
1. Técnica de Estado, técnica governamental e arte de governar 15
2. Técnica de Estado como método e posicionamento 19
3. Os métodos da técnica de Estado 23
4. Da técnica de Estado no Estado securitário 38

CAPÍTULO II
ESTADO COMO CONCEITO E REPRESENTAÇÃO 45
1. Hobbes e os primórdios do Estado moderno 45
2. Imagens do Leviatã 49
3. A subversão da vinculação jurídica ao Estado e à soberania: panóptico e capilares do poder 55
4. Da desconstrução da cabeça à estética democrática 58
5. O fim do Estado lacônico 66
6. O desvanecente valor utilitário do conceito de Estado 71

CAPÍTULO III
CONJUNTURAS DE ESTADO DE DIREITO E DE ESTADO DE EXCEÇÃO 75

1. Estado de direito como "*contested concept*" de normalidade 75
2. Origens, afinidades eletivas e diferenças 79
3. O Estado de direito como "via específica" alemã 86
4. A constitucionalização do Estado de direito e do estado de exceção 98
5. A conjuntura pós-nazismo: entre a continuidade e um novo começo 105
6. Estado de exceção e "democracia protegida" 110
7. Forma de Estado de direito *versus* conteúdo de Estado social ou de Estado democrático 114
8. Estado de direito em vez de justiça? 123
9. O Estado de direito como Estado preventivo 128

CAPÍTULO IV
POSIÇÕES E RELAÇÕES: MEDO E APOCALIPSE NO PENSAMENTO EXCEPCIONAL 135

1. Da ambivalência do paradigma liberal 135
2. A prática estatal tendente ao estado de exceção 140
3. Carl Schmitt – medo e apocalipse 145
4. De Schmitt a Agamben: o estado de exceção nu 158
5. Movimentos prospectivos: o estado de exceção reprimido 162
6. No limite: flertes com o estado de exceção nos cenários *worst case* 167
7. Decapitação do Estado de direito 188
8. Do centramento no Estado e na Constituição do pensamento jurídico-excepcional 191

CAPÍTULO V
PRIMEIRA CRISE: ESTADO DE DIREITO REGRESSIVO E EXTREMISMO POLÍTICO 201

1. Medo no Estado de direito 201
2. A liberdade em relação ao medo 204
3. Reflexões prévias à análise dos medos político-jurídicos 206
4. A liberdade em relação ao medo e a racionalidade de Estado de direito 216
5. As manipulações da separação de poderes e a legalidade como mecanismos da geração de medo 225
6. O direito do medo e a metalegalidade 237
7. O direito do medo e os "metadireitos fundamentais" 243
8. Metadireitos fundamentais, metalegalidade e mito 249

CAPÍTULO VI
SEGUNDA CRISE: O ESTADO DE EXCEÇÃO NORMALIZADO NO ESTADO SECURITÁRIO 253

1. O terrorismo e a "nova arquitetura securitária" 253
2. A "normalização" do estado de exceção 257
3. Da lógica do direito de combate 262
4. Da gramática de Estado de direito da liberdade à lógica jurídico-excepcional da segurança 266
5. O direito de combate como direito policial especial 271
6. O direito penal do inimigo como fenômeno do direito de combate 283
7. A "tortura de salvamento", o "tiro final de salvamento" e outros fenômenos do direito de combate 286
8. Sobre algumas consequências do direito de combate e da mentalidade securitária 294

CAPÍTULO VII
A TORTURA NO CAMINHO PARA A TÉCNICA DE ESTADO NORMAL? PARADIGMAS, PRÁTICAS E ARGUMENTOS 301

1. Tortura e tabu 301
2. Equívocos relacionados com a tortura 307
3. Comparativo dos paradigmas da tortura 311
4. Figuras de argumentação para justificação da tortura 322
5. Manobras de desvio e de dissimulação 330

POSFÁCIO SOBRE A SEGURANÇA 337
REFERÊNCIAS 341

PREFÁCIO

Nas sociedades seculares, não se deve contar com anjos e condições paradisíacas, mas com conflitos de toda espécie. Nas sociedades pluralistas, debate e dissenso atribuem ao Estado de direito, como forma de soberania da distância, a missão de banir a arbitrariedade da prática do Estado e de manter apartadas as paixões da sociedade civil. Comparado à democracia ou à república, o Estado de direito desperta claramente menos entusiasmo. Enquanto aquelas se dirigem ao povo e à opinião pública, este último cuida mais objetivamente da preservação das formas e dos procedimentos, embora apresente também um componente do autogoverno. Seu valor é acentuado por regimes que rompem todos os grilhões de Estado de direito, violam direitos fundamentais e arrogam-se poderes fundados em um direito de exceção – nas sociedades ocidentais, sob a bandeira da "guerra contra o terror" ou, como se pode observar atualmente, em nome da República Islâmica do Irã.

Dizer que o lema das reflexões que se seguem é "Em defesa do Estado de direito" poderia até ser, por um lado – devido à alusão à obra de Foucault, *Em defesa da sociedade* –, demasiado ambicioso, mas, por outro, não é inadequado a uma crítica de uma concepção e de uma prática técnico-estatais que violam até mesmo o tabu da tortura. Esta crítica inicia-se por uma introdução na qual, primeiramente, serão esboçados a mentalidade de engenheiros e especialistas e os modelos típicos das técnicas de Estado. Em uma segunda etapa, com a repulsa de perigos, será demarcado o campo de atuação em que a técnica de Estado se revela como uma técnica securitária, apresentando-se a tese condutora das reflexões subsequentes, segundo a qual o Estado securitário infringe os limites de Estado de direito e normaliza o estado de exceção (Capítulo I). Segue-se um passeio pelo museu da Modernidade que, partindo do exemplo de algumas ideias marcantes do Estado pré-moderno e moderno, tem por objetivo caracterizar e explicar a transformação da técnica de Estado (Capítulo II). A reconstrução da evolução do Estado de direito que se segue tem por finalidade mostrar as ambivalências da técnica de Estado liberal que se refletem nas diferentes conjunturas do Estado de direito e do estado de exceção e expressam-se nas controvérsias sobre o Estado de direito (Capítulo III). Em seguida, a defesa do Estado de direito concentra-se na análise de um pensamento jurídico-científico apadrinhado por Carl Schmitt, cujos atuais sucessores esboçam cenários apocalípticos para, em nome da segurança, abrir a porta para construções fundadas no direito de exceção. Para esse pensamento, são centrais as justificativas da "tortura de salvamento", do "abate de salvamento" ou de um "direito penal do inimigo" (Capítulo IV). A inserção de instrumentos e figuras de argumentação do direito de exceção no direito da situação normal pode ser comprovada de modo especialmente claro em duas fases críticas do Estado de direito alemão desencadeadas por ataques de organizações terroristas nacionais (Capítulo V) e transnacionais (Capítulo VI) e pelas medidas estatais antiterror. O ponto final, que em rigor não é final, pois não se distingue um fim da técnica de Estado enquanto técnica securitária, é constituído por reflexões sobre o retorno da tortura. Nas justificativas da brutalidade organizada e executada pelo Estado, na forma da "tortura de salvamento", delineia-se uma ruptura civilizacional que se tentará evidenciar por meio de uma crítica de teor histórico e comparativo (Capítulo VII).

PREFÁCIO

À crítica da técnica de Estado são impostas duas tarefas: lançar luz sobre as ambivalências do Estado de direito e defender a legalidade democrática e de Estado de direito contra modelos e práticas fundadas no direito de exceção. Esse projeto desenvolveu-se a partir de reações pontuais e, algumas vezes, espontâneas, a acontecimentos e tendências que eu, olhando retrospectivamente e procedendo a uma análise temporal, interpreto como normalizações do estado de exceção. No passado e no último ano, muitos professores, amigos e colaboradores atuaram no projeto. Agradeço especialmente a Armin von Bogdandy, Erhard Denninger, Rainer Forst, Klaus Günther, Michael Stolleis, Thomas Vesting, Hans Vorländer e Hans Weber, meu professor de tempos imemoriais. Agradeço aos meus informantes do *Critical Legal Studies Movement* – sobretudo Nathaniel Berman, Gerald Frug, Janet Halley, David Kennedy, Duncan Kennedy e Martti Koskenniemi – e aos coeditores e coeditoras da revista *Kritische Justiz*, sempre dispostos a discutir, pela crítica constante. Sem o apoio de minha equipe – Petra Czoik, Annette Fabbri, Salua Fahmi, Felix Hanschmann, Lisa Tuchscherer e, por fim e sobretudo, Helena Lindemann e Timo Tohidipur – o manuscrito dificilmente poderia ter sido concluído em tão pouco tempo. A Nina Malaviya cabe o mérito nunca assaz louvado de ter assumido a cansativa revisão das notas e das referências bibliográficas. Agradeço a Eva Gilmer por sua disposição espontânea em acolher minhas reflexões sobre a técnica de Estado na série "stw" da Editora Suhrkamp, e a ela e a Christian Heilbronn pela minuciosa releitura. Todos eles, com sua ajuda, suas objeções e sugestões, evitaram, como se diz, o pior. Com uma exceção: que eu apresente agora a leitores críticos a minha crítica da técnica de Estado, que dedico aos meus filhos.

Frankfurt am Main, junho de 2009

CAPÍTULO I
CRÍTICA DA TÉCNICA DE ESTADO

1. Técnica de Estado, técnica governamental e arte de governar[1]

A expressão "técnica de Estado" designa, de modo geral, a forma como o poder político é exercido. Ele abrange a totalidade dos procedimentos, normas e princípios, formas de conhecimento e competências, estratégias, táticas e cálculos operacionalizados por atores e instituições. Nesse sentido, "técnica de Estado" corresponde a um componente semântico do complexo conceito de "governamentalidade"[2] de Michel Foucault, mas, contrariamente a ele, acentua, por um lado, a estatalidade como campo de ação e intervenção de objetivos e técnicas que se entrecruzam e, por outro, a

---

[1] Agradeço aos alunos do curso de Teoria Política na Inter-University Centre Dubrovnik, em setembro de 2009, pelas observações críticas sobre este Capítulo.

[2] O interesse de Foucault concentra-se na racionalidade especificamente "governamental" de apresentar problemas de uma determinada maneira, bem como nas práticas e técnicas governamentais que se baseiam nessa racionalidade para solucionar problemas. Como já acontecia com o conceito de poder, com "governamentalidade", Foucault introduz um conceito cheio de facetas, mas subdeterminado (Foucault, 2004).

importância do direito como forma e autoridade do exercício legítimo do poder.

Em contrapartida, o conceito de "técnica governamental", mais comum, mas mais restrito, em sua aplicação tradicional, engloba unicamente o recorte executivo-administrativo da técnica de Estado,[3] em que a técnica do governar nem sempre é diferenciada da "arte de governar". Todavia, a história dos conceitos deu a esta última um destino volátil. A Filosofia Política, desde a Antiguidade até o Iluminismo, entendia a arte de governar, sobretudo, como a virtuosidade ou a *prudentia* exigida de um soberano e que se mostra na política previdente e prudente.[4] No *Contrato social,* Rousseau apresenta a arte de governar de uma forma francamente idílica:

> Assim, a vontade do povo e a vontade do príncipe, a força estatal pública e a força especial do governo, tudo responde ao mesmo móbil, todas as molas da máquina encontram-se na mesma mão, tudo se dirige para o mesmo objetivo, não existem movimentos opostos que se destroem mutuamente, e não se pode imaginar nenhum tipo de Constituição em que um esforço mínimo produza uma ação mais considerável. Para mim, Arquimedes, sentado tranquilamente à beira-mar, alestando sem esforço um grande navio, representa um monarca hábil governando, de seu gabinete, seus vastos Estados e fazendo tudo mover, dando a impressão de estar, ele mesmo, imóvel. (Rousseau, 1981, livro III, cap.6)

Hoje, quando se fala em arte de governar, tem-se em mente, sobretudo, a crítica e a ironia, mas não a virtuosidade e a sabedoria

---

3 Por exemplo, Hennis (1999, especialmente "*Richtlinienkompetenz und Regierungstechnik*", p.106 e ss.), Adlerhold (1973).

4 Assim, *O príncipe*, de Maquiavel, foi traduzido, primeiramente, como *Da arte de governar do príncipe*. A esse respeito, ver Foucault (2004), "A governamentalidade". Sobre a arte de governar como virtude, Müller (1810, p.189). Sobre a prudência como arte de governar, Euchner (1971).

CRÍTICA DA TÉCNICA DE ESTADO

política.[5] Normalmente, presidentes, primeiras-ministras, gabinetes etc. não são considerados nem como artistas, nem como mágicos. Na cena política, eles costumam se apresentar mais como malabaristas pragmáticos do possível. Contudo, a arte de governar experimenta atualmente um modesto renascimento. Assim, Berthold Vogel reabilita a "aptidão nas questões de governo e administração" em seu ensaio primorosamente escrito, que visa à reconstrução e à renovação do Estado do bem-estar e que, no final, atualiza o nexo interno entre o Estado, a arte de governar e o viver bem (Vogel, B., 2007, p.97 e 99 e ss.).[6] Além disso, faz um tempo que a arte de governar vem se aproximando novamente – ainda que com outro significado e de maneira menos normativa – na roupagem em voga da *good governance*,[7] da semântica clássica e das ideias pré-democráticas de um bom ordenamento. Como se pode concluir previamente a partir das controvérsias teóricas e conceituais,[8] o termo *governance* – governança – designa a prática e a técnica do governar, originalmente orientados pela Economia, em complexos sistemas de regulação. Diferentemente de *government* (governo), a *governance* deve englobar também estruturas não hierárquicas do ordenamento e ações estatais não imperativas, cooperativas e informais, para incluir de modo mais preciso os efeitos (na técnica de Estado) de fenômenos tão díspares quanto a globalização, os sistemas supranacionais multinivelados ou até mesmo os modelos do *new public management* na administração interna dos Estados.

---

5 Como, por exemplo, o discurso da "arte de governar de Mugabe", no Zimbábue, ou a caracterização da política ambiental alemã como "arte dadaísta de governar".
6 Referindo-se a Sternberger (1980) e Mulgan, em "*Vom Staat und vom Glück*".
7 Explicitamente: Meinert (2006); implicitamente: Unescap, "*What is good governance?*" (*acht Kriterien guter Regierungsführung*, em http://www.unescap.org/pdd/prs/ProjectActivities/Ongoing/gg/governance.asp) e Theobald (2000).
8 Voltaremos ao debate sobre a *governance* mais adiante (Capítulo II). Aqui, há que se remeter a algumas obras-padrão que dissecam facetas de problemas e significados essenciais: Benz (2004); Rosenau; Czempiel (1992). Engi (2008), Franzius (2009) e Schuppert e Zürn (2008) oferecem um bom panorama do terreno impraticável da *governance*. Kennedy (2008) apresentou um inventário crítico dos projetos de *governance* no plano global que depois foram abandonados.

Então, por que introduzir o conceito de técnica de Estado, se a forma de dominação[9] caracterizada como Estado parece prometer mais problemas do que soluções e se o conceito de *governança*, embora não inconteste, parece contemporâneo? *Primeiramente*, porque o Estado, como conceito e representação, é bem conhecido.[10] *Em segundo lugar*, porque os indícios de uma "carência de Estado da sociedade" podem ser apresentados não apenas sob o aspecto de uma análise temporal (ibidem). Mesmo num ambiente social impulsionado pelo progresso tecnológico e centrado na economia, existem boas razões teóricas e provas empíricas para supor que os mercados, o sistema financeiro, a divisão social do trabalho e a distribuição do bem-estar dependem de intervenções do Estado. *Em terceiro lugar*, a expressão técnica de Estado não apenas tem o charme de ser anticíclico e atual mesmo em tempos de crise, como também engloba com maior precisão do que o termo *governança* as conjunturas específicas do Estado de direito e do estado de exceção. *Em quarto lugar*, as reflexões sobre a técnica de Estado têm por objetivo contribuir para desmistificar o Estado e, especialmente, a concepção técnica de Estado como protótipo de uma mecânica neutra das artes soberanas. Logo, exige-se do conceito uma função crítica. *Em quinto lugar*, essa crítica deve se confirmar no conceito de segurança, atribuído à técnica de Estado como parâmetro.[11] No que se refere a essas diretrizes, aqui, a análise da técnica de Estado é orientada para os cenários ameaçadores, o instrumentário e as regras, os métodos e as estratégias da repulsa de perigos com seus riscos e efeitos colaterais. Assim, pois, ela é reduzida a uma técnica securitária que, com suas regras e medidas, formas de conhecimento e práticas, seja em condições normais, seja em circunstâncias de exceção, reage

---

9 Lepsius (2004b) faz uma análise crítica do conceito de Estado, remetendo especialmente à sua função de conceito-ponte interdisciplinar e, em conclusão, propõe a transição da Teoria do Estado para uma teoria das formas de soberania, que ele fundamenta de modo muito plausível.
10 Sobre as ideias de Estado, vide Capítulo II.
11 As reflexões sobre a técnica de Estado referem-se, portanto, aos campos de ação e intervenção da segurança interna e externa, mas não da segurança social.

a um amplo espectro de situações de perigo, desde as determinadas até as mais indeterminadas.

É de regimes de Estado de direito ou de exceção[12] que a racionalidade da técnica de Estado recebe seu significado específico e sua direção ofensiva nos campos de conflito da prevenção jurídica de abusos (contra a arbitrariedade do poder soberano) ou da prevenção de perigos no âmbito de um estado de exceção (contra motins, guerras civis e catástrofes). Em um contraste ideal típico, direito normal e direito de exceção demarcam e estruturam as zonas em que são atribuídas à técnica de Estado, enquanto técnica securitária, tarefas diferentes – conforme lhe tenha sido dado regular, dirigir, controlar, informar ou disciplinar, no âmbito do direito normal, ou vigiar, submeter, reprimir ou pacificar, no âmbito do direito de exceção.

Consequentemente, tendo em mente o Estado securitário, o Estado de direito e – como seu pesadelo – o estado de exceção deslocam-se para o centro das reflexões seguintes, para entender com maior precisão fenômenos vagos e sintomáticos de uma determinada época, como o Estado de prevenção e o Estado de vigilância, o combate ao terrorismo, o sacrifício dos cidadãos e o estado de necessidade do Estado, e, ao mesmo tempo, para reconstruir as metamorfoses da técnica de Estado geradas por esses fenômenos.

2. Técnica de Estado como método e posicionamento

Por técnica de Estado entendo tanto um posicionamento quanto um método. O *posicionamento* ou a *mentalidade* da técnica de Estado assemelha-se aos dos engenheiros, que manifestam quanto ao exercício do poder um interesse primariamente técnico e um

---

12 Doravante, não emprego o conceito de regime para designar nem o traço específico e fundamental de uma forma de soberania política (por exemplo, regimes autoritários ou democráticos) nem aquele conjunto de normas, princípios, procedimentos decisórios e práticas que as instituições constituem para determinados campos políticos (por exemplo, regimes de direitos humanos).

entendimento marcado pela utilidade.¹³ Eles orientam sua ação, guarnecida com afirmações de neutralidade, de modo pragmático, por aquilo que é tecnicamente viável. Segundo sua ideologia da legalidade objetiva, o êxito é medido pelo funcionamento eficiente e efetivo das instituições, bem como pela imposição eficaz de políticas; ele pode ser lido na diferença entre objetivos definidos e alcançados, bem como na relação entre despesa e receita. Todavia, a prática mostra que os engenheiros e especialistas da técnica de Estado, não obstante se orientem pela finalidade, evitam uma avaliação e um controle de eficácia de suas performances.¹⁴ Os engenheiros querem se deixar perturbar o mínimo possível por barreiras institucionais, como, por exemplo, a separação de poderes, que restringem sua liberdade de ação e de decisão, ou normativas, especialmente as ponderações relacionadas com os direitos fundamentais. No papel de políticos, comandantes de polícia ou cientistas (jurídicos), nas questões de segurança, como especialistas que são, eles confiam, em primeiro lugar, em sua perícia,¹⁵ bem como nas regras de aplicação e nos padrões da tecnologia de segurança disponível. Quando muito, em segundo lugar, aparece o direito. Com este eles mantêm, por natureza, uma relação tensa, quando se trata de proteger a liberdade.

Sob o conceito de *método* da técnica de Estado, concentro as formas de ação, as táticas, as estratégias e a fixação de objetivos. Estas são marcadas pelas instâncias em exercício, por suas regras,

---

13 Referindo-se não à técnica de Estado, mas à construção do ordenamento social, Habermas (1971, p.50) afirma: "Os engenheiros do ordenamento correto podem prescindir das categorias do trato moral e limitar-se a construir as circunstâncias sob as quais os homens, como objetos da natureza, são forçados a ter uma conduta calculável". Sobre a ditadura como concepção de técnica de Estado para o estado de exceção que corresponde ao "interesse técnico do engenheiro na produção de uma coisa", ver Schmitt (1989, p.8 e ss.).

14 A esse respeito, vide Capítulo VI, 8. Em seu discurso de despedida, em 18 de julho de 2008, o juiz do tribunal constitucional alemão, Wolfgang Hoffmann-Riem (*"Das Bundesverfassungsgericht als Garant des Rechtsstaates"*, p.560), queixava-se de que os políticos da segurança definitivamente ainda não haviam demonstrado a efetividade de suas medidas.

15 Sobre a problemática de uma política da perícia no contexto internacional, ver Kennedy (2005).

competências e procedimentos, por seus cálculos, formas de conhecimento e práticas, bem como, em geral, pelo estilo que caracteriza cada uma delas. Tradicionalmente, os predicados *imperativo* e *formal* impõem-se como características especiais do método da técnica de Estado. Nos últimos tempos, como técnica de governo ou prática do governar, às quais remetem as concepções de *governança* (às quais já retornaremos), esse conceito abrange também métodos cooperativos, informais e de eficácia indireta. Estes abandonam o universo dos comandos jurídicos formais estatais e exercem o poder, por assim dizer, na ponta dos pés, operando – apoiados em sua perícia – em conformidade com as regras da técnica e as normas jurídicas que lhes correspondem.

A técnica de Estado – tanto como mentalidade quanto como método –, não importando se pretende regular, dirigir, vigiar, controlar, informar, disciplinar ou submeter, orienta-se, de modo geral, para a produção de decisões vinculantes que visam à coordenação, se necessário coercitiva, de condutas e consequências de condutas. Essas decisões dizem respeito à interação entre instâncias e atores que assumem competências soberanas e que, na qualidade de atores sociais, delas participam ou por elas são afetados.

No sistema de coordenadas de regimes de separação de poderes do *self-government*, essas decisões assumem sua forma típico-ideal de leis parlamentares, juntamente com seus atos de execução e com as decisões dos tribunais que controlam esses atos.[16] Vestida nas tradicionais formas de ação de lei, ato administrativo e decisão judicial, a técnica de Estado opera em um âmbito de competência estruturado hierarquicamente e tenta solucionar conflitos por meio do controle imperativo e juridicamente delimitado. Paralelamente, no *government* de Estado de direito, também se desenvolvem formas cooperativas de solução de conflitos, como, por exemplo, tratados e contratos administrativos, transações penais ou acordos

---

16 Embora não seja totalmente correto, costuma-se atribuir essa forma a Montesquieu (2006). Contra a interpretação mecanicista dominante de Montesquieu, ver Ogorek (1983).

judiciais. Contudo, todas essas formas ficam na "sombra da hierarquia",[17] porque, quando a comunicação e a cooperação fracassam ou são interrompidas, continua sendo possível recorrer ao arsenal do controle imperativo.

Com a mudança semântica, prática e teórica de *government* para *governance*, a perspectiva desloca-se dos atores para as instituições e do controle estatal para os modos de atuação em que as instituições estatais não ditam unilateralmente as decisões, mas envolvem os atores privados – economia, agremiações, redes e associações civis – nos processos decisórios como entes dotados fundamentalmente dos mesmos direitos.[18] A perspectiva da governança abrange a variedade dos atores coletivos, suas relações e ligações, bem como a multiplicidade dos novos instrumentos de (auto)controle no Estado nacional ativo e em sistemas multinivelares complexos, como a União Europeia.[19] Diferentemente do *government*, a *governance*, do ponto de vista conceitual, atém-se à combinação entre hierarquia e concorrência, entre estruturas de comando e estruturas de negociação, entre burocracia e redes (mais ou menos autônomas), entre ações formais e informais em vários planos.

Entretanto, é possível ater-se ao conceito de técnica de Estado se o Estado não for situado, como máquina, organismo ou pessoa jurídica, em algum ponto exterior à sociedade e anterior ao direito e à Constituição,[20] mas for entendido, como aqui, enquanto um conjunto de instituições, uma composição institucional para a produção de decisões e uma prática direcionada para o mesmo objetivo,

---

17 Tomo essa metáfora emprestada de Scharpf (1997, p.197 e ss.).
18 Da literatura sobre a *governance*, hoje praticamente inabrangível: Mehring (2005), Benz (2007), Schuppert e Zürn (2008) e OECD (*Léxico online de Administração*, em http://olev.de); *Report on European Governance (2003-2004)*, SEC (1153, de 22 set. 2004). Cf. também Engi (2008).
19 Doravante, não trataremos dos planos supranacionais, transnacionais e internacionais da governança.
20 Como o fez, no caso extremo, um dos executores fanáticos do regime de terror nazista, Hans Frank, que com o título *Die Technik des Staates* [A técnica do Estado] (Cracóvia, 1942) transformou a injustiça na base contratual da barbárie nazista. Análise detalhada em Stolleis (1999).

e se for mantido aberto a processos conflituosos de interação e comunicação.[21] Além disso, mesmo os novos modelos de controle e de autocontrole concebidos com base em uma analogia entre mercado e Estado continuam admitindo o emprego do conceito de técnica de Estado aberto a tais processos. Com a introdução de tecnologias orientadas para o mercado visando ao controle de resultados, são justamente os critérios de eficiência financeira que passam a representar um papel importantíssimo, indo ao encontro do posicionamento de engenheiros e especialistas.

No âmbito da segurança, marcado como nenhum outro âmbito político pelo campo de tensão entre situação normal e situação excepcional, as "transações transfronteiriças cada vez mais frequentes [...] pela difusão da violência" (Benz, 2007, p.342), na forma do terrorismo internacional e da "criminalidade organizada",[22] fazem com que as já porosas fronteiras estatais pareçam especialmente permeáveis e precárias. Não obstante, tanto a forma institucional do Estado de direito e do Estado de intervenção democrático quanto sua função garantidora continuam sendo atuais. Do mesmo modo, a relação entre Estado de direito e estado de exceção, sempre difícil de ser compreendida, também demanda um esclarecimento teórico.

3. Os métodos da técnica de Estado

Em regimes distintos, a forma e o *modus operandi* da técnica de Estado modificam-se de modo bastante relevante. As periclitações da segurança estatal – ou, em todo caso, a percepção oficial

---

21 Essa concepção do Estado baseia-se na representação de Estado de Hermann Heller (1963) como "unidade organizada de vontade e de ação" e à ideia de Lorenz von Stein (1880) de um "Estado que trabalha" e as aperfeiçoa incluindo a pesquisa sobre a governança.

22 Sobre a controvérsia referente a esse conceito tão indeterminado quão extremamente duvidoso do ponto de vista da política de segurança, ver o relatório da Polícia Federal Alemã (Bundeskriminalamt, 2007), Albrecht (2005) e Lampe (1999) (vide também o Capítulo VI).

delas – levantam problemas que devem ser remediados com o emprego das novas tecnologias, especialmente da tecnologia da informação e com o apropriado conhecimento dos especialistas. Ademais, no âmbito da política de segurança, também se colocam as questões de como, com que métodos e com qual instrumentário podem ser solucionados, por meio da técnica de Estado, os conflitos e problemas de interdependência surgidos nos limites territoriais, sociais e funcionais da instituição "Estado", sobretudo por serem eles acompanhados pela perda das certezas e por acarretarem uma importante necessidade de coordenação.[23]

A partir da contraperspectiva sobre o Estado de direito e o estado de exceção é possível delinear métodos distintos da técnica de Estado. Os critérios de referência para a distinção e a construção de modelos são: *primeiro*, se a técnica de Estado opera no contexto de uma diferença entre caso normal e caso de exceção que lhe é pré-fixada; *segundo* – relacionado com o primeiro: se e em que medida ela é limitada por regras jurídicas externas ou segue suas próprias regras; *terceiro*: quais objetivos estratégicos são-lhe pré-fixados pela cambiante figura de argumentação da "segurança". A modelação a seguir não tem por objetivo contar a história da técnica de Estado nem a de seus inventores. Trata-se mais de acentuar e relacionar fenômenos isolados difusos e discretos com finalidades heurísticas, para evidenciar a racionalidade específica e ideal-típica dos métodos da técnica de Estado e as relações entre titulares e aplicadores do poder estatal e seus destinatários.[24]

---

23 A esse respeito, embora não se limitando ao âmbito da segurança pública: Mayntz (1997) e Benz (2007, p.343).
24 A ordem dos fenômenos empíricos se apoia no método da constituição de tipos ideais de Max Weber. Cf. análise detalhada a esse respeito em Weber (1968, p.190 e ss.; 2005, especialmente § 1º). Aceitando uma sugestão de Henning Ottmann, chamo a atenção para o fato de que, quando se fala em método, não se quer dizer o método científico no sentido moderno e que os métodos aqui delineados segundo o sistema dos tipos ideais não devem ser mal compreendidos no sentido de serem produtos científicos daqueles que lhes deram os nomes.

O "método Maquiavel"

A técnica de Estado como técnica de poder pura e simples é apresentada aqui como *método Maquiavel*, segundo o autor de *O príncipe* (Maquiavel, 2001).[25] Seguindo a máxima central da razão do Estado concebida nos moldes da pessoa do soberano, ela funciona como técnica de aquisição e defesa soberana do poder não controlada pela moral e pelo direito. Desimpedida dos estorvos da diferenciação entre caso normal e caso excepcional ou de um ordenamento de competências baseado na separação de poderes e livre das restrições das regras jurídicas, dos princípios éticos e dos deveres de virtude, a técnica de Estado concebida nas medidas do príncipe pode e quer se concentrar totalmente, como nas teorias dos sofistas, na aquisição e na manutenção do poder. Segundo Maquiavel, o poder político, entendido no sentido tradicional como poder soberano sobre territórios e sobre populações neles estabelecidas, quando não obtido coercitivamente, pelo nascimento, é adquirido por meio de negociações ou usurpado mediante violência e exercido ao bel-prazer de seu titular, isento de obrigações formais ou de diretrizes normativas conteudísticas: "Não existe uma identidade fundamental, essencial, natural e jurídica entre o príncipe e o seu principado" (Foucault, 2000, p.45).

A diferença entre as faculdades do príncipe em uma situação jurídica normal e em situações excepcionais não pode expressar-se de modo real nos limites dessa Sociologia e dessa Psicologia Política empírica. É apenas na comparação entre república e ditadura (romana) que Maquiavel desenha os contornos de um estado de exceção "útil", porque limitado no tempo e voltado para a rápida dissolução de conflitos.[26]

---

25 Contudo, cf. também de Maquiavel a obra *Abhandlungen über die ersten zehn Bücher des Titus Livius*. A esse respeito e sobre o que se segue, ver Kersting (2006) e Münkler (2004).
26 Maquiavel (*Abhandlungen über die ersten zehn Bücher des Titus Livius*, cap.XXXIV--XXXV). A esse respeito, Rossiter (2002, p.301) e Schmitt (1989).

O príncipe, esse "texto hediondo" (ibidem, p.42) e, para Carl Schmitt, um exemplo de "humanidade" sóbria, lê-se como um manual de instruções sóbrio e até mesmo cínico, marcado pela situação nas repúblicas italianas, para a criação ou a estabilização de dinastias e formações estatais. Seu autor aconselha o príncipe a fazer sempre aquilo que a situação exige para consolidar sua posição de poder e proteger seu principado. Não são o carisma ou as qualidades éticas de um príncipe que são exigidos no trato com inimigos internos e externos, mas conforme as circunstâncias, como o leão ou a raposa (Lisandro)[27] – a crueldade, a astúcia, a fraude, a corrupção, a deslealdade e, eventualmente, a assistência e os estímulos, tais como recompensas e promissão de cargos. Maquiavel exorta o príncipe a ter destreza estratégica e tática, mas não a dominar a arte de governar no sentido de dirigir indivíduos, bens e riquezas de modo virtuoso, sábio e econômico.

A técnica de Estado do maquiavelismo não se extinguiu com aquele que lhe deu o nome ou com as repúblicas italianas. Pelo contrário, os métodos e o posicionamento de Maquiavel, baseados na soberania para o próprio uso do soberano, muito cedo transcenderam o contexto de sua gênese. Por sua estrita centralização no soberano, seu amorfismo e sua abstinência normativa, eles atenderam aos dirigentes dos regimes autoritários de toda espécie, os quais visam sobretudo à estabilização de seu poder. Todavia, as democracias de Estado de direito consolidadas obrigam o estilo maquiavélico, ao qual ata grilhões jurídicos, a retroceder em âmbitos com regras e estruturas menos desenvolvidas do ponto de vista do Estado de direito, como, por exemplo, as direções partidárias e empresariais.

O "método Hobbes"

O *método Hobbes* mostra-se mais complexo. Suas bases e facetas podem ser atribuídas sobretudo a *Elementos da lei* e a *Leviatã*

---

[27] A esse respeito, ver Stolleis (1981).

(Hobbes, 1889).²⁸ Nesses estudos de Filosofia do Estado, Thomas Hobbes, sobre o pano de fundo do devastado ambiente de uma Inglaterra dilacerada por conflitos religiosos e lutas políticas, esboça sua "física" do poder. Baseando-se na discrepância entre condição natural e condição social, ele concebe uma soberania abstrata e constrói o Estado como uma máquina de paz. Contrariando a tradição do absolutismo que até então dominava a Filosofia do Estado, ele funda o poder do soberano sobre a base de uma rede de contratos recíprocos em prol de um terceiro não vinculado.²⁹ Em *Leviatã*, Hobbes vincula esse terceiro, o titular da autoridade soberana, ao objetivo político central segundo a sua concepção: a proteção da vida para garantia da coexistência pacífica. Assim, pela primeira vez, ele atribui à técnica de Estado imperativa, executiva e concentrada nas mãos do soberano as características essenciais de um cálculo securitário relacionado com a fundamentação do poder absoluto. Ao mesmo tempo, ele transpõe a razão do Estado do interesse maquiavélico do príncipe "em si mesmo" para os robustos interesses daqueles que querem uma maximização dos lucros na sociedade burguesa da concorrência que ascende diante de seus olhos.

Em *Elementos da lei*, Hobbes expõe com precisão a forma de exercício do poder soberano sobre os súditos no que diz respeito aos possíveis conflitos da vida em sociedade. Ele considera a técnica de Estado explicitamente como *art of government*.³⁰ Enquanto da teoria da soberania deriva o dever máximo do soberano de conservar o Estado e a sociedade, preservando-os da recaída na condição natural anárquica, promulgando e impondo leis de vinculação geral com essa finalidade, a arte de governar revela-se no "bom governo do povo" para benefício mútuo do soberano e dos súditos:

---

28 Para citações mais longas, usei a tradução alemã: Hobbes (1984; 1990). A esse respeito, ver Münkler (2001).
29 Cf. análise aprofundada sobre as contribuições inovadoras e frequentemente desprezadas por Hobbes em Skinner (2008).
30 Cf. remissões a esse respeito e sobre o que se segue em Bohlender (2001, p.249 e ss.).

E como a arte e o dever do soberano prescrevem-lhe tais formas de conduta, assim também é com seu proveito. Pois a finalidade da arte é o proveito, e governar em proveito dos súditos não é senão governar em proveito do soberano [...] *Salus populi suprema lex*. Isso não significa a mera preservação da vida dos súditos, mas seu bem-estar e seu bem em geral. (Hobbes, 1990, 2ª parte, cap.9)

Assim, Hobbes baseia seu método de técnica de Estado na dupla estratégia de assegurar a autopreservação e de promover o bem-estar comum.[31]
Sob a luz da teoria da soberania de Hobbes delineiam-se os contornos de um Estado de direito bipartido. Focando a repulsa de perigos internos e externos, a técnica de Estado mostra ser sobretudo uma técnica securitária. Embora o domínio soberano, quando não legitimado pela conquista, deva-se a uma origem jurídico-contratual, o ordenamento soberano do Leviatã não conhece nem uma ligação retrospectiva com os pactuantes nem uma separação de poderes. Hobbes rejeita ambas expressamente. Por temer eventuais perigos iminentes para o ordenamento político e da organização de segurança deles derivada, surge necessariamente, para ele, a concepção de um poder estatal indivisível: a legislação, a arrecadação de impostos, a jurisdição, o poder de comando sobre as forças armadas e a decisão sobre a guerra e a paz – a "espada da guerra" e a "espada da justiça"[32] – permanecem nas mãos do soberano. Mesmo assim, o direito natural e o direito divino lhes cominam deveres. Contudo, por falta de uma instância superior, esses deveres não são imponíveis. Na terminologia atual, eles têm mais o caráter de *soft law*, no sentido de serem um autocompromisso não vinculante.[33] Assim, a racionalidade material da arte de governar (*salus populi*) somente se contrapõe à racionalidade da obediência derivada da teoria da

---

31 A esse respeito, ver Münkler e Bluhm (2001, p.21).
32 Hobbes (1889, II parte), cap.1 (7-12) e cap.8, em que Hobbes se refere a Bodin (1981, livro II, cap.1).
33 A esse respeito, ver Hillgenberg (1999).

soberania ("a finalidade da obediência é a proteção")[34] à primeira vista. Pois, devido à relação assimétrica entre soberano e súditos, a racionalidade da assistência não vincula os métodos e instrumentos da técnica de Estado, mas permanece sempre vinculada, por seu lado, "à preservação e à ampliação do poder estatal" (Bohlender, 2001, p.251). Hobbes concebe a relação entre soberano e súditos constituída mediante contratos de favorecimento recíproco como uma relação geral de poder. O direito da soberania e o medo do "subterfúgio do direito que induz à insurreição" (Hobbes, 1889, II parte, cap.8) obstruem seu caminho para a construção de um Estado de direito, ao menos, razoavelmente substancial. Com seu acordo de investidura do soberano, os membros individuais de uma sociedade, como súditos, não conseguem obter senão a condição de membros da associação estatal e a proteção dessa associação. Em contrapartida, abrem mão tanto de uma parte considerável de sua liberdade quanto de seu direito a tudo, inclusive o direito de resistir em nome da segurança, contanto que o Leviatã cumpra seu encargo de proteção. Sobre "violações do direito" cometidas pelo soberano ou que a ele possam ser imputadas, eles não se podem queixar, já que lhe concederam amplos poderes. Pois: *volenti non fit iniuria* (ibidem, cap.2 (3) e cap.5 (2); idem, 1984, cap.21). À sombra do poder soberano sobre a vida e a morte, resta a eles a liberdade de fazer aquilo que o soberano não regulou e, se preciso, de negar obediência. No âmbito daquilo que é regulado, as leis civis ligam inelutavelmente os ouvidos dos súditos aos lábios do soberano (Hobbes, 1984, cap.21).[35]

Afora a situação excepcional da condição natural, falta, na teoria da soberania e na teoria do conflito de Hobbes, marcadas pelo medo, o espaço teórico para esboçar um estado de exceção secular e para configurá-lo como alternativa à normalidade. Ainda assim, a

---

34 Quanto ao princípio da obediência: Hobbes (1984, cap.21).
35 Como exemplos dessa liberdade, Hobbes cita "a liberdade de comprar e vender e outros contratos bilaterais, a escolha do próprio domicílio, da própria alimentação, da própria profissão, da educação dos filhos que eles considerem apropriada e outras coisas do gênero".

finalidade máxima de segurança leva-o, em sua concepção de técnica de Estado, a estabelecer uma diferença entre "o maior prejuízo de uma comunidade", causado pela guerra e pela guerra civil, ou seja, o sempre iminente retorno à condição natural, como caso crítico ou excepcional, e os conflitos cotidianos desencadeados pelo "direito de autoajuda" (Hobbes, 1889, II parte, cap.5, 8 e 10). Os capítulos finais de *Elementos da lei*, principalmente, são lidos como um auxílio à prevenção de insurreições dirigido ao soberano: "Para manter a paz no âmbito interno, as coisas a serem ponderadas e as disposições a serem tomadas são tão numerosas quanto diversos são os motivos que concorrem para a insurreição". Para a garantia da paz interna, Hobbes considera necessário, dentre outros aspectos, "atribuir a cada súdito sua propriedade e seus bens e terras determinados", "distribuir de modo proporcional os encargos e tarefas da comunidade" e exercer a justiça "de maneira idônea" pelo "correto cumprimento dos deveres dos agentes do judiciário". Além disso, ele aconselha que se tomem medidas e, sobretudo, que se apliquem penas "para reprimir aqueles que, por sua ambição, [*poderiam*] ser levados a insurgir-se" (idem, 1990, II parte, cap.9 (5-7)).

As características da técnica de Estado executiva e imperativa desenvolvida em *Elementos da lei* e em *Leviatã* sobreviveram ao autor, à obra e ao contexto de sua gênese com êxito ainda maior que o método Maquiavel. Para Hobbes, estava claro que não se deve confiar no vizinho. Ele pode ser um partidário de Cromwell ou um realista, católico ou puritano, rebelde ou *leveller*. Nos tempos atuais, e mesmo em democracias de Estado de direito consolidadas, sobretudo teóricos do Estado e políticos zelosos da segurança deixam-se conduzir por essa desconfiança. Eles atualizam incessantemente a questão colocada por Hobbes de como o poder político pode ser protegido dos elementos perigosos e das iniciativas exacerbadas e desenfreadas dos cidadãos. Assim, reduzido à sua construção de uma sociedade de segurança, Hobbes, ainda hoje, é considerado como padrinho do Estado de prevenção e de segurança.[36]

---

36 O conceito de Estado de prevenção foi introduzido por Denninguer (1988).

CRÍTICA DA TÉCNICA DE ESTADO

O "método Locke"

O *método Locke* de técnica de Estado introduz os elementos do paradigma liberal, que, com a proteção dos direitos naturais, à primeira vista, não poderia estar muito distante da segurança estatal hobbesiana. Contudo, a proteção da propriedade, da liberdade e da segurança da pessoa, bem como, em segundo plano, a proteção do *"body politic"*, deve-se a uma finalidade de segurança:

> Mas como não pode existir uma *sociedade política* que não tenha em si um poder que proteja a propriedade e que, para essa finalidade, puna as transgressões de todos os membros dessa sociedade, só existe uma *sociedade política* quando todos os seus membros renunciaram ao seu poder natural, dele abdicando em prol da comunidade, em todos os casos em que não estejam impedidos de invocar em sua própria proteção a lei por ela criada. (Locke, 1977, II Tratado, § 87)

A segurança não é de modo algum abandonada como figura de argumentação, mas, agora, ela é submetida a uma reorganização.

Desde sua virada liberal e sobre o pano de fundo da Revolução Gloriosa de 1688/89, John Locke passou a ater-se à constituição do poder político soberano por meio do contrato social. Todavia, ele não baseia essa constituição do poder político soberano em uma renúncia recíproca ao direito por parte dos súditos para garantia da paz interna e externa. Pelo contrário, na filosofia do Estado liberal, a partir de Locke, o contrato social recíproco leva à criação de um Legislativo como poder maior e institui, com este, o governo da maioria. No lugar da soberania absolutista, surge a soberania parlamentar, que programa a atuação do Executivo por meio de leis e cujos limites são os direitos naturais fundamentais da propriedade e da liberdade pessoal. Por conseguinte, no campo da técnica de Estado, o método legislativo impele o pensamento executivo para o segundo plano e prepara-se, com os direitos fundamentais e com o princípio da proporcionalidade, para prender o engenheiro do poder, primariamente interessado na repulsa efetiva de perigos, aos extensíveis, mas judicialmente controláveis grilhões do direito.

Contrariamente à linha tradicional fundada por Hobbes, os protagonistas filosóficos[37] da técnica de Estado liberal mudam sua perspectiva quanto à repulsa de perigos, num primeiro momento, dos cidadãos potencialmente insurgentes para o poder estatal potencialmente despótico e arbitrário. Em nome dos interesses de segurança da sociedade civil,[38] eles traçam um *design* institucional como *rule of law*, ou seja, como Estado de direito, com vistas à garantia de um *limited government*, que deve aglutinar todos os usos da liberdade e todo o exercício do poder sobre a base de uma relação de confiança (Locke) ou de um contrato de soberania e de autorização (Rousseau, Sieyès, Kant) no âmbito de um sistema de separação de poderes, *checks and balances* ou de repartição e limitação de poderes:[39] "Para que, por um lado, o povo possa reconhecer seus deveres e viver em paz e segurança dentro dos limites da lei e, por outro, os soberanos possam ser refreados [...]" (Locke, 1977, II Tratado, § 137).

Em Locke e depois dele, as variantes do paradigma liberal, na forma da lei geral, deslocam o direito para a posição de autoridade central. O *rule of law* e o Estado de direito[40] impõem as barreiras da Constituição e das leis ao "*lawful government*" (Locke) ou ao "*authoritative and limited government*" como situação normal. Pela primeira vez, o paradigma liberal disseca o contraste entre um Estado legal

---

37 Além de Locke (1977, II Tratado), especialmente os "clássicos": Montesquieu (2006); Kant (1977); Sieyès (1789); Humboldt (1851) e Mill (1859). A esse respeito, ver Kersting (1994).

38 A esse respeito, cf. análise minuciosa em Neumann (1980, p.101 e ss., 128 e ss., 137 e ss.); Holdsworth (1914, p.647 e ss.); Macpherson (1967). Tully (1980) argumenta contra a redução individualístico-possessiva de Locke.

39 Em Locke, a noção da divisão de poderes ainda é vaga; em Montesquieu, Kant e Sieyès, ela assume contornos mais precisos. Nos ordenamentos constitucionais atuais existem sistemas complexos de divisão horizontal e vertical e de entrelaçamento dos poderes estatais.

40 Maccormick (1984) também não considera os conceitos essencialmente diferentes, não obstante suas histórias distintas. Em outro sentido, ver Böckenförde (1992, p.144, nota de rodapé 4). Voltaremos às minúcias dessas interpretações contrárias no Capítulo III.

de liberdade e um estado de exceção de arbitrariedade do poder soberano, deslocando assim para o segundo plano o poder do soberano ainda visível em Hobbes. Ao sistema das leis gerais enquanto ordenamento jurídico atribui-se a função de criar uma normalidade normativa. Na continuidade da evolução do paradigma liberal, essa constituição da normalidade é expressa nas fórmulas da "força normalizante do normativo" ou da "força fática do contrafático" (Heller, 1963, p.251 e ss.; Habermas,1985, p.242).

Com essa construção de uma situação normal legal, o método legislativo de técnica de Estado assume uma função primordial. A ele é dada a missão de realizar a transição do exercício pessoal do poder para o exercício impessoal do poder, ou seja, mediado pela lei. Ele dissolve os laços de fidelidade com os monarcas e tenta, senão eliminar, ao menos manter sob controle o fator subjetivo do poder político – a arbitrariedade autoritária. É justamente isso que significa a máxima reconhecidamente genial de um *government of laws and not of men* na tradição constitucional estadunidense.[41] Como pano de fundo para a reprodução de abusos do poder governamental, os termos *rule of law*, Estado de direito e *État de droit* remetem tanto à configuração ideal de uma forma jurídica que se impõe na lei quanto a um exercício normal do poder político correspondente a essa forma e vinculado à lei.[42] Ao mesmo tempo, ao tomar a segurança como referência, a técnica de Estado também é limitada ao controle direto da conduta.

Locke não abandona, por um lado, a prerrogativa monárquica, a herança obscura e indomável da arbitrariedade monárquica e, por outro, o *"martial law"* e os *"executive powers"* como os chamados poderes excepcionais. Eles aparecem como desvios em relação à normalidade – mais exatamente: como exceções ao direito – e remetem à iliberalidade admitida no paradigma liberal. No curso da evolução

---

41 Essa tradição remonta a Harrington (1883, p.161) (*government* como *"empire of laws and not of men"*). A esse respeito, ver Michelman (1988).
42 A esse respeito, ver análise minuciosa e diferenciada do ponto de vista da História dos Conceitos em Heuschling (2002).

histórica, chegou-se a variantes do *método Locke* que reproduzem, além da prática arbitrária de governo, outras situações excepcionais que transgridem o quadro legal.[43] No lugar do estado de guerra, determinante no período final da Idade Moderna e nos primeiros tempos da Modernidade, entra, no discurso do direito público do século XIX, acossado pelo trauma do jacobinismo, o estado de sítio prototípico.[44] No século XX, o termo "estado de exceção" inscreve-se, afinal, como conceito coletivo para as diferentes formas de estado de necessidade do Estado em tempos de guerra, insurreição e catástrofes. Isso levanta a questão, que será retomada mais adiante, sobre a possibilidade de tipificar, juridificar e solucionar essas situações extremas de guerra de acordo com o modelo da normatização liberal, não obstante elas fujam ao quadro legal.

O "método Foucault"

O *método Foucault* está na contramão dos métodos historicizantes e ideal-típicos de técnica de Estado até agora apresentados. Ele inaugura uma nova perspectiva tanto sobre o *método Hobbes* e o *método Locke* quanto sobre as técnicas de exercício do poder e sobre as noções de perigo e ameaça que lhes servem de base. Ele rompe com a tradição da narrativa de justificação e analisa – sem intenções normativas identificadas de modo discernível – as estratégias e mecanismos do poder. Michel Foucault não pretende legitimar, mas examinar e criticar as formas de exercício do poder.[45] Focalizando o paternalismo iliberal da segurança, ele se concentra na variante moderna do paradigma hobbesiano e no reverso do método de técnica de Estado concebido com intenção absolutamente prática e legitimatória pela filosofia do Estado liberal. Quanto à Teoria do Estado soberano desenvolvida por Hobbes e à técnica de Estado a ela

---
43 Nos capítulos III e IV abordarei detalhadamente essas exceções à normatividade da situação normal.
44 A esse respeito, ver análise detalhada e ricamente documentada em Boldt (2001).
45 A esse respeito e sobre o que se segue, cf. Foucault (1981; 1988).

correspondente, Foucault admite que elas captam e reproduzem adequadamente a experiência dos súditos com o poder soberano nas sociedades feudais e mesmo na incipiente sociedade pós-feudal que o autor do *Leviatã* tinha diante dos olhos. Segundo ele, a forma do exercício absolutista do poder pode ser avaliada quanto às suas expressões e funções pelo critério soberano/súditos. De acordo com Foucault, nos séculos XVII e XVIII, para fazer frente ao dispositivo de segurança hobbesiano,[46] entra em cena um novo mecanismo de poder, que busca obter tempo e trabalho mais dos corpos que dos bens e da riqueza: "Mas o corpo também está diretamente mergulhado em um campo político; as relações de poder apoderam-se imediatamente dele; [...] constrangem-no a trabalhar, obrigam-no a cerimônias, exigem dele sinais" (Foucault, 1981, p.37). Sobretudo sinais de funcionamento obediente. Esse novo mecanismo é exercido mediante vigilância, controle e registro e não de modo descontinuado, por meio de sistemas de fiscalização e de imposição periódica de deveres de pagamento de impostos e de prestação de serviços (idem, 1999, p.45). Enquanto Hobbes legitima as posições de poder e a técnica de Estado do soberano desvinculadas do direito, que Locke tenta domar, o programa de Foucault entende-se como sendo a busca permanente e subversiva do acesso à realidade historicamente datável e localizável das técnicas e práticas disciplinares discursivas e não discursivas do poder. Segundo essa concepção, a soberania começa com a "autoisenção do soberano" (Luhmamnn, 1999, p.108) que, em Hobbes, não age, ele mesmo, como parte contratante, mas surge como efeito unificador de uma autorização recíproca de "súditos atemorizados" (Foucault, 1999, p.119; Opitz, 2008, p.208).

Foucault, em sua busca por todas as expressões e, especialmente, pelas expressões sutis do "poder disciplinar",[47] distingue-se

---
46 Na esteira de Foucault, entendo por dispositivo o conjunto heterogêneo dos discursos e instituições, regras legislativas e medidas administrativas, enunciados (jurídico-)científicos e discussões filosóficas (Foucault, 1978; Deleuze, 1991).
47 Especialmente instrutiva a esse respeito e sobre o que se segue é a aula de 14 de janeiro de 1976 (Foucault, 1999, p.31 e ss.).

obrigatoriamente da elaboração pós-hobbesiana da teoria do direito e da teoria do Estado nas sociedades ocidentais, que desloca para a posição central, em um primeiro momento, o poder real, mais tarde, seu equivalente funcional – o Estado soberano – e, por fim, o Estado de direito. Foucault, todavia, condena não apenas os monarcas absolutistas enquanto pessoas centrais e corpos vivos da soberania, como também a fixação liberal na legitimidade e, por conseguinte, a concentração teórica na justificação e na delimitação do poder. Segundo ele, essa concentração, ao ocupar-se do jurídico, suplanta a soberania fática e as suas consequências. Para expor a "realidade da soberania" em seu aspecto secreto e brutal, bem como o direito que produz relações de soberania e que está a serviço delas não apenas de modo instrumental, como ferramenta, segundo o modelo do *método Locke*, Foucault assume o ângulo de visão dos súditos, cuja vida é normatizada e submetida a regulações estatais segundo a lógica de um cálculo securitário.

Em suas análises do poder, Foucault toma cinco "medidas metodológicas" que o colocam em uma posição diametralmente oposta tanto em relação à Teoria do Estado baseada no chefe soberano e na ordem legítima quanto à técnica de Estado, seja executiva seja legislativa. *Em primeiro lugar*, seus estudos acompanham o poder até suas ramificações externas, até seus capilares, nos quais ele vai se tornando cada vez mais sutil e sendo cada vez menos determinado pelo direito. Com isso, o edifício jurídico da soberania e o sistema de direitos individuais de defesa passam para o segundo plano. Em vez disso, são analisadas, *em segundo lugar*, as práticas e técnicas do poder, para compreender a "instância material da submissão em sua função constituinte do sujeito" (Foucault, 1999, p.37). Assim, Foucault desvincula-se da questão dominante da Teoria do Estado sobre como é possível formar uma vontade estatal única, ou um *body politic* único, animado pela "alma do soberano" ou, como se afirma mais tarde, constituído pela Constituição, partindo-se da multiplicidade dos indivíduos e dos esforços de vontade. *Em terceiro lugar,* Foucault não entende o poder como fenômeno monolítico e homogêneo de governo, exercido linearmente por meio de ordens, mas como algo que circula, que funciona como um encadeamento e é transmitido em redes a indivíduos e por eles praticado.[48] Assim, Foucault abandona a ideia do poder como propriedade e potência sobre a qual se baseavam os *métodos Hobbes e Locke* e introduz um conceito de poder relacional – de um poder que se expressa e se afirma em relações que ele constitui e cujo exercício é realizado segundo as leis da economia (ibidem, p.193 e ss.; 2004, p.144). *Em quarto lugar*, ele não deduz o poder de uma instância central, mas o investiga em uma "análise do poder ascendente" (idem, 1978, p.81; 1999, p.39). Seu ponto de partida são os micromecanismos, aos quais ele tem acesso por meio das associações e utilizações de sistemas locais de submissão (ver idem, 1973; 1977). *Em quinto lugar*, Foucault prescinde de um exame das grandes ideologias de poder e, num primeiro momento, também adia a análise do direito. Em vez disso, ele se concentra nos dispositivos e aparelhos do conhecimento que se constituem nos pontos terminativos das redes de poder e atuam como instrumentos da acumulação de conhecimentos, métodos de observação e técnicas de registro e outros mecanismos e práticas mais ou menos sutis. O objetivo – afinal, de fato – normativo de suas aulas sobre a governamentalidade e *Em defesa da sociedade*, bem como de seu método científico, é libertar o "conhecimento submisso", cujos conteúdos históricos estavam soterrados sob contextos funcionais e sistematizações formais e terminavam desmoronando.

As características do *método Foucault* como técnica de Estado estabelecida e praticada sobressaem-se pelo fato de o foco ser dirigido para as estratégias de controle indireto da conduta admitidas nas redes do poder de controle e do poder disciplinar em regimes de governamentalidade iliberal.[49] Em vez de um contrato de garantia do território e das fronteiras nos moldes hobbesianos ou de um

---

48 Aqui não se pode senão fazer uma referência às problemáticas de um conceito de poder dessa amplitude. A esse respeito, ver Honneth (1985) e Habermas (1985, cap. IX e X).
49 A esse respeito, cf. análise detalhada em Opitz (2008).

contrato social liberal, vê-se nas análises de Foucault (2005, p.140), ao menos em seus estudos mais tardios, o contrato de segurança, que autoriza o Estado a intervir:

Quando o andamento normal da vida cotidiana é interrompido por um evento extraordinário, singular, o direito deixa de ser suficiente. Daí a necessidade de intervenções que, a despeito de seu caráter extraordinário e extralegal, não se afiguram como arbitrariedade ou abuso de poder, mas como expressão da assistência [...] Essa assistência onipresente é a face que o Estado oferece aos seus cidadãos.

Assim, o paternalismo da segurança diagnosticado por Foucault assimila o aspecto da assistência esboçado em *Elementos do direito,* modifica-o e critica-o, para, finalmente, voltar à análise do direito e à distinção ancorada no paradigma liberal de situação normal normatizada e situação excepcional não normatizada. Por conseguinte, ele pode ser facilmente associado à análise e à crítica do Estado securitário e à insidiosa tendência desse Estado em normatizar o estado de exceção.

4. Da técnica de Estado no Estado securitário

Entre a negação e a positivação do estado de exceção

A conexão entre normalidade e legalidade existente no Estado de direito liberal tem por função afastar a arbitrariedade do poder soberano e banir o poder nu dos conflitos sociais. Assim, pois, o *método Locke é acompanhado pela ideia de que ele erige uma barreira histórica que nos separa dos lugares e tempos do poder brutal.* Em não se tratando de repelir intervenções ilegais por parte do poder soberano ou violações dos direitos dos cidadãos, o paradigma liberal tem dificuldades importantes para elaborar conceitualmente as situações excepcionais e inseri-las no âmbito de sua técnica de Estado legislativa.

CRÍTICA DA TÉCNICA DE ESTADO

A teoria e a prática da técnica de Estado de Locke oscilam como um fogo-fátuo entre dois polos extremos.[50] A versão otimista do projeto do Estado de direito, com seu racionalismo, pode levar a supor que o direito normal regula tudo que é essencial, que toda espécie de arbitrariedade e todos os recursos dos cidadãos à lei da rixa de sangue e ao direito do mais forte são controlados. Consequentemente, revoltas, tentativas de golpe, guerras ou catástrofes são negadas de modo implícito ou explícito.[51] O estado de exceção não tem, ou melhor, não pode ter lugar, porque sua normatização minaria a referência de normalidade do ordenamento jurídico. A técnica de Estado concentra-se na gestão de situações normais. Não existe previsão de um direito de exceção.

Na contramão da negação do caso excepcional, as teorias "realistas do Estado de direito" interpretam o projeto racionalista de Estado de direito como o encargo de regular *todas* as situações e *todos* os conflitos sociais imagináveis, inclusive o caso crítico inimaginável. Elas se empenham na delicada "inscrição do estado de exceção no universo constitucional" (Boldt, 2001, p.162).[52] Assim, sobretudo a partir da metade do século XIX, muitos ordenamentos jurídicos, sob a influência do positivismo jurídico,[53] passam a se dedicar à juridificação do estado de sítio, da guerra civil e das catástrofes como casos excepcionais. Para evitar medidas extrajurídicas, os aplicadores dos métodos de técnica de Estado recebem poderes especiais em situações de perigo extraordinárias. O paradoxo da normatização e da normalização do extraordinário perderia seu caráter paradoxal

---

50 A esse respeito, vide capítulos III e IV.
51 Assim, o art. 13 da Constituição Francesa de 14 ago. 1830 vedava ao monarca revogar as leis ou dispensar de seu cumprimento. Do mesmo modo, o art. 130 da Constituição Belga de 1831: "A Constituição não pode ser revogada nem total nem parcialmente". O mesmo mandamento existe hoje no art. 108 da Constituição Belga.
52 Exemplificando: a Lei sobre o Estado de Sítio de 4 jun. 1851, no Código Prussiano de 1851, p.451 e ss.
53 No positivismo jurídico, o estado de exceção leva "formalmente, a vida de uma norma geral", como protótipo das regras correspondentes do direito de exceção que são apresentadas por um ordenamento jurídico (Boldt, 2001, p.86 e 166 e ss.).

por meio da vinculação a um esclarecimento formal, a regras de competências, prazos, procedimentos e objetivos conteudísticos em leis emergenciais ou em regulações de uma ditadura constitucional – ou seja, por meio de seu enquadramento – de acordo com o modelo da gestão de conflitos da situação normal. Todavia, é possível reconhecer o paradoxo desse projeto na circunstância de essas normas tenderem, sem exceção, a serem ab-rogadas uma vez findo o estado de exceção.

A normalização do estado de exceção

A perplexidade liberal diante de situações extraordinárias de ameaça revela-se em uma história plena de inconstâncias. As diversas tentativas iniciais de "enquadrar" o estado de exceção são seguidas, nos regimes totalitários e, sobretudo, durante o regime nazista, pela prática de um mascaramento jurídico e de uma perversão[54] do caso excepcional com ajuda do regime legal dos decretos-lei. Após a Segunda Guerra Mundial, seguiu-se, primeiramente, uma fase de defesa, até que – não apenas na Alemanha – uma "regulação emergencial" fosse acolhida na Constituição. As crises dos Estados de direito[55] terminam por tornar visíveis – sob a bandeira da "guerra contra o terrorismo" – e, novamente, não apenas na Alemanha, os riscos e efeitos colaterais da estratégia positivista de integrar o estado de exceção e a técnica de Estado a ele correspondente no direito da situação normal. Caracterizo a dinâmica, em grande medida, inconcebível, desse "enquadramento" ou internalização do estado de exceção como um processo de "normalização" gradual.[56]

A normalização significa que os instrumentos do direito de exceção são envolvidos no manto da normalidade normativa, tornados permanentes e cotidianos, por meio de sua juridificação, de suas

---

54 Agambem (2004, p.8) fala de maneira imprecisa de "guerra civil legal".
55 Para análise detalhada sobre as crises do Estado de direito, vide capítulos V, VI e VII.
56 Sobre a tese da normalização e da cotidianização do estado de exceção, ver Frankenberg (2005); para análise detalhada a esse respeito e sobre o que se segue, cf. capítulos V e VI.

figuras extrajurídicas de argumentação, bem como de sua recepção na dogmática do direito normal. A normalização do extraordinário manifesta-se em três planos. *Primeiro,* ela se reproduz em uma *semântica de banalização.* Exemplos atuais disso são as exigências de que sejam fornecidos "instrumentos militares" – em palavras claras: armamento militar – às forças armadas para emprego na segurança interna, com fins de assistência administrativa (Schäuble, 2007, p.213). Na mesma direção aponta a banalização da tortura como "obtenção forçada de declarações para salvamento de vidas" ou como "interrogatório de salvamento motivado por culpa própria", que "em regra, rebaixa [os torturados] à condição de objeto" (Brugger, 2004; Trapp, 2006). Analogamente e baseando-se no "tiro de salvamento" empregado pela polícia, o homicídio direcionado dos passageiros de um avião que se encontra em poder de supostos terroristas suicidas é banalizado como sendo um "abate de salvamento". O pensamento normalizante serve-se, em cada caso, de um vocabulário que despe os fenômenos mencionados de seu caráter excepcional e os insere discretamente na normatividade da situação normal. Esse vocabulário é sustentado do ponto de vista sistemático pela reabilitação do conceito de inimigo.[57]

Em segundo lugar, a normalização mostra-se numa nova topografia da *normatividade da situação normal.* Os limites garantidores da liberdade e as barreiras de intervenção, bem como as distinções categoriais determinantes para a assunção dos deveres dos cidadãos em relação ao Estado, são ocultados por um novo *design* de Estado securitário. A dinâmica da normalização pode ser claramente percebida nas falhas estruturais e nas "materializações" do direito da repulsa de perigos, tributárias de uma segurança cognitiva que se ampliou, tornando-se uma segurança existencial. No altar dessa segurança, a diferença entre perturbadores e não perturbadores e entre perigo e risco é suprimida, e o direito da repulsa de perigos é convertido em um direito que inventa perigos. De modo

---

57 No Capítulo V, volto a abordar em detalhes a tese do "direito penal do inimigo" (Jakobs) e do "direito do inimigo" (Depenheuer).

TÉCNICAS DE ESTADO

semelhante, a presunção de culpa perde sua dupla função, na perseguição penal, de garantir a liberdade e direcionar a ação dos órgãos competentes. No conceito global da topografia do Estado securitário, a proteção por meio da segurança jurídica é sacrificada pela ampla e ilusória segurança dos bens jurídicos. Em contrapartida, certos "periclitadores" – autores de crimes, mas também suspeitos de autoria – são excluídos *de facto* do ordenamento jurídico como inimigos, na medida em que lhes é retirada a proteção do direito normal.[58]

Em terceiro *lugar*, a normalização também se impõe, do ponto de vista *funcional*, em normas que traduzem a topografia em novas atribuições de encargos e autorizações de intervenção. Indicadores dessa "nova ditadura da segurança" são, especialmente, a comunicação de dados entre a polícia e o serviço secreto, a atribuição de parte da repulsa de perigos (combate ao terrorismo) à polícia, aos órgãos responsáveis pela captura de criminosos fugitivos (Agência Federal de Investigações Criminais) e ao serviço secreto, bem como a recepção de competências de serviço secreto nas leis policiais e os esforços pela ampliação do emprego das forças armadas na segurança interna.[59] A mesma lógica de segurança estatal é seguida pelas tentativas de admitir a tortura em casos extremos, de instituir um "direito penal do inimigo" para criminosos especialmente perigosos ou de legitimar o abate dos chamados aviões *renegade*.

A técnica de Estado como técnica securitária

Os processos de normalização acompanham e promovem uma transformação do Estado de direito em Estado securitário. Este é caracterizado por uma mudança da técnica de Estado, que passa do controle direto e imperativo da conduta por meio de mandamentos e proibições ao controle indireto da conduta e à prevenção de

---

58 Por meio, por exemplo, da "justificação" da tortura, da morte de passageiros inocentes ou da rotulação como "inimigos" excluídos do direito penal normal.
59 A esse respeito, vide a Lei sobre a Agência Federal de Investigações Criminais de 25 dez. 2008 – *BGBl.* I, 3083; Schäuble (2007); Hillgruber (2007); ver detalhes sobre a "nova arquitetura da segurança" no Capítulo VI.

riscos, principalmente por meio de medidas de vigilância de controle indireto de ampla disseminação. Paralelamente, o cálculo securitário típico do Direto da repulsa de perigos converte-se no princípio de um amplo cálculo de despesas tanto em relação à produção de segurança quanto em relação à tolerância da liberdade (Foucault, 2004, p.99).[60] Ao mesmo tempo, o engenheiro de técnica securitária é promovido a especialista em tecnologia da informação aplicada, que opera na fase muito preliminar dos perigos. O Estado de direito, transfigurado em Estado securitário, libera-o largamente de incômodos jurídicos, para lhe permitir uma persecução das finalidades de segurança o mais ágil possível no combate ao terrorismo, à "criminalidade organizada" e a outros fenômenos considerados ameaçadores.

Segundo uma das teses condutoras das reflexões que se seguem, no Estado securitário – que de modo algum é um fenômeno unicamente alemão, mas global[61] – manifesta-se uma nova racionalidade da técnica de Estado: na "guerra contra o terrorismo", o *método Hobbes*, de maneira extremamente problemática e a expensas do Estado de direito liberal, é integrado ao *método Locke*, liberando sua valência iliberal. Com essa aliança profana, aqui apresentada como *método Foucault*, a questão democrática de como os cidadãos podem ser estimulados a participar da vida pública e motivados a carregar "o jugo da felicidade pública [...] sem se queixar" (Rousseau, 1981, segundo tomo, cap.8, "Do povo") é repelida para um segundo plano.

Estimulada por cenários ameaçadores amedrontadores e dramáticos, como a imagem da "bomba tique-taqueante" ou a metáfora da guerra, irrompe em primeiro plano a questão hobbesiana de como os cidadãos podem ser contidos pelo Estado da maneira mais oportuna e eficaz possível, de modo a impedir as atividades violentas da sociedade civil e, especialmente, a atuação criminosa de

---

60 Ver análise detalhada em Opitz (2008, p.211 e ss.).
61 Não se pode senão fazer referência ao estudo recém-publicado de Darnstädt (2009). Sobre a evolução nos Estados Unidos: Balkin (2009) e os artigos correspondentes em Levinson (2004).

"elementos perigosos". Assim, a técnica de Estado desprende-se das amarras do paradigma liberal e normaliza o estado de exceção, convertendo-o em uma situação cotidiana no Estado de direito.[62] Em sua prática, ela segue a suposição de que, primariamente, é preciso contar com perigos oriundos do seio da sociedade – procedentes de "ameaçadores", "agentes adormecidos", "pessoas perigosas", todas as encarnações do mal[63] – que não podem ser conduzidos segundo princípios liberais e que, portanto, devem ser vigiados, disciplinados e guiados pelo poder estatal.[64]

---

[62] Segundo Agambem (2004, p.9), o caso excepcional tornou-se o "paradigma do governar".

[63] Ver análise crítica a esse respeito em Günther (1994) e os artigos em Lüderssen (1998).

[64] Da perspectiva do Estado securitário, é possível refletir de maneira relativamente menos rígida sobre se o Estado tem, excepcionalmente, o direito de torturar, de abater aviões de passageiros capturados por terroristas e de dispor de um "direito penal do inimigo", quando não de um "direito do inimigo" para todos os casos de necessidade. As tentativas de justificar a tortura e as estipulações do direito do inimigo serão discutidas doravante, no contexto da crítica de um "pensamento baseado no estado de exceção" e, além disso, como fenômenos da crise do Estado de direito (capítulos IV, VI e VII). Para Opitz (2008, p.202 e ss. e 218 e ss.), estes são exemplos de governamentalidade iliberal.

CAPÍTULO II
ESTADO COMO CONCEITO E REPRESENTAÇÃO

1. Hobbes e os primórdios do Estado moderno

No início das teorias modernas do Estado estava Thomas Hobbes. Ou, mais precisamente, a sua obra incontestavelmente mais influente: o *Leviatã* (Hobbes, 1984, p.1651).[1] Alguns historiadores, filósofos e teóricos do Estado vão querer definir o início – se é que existe mesmo um – de outro modo. Na realidade, quanto à origem da técnica de Estado desvinculada, haveria que se pensar em *O príncipe*, de Maquiavel, escrito em 1513 e publicado em 1552. Ou em Jean Bodin, como pai da moderna teoria da soberania (Bodin, 1981, p.1576). No que diz respeito à modernidade, constituem outros pontos de interseção que, conforme a perspectiva e a preferência, também representam pontos de ruptura com os tempos antigos, alguns eventos, movimentos e processos: a descoberta do Novo Mundo, o terremoto de Lisboa, o Cisma do Ocidente e a Paz da Vestfália, a Revolução Copernicana, a invenção da imprensa por Gutenberg ou, mais atinentes ao Estado, as "grandes revoluções" e a

---

[1] A esse respeito, cf. Skinner (2008, cap.3).

filosofia do Iluminismo. Todo início desconstrói um antes. "No início está não apenas uma magia, mas também um enigma" (Vorländer, 2002, p.243).

A despeito do enigma do início, poucos hão de pretender contestar que o *Leviatã*, ainda mais do que *Elementos do direito*, está entre os primeiros mitos políticos de fundação de impacto histórico da Modernidade. Em sua obra escrita por volta de 1650 e publicada pela primeira vez no ano seguinte, Hobbes, com a máquina da paz, que ele chama de "Leviatã" – nome do monstro marítimo bíblico e, ao mesmo tempo, "Deus imortal" –, libera uma imaginação política incomum com traços de uma fascinação pela técnica de Estado. Ele descreve um conjunto de pessoas, logo chamadas de sociedade ou *Civita*, que, a partir de então, abandonam o apocalipse da condição natural e ingressam na condição social civilizada, embora tendente a ser conflituosa com o passar do tempo. Caída das nuvens ou, menos metaforicamente, desiludida de quaisquer planos de salvação de poderes transcendentais, essa sociedade é levada a se conscientizar de suas próprias forças. Em Hobbes, muito embora com valentia, ela ainda o faz com hesitação, reticência e medo, mirando sempre fascinada a cabeça pós-apocalíptica do "Deus imortal".

O que dizem as teorias do Estado moderno sobre as ideias da técnica de Estado? Durante muito tempo, elas conservam a visão esboçada por Hobbes – primeiramente, na filosofia política, em seguida, também na filosofia do direito, mais tarde, sob o título "teoria geral do Estado". Elas seguem seu conceito central de técnica de Estado, a segurança, e permanecem vinculadas ao monarca soberano, ao chefe de Estado, aos monopolizadores da violência legítima, algumas vezes ao Estado de direito, contudo, mais frequentemente, ao Estado soberano. No topo é sempre ressituado o direito da decisão final, o direito da última palavra ou, em termos jurídicos técnicos, o princípio da competência-competência. Soberano é aquele que está autorizado a promulgar a lei. Por trás da lei está a "religião do poder" (Legendre, 1988), na figura do soberano. Depois das revoluções, essa religião do poder passa a se mostrar na ideia de um povo soberano – "*We, the people*", nos Estados Unidos

–, da nação soberana e indivisível, na França ou, com certo atraso, na Alemanha, na noção do povo do Estado de Weimar, reunido em suas etnias.[2] Na incipiente Modernidade, ainda insegura e não totalmente consciente de si, inspiradas por Rousseau e Kant, as expectativas de salvação concentram-se na lei e no legislador. A desgraça, na forma da guerra, da calamidade e da contrarrevolução, ocupa muito menos sua fantasia. Sob a influência da contrarrevolução católica do século XIX, Carl Schmitt deturpa a ideia hobbesiana de que o soberano "faz" a decisão. Em Schmitt, a decisão sobre o estado de exceção – a definição extrema de inimigo – "faz" o decisor soberano.[3]

A ideia de um chefe e de uma técnica de poder soberanos e apoiados no direito sobreviveu a muitas guerras e revoluções, contestações teóricas e conclusões polêmicas. Contudo, isso nem sempre aconteceu da melhor maneira. A morte do Estado prognosticada por Marx e Engels[4] não teve lugar nem no "socialismo real", que não foi além da estatização dos meios de produção e da gestão autoritária da opinião pública em nome da segurança, nem no capitalismo precipitadamente chamado de tardio (Adorno, 1990). A privatização dos encargos estatais e os efeitos da globalização podem até ter atingido e enfraquecido a estatalidade, mas não a suprimiram. A tese de Forsthoff sobre o fim da autorrepresentação mental, da dissolução do Estado de direito nas materializações do Estado Social e do Estado técnico (Forsthoff, 1971)[5] foi superada, dando lugar, desde então, a um novo alinhamento entre Estado e sociedade. Por fim, a crítica apresentada por Foucault sobre a

---

2 O preâmbulo da Constituição de Weimar de 1919 começa com "O povo alemão, reunido em suas etnias".
3 Para análise detalhada a esse respeito, cf. Capítulo IV, 3.
4 Ver exemplos em Engels (1962, p.261 e ss.) e Lenin (1948, p.18 e ss.); este último, todavia, entende essa morte com sendo a "supressão" violenta do Estado burguês pela revolução do proletariado, após o qual o "Estado proletário ou semi-Estado" seria extinto.
5 A esse respeito, ver Vogel, B. (2007, p.13-30), que opõe à "melancolia estatal" a "atualidade" e a necessidade funcional do Estado do bem-estar ou do Estado da garantia.

vinculação à soberania – ignorada pela teoria e pela prática do Estado incriminadas de modo irrefletido na maioria das vezes – foi modificada em suas aulas magistrais *Em defesa da sociedade* (Foucault, 1999). Esse tema voltará a ser abordado mais adiante. Faz algum tempo que a soberania, enquanto "alma do Estado", vem passando para segundo plano. Nos últimos tempos, apenas ainda se falava, de maneira sóbria e mais técnica, em funções estatais de controle. Estas passaram para a defensiva com o diagnóstico do fracasso político e jurídico (Holtschneider, 1991). Mas mesmo o fim afirmado ou exigido do Estado controlador – talvez seja melhor dizer: das teorias de controle – parece conseguir abalar tão pouco a figura do Estado soberano quanto a fragmentação da soberania nacional nos sistemas supranacionais multinivelados ou sua onipotência em relação à solução de problemas transfronteiriços, como a criminalidade organizada, o terrorismo e as mudanças climáticas. Entretanto, vão se acumulando os sinais de uma crise da vinculação entre Estado e soberania, ritualmente acentuada pela doutrina e pela Teoria do Estado e pela técnica de Estado. Isso pode ser concluído a partir da tendência *fin-de-siècle* a representações e necrológios precipitadamente nostálgicos (Reinhard, 1999; Creveld, 1999),[6] a reflexões autocríticas sobre a Teoria do Estado (Vesting, 2004), bem como a partir do deslocamento do interesse científico para os planos transnacional e internacional.[7]

Onde e como está o Estado hoje? Inteiramente secularizado até o arcabouço de suas instituições e até sua base legitimadora,[8] quase sempre atado a vínculos supranacionais, dispensado de uma série

---

6 Aliás, ambos os autores evocam no título, com o frontispício do "Leviatã", mais uma vez, e esta não foi a última, o mito clássico da fundação. Sobre os adeuses: Albrow (1998); Losano (2000) fala da "extinção do Estado"; Denninger (2000). Schmitt (1963, p.10) já opinava: "A época da estatalidade está chegando ao seu fim. Sobre isso não se deve desperdiçar mais nenhuma palavra".

7 Esclarecedoras a esse respeito as publicações do projeto de pesquisa "*Staatlichkeit im Wandel*": Hurrelmann (2008); Mau (2007); Zangl (2006).

8 Com exceções e recursos – fracos, contudo – à transcendência e aos bastiões de defesa da soberania no direito dos estrangeiros.

dos encargos estatais que até então suportava em razão de privatizações e deslocalizações, total e notoriamente superendividado e internamente acossado pela matilha de lobos corporativistas, o Estado de hoje, que deveria ser soberano, quase nada se parece com o monstro marítimo bíblico Leviatã. Isso não impede os atores do sistema econômico – que, segundo a representação técnica da teoria sistêmica,[9] é distinto sob o aspecto funcional e, segundo a visão neoliberal, funciona melhor sem a intervenção do Estado – de recorrer ao apoio estatal cada vez que o mercado falha ostensivamente, como foi o caso da recente derrocada dos mercados financeiros. Sem considerar as introspecções da teoria sistêmica, alguns dos partidários franca e notoriamente neoliberais da desregulação,[10] e não apenas os protagonistas do "*pure capitalism*", afirmam que não foram os bancos, mas o Estado que falhou e que, portanto, é ele quem precisa intervir. Mal a crise financeira terá sido superada, é bem provável que recomecem os adeuses ao Estado e que se volte a insistir na diferenciação funcional entre política e economia.

A situação é confusa. Ainda assim, podemos constatar: há bastante tempo que o "Deus imortal" de Hobbes está tísico. Atualmente, ele lembra, se é que se permite uma analogia generosa, o "Deus protético" de Freud (1974).

2. Imagens do Leviatã

"*Non est potestas super terram quae comparetur ei*": "Não existe poder sobre a Terra que lhe seja comparável" (Livro de Jó, cap.41, 24). Assim começava. Hobbes, que não confiava na linguagem,[11] tentou representar de forma imagética o incomparável

---

9 Vide, por exemplo, Willke (1992) e Ladeur (2006).
10 Uma crítica impressionantemente rica em materiais e ideias do fundamentalismo mercadológico foi apresentada recentemente por Stürner (2007).
11 Hobbes (1984, cap.26): "Quando curtas, as leis escritas são facilmente mal interpretadas devido aos diferentes significados de uma ou duas palavras; quando longas, tornam-se ainda mais obscuras pelos diferentes significados de muitas

poder do Estado. Horst Bredekamp (1999), historiador da cultura, reconstruiu não apenas a perspectiva hobbesiana com uma minúcia francamente criminalística, como também a posterior marcha triunfal do "Leviatã" com seu impacto imagético pela modernidade da Teoria do Estado. O frontispício que, segundo suas cautelosas pesquisas, deve ser atribuído a Wenceslau Hollar e Abraham Bosse (Bredekamp, 1999, cap.2), apresenta o soberano não mais tradicional e não ainda moderno. Em seguida, Hobbes fundamentou o surgimento e o poder soberano dessa figura, no que diz respeito à *Matter, Forme and Power of a Commonwealth Ecclesiastical and Civil*, com base na teoria do contrato.

Como um astro, o busto de um gigante que se ergue até a margem superior da ilustração, quiçá o firmamento, sobrepuja a paisagem europeia, ou mesmo simplesmente inglesa do século XVII nessa representação tática. A cabeça coroada, seguindo a tradição, na mão direita a espada, na esquerda, desde o cisma religioso, como se fora uma provocação, também o báculo episcopal. Os contornos dos braços e do tronco do monarca abarcam uma multiplicidade de pessoas, como representantes, por assim dizer, da sociedade estamental descorporificada, mas envolvida no manto do soberano. Uns apertados contra os outros, os súditos, de seus respectivos lugares, dirigem o olhar para a cabeça do gigante. Do mesmo modo que os teóricos do Estado dos primeiros e dos últimos tempos.

Com a cooperação de Hobbes e Hollar/Bosse, soava uma hora decisiva para a iconografia política. Primeiramente, é inigualável a representação do "*body politic*". De fato, ela é produto daquelas pessoas que, em contratos recíprocos, cada um pactuando com cada qual – como se diz hoje: virtualmente – renunciam ao seu "direito a tudo": "Autorizo estas pessoas ou esta assembleia de pessoas e transmito meu direito de reger-me, com a condição de que tu também lhes transfiras teu direito e autorizes todas as suas ações" (Hobbes, 1984, cap.17, *in fine*).

---

palavras". E: "Pois praticamente todas as palavras têm um significado variável, em si ou no uso figurado, e com elas podem-se atestar muitas concepções".

Figura 1 – Abraham Bosse, detalhe da capa de *Leviatã* (1651), de Thomas Hobbes

Em segundo lugar, é incomparável a representação do "Leviatã", que se origina daquele conjunto de contratos como uma espécie de Estado do direito bipartido: fundado por meio da renúncia ao direito, mas, desde então, desvinculado do direito. A este são transferidas as competências indispensáveis à repulsa coletiva de perigos e à garantia da paz. O fato de os súditos fixarem a cabeça do soberano corresponde à construção dupla, mas criada *uno actu*, do contrato de renúncia e de autorização (cf. Fetscher, 1984, p.XXIV e ss.), que não admite que se olhe em outra direção: por meio de um acordo recíproco, os homens atam essas cadeias – ou seja, as leis civis –, de um lado aos lábios do soberano ou da assembleia soberana e, de outro, aos seus próprios ouvidos (Hobbes, 1984, cap.21). O soberano fala, os súditos ouvem.

O paradoxo do artefato Estado, constituído do rei mortal e da realeza que se perpetua em sua imagem, que remete à teoria dos "dois corpos do rei" (cf. Kantorowicz, 1990), também está inscrito com precisão na iconografia política. Embora criada por homens por meio de contrato, ou seja, constituída do lado de cá, a imagem de um "Deus mortal" do contrato jurídico remonta ao nível teológico da Gênese, como se pode perceber na proximidade do soberano com o céu e no conceito de "Deus mortal".

O soberano de traços humanos[12] domina um corpo que imerge em uma paisagem cuja representação parece estranhamente pacífica para o conturbado século XVII. A pretensão de ampla soberania (posteriormente tarde condenada pelos críticos de Hobbes por ser totalitária) fundada mediante contrato é ilustrada por montes, rios, o mar no horizonte, burgos, algumas fazendas, a implantação urbana em primeiro plano, com o complexo militar e o setor urbano civil, bem como – naturalmente – uma igreja. Tudo isso é sobrepujado pelo corpo e, o que é decisivo, pela cabeça. Por fim, o manto simboliza a relação de soberania que, em uma sociedade feudal, envolve totalmente o corpo social, ou seja, mais uma vez simbolicamente incorporado.

---

12 Os intérpretes afirmam reconhecer nessa representação, conforme a interpretação, Carlos I ou seu adversário, Cromwell, ou mesmo o próprio Thomas Hobbes.

Em imagens e modelos posteriores, a estratégia visual varia pouco, mas de forma significativa. No frontispício do segundo volume de *Elementos do direito*, de Hobbes, de 1652, o báculo episcopal é substituído pela balança, e as pessoas são libertadas de sua estupefação. Agora, seus rostos estão voltados para os observadores, que podem se reconhecer nos homens, mulheres e crianças, bem como nas sugeridas relações entre eles. Os elementos do "*body politic*" surgem em cena como atores.

Bredekamp considera que a renúncia ao báculo episcopal é motivada pela questão tática, para retirar a provocação lançada à igreja. Este pode ter sido o motivo de Hobbes, ele, que queria voltar do exílio na França para a Inglaterra. Mas a análise pode ser outra: como uma reorientação, devida ao tema de *Elementos do direito*, para os problemas seculares da técnica de Estado como uma técnica securitária que não exigia uma justificação e uma representação simbólica do "*ecclesiastical power*". Diferentemente da construção de soberania feita pelo *Leviatã*, a fundamentação do direito de Hobbes sugeria uma simbolização de sua visão dos conflitos sociais. O mesmo se aplica à sua teoria de como as contendas podem ser solucionadas por meio do direito na condição civil. No frontispício de *Elementos do direito*, não se trata de uma representação – que inspira medo e impõe um temor reverente – da máquina da paz que refreia as ânsias de lucro, fama e sangue dos homens, mas da ilustração da prática de uma convivência social ordenada pelo direito. Em favor dessa interpretação fala o fato de as edições posteriores do *Leviatã* manterem o báculo episcopal e os membros contáveis, mas anônimos do *body politic*, que renunciam ao seu "direito a tudo" e submetem-se ao poder soberano, meio imanente e meio transcendente. Mantém-se a ideia do Estado como protótipo de uma mecânica neutra das artes do poder soberano.

Figura 2 – Abraham Bosse, capa de *O corpo político* (1652), de Thomas Hobbes

3. A subversão da vinculação jurídica ao Estado e à soberania: panóptico e capilares do poder

O programa visual de Hobbes vigorou quase inconteste por quatro séculos. Até que Michel Foucault entrou em cena. A iconografia política não é a sua seara. Como não compartilha da desconfiança de Hobbes em relação à linguagem infiel, ele não recorre a uma ilustração sugestiva, que sustente a palavra escrita com o poder visível da representação imagética. Mesmo não sendo adepto de nenhum programa visual que se compare ao frontispício de Hobbes e à sua fabricação imaginária do corpo social, a visão, a ótica e o aspecto visual desempenham um papel significativo nos estudos de Michel Foucault. Entretanto, a estrutura e o modo de funcionamento das práticas e técnicas secretas ou anônimas do poder e dos aparelhos do conhecimento por ele examinados e que ele quer tornar visíveis são caracterizados pelo fato de se furtarem à representação imagética e à visualização – na forma, por exemplo, de um compósito antropomorfo. A gramática do poder e da sociedade de Foucault, mais orientada para a técnica de Estado disciplinadora do que para a estatalidade soberana, segue as regras de uma lógica pós-Leviatã totalmente diversa. O poder, em suas redes capilares, age sobre corpos, mas recusa-se a toda e qualquer corporificação. Por conseguinte, em sua análise, Foucault nem sequer pode tentar inscrever os capilares do poder na memória coletiva com um frontispício como o do *Leviatã*.

Sua estratégia visual, se quisermos falar de uma, desenvolve-se no meio da linguagem e no método científico. Tomando uma distância crítica em relação a Hobbes, em *Vigiar e punir* (Foucault, 1981, especialmente p.251 e ss. e fig.12, 15-26), o Foucault dos primeiros tempos ilustra o novo mecanismo do poder da vigilância e do disciplinamento permanente dos corpos nos estabelecimentos do panoptismo benthamiano. Esse mecanismo de poder fixa a visão central nos corpos encerrados e separados uns dos outros em celas. Em sua análise sobre "o nascimento da clínica", a ilustração retrai-se para o método de uma "arqueologia da visão" (Foucault, 1988).

TÉCNICAS DE ESTADO

Figura 3 – Jeremy Bentham, *The Works of Jeremy Bentham* (1838-1843) IV, 172: mapa do panóptico

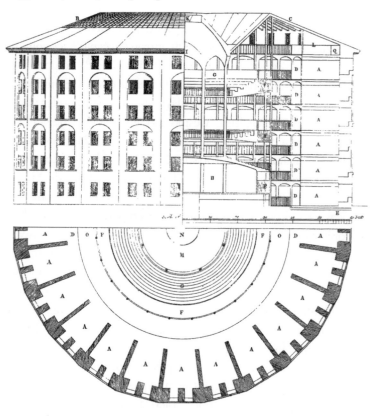

Toda a obra de Foucault é marcada pela investigação e pela discussão dos sujeitos em seus respectivos lugares históricos e nas redes discursivas do poder disciplinar. Enquanto a teoria de uma legitimação do absolutismo de Hobbes e as teorias do Estado influenciadas pelo hobbesianismo apresentam o poder jurídico de soberanos coroados ou não monarquicamente legitimados, Foucault penetra em penitenciárias, manicômios, casas de misericórdia e, mais tarde, nos campos do século XX para subverter o conhecimento consagrado.

É quase impossível distanciar-se de modo mais radical da tradição teórica hobbesiana e das imagens que a acompanham. Em vida, o filósofo da história francês, pouco benquisto dentre os historiadores, combateu, com seu método e sua teoria, a contemplação estupefata do chefe do Estado e da soberania enquanto "alma" do Estado: por meio da negação, em *Vigiar e punir*, da relativização, em trabalhos ulteriores e, especialmente, nas aulas magistrais *Em defesa da sociedade*. O título deve ser entendido no sentido programático, mais precisamente como uma análise do poder soberano que pretende proteger a sociedade das estratégias e táticas irrefreadas da técnica de Estado. Foucault (1999, p.43 e ss.) rejeita expressamente a ideia do Leviatã como um homem fabricado artificialmente, cuja cabeça representa a soberania:

> De modo geral, precisamos nos libertar desse modelo do Leviatã, desse modelo do homem artificial, ao mesmo tempo autômato, artificialmente fabricado e unitário, que envolve todos os indivíduos reais e cujos cidadãos fornecem o corpo e cuja alma é o soberano.

Foucault não contesta ter sido a teoria da soberania o instrumento que marcou os combates políticos e teóricos dentro dos sistemas de poder dos séculos XVI, XVII e também, ainda, do século XVIII, quando Rousseau, por exemplo, opôs ao absolutismo monárquico – num contramovimento revolucionário – o modelo da democracia republicana (Rousseau, 1981) e, sobretudo, quando, na Inglaterra, o Parlamento, na qualidade de encarnação política do povo,[13] saiu da "sombra do rei".

Com o surgimento e a expansão do poder disciplinador, a experiência dos sujeitos com o poder soberano real transforma-se, e a soberania jurídica centralizada perde, ao menos, a importância que lhe fora atribuída pelas teorias clássicas. Pois aquela obedece a uma nova "economia do poder" (Foucault, 2004, p.166), cujo cálculo é baseado na combinação de um mínimo de dissipação do poder com um máximo de eficiência do poder. Com essa reorientação

---

13 É instrutivo a esse respeito o impressionante estudo de Manow (2008).

para a técnica de Estado como técnica de poder situada nas mãos de engenheiros e especialistas, essa "economia do poder" distingue-se do perdulário poder soberano de um Rei Sol. Contra as doutrinas da soberania de cunho jurídico e baseadas na Teoria do Estado e as construções de um ordenamento correto do ponto de vista dos engenheiros, Foucault – que, como estes, renuncia às categorias do trato moral – sempre tem em conta a heterogeneidade do poder na atual "sociedade da normalização". Esta consiste, por um lado, na "organização do direito em torno da soberania e, por outro, no mecanismo das coações exercidas pelas disciplinas" (idem, 1999, p.49). Logo, não é que o edifício jurídico da soberania seja nada, como sugere ainda a leitura de *Vigiar e punir*. Todavia, a soberania, como Estado de direito, não é pré-ordenada pelo "poder disciplinar" nem do ponto de vista real nem do ponto de vista analítico.

4. Da desconstrução da cabeça à estética democrática

Em um dossiê datado de 2000, Horst Bredekamp apresenta outras investigações em matéria de iconografia política (cf. Bredekamp, 2000). Com uma reconstrução sedutora da gênese e da repercussão histórica do *Leviatã* e de sua estrutura compósita, ele refuta com elegância a objeção que se pode fazer aos seus estudos sobre Hobbes, qual seja, que ele teria concedido demasiada importância ao maior dos filhos de Malmesbury. Nesse escrito, Bredekamp nos guia por um museu imaginário, "em que todas as imagens aparecem em um espaço comum: a memória". O retrato do Leviatã e suas variações ulteriores não têm o objetivo de substituir a linguagem, mas a sustentam com o poder do visual. Elas são introduzidas como "instância superior", que habita a memória coletiva que, até o século XX, deixa-se fascinar por gigantes de traços leviatânicos e pela luta pela cabeça. Contudo, o programa visual do poder soberano do absolutismo e, por conseguinte, a estratégia visual de Hobbes poderiam ter se resolvido, o mais tardar, com a transição para a era democrática.

Contra o agnosticismo visual da democracia

Em muitos trabalhos constata-se que a democracia, por definição, não se deixa corporificar, não conhece imagens de si mesma, porque a autoridade do povo não se presta a traduções visuais, e que uma característica do pluralismo das sociedades democráticas é justamente o fato de estas não poderem unificar-se em torno de um programa visual unitário.[14] Do mesmo modo, poder-se-ia dizer que, numa democracia, a ideia de uma técnica de poder concentrada no Estado e por ele executada que lhe seja externa está superada. Todavia, mostra-se falsa a tese do agnosticismo visual da democracia, de sua "notável deficiência" e de sua "sofrível fraqueza" de ter que renunciar a uma "representação estética convincente".[15] Essa tese desconhece que o poder político dos tempos pós-monárquicos necessita de um símbolo: "O Trono e a pompa podem até estar fora de moda; não obstante, a autoridade política continua precisando de um quadro cultural no qual se possa definir e formular suas pretensões" (Geertz, 1985, p.29). Em outras palavras: toda soberania política depende do reconhecimento daqueles que estão submetidos à soberania – ou, em linguagem moderna, dos destinatários[16] – e, para tanto, também se serve regularmente, além da polícia, das forças armadas, dos serviços secretos e de razões mais ou menos fundadas, da "bela aparência" de imagens e narrativas, mitos e representações.

Além disso, fala contra todo e qualquer agnosticismo o fato de que toda sociedade precisa se representar simbolicamente de algum modo como unidade – apresentar-se globalmente e pôr-se em cena como comunidade[17] – para poder se reportar a si mesma, do ponto de vista operacional, por meio de seus agentes públicos e instituições. Por fim, também faz parte da autoimagem, da autodescrição e da imaginação de uma sociedade, enquanto comunidade nacional,

---

14 Cf. evidências em Manow (2004).
15 Nesse sentido, ver Grasskamp (1992, p.7 e 9).
16 A esse respeito, ver os estudos – claros e ricamente documentados – de Koschorke; Frank; Lüdemann; Matala de Mazza (2007) e Manow (2008).
17 Ver análise detalhada em Anderson (1996).

ética ou como comunidade de direito,[18] que ela se atribua uma fundação imaginária. Sua "instituição" (Claude Lefort) pressupõe um espaço comum do político, que é onde primeiro pode acontecer a diferenciação social.[19] É com e nesse espaço simbólico do político que nasce a Modernidade. Nela, não há mais que se esperar que a economia política da imaginação produtiva continue se deixando informar pela lógica pré-moderna da encarnação da sociedade no Estado ou no monarca.[20] Ao contrário: é de se supor que ela se sirva de retóricas, imagens e encenações que diferem do programa visual tradicional ou, então, que o reinterpretam de forma criativa.[21] A linguagem simbólica política da Modernidade será rapidamente ilustrada por meio de três exemplos.

Simbolizações da sociedade como unidade

O primeiro exemplo remete ao tempo da "Grande Revolução" na França, que dá continuidade à despedida da misericórdia divina, iniciada por Hobbes com o desencantamento da monarquia. Em 1793, com a execução do rei – de seu nome civil, Louis Capet – é lançada drasticamente a ponte entre a privação da dignidade real e a descorporificação da sociedade.[22] O monarca é destituído de seu direito hereditário e quase privado do poder e do dever de fidelidade devido a sua pessoa. O lugar do soberano pessoal fica simbolicamente vazio. As lutas políticas passam a visar ocupar, então, ao menos temporariamente, a posição de poder. Do mesmo modo, rompe-se

---

18 Art. 1º, § 2º da Lei Fundamental: "O povo alemão declara-se defensor [para proteção da dignidade humana] dos direitos humanos invioláveis e inalienáveis como base de toda comunidade humana...".
19 Cf. Koschorke et al. (2007, p.60 e ss.) e, além deles, Lefort (1999, p.38), bem como Rödel; Frankenberg; Dubiel (1989, especialmente capítulos III e IV).
20 Sobre a necessidade de corporificações rituais simbólicas de todo ordenamento institucional, Stollberg-Rilinger (2008) apresentou um estudo de impressionante riqueza material.
21 E, portanto, não apenas substituem conceitos teológicos por outros de direito público, como presume Carl Schmitt (1979) em seu *Politische Theologie*.
22 A esse respeito, ver Koschorke et al. (2007, p.229).

o laço da relação jurídica do contrato de soberania entre monarca e súditos. No lugar da fidelidade pessoal ao monarca entra a fidelidade à lei ou à Constituição. A corporeidade fechada do social dissolve-se na "*société des individus*", a "sociedade dos indivíduos".[23] No ato de fundação, a sociedade constitui-se como povo ou como nação e transmite a esse coletivo quase solidariamente a soberania e o poder constituinte. "No mesmo lugar antes ocupado pessoal e corporalmente pelo ente estatal na forma do monarca, manifesta-se, agora, a abstração da ideia moderna do Estado como mero escrito" (Koschorke et al., 2007, p.248) – no documento constitucional. Com isso, como que em um passe de mágica, dois efeitos são obtidos: na França, a subjetivação do coletivo "nação", com a concomitante despersonificação do poder na lei constitucional; na Inglaterra, a sujeição tanto da monarquia quanto do povo por meio da representação, segundo o critério da fórmula compromissória "*King-in-Parliament*".

Onde a lei deve dominar, esmorece a lógica da corporificação. O poder político soberano perde a expressão. A técnica de Estado deixa de ser a técnica de poder visível, palpável do soberano; ela se adstringe a regras, procedimentos e razões. Na França, essa falta de expressividade é compensada pelo emblema e pelas representações da nação como "*grande nation*", "*nation armée*" etc., bem como pelo culto da figura do legislador nos séculos XVIII e XIX.[24] Nos Estados Unidos, isso se mostra no culto, celebrado até nossos dias, dos "*founding fathers*" como fundadores da Constituição democrática. Na Alemanha, que prescindiria tanto de um mito de fundação quanto de um culto nacional, o acento desloca-se para o Estado de direito e, mais tarde, para o tribunal constitucional alemão.

---

23   Isso não exclui que a lógica da corporificação continue repercutindo inclusive na república democrática e na democracia parlamentar, como demonstra Manow (2008) de modo impressionante na obra *Im Schatten des Königs*.
24   O culto remonta sobretudo a Rousseau (1981, tomo II, cap.7). Cf. Wisner (1997).

TÉCNICAS DE ESTADO

A arquitetura interna da democracia

Um segundo exemplo é a possibilidade de ilustrar claramente a república e a democracia pela sua arquitetura interna, por assim dizer, ou seja, da disposição dos assentos no parlamento. Tanto a House of Commons, na Inglaterra, com suas filas de cadeiras umas opostas às outras e a presidência na parte da frente, quanto o anfiteatro, copiado no mundo todo e que tem sua origem no Palais Bourbon, também fazem as vezes de palcos da nova ordem. Sua construção não é obra do acaso nem tampouco obedece a imperativos de caráter funcional, como, por exemplo, a acústica, mas foi concebida para legitimação do poder soberano. A disposição dos assentos parlamentares na House of Commons, segundo argumento convincente de Philip Manow, obedece à lógica da corporificação do "*King-in-Parliament*":

> Na Inglaterra, na busca pelo símbolo da unidade da comunidade política sob as novas condições do poder soberano democrático, o monarca continuou sendo esse símbolo, assim como em todos os países do *Commonwealth*. Embora presente apenas como imagem, na forma das armas reais no frontispício da House of Commons, ou como selo real ao fim de todas as resoluções do Parlamento, o monarca confere à ação parlamentar aquela ficção de unidade que, então, não precisa mais ser afirmada na configuração do Parlamento, menos ainda na disposição de seus assentos.[25]

Recorrendo à teoria dos dois corpos do rei, Manow conclui que o Parlamento de Westminster apropriou-se com sucesso do corpo político do rei (*King*), sem que o corpo natural do rei (*king*) perdesse sua função fomentadora da unidade. Por isso,

---

[25] Ver análise detalhada a esse respeito em Manow (2008, cap.2), que, de maneira muitíssimo plausível, rejeita a interpretação de que a forma semicircular explicitaria a semântica direita-esquerda dominante, ou o sistema de partidos na ordem dos assentos, ou seria fruto de ponderações de cunho funcional ou mesmo do acaso.

não haveria necessidade de demonstrar a distância em relação ao *Ancien Régime* em uma "nova forma de representação simbólica da unidade política".

Por outro lado, Manow interpreta a forma do semicírculo como tentativa de curar simbolicamente os danos irreparáveis causados ao corpo do rei francês. Além disso, o anfiteatro superaria a estrutura estamental e não remeteria a fragmentações sociais ou políticas manifestas. Por conseguinte, surge, simbolicamente, uma nova unidade social a serviço da nação indivisa.[26] Com a Revolução Francesa, uma nova autoimagem da sociedade como unidade associa-se a uma nova imaginação política: "Não se trata mais de defender parcelas da sociedade ou necessidades particulares perante uma instância superior (o rei), mas, pelo contrário, de a vontade soberana da nação alcançar expressão. [...] trata-se, portanto, da *representação da unidade política*" (Duso, 2003, p.16).

A arquitetura da República

O terceiro exemplo sai da sombra projetada pelo corpo do rei e ilustra não a destruição, mas a desconstrução do soberano, o ícone da soberania estatal introduzido por Hobbes, e a construção de uma nova imagem da técnica de Estado. A cúpula do Parlamento alemão em Berlim opõe-se aos mistérios absolutistas do Estado[27] do mesmo modo que à sua soberania e à sua técnica de poder monarquistas. Por um lado, a cúpula transparente insere-se quase diretamente na simbologia da publicidade republicana. Agora, em vez dos *arcana imperii*, um invólucro da soberania em *plexiglas* ilustra a nova transparência da prática estatal parlamentar e de uma técnica de Estado transparente com ela condizente. Por outro lado, o *caput* simbólico para o qual os contemporâneos e o autor do *Leviatã*, em 1651, e os

---

26 De acordo com Mopin (1998, p.33 e ss.), o semicírculo é mais apropriado para representar a "corporificação do povo" do ponto de vista do orador que fala à tribuna; no mesmo sentido, vide Manow (2004, p.15).
27 A esse respeito, ver Kantorowicz (1965).

revolucionários franceses e teóricos do Estado, nos séculos XIX e XX, dirigiam seus olhares, torna-se acessível por uma rampa em espiral. E não para qualquer um, mas para os cidadãos e as cidadãs de uma república democrática.

O arquiteto Norman Foster converte a necessidade construtiva de inserir em sua concepção uma cúpula que ele não previra originalmente em um toque genial de crítica ao poder soberano: a cabeça de vidro do Estado é povoada. "A cúpula do Parlamento alemão forma uma espécie de Câmara dos Lordes", que, aleatoriamente, "reúne sempre soberanos novos" (Bredekamp, 2000, p.407).

Figura 4 – A cúpula do Parlamento alemão, Berlim

A soberania, monoliticamente fechada noutros tempos, representada simbolicamente pela cabeça, fluidifica-se. Assim, a cúpula materializa teorias recentes, segundo as quais a soberania somente se impõe em processos juridicamente institucionalizados.[28] Agora, ela flui pelas sinuosidades da cúpula, da qual se apoderam os visitantes que sobem e descem, por assim dizer, livre e democraticamente, em um concomitante "desapoderamento gestual do Parlamento", porque os representados, em suas *"visites de tous les jours"*,

---

28 Cf. sobretudo Habermas (1992, p.600 e ss.).

ESTADO COMO CONCEITO E REPRESENTAÇÃO

entediados ou interessados, olham continuamente para seus representantes *lá embaixo*.[29] A conjuntura republicana e pós-nacional de uma nova aleatoriedade na cúpula transparente e povoada dispensa, aliás, de modo pós-moderno, a imagem da cabeça soberana e o conceito de técnica de Estado a ela associado, bem como a ideia da soberania popular como grandeza monoliticamente homogênea, seja ela chamada "povo", seja "povo do país" seja nação.[30] Também sob o aspecto arquitetônico a nova cúpula mantém distância do mito da fundação e da estratégia de subordinação de Hobbes: Em vez de termos que nos ajustar a uma cena primitiva contratualista, nós nos adaptamos – aliás, não apenas desde a República Berlinense[31] e sua cúpula parlamentar – à prática social civil de uma fundação e uma refundação constantes de sociedades politicamente constituídas – resumindo: à contingência. A democracia de desempenho, com seus processos, deliberações e movimentos irrequietos da sociedade civil, substitui o ato de fundação e o contrato social. Por conseguinte, as constituições não são recebidas como os dez mandamentos vindos do além, mas deliberadas e adotadas para, então, introduzirem-se.

Ao mesmo tempo, a cúpula de *plexiglas* traduz a promessa de transparência republicana da modernidade, sua recusa da política dos arcanos, amplamente visível em um elemento arquitetônico. Assim, ultima-se simbolicamente na cúpula do Parlamento alemão a destruição do regime absolutista que Hobbes empreendeu de modo hesitante e não sem grande risco pessoal com o *Leviatã*, que Locke e os teóricos do Estado liberal tentaram sujeitar, para

---

29 Para evitar associações incorretas, note-se que nenhum documento, nem sequer o passaporte, permite a esses soberanos cidadãos o acesso e, por conseguinte, a participação na casualmente divertida festa permanente da observação do parlamento.
30 Acrescente-se isso como lembrança crítica às concepções de povo e de democracia desenvolvidas nas decisões do tribunal constitucional alemão quanto ao direito de voto dos estrangeiros (*BVerfGE* 83, 37 e 60). Ver análise detalhada a esse respeito em Bryde (1994).
31 Sobre a República de Bonn como uma fundação de reparação, ver Rödel, Frankenberg e Dubiel (1989, especialmente capítulos III e IV).

proteger os direitos naturais ou fundamentais, e que Foucault analisou com intenção subversiva. A construção da cúpula insere-se diretamente no universo imagético do Estado de direito democrático. Com a democratização do olhar panóptico, ela também supera, acessoriamente, o agnosticismo iconográfico de um Michel Foucault. Sob o abrigo do Estado de direito democrático, a vigilância é recodificada. A república democrática, supostamente econômica em imagens, permite-se impor um signo arquitetônico depois de deixar o invólucro uterino do prédio do Parlamento alemão criado pelo casal de artistas Christo. Também no final provisório está novamente a imagem. Mas uma outra imagem.

5. O fim do Estado lacônico

A sociedade não apenas representa a si e ao seu autogoverno em imagem, como também se serve da linguagem para se descrever e explicitar as relações de poder. Conceitos traduzem construtos mentais e representações em signos linguísticos. Eles se reúnem em um universo de formas simbólicas, em cuja estética arisca e acanhada os teóricos do Estado, que tendem a desconfiar da imagem e da metáfora devido à sua formação e prática, sentem-se bastante à vontade.[32]

Depois da linguagem das formas visuais, o caminho passa a conduzir novamente à indispensável linguagem dos conceitos praticada na ciência do direito. No centro de uma análise da técnica de Estado está necessariamente o conceito de Estado. Todavia, a passagem pelo museu imaginário do universo imagético da estatalidade moderna gera em nós dúvidas consideráveis. Ainda podemos confiar no "Estado" lacônico, que, solitário, vai além da sociedade e preexiste à Constituição, ou ele se liquidou, do ponto de vista visual e também funcional, com o triunfo do Estado de direito e da democracia e com suas simbolizações republicanas pós-nacionais?

---

32 Cf. análise detalhada a esse respeito em *Der normative Blick*, de Frankenberg.

O Estado, como "Estado" – pessoa jurídica, centro unitário da vontade ou instituição situada antes de toda e qualquer Constituição e fora da sociedade –, ainda tem um valor jurídico útil? Após a visita do museu de imagens da estatalidade moderna, gostaríamos de responder a essas perguntas com um "não". Contudo, a resposta não é assim tão simples.[33] No que diz respeito ao Estado, as opiniões sempre divergem.[34] O conceito de Estado continua sendo usado como designação do acordo institucional por meio do qual as sociedades agem sobre si mesmas, embora existam alternativas, como governança ou sistema político. A doutrina e a Teoria do Estado, a Teoria Política ou a Teoria das Instituições atormentam-se incansavelmente com seu diagnóstico e construção. A ideia do Estado garantidor parece ganhar terreno.[35] Corajosa ou timidamente, alguns autores avançam em direção à terapia dos sintomas patológicos, como, por exemplo, a da vulnerabilidade do Estado perante o terrorismo.[36] Mais adiante, abordaremos detalhadamente seus tratamentos de cura retrógrados e baseados no direito de exceção.

Nos casos em que uma terapia é supérflua em razão das circunstâncias, ouve-se um tom de apocalipse do Estado. A mensagem, então, é: retrocesso, decadência, declínio, derrocada ou extinção do Estado.[37] "O Estado não é 'abolido', escreve Friedrich Engels em *Anti-Dühring*, *"ele se extingue"* (Engels, 1962, p.262). Como sintomas hodiernos da doença que, insidiosamente, vai levando o Estado à morte, diagnosticam-se a globalização e a europeização (na Alemanha), a regionalização ou a transnacionalização (em

---

33 As reflexões subsequentes foram provocadas em especial por Möllers (2000), às quais se associa o seu estudo de 2008, e por Zumbansen (2000).
34 Ver análise esclarecedora a esse respeito em Vogel, B. (2007).
35 Da abrangente literatura: Hoffmann-Riem (2001); Vogel. B. (2007).
36 Ladeur (2006, p.3) observa "uma decadência dramática das instituições estatais e jurídicas". Hillgruber (2007) e Gramm (2006) argumentam contra a pretensa indefensabilidade do Estado na "guerra contra o terror".
37 Da literatura praticamente inabrangível sobre o declínio e o ceticismo estatal ver apenas Albrow (1998); Camilleri e Falk (1992); Cassese (1986); Creveld (1999); Strange (1996); Saladin (1995); Stolleis (2004).

outros países) e, internamente, os processos de individualização, pluralização e desinstitucionalização, que ainda são dificilmente compreendidos em termos analíticos.[38] Embora não sejam unânimes na definição, os necrólogos concordam em maior ou menor medida quanto à globalização: ela enterra a intervenção controladora e condutora do Estado soberano sob fluxos monetários e financeiros, sob a produção e a circulação de mercadorias. Problemas transfronteiriços, tais como, especialmente, a segurança militar, a poluição ambiental, a política climática, a "criminalidade organizada" e o terrorismo ajudam a levar ao túmulo a soberania estatal ou, seguramente, seu entendimento tradicional (Denninger, 2000).[39] Com a ideia tradicional da soberania estatal[40] também vem abaixo o Estado marcado pelo liberalismo clássico. Inebriados pelo "neosplengerismo" autogerado (Beck, 1997, p.183), jovens, à beira da cova do Estado (nacional) soberano, juntamente com alguns dos críticos deste, juram o "fim da democracia", ao mesmo tempo em que selam nosso destino coletivo de afugentados com a "expulsão da pátria" (Guéhenno, 1994).[41] Em contrapartida, as teses da "carência de Estado da sociedade" e reminiscências esporádicas lembram o *Leviatã* de maneira francamente irônica.[42]

Mais moderados em seus gestos, surgem em cena os adeptos de um discurso sobre o Estado de cunho histórico e baseado no empirismo. Cuidadosamente, eles se distanciam da melancolia em relação ao Estado, das visões de decadência e das orações fúnebres e entendem o Estado nacional – diante da duração relativamente curta de sua vida – como fenômeno transitório. Logo, não há motivo para excitação. Quando o Estado dos séculos XIX e XX modifica

---

38 Sobre a desinstitucionalização do Estado Social, ver Ladeur (2006, p.139 e ss.); contra as fantasias teóricas de decadência e as ilusões neoliberais, Vogel, B. (2007).
39 Cf. também Saladin (1995).
40 Não obstante ela tenha sido reanimada nas decisões do tribunal constitucional alemão, sobretudo na decisão de Maastricht (*BVerfGE* 89, 155) e na decisão sobre o Tratado de Lisboa (*BVerfG, Neue Juristische Wochenschrift,* 2009, 2267).
41 Cf. também Albrow (1998).
42 Por exemplo, Voigt (2000) e, recentemente, Möllers (2008).

sua configuração institucional, suas finalidades e formas de atuação ou até mesmo renuncia ao seu espírito de centro das vontades, a perspectiva historicizante recomenda o trabalho – em vez de nostalgia e luto. Segundo ela, trata-se de escrever a história do poder estatal ou do entendimento de Estado,[43] de entender a transformação da estatalidade[44] e de seus modelos de ordenamento, de efetuar reajustes adequados à sociedade pós-industrial, radicalmente pluralizada no plano interno. Nesse caminho encontramos também os teóricos sistêmicos. Teorizando em modo de (auto)observação, há muito que eles reclassificaram o Estado, ou melhor, o Estado de direito, em sua semântica da técnica, em dois "sistemas [diferentes], cada um deles operando de modo fechado" – direito e política – associando-os aos seus diferentes códigos, programas codificados e funções (Luhmann, 1993, p.417). Todavia, quanto a "associações estruturais" e interferências, eles mantêm abertas portas traseiras de ligação. No reino da contingência, é possível, discretamente e sem profecias, modelar tanto as alternativas à arquitetura estatal nacional do político quanto o pluralismo jurídico (Teubner, 1996) como alternativas à ideia unitária do direito do Estado e do Estado de direito, tramando sempre novos paradoxos.[45] Se seguirmos a teoria sistêmica, onde antes dominava a imagem da unidade, regem hoje, distantes da lógica da corporificação, ideias de "sociedade sem topo e sem centro" e até mesmo de "redes policêntricas" (Luhmann, 1981, p.22 e ss.; Ladeur, 2006, que defende a racionalidade da "sociedade do direito privado").[46] Entretanto, não se ajustam bem a essa imagem as persuasivas descrições do Estado garantidor, a evolução do Estado securitário e as vozes que se elevam em favor da tutela

---

43 Da série "*Staatsverständnisse*" do Instituto de Ciências Sociais: Voigt (2001).
44 Há que se remeter à fulminante produtividade do grupo de pesquisa especial de Bremen, "*Staatlichkeit im Wandel*", cuja série de publicações de Philipp Genschel, Stephan Leibfried, Patrizia Nanz e Frank Nullmeier será editada.
45 Sobre a crítica da paradoxologia: Günther (2005) e Bung (2008).
46 Fundamentalmente no mesmo sentido, ver Zumbansen (2000, p.118 e ss.).

estatal do sistema financeiro em caso de falha dos bancos do sistema econômico funcionalmente diferenciado.

Por sua vez, outro discurso sobre o Estado – que compartilha com a teoria sistêmica a imagem de um universo sistêmico, mas modela as diferentes funções conforme a origem e de modo hierárquico, como faziam as teorias da soberania – fala em fim. Nesses modelos, cabia ao sistema político a função de conduzir os outros subsistemas da sociedade – direito, economia, ciência etc. Os protagonistas desse discurso não se retardam no fim da ilusão de controle, que torna inevitável o fracasso da política ou, para usar uma linguagem teórica mais elevada, a fragmentação e a desconstrução da soberania estatal em sistemas multinivelados ou em regimes jurídicos transnacionais sem Estado (Teubner, 1997). Os demiurgos de nossos dias mergulham o pensamento hierárquico no banho bem temperado da modernização reflexiva, para novamente virem à tona com "utopias [supostamente] realistas" (Beck; Giddens; Lash, 1996). Assim, emergem das torrentes do globalismo – quase por uma terceira via – o "Estado transnacional",[47] a "democracia cosmopolita" (Held, 1995, 271 e ss.) e, por todos os lados, a nunca assaz criticada *good govenance*. Eles funcionam como soluções técnicas pós-revolucionárias para o "governar para além do Estado nacional" (Zürn, 1998; Brand et al., 2000; Winter, 2006).

Onde um dia pessoas de direito público e poder estatal, interesses e temores dominavam e se serviam de um programa imagético que gerava medo e reclamava obediência, hoje as teorias modernas estendem o amplo tapete da cooperação – externamente, na forma da cooperação transnacional entre Estados e organizações não estatais, internamente, como Estado cooperativo ou Estado de direito cooperativo (Beck, 1997, p.218 e ss.; Voigt, 1995; Hobe, 1999). No lugar da decisão existencial solitária, exaltada por Carl Schmitt como a essência da completude do poder do sujeito (estatal), como veremos bem mais adiante, entrariam, agora, negociações e agenciamentos sensíveis ao contexto, transações *ad hoc*, informalizações,

---

47 À guisa de introdução, ver Beck (1997, p.183 e ss.).

acordos situacionais e mediações. O Estado, enquanto Estado (de direito) informal e/ou cooperativo, não é mais o que um dia pareceu ser. Devemos nos adaptar à "estatalidade em transformação" – e também à transformação da estatalidade de direito –,[48] se bem que a atual crise financeira, ao menos provisoriamente, tenda mais a reanimar o Estado interventivo keynesiano.

6. O desvanecente valor utilitário do conceito de Estado

Depois desse passeio extremamente abreviado pelo universo contemporâneo das teorias e conceitos de Estado, deixemos para trás, agora, as visões apocalípticas e as imagens marciais das grandes teorias para nos aproximarmos de um âmbito que fica um pouco à parte. Nesse âmbito, o valor utilitário do Estado ainda é afirmado – em "estreita ligação" com o passado (Möllers, 2000, prefácio; cf. 2008)[49] e distante do alvoroço marcial teórico de nossos tempos. Entretanto, no espírito de uma teoria geral do Estado consagrada à morte, não se trata do valor utilitário do Estado, mas unicamente de sua utilidade para a dogmática do direito público. É do Estado lacônico, anterior a toda e qualquer Constituição, que se está falando aqui, não exatamente do Estado de direito.

Para os lacônicos teóricos da contingência e para os resolutos teóricos constitucionais, a questão dos potenciais de controle e das barreiras jurídicas do Estado há muito foram superadas. A resposta para ela é: não existe nem um Estado central condutor nem uma estatalidade não constituída. Hoje não é mais possível fazer um Estado com o Estado lacônico, solitário e unitário, antes concebido como pessoa jurídica, personalidade estatal ou centro da vontade que ocupava o lugar que o monarca deixara vazio.

---

48 Da produção do grupo de pesquisa especial mencionado, aluda-se apenas a Leibfried; Zürn (2006) e Hurrelmann et al. (2008).
49 Em compensação, Zumbansen (2000, p.118), com razão e compreensão da complexidade, considera "a ciência do direito que se orienta para o presente, lança um olhar para o passado e pensa no futuro".

TÉCNICAS DE ESTADO

Naturalmente, estadistas e adeptos de uma teoria estatal que entendem essa disciplina como prevalentemente dogmática ainda julgam o conceito de Estado – que assume paulatinamente uma conotação teórico-anticíclica – capaz de prestar serviços essenciais às soluções concretas dos problemas do Estado de direito. Contra essa confiança eleva-se o estudo de Christoph Möllers, *Staat als Argument* [O Estado como argumento]. Percorrendo a história dos dogmas, seguindo as linhas da teoria geral do Estado, desde Georg Jellinek, passando por Hans Kelsen até Hermann Heller e Rudolf Smend, ele persegue os "traços sistemáticos" que as obras dos teóricos citados conseguiram deixar na teoria e na prática do direito público. Um empreendimento corajoso que, diante da temperança da Teoria do Estado – ou, para usar a linguagem dos necrólogos: da decadência da teoria geral do Estado após 1945 – e do destronamento da ciência do direito público pela grande coalizão entre ciência do direito constitucional e ciência do direito administrativo,[50] não promete nenhum resultado surpreendente.

O Estado lacônico ainda é um argumento jurídico? Em Hobbes, não havia dúvidas de que a resposta era "sim". Na teoria estatal por ele inspirada, tampouco se levanta uma dúvida séria contra a força argumentativa do conceito de Estado no contexto dogmático-metodológico. Segundo o estudo de Möllers, que trata da atual disposição do Estado, as coisas são mais complicadas. O que, *prima facie*, em razão do questionamento e da tematização, poderia parecer uma análise, no espírito do estatismo especificamente alemão, em uma leitura mais cuidadosa mostra ser uma contribuição à literatura de desilusão antiestatal. A questão marginal inócua sobre a importância do conceito de Estado para a dogmática do direito público, à medida que vai sendo respondida em detalhes, desenvolve um efeito francamente subversivo. Entretanto, o autor prepara

---

50 Em sentido semelhante, ver a tese de Schlink (1989, p.163). A esse respeito, ver também Vesting (2004). Sobre o papel da ciência do direito administrativo é fundamental a série *Schriften zur Reform des Allgemeinen Verwaltungsrechts*, editada por Hoffmann-Riem e Schmidt-Aßmann (especialmente 1997) e Schuppert (1993).

cuidadosamente seus leitores tendentes ao Estado para o choque terminativo – o valor utilitário extremamente modesto do Estado (solitário e lacônico) enquanto conceito jurídico (Möllers, 2000, especialmente p.405, 416 e 418 e ss.) – ministrando o remédio amargo da desilusão em doses homeopáticas e renunciando a ameaças apocalípticas, a pretensões sistêmicas ou à retórica iluminista, a não ser, uma ou outra vez, em abordagens pontuais e bastante distanciadas.

Resumindo as reflexões de Möllers, chega-se a um balanço consideravelmente negativo: o tratamento da unidade estatal transmitido parece não desenvolver nenhum grande valor descritivo sob o aspecto da Teoria do Estado ou do direito público; para a dogmática do direito público, ele é simplesmente dispensável. O mesmo se aplica ao monopólio do poder estatal enquanto conceito jurídico. Do mesmo modo, é manifestamente possível prescindir de uma teoria geral do Estado como pressuposto constitucional. E com a categoria da responsabilidade final do Estado não é diferente. Acertadamente, os critérios materiais de estatalidade não encontram misericórdia perante os olhos do autor, pois lhes falta tanto um "ponto de referência na Lei Fundamental" quanto "clareza". Ele nos ensina que talvez seja melhor nos abstermos de recorrer a uma teoria geral do Estado, pois existiria o perigo de sermos arrastados para a "terra de ninguém normativa". Segundo ele, mesmo quanto à União Europeia, não seria possível fundamentar – diferentemente do que diz o tribunal constitucional alemão sobre o Tratado de Maastricht (e seria de complementar-se: sobre o Tratado de Lisboa)[51] – um mandamento que pudesse ser deduzido da Lei Fundamental, segundo o qual a estatalidade soberana deve ser preservada. Por conseguinte, o conceito de Estado seria pouco recomendável para um processo de fundamentação constitucional no contexto problemático da integração europeia. Nas considerações finais, Christoph Möllers acrescenta, quase apologeticamente, que o conceito de Estado não parece "por conseguinte [...] ser um meio

---

51 *BVerfGE* 89, 155 (Maastricht) e *BVerfG*, *Neue Juristische Wochenschrift* (2009, 2267, Lisboa).

privilegiado para aproveitar as conclusões de outras ciências para o direito público". É possível formular isso de modo mais delicado? De fato, nem os teóricos do Estado seguidores de Jellinek nem os posteriores, de Weimar e da República Alemã, estavam em condições de deter a "ruína conceitual do objeto Estado" (Stolleis, 1996, p.20; Vesting, 2004). Pode-se deduzir: em um cenário de globalização contemplado da forma mais crítica possível, inclusive na busca por modelos pós-industriais e pós-nacionais de ordenamento, não há lugar para o Estado lacônico e solitário e para a nova edição da teoria geral do Estado. O "Estado" foi suplantado por expressões compostas, tais como Estado federal, Estado de direito, Estado Social, Estado de partidos, Estado constitucional ou Estado garantidor.[52] Portanto, a Teoria do Estado, se se quiser manter atualizada, tem que enfrentar os desafios da democratização, da europeização, da transnacionalização, da pluralização e da constitucionalização. No lugar da teoria unitária *do* Estado, entra o pluralismo das teorias da democracia e do Estado federal, da integração europeia e da transnacionalização da responsabilidade política, das teorias constitucionais e também das teorias do Estado de direito.

Ficou demonstrado que todas as representações visuais e linguísticas que obedecem à lógica da corporificação, ou seja, todas as ideias do Estado como *body politic*, organismo, pessoa jurídica, centro das vontades ou subjetividade, do mesmo modo que imagens mecanicistas e conceitos do Estado como máquina também são, afinal, história na dogmática do direito público. O mesmo deveria valer para a representação tradicional da técnica de Estado como protótipo de uma mecânica neutra das artes do poder soberano, cuja transformação formal e funcional eu gostaria de examinar nos capítulos que agora se seguem.

---

52 Ainda deveriam ser acrescentados os neologismos teóricos, tais como "Estado de supervisão" (Willke, 1992, p.335 e ss.) ou "Estado de grupos" (Ladeur, 2006, p.97 e ss.).

CAPÍTULO III
CONJUNTURAS DE ESTADO DE DIREITO E DE ESTADO DE EXCEÇÃO

1. Estado de direito como "contested concept" de normalidade

O Estado de direito envelheceu sem gozar por toda parte do reconhecimento unânime condizente com a dignidade de sua idade. Apesar – ou por causa? – de suas múltiplas possibilidades de emprego, ele é controverso. Totalmente austero como figura retórica, seu "*páthos* da distância" resiste a traduções atuais em metáforas manejáveis. De fato, o "olho da lei" segue a lógica da corporificação, mas, metaforicamente, abrange apenas um aspecto – ainda que central – da estatalidade de direito: a reificação dessacracalizante e despersonalizante da soberania conduzida pelas regras em seu caminho "de Deus para o deus terreno que é o príncipe, daí para o Deus imortal do Leviatã e deste para a lei deificada, que, por seu lado, encontra sua coroação na Constituição" (Stolleis, 2004, p.51). Não se vai além da corporificação parcial nem quando se acrescenta ao "olho da lei" seu prolongamento executivo – o "braço da lei". Em contrapartida, a imagem clássica de um *government of laws and not of men*, formulado em 1780 na Constituição de Massachusetts, aproxima-se mais do Estado de direito. Distante da magia imagética do *Leviatã*, essa fórmula ressalta como o "olho da lei" – novamente, a objetivação da soberania – tem o objetivo de excluir a arbitrariedade pessoal como característica especial, mas sem remediar a falta de clareza. Em razão de sua polissemia (Jowell, 1994, p.57; Kelsen, 1992, p.314, fala de um pleonasmo) e talvez também devido a sua resistência a visualizações, algumas vezes o Estado de direito é relegado ao reino da "fórmula vazia" e das "expressões figurativas". Não é raro que defensores e críticos encarem a racionalidade fria da lei do Estado de direito com desconfiança, desconforto ou indiferença ou queiram identificar um "crepúsculo do Estado de direito" (Merten, 1982).[1] Embora não sejam representativas, são sintomáticas as sugestões de "esvaziar a bola de sabão que é a pompa do Estado de direito" ou de banir o Estado de direito como conceito (Kunig, 1986, p.3 e ss., 481 e ss).

Como princípio constitucional e base normativa da técnica de Estado, o Estado de direito compartilha da indefinição do fundamental. No entanto, supõe-se que ele sobreviva à proposta de renunciar ao pouco definido princípio geral em favor de uma multiplicidade de elementos de Estado de direito que é definida a cada vez de uma forma diferente.[2] O princípio geral do Estado de direito ainda se faz acompanhar, por força da tradição ou da definição, da certeza necessária? Diante da diversidade dos movimentos na doutrina do Estado, algumas vezes involuntariamente desconstrutivistas, o ceticismo é oportuno, não obstante os recursos da jurisdição constitucional à estatalidade de direito, sobretudo desde a reunificação e, nos últimos tempos, em uma série de decisões sobre a proteção de dados,[3] e

---

1 Da perspectiva de uma crítica do renascimento do decisionismo, ver Hawel (2009).
2 Sobota (1997, p.27 e ss.), até onde se pode ver, está sozinho à frente, com os 142 subprincípios da estatalidade de direito por ele listados.
3 Em especial as decisões do tribunal constitucional alemão: BVerfGE 92, p.277/325 e ss.; 95, p.96/140 e ss. A documentação comentada de Erd, "*Bundesverfassungsgericht versus Politik*", informa detalhadamente sobre a jurisprudência mais recente sobre escutas clandestinas, buscas *on line*, retenção de dados e fichamento de placas automotivas.

apesar da insistência com que a prática atém-se a esse princípio, embora de modo mais ritual do que do com entusiasmo argumentativo.

Em um ambiente no qual as competências e o poder de controle de um poder público organizado com base no Estado nacional tornaram-se precários, por um lado, devido às tendências de privatização e, por outro, em razão das consequências da desnacionalização – especialmente no âmbito da europeização e da transnacionalização da responsabilidade política –, parece ao menos aconselhável não subestimar as funções de ordenação e orientação que podem ser intermediadas por conceitos e suas histórias. No entanto, os retrocessos exegéticos, como a eliminação do conceito de "Estado de direito" ou sua etiquetagem como fórmula vazia, e as manifestações isoladas exageradamente enfáticas[4] são reações desproporcionais à aliagem entre diferentes significados no conceito e na ideia de estatalidade de direito. Pois estes informam unicamente sobre os conflitos e projetos históricos nos quais se tentou, com o conceito de luta "Estado de direito", reprimir as competências e pretensões de poder da soberania absolutista, na qual o direito de exceção e o medo da arbitrariedade estatal eram a regra, por meio da inserção do Estado no direito e da legitimação do Estado pelo direito (Leibholz, 1958).

Hoje, em compensação, o "Estado de direito" é menos uma noção discursiva do que uma fórmula para um *design* institucional. Essa fórmula remete às diferentes situações da relação entre Estado e sociedade, às diferentes separações e classificações funcionais do poder político, bem como ao *status* jurídico dos indivíduos, cingido pelos direitos fundamentais. Desde o "ingresso na condição civil" (Kant), tal fórmula denota uma concepção normativa: como princípio formal de uma comunidade juridicamente ordenada, a estatalidade de direito dá uma resposta possível, mas especialmente

---

 4 Baratta (1979) chama o Estado de direito de "uma das fórmulas mais auspiciosas da ciência do direito contemporânea" (1). Leisner (1948) caracteriza-o como "tabu verdadeiro e raro". Ryffel (1969, p.416) identifica uma "necessidade antropológica" que Behrendt (1981) celebra até mesmo como sendo "quiçá o serviço intelectual mais imponente que o homem prestou à sua existência social" (5).

influente do ponto de vista histórico, à dupla função das sociedades seculares de fundamentar a autoridade política e integrar socialmente seus membros.[5]

Com a imposição do *método Locke* de técnica de Estado, o Estado de direito – em um primeiro momento, liberal, mais tarde, democrático e social – introduz uma distinção tão basilar quanto importante: a situação normal da legalidade de Estado de direito sai do universo do caso excepcional generalizado constituído por poderes extraordinários. Ao mesmo tempo, o poder, enquanto recurso da soberania, é substituído pela confiança.[6] Os destinatários da soberania sabem o que deve acontecer e podem ter a confiança de que, em regra, acontece o que deve acontecer (Reemtsma, 2008). Desvios em relação à normalidade passam a ser identificáveis como exceções e carecem de justificativa.

Gostaria, porém, de mostrar que, na prática, sempre lidamos com um "*essentially contested concept*" (Gallie, 1956, p.169 e ss.; Heuschling, 2002, p.5 e ss. e 31 e ss.) – com um conceito de Estado de direito vago e aberto à interpretação, cujos elementos constitutivos podem ser descritos de diversas maneiras e que, à luz das circunstâncias políticas e econômicas, sociais e culturais alteradas, está submetido a modificações consideráveis e imprevisíveis. Por isso, esse conceito jurídico-constitucional contrário ao de estado de exceção não ganha contornos – o que se deve à multiplicidade das ofertas interpretativas[7] – em uma definição ilusoriamente neutra, que mascara conflitos históricos e atuais, mas, na melhor das hipóteses, na reconstrução de situações e crises históricas, bem como nas controvérsias teórico-dogmáticas que as acompanham.

---

5 A esse respeito, ver análise detalhada em Frankenberg (1997, cap. III).
6 Com especial clareza na filosofia de Locke, sobretudo em *Zwei Abhandlungen über die Regierung* (1977, II tratado). Vide também supra.
7 Remissões em Frankenberg, *Alternativkommentar zum Grundgesetz*[3], *Art. 20, Abs. 1-3, III* (Estado de direito), nos 1 e ss., inclusive sobre o que se segue.

2. Origens, afinidades eletivas e diferenças

Poderíamos pensar que a história do Estado de direito e do estado de exceção já está escrita. Contudo, essa tese só pode ser certificada se traduzida para o plural. Pois a evolução do Estado de direito foi construída de múltiplas e distintas formas; já a do estado de exceção, nem tanto.[8] Aqui, o pluralismo das narrativas não será complementado, nem sequer concluído com outra exposição, que seria necessariamente superficial. Partindo do aspecto "Estado de direito e estado de exceção", concentro-me, na reconstrução seguinte, na formação e na evolução gradual da estatalidade de direito como forma de fundamentação do poder soberano legítimo e da restrição de suas funções, competências e finalidades, bem como no desenvolvimento da técnica de Estado de direito como essência da normalidade e da normatividade da relação Estado-cidadão. A evolução da soberania de Estado de direito é acompanhada por regulações e teorias do estado de exceção. Enquanto, em um primeiro momento, contemplo essa evolução sob o aspecto da estatalidade de direito, no Capítulo IV, as teorias do estado de exceção constituem o tema central.

A "invenção" do Estado de direito

A abertura interpretativa do Estado de direito como conceito, ideia e ideologia começa com a questão de sua origem, embora a busca pelas origens leve muito mais a mitos do que a certezas; quanto ao conceito de Estado de direito, essa busca revela-se especialmente infrutífera. O conceito de "Estado de direito" aparece – não por acaso, em proximidade temporal com a "invenção" do indivíduo como cidadão estatal – por várias vezes no espaço germanófono.

---

8 Sobre o Estado de direito, cf. excelentes informações em Bäumlin; Ridder em AK-GG², Art. 20, Abs. 1-3, III; Böckenförde (1992); Denninger (1973, p.91 e ss.); Maus (1986); Neumann (1980, p.203 e ss.); Stolleis (1990). Sobre a história do estado de exceção, são dignas de leitura as obras de Reinach (1885); Boldt (2001) e Rossiter (2002).

Na teoria kantiana do direito, na qual não é mencionado desse modo, ele é desenvolvido de maneira sistemática (Kant, 1977a; 1977b, §§ 45 e ss.), como soberania da lei, como "a única constituição estatal restante em que a lei é autocrata", antes de a Teoria do Estado e a Ciência da Administração alemãs recepcionarem-no de modo reticente e hesitante na primeira metade do século XIX.[9]

Seria praticamente impossível encontrar uma certidão de nascimento do conceito[10] que pudesse afastar toda e qualquer dúvida. Durante a transição revolucionária, ele estava, por assim dizer, no ar. Também se pode renunciar à busca de sua origem ou a um teste de paternidade, já que possíveis pais já definiram problema, programa e princípios para fundamentação e moderação da soberania. Além disso, a prática estatal é mais determinante para a compreensão do que o conceito.

Como no caso dos outros princípios fundamentais da moderna organização estatal, sobretudo república e democracia, a pré-história do poder soberano justo e/ou assegurado pelo direito reconduz às teorias estatais da Antiguidade e à tradição inglesa do *rule of law*. Na Antiguidade greco-romana, a legitimação e a moderação do poder soberano passam para o primeiro plano em relação à limitação das finalidades estatais. Platão e Aristóteles baseiam a viabilidade de uma comunidade política bem-ordenada na equidade, como concretização conteudística do bem-estar, e ressaltam a ideia de ordenamento de uma soberania mediada por leis. As associações entre elementos monárquicos, aristocráticos e democráticos em uma forma mista de Estado esboçada por eles, bem como por Políbio e

---

9 Especialmente Welcker (1813); Aretin (1824, p.163) e, sobretudo, Mohl (1833), que, em 1832, pela primeira vez, inclui o conceito no título da obra: *Die Polizei-Wissenschaft nach den Grundsätzen des Rechtsstaates*; cf. também Bähr (1864).

10 Placidus fala, em seu *Literatur der Staatslehre* (1798, p.73), de uma "Teoria do Estado de direito" ("*Rechts-Staats-Lehre*"); Leisler, em 1806, de um "Estado jurídico" (apud Stolleis, 1990, coluna 369). Por fim, o pouco conhecido Harscher Von Almendingen (p.66) remete, em *Grundzüge zu einer neuen Theorie* über *Verletzungen des guten Namens und der Ehre*", ao "Estado de direito". Agradeço a Marc Bors pela referência a Harscher von Almendingen. Por isso, a "invenção" do conceito é erroneamente atribuída a Adam H. Müller (1809). Cf. Weinacht (1969).

Cícero, têm uma dupla direção ofensiva: elas têm a função de assegurar constitutivamente a soberania dos mais capazes – com participação mais ou menos ativa mas sempre controlada dos cidadãos, o que excluía mulheres, crianças, estrangeiros residentes e escravos. Defensivamente, elas servem como limitação das competências soberanas e como barreiras contra toda e qualquer delimitação despótica daquelas constituições supostamente "boas".

Se mantivermos distância suficiente das imagens idílicas de homens vivendo unidos, com uma conduta de vida filosoficamente virtuosa, em especial do "estado terreno do reino divino" elitista de Platão e da idealização transparente da república romana feita por Cícero, conseguiremos identificar uma genuína questão "de Estado de direito", apesar dos diversos contextos e programáticas das antigas doutrinas do Estado: como é possível organizar a soberania política que, embora eficaz no sentido da condução executiva do Estado, não age assim de modo tão ilimitado a ponto de arruinar a comunidade política com a ignorância, a incompetência ou a arbitrariedade?

O rule of law como "rota"

Entre a ideia, o ideal e a ideologia do Estado de direito e do *rule of law* existe uma estreita afinidade eletiva em comparação com as antigas doutrinas do Estado.[11] Do ponto de vista normativo, ambos recorrem a princípios fundamentais semelhantes; do ponto de vista programático, ambos orientam-se contra os regimes absolutistas, para a conferência de legitimidade ao poder soberano e de autoridade aos soberanos, por um lado, mas, por outro, para a limitação de suas funções e competências e para a repulsa de intervenções arbitrárias – ou como se dirá mais tarde: ilegais – na sociedade estamental ou civil. O denominador comum seria, portanto, a contenção

---

[11] A esse respeito, ver Maccormick (1984) e, em outro sentido, Böckenförde (1992, p.144, nota 4). Cf. análise minuciosa sobre as diferenças e as correspondências em Heuschling (2002).

legal de um "*authoritative and limited government*" como situação normal que, ao menos na modernidade, é acompanhada como que por uma sombra pelas situações excepcionais supralegais dos estados de guerra, de sítio e de necessidade do Estado.

Em relação às utopias ideais e reais das teorias da pólis e da república da Antiguidade, com o *rule of law*, aqui designado como "rota" por questões históricas, ocorre um deslocamento.[12] No lugar da confiança na influência benfazeja das elites virtuosas e filosoficamente formadas entra a confiança no direito legal do parlamento (estamental). Uma elite também, com certeza, mas uma elite que representa o povo segundo a ideologia e a pretensão. A isso se vem adicionar um segundo elemento: o *rule of law* tem por objetivo realizar a transição do exercício pessoal para o exercício impessoal do poder, mais especificamente aquele mediado pela lei, ou seja, deve conduzir do *método Maquiavel*, em uma primeira etapa, para o *método Hobbes*, em uma segunda etapa, de modo a conter, quando não neutralizar, as prerrogativas e a arbitrariedade do soberano com os meios da técnica de Estado legislativa.

Nos tempos subsequentes, os abusos do poder governamental podem ser reproduzidos no âmbito do *rule of law*, bem como, mais tarde, na do Estado de direito e do *État de droit*. Ao mesmo tempo, o ônus de justificação para a aplicação do "*martial law*" e dos "*prerogative*" ou "*executive powers*" é elevado em situações excepcionais. Na concepção clássica de Locke, isso aparece em sua teoria da prerrogativa real, que ele não é capaz de limitar, mas que aproxima da soberania legal (Locke, 1977, II Tratado, cap.14). Segundo essa teoria, em caso de um estado de necessidade não regulado, o Executivo está autorizado a agir em seu âmbito de discricionariedade ou contrariamente à lei, mas, posteriormente, tem que justificar seu ato ilegal perante a opinião pública e, sob certas circunstâncias, submeter-se a uma prestação de contas. Do século XVI ao século XVIII, a

---

12 A esse respeito e sobre a evolução do *rule of law*, ver Fleiner; Fleiner; Lidija (2003, p.227 e ss.); Dicey (1959); Heuschling (2002, p.165 e ss.).

questão da primazia – rei, parlamento ou tribunais? – esteve no centro dos conflitos constitucionais e dos debates científicos.

Mesmo no que se refere ao aspecto ordenatório do "*law and order*", existe uma afinidade entre Estado de direito e *rule of law*. Ambos fornecem uma resposta à questão sobre a possibilidade de um ordenamento social. Contudo, é possível ver pontos de referência absolutamente distintos e consequenciais do caminho alemão e do caminho inglês em direção ao projeto de uma sociedade ordenada pelo direito e com as técnicas legislativas de Estado. O *rule of law* implica obediência ao direito posto adotado pelo Parlamento; não é assim no atalho alemão em relação ao Estado ou ao Poder Executivo. Ele pode ser facilmente conectado à democracia representativa por meio da ponte legitimatória da soberania parlamentar. Por essa razão, a evolução do *rule of law* é vista como a história das lutas sociais e políticas pela fundação e pela evolução do poder soberano controlado pelo parlamento e contido tanto pela democracia quanto pelo direito.[13] Como a separação e a oposição entre Estado e sociedade (civil) também são estranhas à concepção inglesa de direito, os debates sobre a limitação das funções do *government* são suplantados pelas lutas pela limitação de seu poder soberano com vistas à garantia das condições de liberdade e propriedade.

Na época dos Tudor, os conselheiros jurídicos da coroa inglesa, com a teoria dos "dois corpos do rei" – *body natural*, o rei como pessoa privada falível (*king*), e *body politic*, o rei como rei infalível ("*King can do no wrong*") –, preparam a imaginação política e a fundamentação jurídica de um poder soberano despersonalizado, orientado para a continuidade, cuja dignidade (*dignitas*) sacral escapa a todo e qualquer olhar legitimador crítico.[14] Diferentemente da teoria continental moderna da dupla majestade – de um lado, a *majestas realis* dos estamentos do reino representantes do povo; de outro, o

---

13 A esse respeito, cf. Dicey (1959, p.183 e ss.); Maccormick (1984, p.66) e Gough (1955, p.137); Loughlin (1992); e, como pioneiro filosófico do "*lawful government*", Locke (1977, II Tratado, especialmente §§ 134-139, inclusive quanto ao que se segue).
14 Kantorowicz (1990), e, ademais, Gauchet (1981). Cf. análise crítica dessa interpretação em Agambem (2002).

imperador como *majestas personalis* – as teorias inglesas do Estado situam a soberania, num primeiro momento, após os conflitos constitucionais do século XVII, no monarca, depois, rapidamente, no povo e, em seguida, no parlamento, antes que, por fim, a fórmula compromissória de um *mixed government, King-in-Parliament* se impusesse. A concepção de um rei engajado na responsabilidade parlamentar desloca o caminho para a soberania absoluta pessoal de um indivíduo como soberano por força de um direito superior e, por conseguinte, põe fim à normalidade do estado de exceção que caracteriza o *Ancien Régime*.

A imagem esboçada por Thomas Hobbes em *Elementos do direito* e em *Leviatã* de uma máquina de paz e de um "Deus mortal" soma-se, como vimos, a essa imaginação política semimoderna: em primeiro lugar, não é incondicionalmente necessário que um único indivíduo seja titular do poder soberano, embora, de fato, Hobbes entendesse sua teoria estatal como projeto para a salvação da monarquia. Em segundo lugar, do ponto de vista legitimatório, Hobbes não reforça o absolutismo com a misericórdia divina, mas por meio de um cálculo de interesses de cada um dos membros da sociedade. Isso alcança validade em um contrato social recíproco em benefício de um terceiro não vinculado.

Sobre o pano de fundo da Revolução Gloriosa de 1688/89 – ainda que não necessariamente para justificá-la –, John Locke atém-se à constituição contratualista da soberania política. Todavia, esta não se baseia em uma renúncia recíproca ao direito por parte dos súditos com vistas à garantia da paz interna e externa, como é o caso em Hobbes. O contrato mútuo de Locke conduz muito mais à instituição de um Legislativo como poder máximo e, por conseguinte, institucionaliza uma soberania de maioria, que deve ser executada de acordo com o direito vigente. A técnica de Estado encontra seus limites nos direitos naturais e fundamentais à propriedade e à liberdade pessoal (Locke, 1977, II Tratado). A teoria de Locke, com os elementos essenciais do paradigma liberal e com a teoria complementar das prerrogativas, marca, ao mesmo tempo, a contradição entre uma condição legal de liberdade e uma condição de poderes executivos especiais que, naturalmente, permanecem vinculados ao bem-estar do povo e que por ele podem ser revogados em caso de abuso (ibidem, II Tratado, cap.14). A teoria estatal do despotismo esclarecido de Hobbes e a filosofia do Estado – liberal, por fim – de Locke refletem, cada uma à sua maneira, as lutas dos barões ingleses, a *landed gentry*, contra as prerrogativas das coroas e, mais tarde, as lutas da burguesia proprietária pela instituição de um sistema de separação de poderes (ainda criticado por Hobbes) sob a soberania da lei (como afirma Locke, ibidem, § 137). Na entronização teórica e prática do parlamento como soberano e na ênfase no papel dos tribunais como baluartes contra todo tipo de intervenção ilegal na liberdade e na propriedade, constituem-se, no curso da evolução do *rule of law*, as condições jurídico-normativas e institucionais da transição da sociedade estamental para uma sociedade de mercado simples e, por fim, para uma sociedade de mercado e de concorrência evoluída.[15]

A indicação da posição social do *rule of law* e de sua evolução, que se deve à sua gênese, principalmente à proteção da propriedade e aos direitos transmitidos, não o reduz a um regime de soberania de classes e de individualismo possessivo. Pois, ao menos desde o triunfo da soberania parlamentar no século XIX, esse regime jurídico também favorece a consolidação da democracia parlamentar por meio do controle judicial dos setores executivo e administrativo do *government*. No contexto do reconhecimento dos direitos sociais e políticos fundamentais (Maccormick, 1984, p.68 e ss.; Marshall, 1950; Maccrudden; Chambers, 1993), conquistado a duras penas, a teoria e a prática do *rule of law* libertam-se de sua fixação inicial e duradoura na proteção da propriedade. Desde a incorporação dos "*rights of citizenship*", do direito eleitoral, paulatinamente ampliado e, por fim, com a adoção dos direitos fundamentais da Convenção

---

15 A esse respeito, ver análise detalhada em Neumann (1980, p.101 e ss., 128 e ss., 137 e ss.); Holdsworth (1914, p.647 e ss.); Macpherson (1967). Em sentido contrário, cf. Tully (1980).

Europeia dos Direitos do Homem pelo *Human Rights Act* de 1998, o *rule of law* não se absorve mais necessariamente num regime de individualismo possessivo. O amálgama de princípios, regras, critérios e expectativas cria, no decurso de sua cambiante história, uma trama original de direito parlamentar e judicial, bem como um clima cambiante de legalidade. Nesse ambiente, pode-se formar a expectativa de que o recurso a poderes excepcionais seja obstruído ou rejeitado pela justiça.

Contudo, até os tempos atuais, as controvérsias teóricas e dogmáticas indicam uma distância considerável do *rule of law* realmente instituído e exercido em relação àqueles regimes jurídicos coerentes e ideais tão frequentemente recriminados.[16] As controvérsias continuam se inflamando com os antagonismos admitidos nesse regime entre o *common law* elaborado pelos tribunais e o direito legal parlamentar, entre a concepção positivista do direito e as teorias do direito natural, entre legalidade formal e justiça material, entre liberdade e igualdade, entre regras gerais e situacionais, entre a neutralidade moral e a defesa do bem comum. Esses antagonismos e os conflitos subjacentes entre as prerrogativas do rei e a soberania parlamentar, a separação de poderes e os direitos fundamentais sinalizam que os limites entre a situação normal regulada pela lei e as competências extraordinárias nas situações excepcionais, que se instituíram em lutas constitucionais absolutamente intermináveis, ainda hoje, são permeáveis, quando não controversas.

3. O Estado de direito como "via específica" alemã

Com a ligação entre direito e Estado, o "Estado de direito" faz com que o caminho do absolutismo esclarecido para uma sociedade que rege a si mesma sob leis de direito alcance seu conceito especificamente alemão. O foco no Estado, privilegiado inicialmente

---

16 A esse respeito, vide análise instrutiva em Heuschling (2002, p.165 e ss.), com seu exame baseado na história das ideias e das teorias e remissões detalhadas.

e durante muito tempo, sinaliza outra direção do olhar, totalmente diferente do *rule of law*, ou seja, um olhar voltado para as chefias executivas do poder estatal e para sua burocracia e que se distancia da democracia parlamentar. No centro está o estado monossilábico como unidade, centro controlador e titular da soberania, que está submetido a um controle de legalidade (Fleiner; Fleiner; Lidija, 2003, p.243 e ss.).

Não parece inadequado falar de uma via específica, na medida em que a literatura de Estado do Iluminismo, bem como os programas e acontecimentos revolucionários desde o final do século XVIII, por mais vagos que sejam, ressaltam as correspondências entre soberania da lei, representação parlamentar e soberania popular, enquanto as teorias alemãs do Estado de direito, apesar da identificação entre direito e lei e da invocação da soberania do legislador, deixam-se informar, preponderantemente, por uma consciência antiparlamentar, quando não antidemocrática. Não é senão com reticência que elas se despedem da técnica de Estado hobbesiana de um despotismo esclarecido.

Do paternalismo assistencialista do Estado autoritário

A via específica alemã para o Estado de direito anunciou-se muito antes da era das revoluções democráticas. Na Inglaterra, a sociedade civil conseguiu assegurar seus direitos adquiridos e impor sua representação parlamentar em conflitos constitucionais sangrentos e, sobretudo, em confrontos entre o rei e o parlamento durante o século XVII. Sobretudo a *Petition of Right* de 1628 e a *Declaration of Rights* de 1689, enquanto leis fundamentais de categoria quase constitucional, constituem-se em marcos no caminho para uma monarquia constitucional, nada absolutista, e para um *limited government*, que não demora a perder os traços de um Estado autoritário paternalista. Em compensação, a teoria alemã do Estado dos primeiros anos da Idade Moderna deixa-se guiar pelas questões sobre como a política secularizada pode ser controlada "sem o compasso da religião e da moral", como pessoas com convicções religiosas concorrentes podem conviver em paz e como o poder político soberano pode ser fundamentado e consolidado.[17] Seu objetivo declarado é substituir a associação de pessoas da Idade Média pelo Estado territorial da Idade Moderna, como associação secular de interesses, modelar a soberania absoluta do príncipe a partir da multiplicidade dos direitos soberanos e nivelar as diferenças de classe e os direitos especiais de modo a chegar a um *status* geral de súditos. Os conceitos-chave "razão do Estado", "bem-estar comum", "bem-aventurança" e "necessidade" delimitam as finalidades estatais e legitimam um paternalismo estatal assistencialista – que no *método Hobbes* é apenas sugerido e facultativo. A legislação e as instruções vinculantes para interpretação das leis, a cobrança de impostos e taxas, o desapossamento das cidades, dos estamentos e da nobreza, as desapropriações não indenizadas dos bens eclesiásticos e a supressão de privilégios coloca tudo à disposição do príncipe em nome da *necessitas*. A execução das finalidades estatais está nas mãos de um funcionalismo juridicamente instruído. Do mesmo modo que a razão do Estado, como fórmula de legitimação, põe-se a serviço de praticamente quaisquer finalidades estatais, a soberania, como elemento estrutural de um Estado absolutista poderoso, opõe-se a um entrecruzamento institucional do Estado de direito com o parlamentarismo.

A onipotência de, internamente, promulgar leis sem o consentimento de terceiros para todos e sobre tudo e, externamente, ser independente de todos os poderes seculares e eclesiásticos opõe-se, no contexto dos primeiros anos da Idade Moderna, a um entendimento da soberania juridicamente vinculada que, mais tarde, tornou-se comum, e exclui intelectual e politicamente a oposição entre uma condição de Estado de direito e um estado de exceção. Com a concepção de uma soberania absoluta e não vinculante, Jean Bodin desenvolveu, em 1576, um modelo extremamente influente de "Estado bem-ordenado" (Bodin, 1981, livro I, cap.1 e 8). Este se caracteriza justamente pelo fato de novos direitos do príncipe soberano,

---

[17] A esse respeito e sobre o que se segue, cf. Stolleis (1988; 1990).

na qualidade de titular dos poderes Legislativo, Executivo e Judiciário, poderem ser gerados livremente a partir de sua natureza interior. Contudo, a personalização da soberania permite a Bodin restringir imanentemente a *potestas legibus soluta*. Como reprodução terrena de Deus, o príncipe soberano está vinculado pelas máximas eternas do direito divino, do direito natural e da *leges fundamentales*. A vinculação do príncipe e de seu exercício do poder às suas próprias leis também parece coadunar-se com o conceito de soberania. Como limitações "externas à soberania" do poder do príncipe, os neoaristotélicos introduzem a finalidade estatal do bem comum e as teorias da virtude política e, com o dever de lealdade e a equidade do soberano, bem como com uma soberania dividida, assentam a base de um "bom regime" como precursor da *good governance* com traços imperativos, que, ao menos retroativamente, pode ser descrito como regime de um direito de exceção generalizado.

São as teorias do contrato social dos primórdios do Iluminismo as primeiras a construir, sobre a base do direito natural, uma passagem da prática estatal absolutista, que se funda na razão do Estado e na soberania, para a teoria e a prática do Estado de direito no século XIX. Grotius, Pufendorf, Thomasius e Christian Wolff introduzem a pretensão de poder absolutista no âmbito limitado por contrato do poder soberano interestatal e intraestatal (Hofmann, 1984, com outras remissões, e Mohnhaupt; Grimm, 1995). Com a dupla construção de um contrato social para a proteção mútua dos membros de uma *societas civilis* e de um contrato de submissão, Pufendorf, em especial, em contraste marcante com Hobbes, transforma o soberano em parte *ex aequo* do contrato. Este se compromete contratualmente a fazer felizes os súditos e a preservar seus direitos naturais. Em contraposição à filosofia de Locke, estas teorias do contrato social dedicam-se, primariamente, à "promoção do bem comum" e da "boa ordem". Na tradição da *leges fundamentales*, elas acentuam os deveres do soberano, mas fazem os direitos naturais do cidadão retroceder em relação aos seus deveres – especialmente a obediência, a lealdade e a subordinação do interesse pessoal. Todavia, nas teorias da finalidade do Estado, a liberdade do cidadão enquanto súdito permanece indefesa. A figura geminada assimétrica do soberano virtuoso e do cidadão virtuoso denota que a fundamentação da soberania moderadamente absolutista e de suas finalidades estatais encontra-se em primeiro plano. Como não existe uma burguesia organizada, evoluída do ponto de vista econômico-estrutural e politicamente consciente, falta um titular social para a associação emancipatória entre a ideia dos direitos naturais e o princípio da igualdade. Por conseguinte, o Estado constitucional e a técnica de Estado legislativa não ganham senão contornos difusos. O perigo do abuso de poder deve ser obviado preponderantemente com uma técnica de Estado e com o direito de resistência, como se fora este um "direito de exceção vindo de baixo".

O ingresso na era civil

Comparando-se com o movimento ocorrido na Inglaterra, a era civil começa na Alemanha com algum atraso. É somente nas últimas décadas do século XVIII que se anuncia uma transformação nos tratados de Teoria do Estado.[18] Essa transformação, em um primeiro momento, fragmenta a finalidade estatal global da bem-aventurança em finalidades isoladas especiais e substitui-a, afinal, pelo direito e pela liberdade dos cidadãos. Gradualmente vai se consumando uma mudança de perspectiva do cidadão como súdito para o cidadão como participante do corpo estatal, mas ainda sem os direitos participativos.

Em seguida, a confiança no Estado, enquanto garantidor da liberdade dos cidadãos, vai se transformando paulatinamente em desconfiança em relação ao Estado como potencial adversário da liberdade. A desconfiança em relação à potência do soberano absolutista e ao paternalismo da burocracia estatal assistencialista, até então quase plenamente justificada pelas teorias eudemonísticas da finalidade estatal, também repercute no Código Prussiano de 1794. Esse "monumento do Iluminismo alemão" prevê uma

---

18 Sobre essa transição, cf. Scheidemantel (1773); Justi (1771); Humboldt (1851).

redução dos encargos estatais, bem como direitos fundamentais para os cidadãos, e toma disposições para uma justiça independente (Código Prussiano II, Títulos XIII e XVII). O modelo social do Código Prussiano cerra um compromisso entre a ordem estamental e a sociedade capitalista burguesa. Ele associa normas da "lei fundamental da liberdade" com o princípio da autoridade estamental. Contudo, em harmonia com a Teoria do Estado dominante, o Código Prussiano, antecedendo-se às relações sociais, econômicas e políticas, atém-se à concepção dos direitos dos cidadãos do Estado concedidos pelo Estado.

A transição para uma fundamentação jurídico(-racional) do Estado esboçada por Rousseau e Locke – e, por conseguinte, para o paradigma liberal – é consumada, pela primeira vez, por Immanuel Kant, sobre a base dos direitos políticos autônomos dos cidadãos do Estado – de sexo masculino e que dispõem de propriedade. Na teoria jurídica kantiana, o cidadão ocupa pela primeira vez a posição central como "cidadão do Estado" e autor da legislação. Mais livre e mais "moderno" do que a teoria estatal contemporânea, ele define o Estado como a "reunião de uma quantidade de pessoas sob as leis do direito", cujo fim consistiria em realizar "a condição da maior harmonia possível com princípios do direito", "quando a razão, mediante um imperativo categórico, obriga-nos a ansiar por tal" (Kant, 1977b, § 49). Kant formula "Contra Hobbes" na forma de pressupostos aprioristicos da condição jurídico-civil: "1. a *liberdade* de todo membro da sociedade enquanto *pessoa*. 2. A *igualdade* deste em relação a qualquer outro enquanto *súdito*. 3. A *autonomia* de todo membro de uma comunidade enquanto *cidadão*" (idem, 1977a, p.143 e 145).[19] Ele orienta seu Estado da razão pela autossatisfação da subjetividade individual na liberdade e na igualdade e não pelos bens suprapessoais, como, por exemplo, a bem-aventurança, rompendo

---

19 A par da liberdade dos homens e da igualdade dos cidadãos do Estado, Kant (1977a, p.204) introduz em seu escrito *"Zum Ewigen Frieden* a "dependência de todos em relação a uma única legislação comum" (cf. também idem, 1977b, §§ 46 e ss.).

assim radicalmente com as teorias eudemonísticas da finalidade estatal e com o Estado autoritário paternalista.

Todavia, apoiando-se nas disposições relativas à maioridade do Código Prussiano, Kant veda às mulheres e aos dependentes o direito de voto. Ele evita, assim, as consequências radicais da concepção rousseauniana (Rousseau, 1981, especialmente livro I, cap.6-8), segundo a qual a contradição entre liberdade e coação jurídica somente pode ser harmonizada se todos os súditos do direito, por meio de sua participação na formação da vontade comum, forem, ao mesmo tempo, autores das leis (coercitivas). A ressalva da maioridade de Kant e sua reserva em relação a uma república democrática sugerem não exagerar as implicações e intenções teórico-democráticas de sua teoria.[20]

Todavia, de modo incontestável e sem restrições, ele adapta a fundamentação da soberania estatal, deslocando-a da soberania absoluta do príncipe para uma soberania despersonalizada, na qual os poderes encontram-se repartidos: teoricamente, ele atribui o Poder Legislativo à "vontade reunida do povo" enquanto soberano. O "regente do Estado" é legislador real, com a orientação de que suas leis, diferentemente do que acontece na concepção de Bodin ou de Hobbes, têm que ser suscetíveis de consentimento. Consequentemente, o direito de oposição dos cidadãos passa a suplantar seu direito de resistência contra o abuso de poder e o despotismo. Com isso, Kant expõe elementos essenciais de um Estado de direito democrático em seus primeiros momentos de vida, o qual permite que o exercício despótico do poder seja entendido como estado de exceção. Todavia, em uma Teoria do Estado alemã tradicionalmente conservadora e, naquela época, hostil à revolução e contaminada pelo temor do jacobinismo amplamente difundido, o Estado de direito de Kant e seu aperfeiçoamento do *método Locke* não encontram senão uma receptividade ínfima.

---

20 Em outro sentido, ver a impressionante análise de Kant feita por Maus (1992).

A liberalização recuperadora do Estado

Como pode o Estado ser constituído como garantidor da liberdade e da segurança dos cidadãos e, ao mesmo tempo, dominado, como perigo para esses mesmos cidadãos? É sob essa pergunta central que se desenvolve, no século XIX, a "conjuntura nacional" específica nos discursos da Teoria do Estado e da Ciência da Administração. A principal característica das controvérsias políticas e semânticas é um estreitamento da visão típico dessa via específica: o Estado de direito é substituído pela programática do autogoverno social nos limites de um determinado território e canalizado para a garantia da segurança jurídica e da efetividade de um Estado administrativo funcional e institucionalmente diferenciado, bem como de sua soberania interna e de sua legitimidade constitucional.

É somente no constitucionalismo primitivo[21] que os princípios emancipatórios do Iluminismo e a filosofia da razão de Kant são retomados e associados a um conceito formal-material de Estado de direito.[22] A reinterpretação do Estado como pessoa jurídica e do conceito de lei funciona como eixo da constituição de Estado de direito, primariamente entendida no sentido formal e orientada contra a soberania despótica. Enquanto o Estado, como pessoa jurídica, conduz para fora do conflito explosivo entre a soberania do príncipe e a soberania do povo, doravante, a lei elaborada com consentimento da representação popular deve controlar a atividade da administração e garantir aos cidadãos "a certeza da liberdade legal" (Wilhelm von Humboldt). A figura de argumentação da soberania da lei seculariza a fundação do Estado e restringe constitucionalmente a liberdade arbitrária do monarca em um sistema de separação e balanceamento de poderes. Não obstante essa liberalização recuperadora do Estado, a concepção de técnica de Estado do constitucionalismo primitivo apoia-se na supremacia quase inquebrantável do monarca.

---

21 Em especial, ver Welcker (1813); Aretin (1824); Mohl (1829, 1833).
22 A esse respeito e sobre o que se segue, ver a análise controversa de Maus (1986) e Böckenförde (1992, p.149).

Os componentes materiais do conceito de Estado de direito do constitucionalismo primitivo sobressaem-se no plano das finalidades do Estado. Nele, o bem-estar e a equidade, que devem ser produzidos subsidiariamente pela "boa polícia", aparecem ao lado dos encargos genuínos de Estado de direito de um Estado liberal mínimo, que são a proteção jurídica e a segurança.[23] Na recusa dos "aspectos senhoriais" do Estado, a doutrina do constitucionalismo primitivo encontra correspondência na ideia do *limited government* e de uma organização estatal baseada nos princípios fundamentais do direito da razão. Suas características são o reconhecimento dos direitos dos membros do Estado – mas, ainda, apenas aqueles de sexo masculino e que tenham propriedades – juízes responsáveis, representação popular e um governo responsável perante essa representação. Seu Estado (de direito) da razão, nascido da necessidade da doutrina primitiva do Estado de direito de "proclamar a soberania do direito sem possuir a soberania do parlamento" (Maus, 1986, p.19) e também quanto ao que se segue, apoia-se no "princípio da personalidade livre, igual e formadora de capital" (Böckenförde) e, ao final, perverte-se em virtude da coibição autoritária de um suposto absolutismo parlamentar.

Na primeira metade do século XIX, a supremacia do Executivo monárquico se expressa, ademais, em um incontestável direito de necessidade supralegal para proteção do ordenamento estatal, que também serve de base aos artigos 25 e seguintes do Ato Final de Viena, de 1820. Esse direito de necessidade é complementado em quase todos os territórios alemães por meio de leis e decretos que concedem ao poder soberano estatal a competência para empregar a força militar em caso de insurreição e tumultos no plano interno e para decretar o estado de guerra ou de sítio em caso de guerra, bem como para tomar as medidas consideradas necessárias em cada situação. Juntos, esses poderes extraordinários

---

[23] A definição restrita das finalidades do Estado de Humboldt não conseguiu se impor na Teoria do Estado do constitucionalismo primitivo. A esse respeito, ver Stolleis (1992, p.156 e ss. e 258 e ss.).

constituem o "estado de exceção do Estado de direito civil" (Boldt, 2001, p.60 e ss), cuja declaração, execução e suspensão ficam a critério do Executivo – segundo o modelo do *État de siège*, na monarquia francesa da Restauração.

O retorno ao princípio monárquico

Dando continuidade aos anos das desordens revolucionárias de 1848/49, as exigências contrárias da burguesia pouco autoconsciente do ponto de vista político marcam uma tensão entre estatalidades de direito formal e material:[24] o interesse da burguesia em uma esfera independente do Estado, primordialmente econômica, é comprometido pelas intervenções estatais desejadas para garantia da paz e da ordem. Curto é o entreato dos esforços democráticos liberais que visam à constitucionalização da posição do monarca e de suas competências extrajurídicas. Pois logo a burguesia proprietária torna a buscar sua salvação e segurança na monarquia. As raras propostas para restringir as competências interventivas do monarca são logo reprimidas na Teoria do Estado do princípio monárquico pelo antigo estado de sítio discricionário. O rei da Prússia consegue fazer consignar de modo incontestável: "Em tempos de grande perigo, o rei assume a ditadura" (Frahm, 1928, p.282).

Após a revolução fracassada de 1848/49, Friedrich Julius von Stahl dá sequência ao projeto restaurador de reabilitar o princípio monárquico e a representação estamental "sobre a base da concepção cristã de mundo", reduzindo, porém, a participação dos estamentos a um direito de veto. Em sua citadíssima definição de Estado de direito, os elementos materiais, ou seja, os conteúdos

---

24 O "Estado de direito material", introduzido pela primeira vez pela Teoria do Estado de Weimar, não se restringe a garantias formais, mas contém objetivos formais para a atividade estatal, como, por exemplo, a justiça, a proteção do mínimo necessário à existência ou a garantia da dignidade humana, que autorizam sua atividade de configuração social. A esse respeito, cf. Böckenförde (1992) e Frankenberg (*AK--GG*³, Art. 20, Abs. 1-3, III (Estado de direito), nos marginais 52-57).

de fundação divina do "reino moral" passam, em um primeiro momento, para o segundo plano:

> [O Estado de direito] deve, na forma do direito, determinar com exatidão e garantir com solidez as vias e os limites de sua eficácia, bem como a esfera livre de seus cidadãos, e não deve concretizar (obter pela força) em razão do Estado, ou seja, diretamente, as ideias morais para além daquilo que se encontra na esfera do direito, ou seja, ele apenas deve fazê-lo até o limite mais necessário. Esse é o conceito de Estado de direito, e não o de que o Estado simplesmente maneja o ordenamento jurídico sem finalidades administrativas ou unicamente protege os direitos dos indivíduos; ele não significa, de modo algum, objetivo e conteúdo do Estado, mas apenas modo e caráter de concretizá-los. (Stahl, 1963, II seção, 1º cap., § 36)

Na ideia de Estado e de técnica de Estado de Stahl, a garantia do "ordenamento jurídico inquebrantável" contrai um vínculo extremamente ambivalente com a "constante elevação do teor moral e religioso da instituição estatal". De fato, ele obriga todo exercício do poder e toda aplicação do direito a respeitar a "inalterável regra do direito" e revaloriza a segurança jurídica ao convertê-la em direito do homem. Em contrapartida, porém, ele introduz a "onipotência do parlamento", ou seja, do príncipe e dos estamentos participantes que, por fim, acaba se revelando como sendo unicamente a onipotência do Executivo (ibidem, I seção, 2º cap. e II seção, 1º cap., § 41). Stahl conserva a dupla hostilidade contra as "abjetas teorias da revolução" e contra a teoria patrimonial do Estado sem sua visão de um "reino moral", que o conduz ao "reinado do Estado" da monarquia constitucional e à técnica de Estado executiva.

Positivismo: Estado de direito formal e estado de exceção despolitizado

Abandonando as abordagens constitucionalistas primitivas da filosofia do Iluminismo e da construção restauradora de um reino moral, as teorias do Estado do constitucionalismo tardio[25] desembaraçam o conceito de Estado de direito de todas as conotações filosóficas. Sob o *diktat* do positivismo jurídico, numa primeira etapa, a teoria das finalidades do Estado sofre uma clivagem. Em uma segunda etapa, o âmbito de influência do Estado é concentrado na repulsa de perigos,[26] e o Estado de direito é reduzido, do ponto de vista formal, a um "ordenamento da relação entre lei, administração e indivíduo" determinado pelo princípio da legalidade e judicialmente assegurado (Meyer; Anschütz, 2005, p.29, nota b; Oertzen, 1974, p.163 e ss.). A posição central é ocupada pelas teorias do Estado como associação de vontades e da lei enquanto comando de uma legislação soberana, que não se limita por nenhuma barreira material. Após essas operações, o conceito dogmático jurídico-público de Estado de direito não deixa mais transparecer, ao menos em sua superfície, sua proximidade com as situações de interesse econômico e com as exigências políticas das frações da sociedade civil. Com um Legislativo liberado de amarras materiais, especialmente de "direitos adquiridos" ou de finalidades estatais, o conceito voluntarista de lei do positivismo jurídico abre definitivamente para a lei a possibilidade de intervir de modo configurador na estrutura social como base natural do Estado: "A lei pode tudo; todos os direitos de liberdade [...] podem ser restringidos pela lei" (Mayer, 1924, p.70). Com isso, o "Estado do direito administrativo bem ordenado" (ibidem, p.58) estabelece, de fato, uma espécie de soberania da lei e o primado da representação popular, mas, bem no espírito da sobrevinda fixação do Estado, não atenta contra a autonomia antiparlamentar do Executivo no Império nem contra as "relações especiais de poder" em que se encontram, sobretudo, o funcionalismo público e os soldados. Assim, permanece-se na via

---

25 Cf. especialmente Gerber (1880); Laband (1991); Mayer (1924, p.53 e ss.).
26 Cf. análise instrutiva a esse respeito na decisão do caso Kreuzberg, do Superior Tribunal Administrativo da Prússia, de 1882 (*PrOVG* 9, 353). Cf. também Jellinek (1905, p.353 e p.359 e ss.): a Teoria do Estado de direito tem agora "a finalidade derradeira de conter em barreiras sólidas o poder arbitrário dos órgãos estatais, que não pode ser simplesmente eliminado".

específica alemã de um Estado de direito que mantém distância do paradigma liberal de um *rule of law*. O positivismo também se distancia do paradigma liberal em outro sentido. Enquanto este rejeita a guerra e as situações de necessidade como o "total avesso" da normalidade da soberania legal no âmbito das prerrogativas executivas, o positivismo jurídico aceita o direito da situação de exceção – sobretudo: os eventuais tribunais de exceção, as execuções sumárias e as regras de suspensão de liberdades – como realidade natural. O programa do positivismo jurídico tem por meta juridificar o estado de exceção. A função originalmente política do estado de sítio de defender o ordenamento do Estado de direito civil contra tentativas de derrubada do poder por parte da esquerda com meios jurídicos incipientes é enevoada pelo positivismo com duas operações: *primeiramente*, a abordagem positivista leva a uma despolitização, retirando o estado de exceção da linha de fogo dos confrontos políticos e inserindo-o no direito policial. *Em segundo lugar*, o positivismo amplia o conceito de ordenamento, destacando o caso excepcional de suas implicações políticas e integrando-o num "direito administrativo subsidiário [militar] para estabelecimento da paz e da ordem" (Boldt, 2001, p.107 e ss., especialmente p.170 e ss.).

4. A constitucionalização do Estado de direito e do estado de exceção

As duas repúblicas alemãs, a de Weimar, de 1919, e a de Bonn, de 1949, aproximam-se do paradigma liberal, mas cada uma delas confere formas diferentes à relação entre situação normal de Estado de direito e situação excepcional.

A liberalização recuperadora do Estado

A Constituição de Weimar retoma o fio da Constituição de Paulskirche, de 1848, que nunca entrou em vigor e realiza, pela primeira vez, a transição da monarquia constitucional para a república democrática (Anschütz, 1933; Gusy, 1999, p.758 e ss.). Seu Estado de direito, embora não mencionado como princípio geral, ganha validade nas garantias de separação de poderes, especialmente de uma administração independente da justiça e de um catálogo de direitos fundamentais, não obstante estes tenham apenas a força normativa de princípios programáticos e apesar de estarem associados a deveres fundamentais. Ao mesmo tempo, em seu mal-afamado art. 48, a Constituição de Weimar toma medidas preventivas quase ditatoriais quanto ao estado de exceção e, por conseguinte, apadrinha a literatura sobre a "ditadura constitucional".[27] Ela institucionaliza, portanto, a confiança tanto no parlamento quanto nos presidentes do *Reich*, empreendendo assim a espinhosa tentativa de combinar técnicas de Estado legislativa e executiva.

O presidente do *Reich*, eleito diretamente por sete anos, recebe, como pré-condição de seus poderes emergenciais, o direito de dissolver o parlamento. Assim, o art. 48 da Constituição de Weimar vai nitidamente muito além do art. 68 da Constituição de Bismarck, de 1871. Esta dava ao imperador o direito, "quando a segurança pública nos territórios federais estiver ameaçada, de declarar o estado de guerra em cada uma de suas partes". A Constituição de Weimar desmantela a conexão tradicional entre exceção e guerra ao atribuir ao presidente do *Reich* a competência especial de empregar as forças de defesa contra os *Länder* e para a repulsa de perigos, no plano interno, bem como de promulgar decretos emergenciais e suspender direitos fundamentais (art. 48, §§ 1º e 2º da Constituição de Weimar). Com isso, a figura geminada do Estado de direito e do estado de exceção recebe, pela primeira vez, uma versão constitucional na forma de uma norma, no art. art. 48 da Constituição de Weimar:

> Quando, no Império Alemão, a segurança e a ordem públicas forem gravemente perturbadas ou ameaçadas, [o presidente do *Reich* pode]

---

27 A esse respeito, ver Rossiter (2002); Blomeyer (1999); Agamben (2004, p.22 e ss.).

tomar as medidas necessárias ao restabelecimento da segurança e da ordem pública, intervindo, se necessário, com ajuda do poder armado. Para essa finalidade, está autorizado a suspender total ou parcialmente, em caráter provisório, os direitos fundamentais estabelecidos nos artigos 114, 115, 117, 118, 123 e 153.[28]

Durante a República de Weimar, o direito presidencial de promulgar decretos emergenciais haveria de se mostrar tão explosivo quanto, por fim, destrutivo. A precisão legal dos poderes presidenciais especiais prevista pelo art. 48 da Constituição de Weimar cessou nos tempos subsequentes. Assim, na Primeira República, a cláusula geral levou a uma "ampliação sem precedentes do paradigma de segurança como técnica normal de governo" (Agamben, 2004, p.22) e à extensão do caso excepcional da repulsa política de perigos para o combate às crises econômicas.

[Os governos de Weimar faziam] uso regular do art. 48 da Constituição de Weimar; eles declararam estado de exceção e promulgaram decretos emergenciais em mais de 250 casos; eles o aplicaram, dentre outros, para prender milhares de membros do Partido Comunista e para instituir tribunais de exceção com a competência de pronunciar sentenças de morte. Em várias oportunidades [...] o governo recorreu ao artigo 48 para impedir a desvalorização do marco. (ibidem, p.22 e ss.)

Nos últimos anos de crise, a República de Weimar metamorfoseou-se, para além de todas as barreiras jurídico-constitucionais, em um regime jurídico-excepcional "ilimitado" de uma "ditadura provisória".[29]

---

28 Segundo eles, a liberdade da pessoa, a proteção do domicílio, o sigilo da correspondência, a liberdade de opinião, a proibição da censura e a garantia da propriedade podiam ser suspensos.
29 Sobre a distinção entre ditadura comissária e ditadura soberana, cf. Schmitt (1989, p.201).

A luta pelo e contra o Estado de direito

A brisância do direito presidencial de promulgar decretos emergenciais permaneceu desconhecida nos primeiros anos da República. Por conseguinte, os combates interpretativos e os confrontos abertos entre as teorias positivistas e antipositivistas do Estado concentram-se na ou contra a revalorização da ideia burguesa de Estado de direito e do parlamento, criando a figura do legislador único.

Em conformidade com o mandamento da fidelidade ao texto da Constituição, Hans Kelsen, de modo lógico, dá continuidade ao positivismo legal de Gerber-Laband, apresentando uma Teoria do Estado estritamente informada por princípios antimetafísicos e sociológicos. Essa teoria desloca o acento do Estado para o direito. Ela se atém à centralidade da lei (constitucional), mas relativiza a oposição entre legislação e jurisdição do ponto de vista funcional, sob o aspecto da criação do direito. Assim, não é considerado como Estado de direito um Estado com determinadas instituições jurídicas, mas "um Estado cujos atos todos são instituídos com base no ordenamento jurídico" (Kelsen, 1925, p.91). No início, Richard Thoma segue a linha de Kelsen de um conceito formal de Estado de direito. Todavia, ele parte da ideia de que o Estado interventivo necessita incondicionalmente de "regras gerais claras e amplas garantias da legalidade". Ele ressalta, ademais, a onipotência jurídica do Legislativo "como um poder legislador ilimitado, que pode elevar novos ordenamentos da convivência social para além de todas as liberdades, direitos, privilégios e situações estáveis". Ao fim, ao retomar a defesa do Estado, Thoma compromete sua concepção do Estado de direito: "A ideia de Estado de direito é [...] abandonada, na medida em que ela pretende curvar o Estado como um todo ante um direito absoluto qualquer, que faz pouco caso do poder estatutário do homem" (Thoma, 1910, p.204, 214; 1932).

A perspectiva do Estado interventivo também é compartilhada por Hermann Heller. Como crítico enérgico do "desalmamento" e do "esvaziamento" da ideia do Estado de direito material, ele introduz o conceito de "Estado de direito social" e estende-o ao ordenamento dos bens e do trabalho regulado na Constituição de Weimar (arts. 151 e ss.) (Heller, 1963; 1930; 1971). No entanto, ele não se serve de nenhuma teoria da finalidade do Estado derivada da Constituição contra o conceito positivista de lei e contra a liberdade de configuração do legislador. Ao contrário, ele critica as considerações do Estado autoritário em relação ao conceito tradicional de lei e, de uma forma, por assim dizer, republicana, ajusta a soberania à competência de criação democrática do direito. Para os antipositivistas conservadores, é o Legislativo o que incomoda; com a introdução do direito geral de voto, ele passa a merecer, pela primeira vez na história alemã, o predicado de "democrático" e, na forma das facções dos partidos dos trabalhadores, representa uma ameaça "vinda de baixo" à segurança da classe burguesa. Contra a transição para o *método Locke* de técnica de Estado entabulada pela Constituição de Weimar, os antipositivistas conservadores recuperam mais uma vez o *método Hobbes*. Contrastando nitidamente com as teorias do Estado de direito formal e com a "democracia social na forma de Estado de direito" de Heller, e enfrentando politicamente o Estado legislativo de Weimar, a teoria conservadora do Estado invoca, sobre o fundamento do neo-direito natural ou no espírito de um antiparlamentarismo radical,[30] uma legitimidade superior, de alta carga conteudística.

Nos escritos de Erich Kaufmann, a debilitação do Estado de direito ainda passa despercebida. Em primeiro plano está a defesa do direito natural contra o neokantismo. Não obstante, ele segue as linhas fundamentais de um antiparlamentarismo conservador, procedendo, contudo, a um deslocamento institucional. Ele submete o legislador democrático a uma judicatura conforme os princípios imanentes de justiça e orientados para o caso concreto. Com isso, ele alça a justiça à posição de instância controladora perante o legislador parlamentar. Contrariamente, Carl Schmitt e Otto

---

30 Sobre o neo-direito natural, cf. Kaufmann (1927). Sobre o antiparlamentarismo, cf. Schmitt (1928, p.23 e ss., 35 e ss. e 138 e ss.; 1996; 1926). Ver análise crítica a esse respeito em Maus (1986, p.40 e ss.).

Koellreutter colocam o Executivo em uma posição de primazia. Em conformidade com uma decisão comum dos cidadãos e com um "ordenamento substancial" que supostamente teriam servido de base à Constituição de Weimar e, doravante, um "conceito político de lei" que transmite essa primazia, em prejuízo do parlamento democrático. Ambos os teóricos do Estado têm em comum o programa de conservar o *status quo* do direito de propriedade e, por conseguinte, o domínio político-econômico da (alta) burguesia. No contexto da primeira república alemã, seu antiparlamentarismo inscreve a via específica do Estado de direito, orientada contra o Estado legal, como soberania da justiça e do Executivo.

Quanto ao estado de exceção, o romântico do caso excepcional,[31] abertamente antiliberal Carl Schmitt, deixa muito para trás o "apenas" conservador Kaufmann. Com sua teoria "material" do "Estado de direito", ele constrói um direito (de exceção) superior ao legislador, com fortes valores conteudísticos, ao qual ele subordina o direito ordinário, dependente da decisão do legislador. A construção de uma normatividade em dois graus, um de legalidade, outro de normatividade, abre a porta de entrada para uma ditadura presidencial provisória e justificada como necessária para um regime jurídico-excepcional. A diferença entre legalidade superior e inferior, que Carl Schmitt emprega conscientemente para destruir o Estado legal parlamentar (Schmitt, 1985, p.299, 308 e ss.),[32] insere-se diretamente em seu programa de "retirar do liberalismo a máscara mortuária" cindida pela democracia.[33]

Na crise da República de Weimar, que anuncia seu declínio, eclode abertamente a incompatibilidade estrutural entre a soberania do parlamento e a ditadura dos decretos emergenciais. O movimento pendular entre utopia e adaptação entre idealização do Estado de direito e defesa do *status quo* das teorias alemãs do Estado de direito

---

31 Cf. exame detalhado a esse respeito no Capítulo IV.
32 Ver análise crítica a esse respeito em Maus (1986, p.42 e ss.) e Preuss (1973).
33 Schmitt, em 17 out. 1927, em uma carta a Smend (apud Mehring, 2009, p.217). A esse respeito, ver também Darnstädt, "*Weimars Ende*", na revista *Spiegel Wissen* de 26 ago. 2009.

do século XIX cessa ameaçadoramente. Assim, após 1933, precipitam-se os comentários apologéticos sobre a tirania de Hitler. A teoria conservadora do Estado em Weimar, unida na guerra contra "as ideias de 1789", após desnuclearizar o conceito de Estado de direito, deixa de lado – não de todo, mas em grande parte – todas as inibições argumentativas. Em um discurso de revide, ela resguarda a estrutura ditatorial e a prática bárbara do regime nazista (Fraenkel, 1974; Neumann, 1977; *Kritische Justiz Redaktion,* 1990; Stolleis, 1994) sob a proteção de um "Estado de direito nacional" (Otto Koellreutter) ou de um "Estado de direito alemão nacional-socialista" (Carl Schmitt).[34] Este, enquanto regime de um estado de exceção não declarado, coloca todos os poderes a serviço do *Führer* e, em nome de uma justiça supostamente superior, destrói todos os adversários – e não apenas os políticos – e os "estranhos à raça" de maneira assassina e com uma brutalidade sem precedentes.[35]

Os componentes do *método Locke* que, em todo caso, operam tradicionalmente na Alemanha – segurança jurídica, calculabilidade da atuação estatal, separação de poderes e proteção jurídica – são, então, escarnecidos, por serem "estranhos ao povo", sintomas de fraqueza liberal e manifestações de decadência. No lugar do Estado de direito liberal, de "um dos recursos mais eficazes das sugestões liberais" surgem reinterpretações cínicas, como a do "Estado de direito alemão de Adolf Hitler", no qual

> todo direito [...] [origina-se] do direito do povo à vida. Cada lei estatal, cada decisão judicial não contém senão a medida de direito que lhe aflui dessa fonte. O resto não é direito, mas sim um "plexo de normas coercitivas positivas" do qual um criminoso hábil caçoa. (Schmitt, 1934)

Carl Schmitt, que, segundo ele mesmo afirma, pretende "dar um sentido" ao nazismo, visa abertamente "à polêmica superação

---

34 Exemplificando: Koellreuter (1932); Forsthoff (1933); Binder, (1996); Schmitt (1935; 1934); Koellreuter (1938). Quanto à crítica, ver Stolleis (1999, p.330 e ss.) e Hilger (2003).
35 Ver análise detalhada a esse respeito em Schneider (1957, p.211 e ss.).

do Estado legal liberalista" por meio do "Estado total popular", que encontra sua unidade na "orientação pelo inimigo". Em um novo "estado ideológico", o Estado de direito torna-se "obsoleto": "Então, oxalá consideremos a palavra ainda apenas como troféu de uma vitória da história das ideias sobre o individualismo burguês e suas deturpações do conceito de direito" (idem, 1935, p.201) Em vez de uma coexistência precária entre Estado de direito e estado de exceção, Carl Schmitt opta, já nos primeiros anos da República de Weimar (idem, 1979), pela primazia da exceção. Após a celebração do presidente ditatorial como "guardião da constituição", ele termina por entronizar o *Führer* soberanamente ditatorial como "guardião do direito" (idem, 1996; 1934).[36] De um direito, todavia, que aniquila os "estranhos à raça" e não oferece nenhum tipo de proteção nem mesmo aos "de igual raça": "Aquele que está enraizado na identidade racial [do *Führer* e do povo] não precisa de garantias perante a mão vingadora do *Führer*" (Schneider, 1957, p.214).

5. A conjuntura pós-nazismo: entre a continuidade e um novo começo

A alternativa da continuidade ou da descontinuidade descreve a conjuntura após a ruptura civilizacional fascista e a libertação da ditadura do *Führer*. É menos a "perplexidade diante do fenômeno da soberania política" (Böckenförde) e muito mais uma oposição irrefletida entre Estado de direito e democracia baseada na falta de distinção entre "leis" nazistas decretadas e leis de gênese democrática o que marca as abordagens do novo constitucionalismo alemão diante da terrível herança desse regime de terror. Na "hora zero" (Stolleis, 2003), a falta de compreensão dos *deficit* democráticos, quando não o ímpeto manifestamente antidemocrático das teorias do Estado de direito de orientação tradicional, faz com que não poucos autores,

---

36 A esse respeito, cf. Mehring (2009, 165 e ss., sobre a ditadura do presidente do *Reich*; p.281 e ss. e 319 e ss., sobre a ditadura do *Führer*).

segundo um modo estatal comum de gestão de crises e como quase sempre fazia a Teoria do Estado de Weimar, procurem novamente a salvação no Estado de direito, como "um dos grandes bens da humanidade", e não na democracia. Diferentemente das teorias do Estado de direito do século XIX e do decisionismo de Schmitt, o direito recebe maior acento em relação ao Estado, mas não segundo o modelo das teorias positivistas. "Perante os destroços aos quais um ordenamento estatal e social sem Deus, sem consciência e sem respeito pela dignidade humana conduziu os sobreviventes da Segunda Guerra Mundial", como dizia o preâmbulo da Constituição da Baviera de 1946, dominam sobretudo concepções materiais do Estado de direito, de cunho neoplatônico ou inspiradas por um renascimento do direito natural (cf. Kägi, 1945).[37]

Elas dão continuidade à via especial alemã, na medida em que se dispõem a domesticar a soberania popular que se anuncia inaugurando uma soberania da lei e uma "corte estatal" instituídas contra o possível soberano parlamentar.[38] Como "teorias" do passado mais recente – "Bonn não é Weimar" –, elas entremeiam a textura da nova República com o fio da lenda do positivismo jurídico como auxiliar do nascimento do regime nazista.[39] Na aplicação dessas doutrinas, elas preferem o direito natural e outros princípios jurídicos suprapositivos, os quais, não obstante seu estrondoso fracasso, elas colocam nas mãos da elite jurídica. Do fato de o nazismo ter "deixado o direito como um campo em ruínas", Gustav Radbruch, inventor da fórmula do "injusto legal", deduz a tarefa dos juristas de recordarem-se "novamente [...] de um direito superior

---

37 O Estado de direito "material" já fora oposto àquele apenas formal na Teoria do Estado de Weimar. Ele se caracteriza por impor exigências concretas às funções estatais e ao Poder Legislativo, nas quais também se podem impor representações de justiça material.
38 Ver análise crítica a esse respeito em Bäumlin; Rider (AK-GG², Art. 20, Abs. 1-3, III, notas 30 e ss.); e Klein (*Veröffentlichungen der Vereinigung der Deutschen Staatsrechtslehrer*, n.29, p.120, 1971).
39 Em sentido contrário, ver Walther (1998).

[...] à lei, de um direito natural [...], em síntese: de um direito supralegal" (Radbruch, 1966). Com isso, ele contrapõe ao direito positivo do Estado de direito um direito de exceção que toma por empréstimo a dignidade filosófica do suprapositivo.

Os pais das antigas constituições dos *Länder*, embora não deixassem de ser influenciados pelo renascimento do direito natural e fossem inspirados, em parte, pela Teoria Social católica, seguem um caminho um pouco diverso. Eles materializam o Estado de direito ao positivar constitucionalmente o princípio central da dignidade humana,[40] princípios ético-sociais, como o "mandamento da moralidade e da humanidade"[41] ou objetivos estatais, como a promoção da justiça, do bem-estar comum e da paz social. Um Estado de direito materializado dessa forma tem por objetivo legitimar as competências de intervenção e de configuração do Estado interventivo que se encontra em plena estruturação.

A "Lei Fundamental", que, tendo em vista a separação, foi originariamente concebida apenas como provisória, e seus comentários voltam a dar outra direção à via especial do Estado de direito em 1949. Como as teorias do Estado de Direto da "hora zero", elas deslocam o acento do Estado para o direito. De acordo com o *método Locke* de técnica de Estado, à desconfiança em relação ao Estado corresponde a confiança no direito com vistas à repressão do poder estatal. A partir dessa perspectiva, inflamam-se veementes controvérsias sobre a estrutura e o conteúdo da estatalidade de direito, as quais evidenciam uma insegurança e uma estranheza ainda consideráveis na lida com o Estado de direito como princípio normativo e estrutura institucional.

---

40 Art. 100 da Constituição da Baviera (1946); art. 5º, § 1º da Constituição de Bremen (1947); art. 3º da Constituição de Hesse (1946).
41 Art. 1º da Constituição de Bremen ("mandamentos da moralidade e da humanidade"); art. 1º, § 3º da Constituição da Renânia-Palatinado de 1947 ("exigências do bem comum determinadas pelo direito natural"); cf. também o art. 1º da Constituição de Bade-Wurttemberg de 1953 ("cumprimento da lei moral cristã").

Conceito sumativo versus conceito integral de Estado de direito

A primeira controvérsia diz respeito à oposição entre conceito sumativo e conceito integral de Estado de direito. Desencadeou-se uma discussão dogmática sobre se o princípio do Estado de direito funciona apenas como designação coletiva para garantias constitucionalmente asseguradas ou se vai além destas, como princípio constitucional geral com teor dogmático autônomo, por meio da reserva característica da Lei Fundamental, que não incorpora o Estado de direito na série de princípios da organização estatal (art. 20 da Lei Fundamental). O Estado de direito não é mencionado senão de passagem, no contexto da homogeneidade exigida dos *Länder* (art. 28, § 1º da Lei Fundamental): "O ordenamento constitucional dos *Länder* deve estar em harmonia com os princípios do Estado de direito republicano, democrático e social, nos termos desta Lei Fundamental".

O legislador da Constituição da Baviera de 1946 foi menos reservado ao declarar abertamente o Estado Livre da Baviera como um Estado de direito (art. 3º, § 1º). Com isso, ele evita o debate mais tarde inaugurado pela Lei Fundamental sobre se o princípio do Estado de direito estaria assegurado como princípio geral ou apenas em subprincípios concretos. As constituições dos *Länder* que se seguiram cronologicamente à Lei Fundamental, especialmente as dos novos *Länder*, obedecem quase unanimemente ao modelo da Lei Fundamental, na medida em que não se limitam a extrair a estatalidade de direito de elementos isolados.

Disso o entendimento sumativo do Estado de direito deduz que o silêncio do art. 20 da Lei Fundamental quanto ao Estado de direito deve ser interpretado em favor dos princípios que regem a estatalidade de direito, tais como a separação de poderes e a vinculação legal. Além disso, o Conselho Parlamentar teria discutido o Estado de direito primordialmente como antítese do regime nazista e da "democracia popular" da Alemanha Oriental, mas não como princípio constitucional geral (Matz, 1951, "Art. 20", p.195, 197, 199, 200). Não se deixando afetar por isso, a concepção sempre dominante atém-se a um entendimento integral do Estado de direito. Ou ela renuncia a uma fundamentação, ou obtém-na a partir de uma "sinopse" das regras do Estado de direito, ou, então, contenta-se em alertar para o fato de que a renúncia em mencionar explicitamente o Estado de direito nos princípios fundamentais da organização estatal é inútil, pois este é sempre considerado como "base da Lei Fundamental".[42]

Nos anos 1980, essa controvérsia experimenta um renascimento tão surpreendente quanto inócuo. Ela é sustentada por autores que se escandalizam com o emprego formalista do conceito de Estado de direito, sobretudo na judicatura do tribunal constitucional, ou com sua estrutura de cláusula geral, sua complexidade, seu alto grau de abstração e sua capacidade ilimitada de gerar subprincípios. Defensores de um conceito sumativo de Estado de direito deixam-se conduzir pela reflexão de que a solução de problemas relevantes do Estado de direito deve ser extraída, regra geral, de "normas mais próximas dos problemas". Consequentemente, Kunig, por exemplo, reivindica que se renuncie à estatalidade de direito como um princípio geral constitucional ou de Estado de direito por faltar na Lei Fundamental uma base de validade geral (Kunig, 1986, p.487 e ss.).

A multiplicidade das diferentes adições[43] de elementos de Estado de direito e a suposição de que, sob o aspecto dogmático, as regras especiais de Estado de direito não se adicionam perfazendo um princípio global sugerem uma visão crítica do entendimento sumativo de Estado de direito, bem como da contagem arbitrária e do pensamento linear que lhe são imanentes. Então, a maioria dos

---

42 Quanto às modalidades de fundamentação, cf. Zippelius e Würtenberger (2008, § 12, nos marginais 12 e ss.); Jarass e Piertoth (2009, Art. 20, nos marginais 28 e ss.). Hesitante entre o art. 20, § 2º, alínea 2 e o § 3º da Lei Fundamental: *BVerfGE* 20, 323/331; 52, 131/144 e ss.; 30, 1/24 e ss.; 70, 143/144.
43 Cf. Lipphardt (1986, p.154 e ss.); Sachs (2009, Art. 20, nos marginais 77 e ss.); especialmente, Sobota (1997, p.253 e ss.), que eleva isso a 142 "características". Comum é a identificação entre seis a sete elementos de Estado de direito, cf. Görisch (1997, com outras remissões).

participantes do debate sobre o Estado de direito não se deixou convencer da inutilidade do princípio geral. Sob o aspecto pragmático, essa maioria atém-se – não obstante os manifestos problemas de concretização ou em razão da resistência a mudanças do "regime de Estado de direito instituído e praticado" – ao conceito integral de Estado de direito, para poder colmatar lacunas da proteção jurídica e da regulação que surgem nas novas situações problemáticas.

6. Estado de exceção e "democracia protegida"

A Lei Fundamental deixa transparecer, sobretudo no que se refere ao estado de exceção, o quanto seus genitores foram marcados pelo fracasso do Estado de direito de Weimar. Originalmente, a Lei Fundamental, concebida como provisória, não fala do caso excepcional segundo os modelos dos séculos XIX e XX. De acordo com sua concepção liberal, ela pode e, pela falta de soberania estatal da República Federal Alemã, deve manter distância do art. 48 da Constituição de Weimar. As cláusulas emergenciais contidas no Projeto Constitucional de Herrenchiemsee (art. 111 do dito projeto) e nas constituições dos *Länder* que, em parte, orientam-se pelo modelo de Weimar, não são retomadas pelo Conselho Parlamentar.

A marginalização do estado de necessidade na "democracia combativa"

Assim, não se vai além de tímidas excursões no direito de exceção: a regulação de um estado de necessidade legislativo provocado por "maiorias negativas" (art. 81 da Lei Fundamental) tem por objetivos assimilar o trauma de Weimar sem recorrer à ditadura presidencial e apoiar provisoriamente o governo federal em caso de distúrbios no Parlamento.[44] Aqui, não se trata, em rigor, de um

---

[44] Na prática constitucional, a "reserva de legalidade" do art. 81 da Lei Fundamental continuou sendo irrelevante. Cf. Brenner (apud Mangoldt; Klein; Starck, 2005,

direito emergencial, mas de uma prevenção de crises limitada no tempo para bloqueios do processo legislativo em caso de fracasso de uma moção de confiança (art. 68 da Lei Fundamental) e de rejeição pelo Congresso Alemão de um projeto de lei caracterizado como urgente e associado à moção de confiança (art. 81, § 1º da Lei Fundamental). Em contrapartida, o art. 91 da Lei Fundamental estabelece medidas preventivas jurídico-excepcionais marginais para o estado de necessidade interno. Na redação original, suspensa pelos governantes militares, segundo orientação do estatuto de ocupação, até concessão de uma autorização expressa,[45] essa disposição previa um deslocamento de competência em prol do poder federal, no âmbito da "preservação da Constituição total" que lhe foi confiada.[46] Desde a "emenda do estado de necessidade" de 1968, que permitiu a extinção de direitos de reserva dos aliados nos termos do art. 5º, § 2º do Tratado da Alemanha, o art. 91 revisado admite que, para repulsa de um perigo iminente para a estabilidade do ordenamento fundamental democrático-liberal da federação ou de um *Land*, o *Land* afetado possa requisitar as forças policiais de outros *Länder*, ou que a federação possa intervir, caso ele não esteja disposto ou em condições de repelir o perigo. De acordo com esse dispositivo, em situações de emergência é possível, de fato, deslocar competências, mas o instrumentário da repulsa de perigos, especialmente as competências normais e as regras sobre armamentos, não pode ser suspenso.

O art. 91 remete a outra "teoria de Weimar", qual seja, à necessidade de defender a democracia de seus "inimigos".[47] Essa

---

Art. 81, nos marginais 8 e ss.); Bryde (apud Münch; Kunig, 2003, Art. 81, nos marginais 3 e ss.).

45 Carta de autorização dos governantes militares quanto à Lei Fundamental de 12 maio 1949, Vobibz, 416. A esse respeito, ver Böckenförde (1981).

46 A esse respeito, ver Bryde (apud Münch; Kunig, 2003, Art. 81, nos marginais 1 e ss.); cf. também *BVerfGE* 13, 54/79.

47 O fato de que, em Weimar, não faltavam instrumentos legais para proteção da república, mas não existia um esteio jurídico na justiça e na administração adaptado para esse fim, é frequentemente ocultado na propagação dessas "teorias". A esse respeito, é ricamente documentada e diferenciada a análise de Gusy (1991).

teoria ganha força institucional na concepção de uma "democracia combativa", ou "pronta para a defesa", ou "resistente".[48] Com a proibição dos partidos e associações (art. 21, §§ 2º e 9º da Lei Fundamental) e com a perempção, nunca realizada na prática, dos direitos fundamentais (art. 18 da Lei Fundamental), essa democracia se serve do arsenal do direito de exceção. Esses instrumentos para defesa do "ordenamento fundamental democrático liberal" fazem-se passar despercebidamente por proteção da democracia e da Constituição (Denninger, 1977). Entretanto, com sua constitucionalização, eles indicam uma etapa problemática no caminho para a internalização e para a normalização do estado de exceção como técnica de governo.[49]

A constitucionalização do caso excepcional

No final dos anos 1960, a República de Bonn, que queria aprender com a lição de Weimar, aproxima-se de sua predecessora em um ponto central. Após longas e acaloradas controvérsias,[50] em 1968, com a "Constituição emergencial", ela retoma o caminho para a constitucionalização do caso emergencial. Ao fim de uma série de iniciativas frustradas para regulação de situações emergenciais externas e internas, que começam pela supressão do regime jurídico das forças de ocupação,[51] a Constituição emergencial apresenta um conceito repartido, mas malsucedido do ponto de vista sistemático, de situação

---

48 Loewenstein (1937) é considerado seu pai conceptivo. Cf. também Frankenberg (2003).
49 Na análise do Estado de direito regressivo ("Medo no Estado de direito" e no "estado de exceção normalizado" (capítulos V e VI), voltarei às crises desencadeadas pela prática da repulsa política de perigos para proteção do "ordenamento fundamental democrático liberal" perante o extremismo político e o terrorismo.
50 Sobre a crítica da legislação emergencial, ver Sterzel (1969); Seifert (1968; 1974).
51 Entretanto, com essa supressão, a soberania somente é concedida à República Federal da Alemanha sob a reserva da Alemanha, de Berlim e do tratado de paz, bem como do estado de necessidade – arts. 2º e 5º, § 2º do Tratado sobre as relações entre a República Federal da Alemanha e as Três Potências de 26 maio 1952 e de 23 out. 1954 (*BGBl.* 1955 II, 305).

excepcional e de regulação de competências para o caso de tensão, o *casus foederis* e o estado de defesa (arts. 80a e 87a, § 3º, 115a e ss.), para levantes internos (art. 87a, § 4º) – que Forsthoff (1971) chama ironicamente de relíquias do "venerável século XIX" –, bem como para catástrofes e adversidades graves (art. 35, §§ 2º e 3º).

A estratégia de regulação, contrariamente aos precedentes históricos, que se orientavam pela técnica da cláusula geral,[52] deve-se ao empenho em antecipar, tipificar e introduzir os casos excepcionais no quadro geral da Lei Fundamental, por assim dizer, como exemplos de regra, de modo a preservar os direitos fundamentais o máximo possível: o estado de exceção aparece com o nome de necessidade externa ou interna. Sua declaração e execução visam à proteção do território e à estabilidade da federação e dos *Länder*, de seu "ordenamento democrático liberal", bem como à proteção dos objetos civis e da população civil.[53] Ademais, as regulações do estado de necessidade preveem deslocamentos de competência em prol da federação e o emprego das forças armadas no plano interno. Todavia, o código de regras para a atividade legislativa durante a vigência do estado de defesa (arts. 115c-115e) e a garantia funcional para o tribunal constitucional (art. 115g) sinalizam que mesmo uma ofensiva armada não deve desestruturar totalmente a técnica de Estado legislativa e os direitos fundamentais.[54]

De fato, as tentativas de "registro" do estado de exceção na Constituição não se concluíram com a "Constituição emergencial" e os instrumentos da "democracia pronta para o combate"; contudo, sob o signo da "democracia protegida", após as experiências das duas guerras mundiais e da ditadura dos decretos emergenciais de Weimar, elas se tornaram regra na Alemanha, como também, de resto, em uma série de países europeus e nos Estados Unidos.

---

52 Vide, por exemplo, o art. 54 da Constituição de Paulskirche de 1849, os arts. 66 e 68 da Constituição do *Reich*, o art. 66 da Constituição de Weimar e o art. 15 da Convenção Europeia dos Direitos do Homem (afastamento dos direitos do homem em caso de estado de necessidade).
53 Arts. 80a, § 1º; 87a; 91 e 115a da Lei Fundamental.
54 Exceções: arts. 9º, § 3º, alínea 3; 10, § 2º e 17a, § 1º da Lei Fundamental.

7. Forma de Estado de direito *versus* conteúdo de Estado Social ou de Estado democrático

Na evolução do Estado de direito na Alemanha, a controvérsia "formalização *versus* materialização" denota uma conjuntura conflituosa claramente mais premente do que o debate acerca do conceito sumativo ou integral de Estado de direito, embora manifestamente menos premente se comparada às controvérsias fatídicas em Weimar e com a problemática do caso excepcional. À primeira vista, a controversa relação entre forma e conteúdo do Estado de direito situa-se muito antes do horizonte de perigos de uma Constituição emergencial e não se presta como núcleo de cristalização de protestos públicos. À segunda vista, todavia, sobressaem-se relações que revelam uma afinidade, ao menos, com a problemática dos poderes especiais extraordinários, senão com a repulsa de uma revolução ou de uma situação de crise econômica.

Em nostálgica defesa do Estado de direito formal

A Lei Fundamental, no art. 28, § 1º, retoma, *en passant*, a fórmula de Hermann Heller do "Estado de direito social". Nos primeiros tempos da República Alemã, essa fórmula conclama os teóricos do Estado – cuja licença gostaríamos de retirar, depois de eles terem dado sua contribuição intelectual para a construção do Estado hitlerista – a manifestarem-se como mestres de obras de direito público da II República Alemã. Estamos nos referindo aos porta-vozes da primeira rodada de debates sobre o Estado de direito – de modo especialmente proeminente, a Carl Schmitt, que parte para a luta contra a "tirania dos valores", e a Ernst Forsthoff, que, após a celebração do "Estado total" e, agora, desenganado, contesta o "amálgama entre Estado de direito e Estado Social" em uma autodejeção quase irônica do passado.

No espírito do ditado do "valor perpétuo" que é o Estado de direito, o qual não deve ser "arrastado na lama do mundano-mesquinho",[55] Ernst Forsthoff defende a tese da existência de uma antinomia estrutural entre Estado de direito e Estado Social (Forsthoff, 1968; 1971, especialmente p.147 e ss.).[56] É incontestequeaformadeEstadodedireitoeasexigências (=conteúdos) de Estado Social podem entrar em conflito. Contudo, quando Forsthoff fala em antinomia, ele quer dizer mais. O pano de fundo de sua argumentação é a antinomia inconfessa entre a livre economia das relações capitalistas e a economia social de mercado. Ao "Estado de direito racional-normativo" ele atribui o mérito de fazer vigorar o *status quo* social e econômico e de manter distância de um sistema de repartição estatal de bens. Contra a importação de questões relacionadas com a justiça e a democracia,[57] ele posiciona sua estilização da estatalidade de direito – disponibilizada pelo entendimento tradicional de Estado – em princípio formal apolítico. Esse princípio visa refrear as competências políticas de repartição ditadas pelo Estado Social ou, ao menos, sedimentá-las abaixo do plano da Constituição, no direito administrativo.

As circunstâncias e as teorias do Estado de direito que as refletem passaram por cima da identificação de caráter tanto nostálgico-ideológico quanto político-econômico feita por Forsthoff entre o Estado de direito com um alto grau de formalização em programas condicionais legais e com a restrição à configuração social indireta por parte da administração e o Estado fiscal como forma ideal do Estado de direito.[58] Com o consentimento dogmático quanto ao Estado Social, o Estado de direito social estabeleceu-se solidamente também no direito constitucional e carrega cada vez mais os traços de um Estado garantidor, que garante, sobretudo, viabilidade comercial, redistribuição, segurança e educação, disponibilizando,

---

55 Cf. Triepel (*Veröffentlichungen der Vereinigung der Deutschen Staatsrechtslehrer*, n.7, p.197, 1931).
56 Cf. também Huber (1953, p.77).
57 Ver especialmente Abendroth (1968). A esse respeito, ver Perels (2006).
58 Cf. já os artigos de Bachof, Abendroth e Hesse (in: Forsthoff, 1968), bem como Degenhart (1983); Ridder (1975); Zacher (2004), com outras remissões; e Perels (2006).

além disso, estruturas para a solução de problemas privados (Vogel, 2007; Hoffmann-Riem, 2001). O Estado garantidor marca uma teoria e uma dogmática consolidadas dos direitos fundamentais que põem de lado os direitos clássicos à repulsa de intervenções e às pretensões a prestações cada vez mais rotineiras, ampliando, ademais, a dimensão objetivo-jurídica dos direitos fundamentais a um amplo leque de deveres de proteção. Estes proporcionam ao Executivo – e também à justiça, no controle da aplicação – competências especiais e amplas na forma de deveres de prestação associados a direitos fundamentais e que, por conseguinte, dificilmente podem ser comparados com os poderes especiais executivos, no que se refere ao seu conteúdo e às suas consequências.

Em defesa da legalidade democrática

Tanto à tese de Forsthoff do princípio formal apolítico do "Estado de direito" quanto às tendências de materialização da estatalidade de direito contrapõem-se, repetidas vezes, teorias formais do Estado de direito. No final dos anos 1970 e início dos anos 1980, adversários declarados de Forsthoff animam o segundo debate de reformalização.[59] Embora eles o façam com diferentes direções de impacto, todos têm o mesmo projeto de proteger o Estado de direito formal e assegurador da liberdade contra seu esvaziamento. Pontos de referência são as teorias da "eficácia horizontal" dos direitos fundamentais na relação dos particulares entre si, a construção de um "ordenamento de valores objetivos", que deve ser visto como superior aos direitos fundamentais pelo tribunal constitucional e, contiguamente, a estatalidade judicial hipertrófica bem como, por fim, a superabundante jurisdição quanto aos deveres jurídico-fundamentais de proteção.

---

59 É instrutiva a controvérsia entre Grimm (1980), por um lado, e Hase; Ladeur; Ridder (1981), por outro. A esse respeito também, Maus (1986, p.46 e ss.); Preuss (1973); Frankenberg (1977); Bäumlin/Ridder (*AK-GG*², Abs. 1-3, III, nos marginais 38 e ss.); Ridder (1977).

CONJUNTURAS DE ESTADO DE DIREITO E DE ESTADO DE EXCEÇÃO

Bastante impressionados pela filípica de Carl Schmitt contra a "tirania dos valores", os autores são especialistas em um positivismo legal democrático que incorpora o princípio do Estado Social. Sua crítica apoia-se em dois pilares: *primeiramente*, alguns deles criticam a jurisprudência do tribunal constitucional e, sobretudo, sua teoria de um "ordenamento de valores objetivos",[60*] instituído na seção dos direitos fundamentais, como sendo uma perversão do Estado de direito. Com isso, à competência do Parlamento de criar o direito estaria anteposta uma legitimidade de nível institucional e substancial superior – totalmente comparável à legalidade de dois níveis criada por Carl Schmitt. Por essa razão, eles defendem um retorno à formalidade, cujo sentido e finalidade seriam manter o processo político aberto a alternativas sociais e defender a competência de atuação do legislador contra o tribunal constitucional alemão. A defesa que fazem da "miséria do legislador", típica da história da Teoria do Estado de direito na Alemanha, apoia-se dentre outras em uma passagem da "primeira decisão sobre o aborto". Nela, o tribunal constitucional alemão, partindo da suposição de que o direito "não é idêntico à totalidade dos princípios escritos", registra que

---

60 Clássica seria a seguinte passagem contida na "decisão sobre o caso Lüth".

* A decisão do caso Lüth pelo tribunal constitucional alemão colocou sob a proteção da liberdade de expressão o chamado boicote do presidente do senado, Lüth, contra filmes do diretor nazista Veit Harlan, que haviam sido classificados pelo tribunal de instância como contrários aos bons costumes, com base no art. 826 do Código Civil alemão. Trata-se de uma das decisões mais citadas no âmbito da dogmática dos direitos fundamentais; ela trata do alcance do direito fundamental da liberdade de expressão e ressalta sua importância como base de toda e qualquer liberdade e como valor axiológico constitutivo da Lei Fundamental: "Sem dúvida, os direitos fundamentais destinam-se prioritariamente a assegurar a esfera de liberdade do indivíduo contra intervenções do poder público; eles são direitos de defesa do cidadão contra o Estado. [...] Mas também é correto que a Lei Fundamental, que não pretende ser um ordenamento neutro do ponto de vista axiológico [...], em sua seção dos direitos fundamentais, também erigiu um ordenamento objetivo de valores [...]. Esse sistema axiológico, que tem seu ponto central na personalidade humana que se desenvolve livremente dentro da comunidade social e em sua dignidade, deve ser considerado como decisão fundamental constitucional para todos os âmbitos do direito; Legislativo, Administração e Judiciário recebem dele diretrizes e impulsos" (*BVerfGE* 7, 198/204 e ss.).

considera ser seu encargo "trazer à luz representações axiológicas imanentes ao ordenamento jurídico constitucional, mas que encontraram pouca ou nenhuma expressão nos textos das leis escritas, em um ato de reconhecimento valorativo, ao qual também não faltam elementos volitivos" (*BVerfGE* 34, 269/287).

Em segundo lugar, os defensores de uma reformalização voltam-se contra a reinterpretação dos direitos fundamentais em um "ordenamento de valores" por parte da jurisdição constitucional e acentuam o caráter processual dos direitos fundamentais como garantias da autodefinição, bem como da capacidade de ação e de organização dos indivíduos. Por conseguinte, eles combatem a concepção de que os direitos fundamentais são recuperados e substancializados do ponto de vista funcional e jurídico-objetivo como "decisões axiológicas" que, de acordo com a proibição da proteção deficiente, geram praticamente toda espécie de deveres de proteção do Estado.[61] Desse modo, a estratégia da reformalização tem por objetivo (r)estabelecer o Estado de direito democrático como forma de Estado da distância, mostrar ao tribunal constitucional e à sua judicatura ponderativa os seus limites e assegurar a participação adequada dos interessados no processo e na organização como um direito fundamental.

O tribunal constitucional alemão fez mais algumas concessões a essa crítica à sua jurisdição quase jurídico-excepcional, embora não expressamente, mas quanto ao mérito. Na jurisprudência mais recente, ele retrocedeu no discurso de um "ordenamento objetivo de valores". Os direitos fundamentais não funcionam mais como pilares ou "elementos" daquele ordenamento de valores, mas, na maioria das vezes, como "normas preceituais" (Böckenförde, 1990). A dimensão jurídico-objetiva vaga dos direitos fundamentais é cada vez mais concretizada pela repartição funcional em garantias

---

[61] A proibição de proteção deficiente obriga o legislador a prever uma proteção adequada dos bens jurídicos, *i. e.*, a determinar cuidadosamente a situação de fato, a ponderar os interesses em desacordo e a prover a eficácia das medidas tomadas (*BVerfGE* 88, 203/254). Quanto à proibição de proteção deficiente, cf. Canaris (1984, p.228) e Isensee (2000). Sobre a crítica, ver Denninger (1994).

organizacionais e processuais.[62] Embora organização e processo, na qualidade de medidas preventivas exigidas pelos direitos fundamentais, evidenciem suas raízes jurídico-objetivas, ao mesmo tempo é mais fácil classificá-los dentre as funções jurídicas subjetivas dos direitos fundamentais.

O debate sobre a reformalização conduz naturalmente às controvérsias sobre a relação entre Estado de direito e democracia. Após a conciliação entre Estado Social e Estado de direito, a democracia ganhou importância no plano dos princípios constitucionais fundamentais. Na crítica de Forsthoff aos componentes sociais do Estado de direito, ainda não se falava das implicações democráticas. Todavia, elas se tornam visíveis, primeiramente, em sua semântica de repulsa ao legislador que configura a sociedade, a qual rejeita todos os esforços de "projetar relações e políticas na constituição de Estado de direito" e, depois, ainda que obscuramente, na estilização hegeliana do Estado em "guardião [abstrato] da humanidade" (Forsthoff, 1968, p.175; 1971, p.168 e ss.).

Enquanto Forsthoff deduz a relação de tensão entre Estado de direito e democracia da "desformalização do direito constitucional" (idem, 1978, p.200), Kägi, ao contrário, baseia sua antinomia entre Estado de direito e democracia em uma suposta tendência de formalização de que "o princípio do Estado de direito tornou-se vítima".[63] Na tradição do antipositivismo militante do período de Weimar, Kägi luta – em minha opinião, de modo confuso na direção de impacto e pouco lúcido na fundamentação – contra o "desalmamento da ideia de Estado de direito" lamentado por Hermann Heller e em favor de uma "comunhão de destinos entre Estado de direito e democracia". Como causa da crise da legalidade que diagnostica, ele cita a "ideologia do democratismo desmesurado inimigo da representação", pela qual respondem Rousseau, os positivistas e os decisionistas. Por falta de uma diferenciação entre legislação constitucional e legislação "constituiforme", e também devido à

---

62 Exemplificando: *BVerfGE* 73, 280/296; 77, 170/229; Denninger (2000).
63 A esse respeito e sobre o que se segue, ver Kägi (1945; 1978).

descrição inadmissível da realidade constitucional, a evasão de Kägi para "os valores fundamentais do Estado de direito" não repercutiu sobre a continuidade da evolução.

Não é uma antinomia entre Estado de direito e democracia, mas uma relação de tensão entre ambos que Fritz Scharpf sustenta com sua tese de que "entre o aperfeiçoamento das estruturas de Estado de direito do tipo alemão e as chances de uma direção e de um controle político democrático efetivo do sistema administrativo" existe uma "correlação negativa" (Scharpf, 1970)[64] que gera custos consideráveis. Scharpf expõe um complexo de problemas abonado empiricamente pela vasta literatura sobre a juridificação e a pesquisa de implementação[65] sem, todavia, responsabilizar o Estado de direito por isso exclusiva ou mesmo apenas primariamente.

Em seus traços principais, a crítica da juridificação segue a linha de argumentação de Max Weber, que deplorara a materialização por ser uma decomposição da racionalidade inerente ao direito (Weber, 2005, especialmente p.648)[66]. O subtexto teórico-democrático dessas teorias acentua-se, primeiramente, na metacrítica de que o direito materializado destrói a separação de poderes ao atribuir à justiça um papel central na aplicação de "armadilhas legais" caracterizadas por cláusulas gerais, conceitos jurídicos indeterminados, objetivos vagos e leis experimentais. Segundo essa concepção, a reestruturação do Estado de direito funda uma soberania por força de uma legitimidade judicialmente sancionada (Maus, 1986; Denninger, 1990). Formulando-se de outro modo: a técnica de Estado legislativa democrática calculável torna-se presa de uma casuística incontrolável.

Em contraposição a essas abordagens, o criticado tribunal constitucional alemão, distante de implicações jurídico-excepcionais, há muito vem tentando aliar dogmaticamente Estado de direito e democracia. Na instituição da lei democrática como expressão do

---

64 Sobre a relação de tensão entre o Estado de direito e a democracia, ver Bettermann (1986, p.8 e ss.) e Püttner (1991, p.69).
65 Cf. apenas Voigt (1980); Zacher et al. (1984); Vogel (1979) e Starck (1979).
66 Sobre a desformalização, cf. Wiethölter (1984), bem como os artigos em Zacher et al. (1984).

ordenamento estatal e da vontade popular, o Tribunal tenta ensamblar os dois princípios legitimatórios complementares. Todavia, ele não conseguiu determinar a relação entre eles para além do aspecto da separação de poderes de modo realmente preciso. Entretanto, nas decisões do tribunal constitucional alemão, a proteção da liberdade de Estado de direito por meio da vinculação legal formal aparece ao lado da função configuradora democrática da vinculação legal conteudística. Assim, o princípio do Estado de direito exige "a vinculação jurídica dos poderes públicos em todas as suas manifestações, inclusive por meio de uma organização de competências e de uma separação de funções claras, de modo a prevenir o abuso de poder e a resguardar a liberdade do indivíduo". Ademais, o princípio da democracia exige que "cada ordenamento de um âmbito vital por meio de princípios do direito objetivo possa ser reconduzido a uma deliberação de vontade dos órgãos legislativos mandatados pelo povo" (*BVerfGE* 33, 125/158). A oposição entre forma e conteúdo, que por muito tempo foi uma característica especial das teorias alemãs do Estado de direito, há de ser, assim, abolida na complementaridade entre vinculação formal e conteudística.

Da relação interna entre Estado de direito e democracia

Livre da compulsoriedade de decisões e de conexões de caráter dogmático, Jürgen Habermas, em sua "teoria discursiva do direito e do Estado democrático de direito" (Habermas, 1992, especialmente p.166 e ss. e 541 e ss.), põe um ponto final – não inconteste no meio jurídico[67] – à oposição entre Estado de direito e democracia. Dando continuidade à tradição kantiana, ele supera a dicotomia entre racionalidade formal e material do direito ao apresentar uma fundamentação de um mínimo ético do Estado de direito baseada na teoria discursiva e que pode muito bem ser entendida como barreira normativa contra recursos abusivos a poderes jurídico-excepcionais. O centro de rotação e o ponto crucial de suas

---

67 Quanto à crítica a partir da perspectiva da Teoria do Estado, ver Schlink (1993).

reflexões é o princípio discursivo segundo o qual todos aqueles concernidos pelas normas jurídicas na qualidade de destinatários devem estar em condições de aprová-las como participantes de um discurso racional. Baseando-se nas concepções de Rousseau e Kant, todos os membros de uma sociedade desempenham um duplo papel, como destinatários e autores do direito.[68] Com isso, Habermas abandona a ideia liberal de democracia que modela esta última segundo o protótipo do contrato jurídico-privado entre atores do mercado. Em vez disso, ele introduz a democracia como prática do aconselhamento de participantes da comunicação nos discursos públicos. No centro deles, situa-se a pessoa comunicativamente atuante.

Segundo Habermas, o princípio discursivo é operacionalizado pela democracia na forma do direito. Do mesmo modo que não pode haver democracia sem a forma da lei geral do ponto de vista semântico e processual, a forma do direito deve ser gerada por um legislador democrático. Logo, os princípios do Estado de direito asseguram a estabilidade do sistema dos direitos e da legislação democrática, sobretudo pela repressão do poder político estatal. Consequentemente, Estado de direito e democracia não se encontram em uma relação antinômica, mas remetem internamente um ao outro. Para Habermas, o nexo sistemático entre Estado de direito e democracia é deduzido do "ensamblamento de processos jurídicos com argumentações que se autorregulam segundo os princípios da generalização e da adequação" (ibidem, p.598).[69] Logo, ele combina o princípio da regulamentação com o da fundamentação, para assim salvaguardar a imparcialidade como base de validade do direito moderno. Com isso, o Estado democrático de direito é introduzido contra as teorias tradicionais do Estado de direito e fundamentado independentemente de sua institucionalização concreta. A concepção de Estado de direito baseia-se em processos de deliberação pública e parlamentar e em um sistema de direitos que possibilitam,

---

68 A esse respeito, ver Günther (1999).
69 Cf. análise detalhada a esse respeito em Günther (1998).

senão impedir, ao menos expor publicamente o escândalo de abusos executivos de competências jurídico-excepcionais.

8. Estado de direito em vez de justiça?

A questão de como o Estado de direito relaciona-se com a justiça sempre o acompanhou como uma sombra. Trata-se, mais uma vez, da questão da relação entre forma e conteúdo. A Lei Fundamental parece ter respondido definitivamente à pergunta sobre a justiça. Ela resistiu, de modo geral, ao renascimento inicial do direito natural – não obstante "seu" Estado de direito ter provado ser um Estado de direito social.

Opositores de uma abertura da Constituição para o direito suprapositivo sempre insistiram em que o Estado de direito contém apenas um mínimo ético.[70] Eles tentam evitar a questão da justiça e, com isso, o paradoxo do direito suprapositivo positivado remetendo à vinculação de todos os poderes estatais aos direitos fundamentais, ao mandamento da igualdade, ao princípio da legalidade e ao princípio do Estado Social. Mesmo a questão de como se pode impedir que qualquer tipo de representação de justiça aflua para a Lei Fundamental por meio do canal de um princípio de justiça aberto indeterminado é repassada – mantendo-se a estrita sobriedade exigida pela teoria da justiça – à própria lei fundamental.[71] De fato, os princípios mencionados são apreendidos de algum modo por um conceito material de Estado, embora não necessariamente por meio de preceitos suprapositivos positivados de maneira paradoxal.

---

70 Sobre essa controvérsia, cf. Dreier (1986); Sobota (1997, p.90 e ss.). Cf. também Forsthoff (1959) e, por fim, Dieckmann (2000).

71 Aqui, a dogmática constitucional teria que procurar uma correspondência com os vivos debates da teoria da justiça, tão orientados para a Constituição, conduzidos há mais de dois séculos na Filosofia: Rawls (1979); Dworkin (1984); Forst (1994); Honneth (2000); Young (1990); Frankenberg (1994); Derrida (1991).

"Lei e direito"?

Com isso, todavia, não se responde de modo algum a pergunta sobre as condições e os critérios segundo os quais o Estado de direito pode abandonar a distância que mantém dos interesses privados e dos objetivos políticos de configuração e "tornar-se conteudístico", por exemplo, em relação ao estabelecimento de condições de vida socialmente justas ou quanto à reabilitação das vítimas de um regime ditatorial.[72] Foi sobretudo a fórmula da vinculação da justiça e da administração à "lei e ao direito" do art. 20, § 3º da Lei Fundamental que sempre deu lugar a exercícios exegéticos controversos. Diferentemente da "lei", o "direito" poderia sinalizar que a Lei Fundamental abre, sim, uma janela para o direito suprapositivo, especialmente para os postulados de justiça da tradição constitucional jurídico-natural que, então, também constituiriam a base do princípio do Estado de direito. Essa interpretação também fomentou uma antiga decisão do tribunal constitucional alemão, na qual encontrou reconhecimento a existência de um direito suprapositivo que também vincula o legislador constitucional e é determinante para a jurisdição constitucional (*BVerfGE* 1, 18). Mais tarde, o Tribunal – por um lado, timidamente – considerou possível apenas uma oposição entre lei positiva e representações suprapositivas de justiça, aproximando-se, assim, da concepção que, acertadamente, interpreta "lei e direito" como uma tautologia.[73] Todavia, por outro lado, o Tribunal fala de "postulados basilares de justiça" aos quais seria possível recorrer em casos excepcionais.[74]

---

72 A esse respeito, *BVerfGE* 94, 315/322 e ss. (indenização para trabalhadores forçados) e a decisão do Tribunal Europeu dos Direitos do Homem, *Europäische Grundrechte Zeitschrift* (2008, p.599 e ss.).
73 Cf. Bäumlin; Ridder (*AK-GG²*, Art. 20 Abs. 1-3, III, no marginal 55); Jarass; Pieroth (2009, Art. 20, nota 38).
74 Cf., por um lado, *BVerfGE* 29, 166/176 (com maior prudência, 34, 269/286 e ss.; por outro, 84, 90/121 e 95, 96/134 e ss.) (vinculação à "justiça" em casos excepcionais).

Seria uma contradição demasiado manifesta se uma Constituição escrita codificasse sua primazia[75] e, ao mesmo tempo, abrisse a possibilidade de contrapor representações subjetivas e praticamente inverificáveis de "direito justo" à lei constitucional. Em favor da tese de que a Lei Fundamental no art. 20, § 3º não tem a intenção de associar a situação normal de Estado de direito a uma situação excepcional, falam o enunciado do art. 97, § 1º da Lei Fundamental – unívoco nesse sentido – segundo o qual os juízes "estão submetidos unicamente à lei", o dever de interpretar a lei de acordo com a Constituição e o monopólio da rejeição de normas anticonstitucionais situado no tribunal constitucional alemão e relacionado com o controle concreto de normas (art. 100, § 1º, alínea 1 da Lei Fundamental).

O tribunal constitucional alemão logo passou a ler o art. 20, § 3º como o art. 97, § 1º da Lei Fundamental. A fórmula "lei e direito" serviria unicamente para esclarecer que os tribunais estão autorizados a basear suas decisões "apenas no direito material – direito constitucional, leis formais, prescrições legais, preceitos autônomos e direito consuetudinário", mas não estão vinculados do mesmo modo a decisões de tribunais superiores (*BVerfGE* 78, 214/227; 84, 212/227). Todavia, ao mesmo tempo, a segurança jurídica e a "ideia da justiça material [devem corporificar] componentes essenciais do princípio do Estado de direito". Por conseguinte, a equidade encontra aplicação em casos excepcionais, sob o aspecto da igualdade da aplicação do direito, ou seja, pela via do mandamento da igualdade = da proibição da arbitrariedade (art. 3º, § 1º), como controle subsidiário e geral de justiça, para corrigir decisões judiciais pura e simplesmente incompreensíveis ou especialmente arbitrárias, "segundo a ideia dominante da Lei Fundamental" (*BVerfGE* 70, 93/97; 86, 59/62 e s).

---

75 Cf, nesse sentido, a Lei Fundamental, nos arts. 1º, § 3º; 20, § 3º e 93, § 1º, nº 2 (controle de normas) e nº 4a (agravo constitucional).

"Horas da pura justiça"?

Por mais que, inicialmente, na teoria, a fórmula "lei e direito" fosse controversa e tenha levado a movimentos sinuosos idiossincráticos exegéticos na judicatura do tribunal constitucional alemão, na prática ela acabou não tendo grandes consequências. Isso mudou quando, na situação excepcional, após a reunificação alemã, a controvérsia sobre o Estado de direito e a justiça foi reinterpretada no contexto da reflexão crítica jurídico-penal do passado pré-Estado de direito[76] da RDA. "Esperamos justiça e recebemos o Estado de direito", queixava-se a civilista Bärbel Bohley.[77] Sua frase revela, além da dolorosa experiência da "justiça [pretensamente] verdadeira"[78] no "Estado de direito socialista", a decepção das vítimas do regime ditatorial da RDA com o Estado de direito social da República Federal Alemã. A falta de familiaridade com a racionalidade e a técnica de Estado dessa sóbria "forma estatal da distância"[79] faz com que as vítimas exijam que essa distância seja superada por meio de uma maior proximidade com as vítimas e que as cautelas formais, tais como, sobretudo, a proibição de retroatividade (art. 103, § 2º da Lei Fundamental) sejam sacrificadas no altar de ideias de justiça de conteúdo enfático.

---

76 Ver Isensee (1992); os artigos de Starck, Berg e Pieroth (1992) sobre o tema "*Der Rechtsstaat und die Aufarbeitung der vor-rechtsstaatlichen Vergangenheit*"; Schlink (1994). Quanto à controvérsia sobre a (não) estatalidade de direito do "Estado de direito socialista" da RDA, ver Klein (1990); Müller (1992), bem como Denninger (1998, p.1131 e ss.).

77 Cf. Münch (1994, 165 e ss.) e Heitmann ("*Die Revolution verkommt zur Wende*", *Frankfurter Allgemeine Zeitung* de 12 set. 1994, p.13): "O Estado de direito não está objetivamente em condições de recuperar atos revolucionários faltosos".

78 Gravação original. Walter Ulbricht, no fim de sua carreira política como presidente do Conselho de Estado da RDA (apud Heuer, 1995, p.59).

79 Da perspectiva da teoria sistêmica, a legitimidade é reconvertida, de modo especialmente decepcionante, por meio da legalidade, em um autoengano que estabiliza o sistema, gerado pelo código jurídico e assimilado no sistema jurídico; vide Luhmann (1983).

A jurisprudência sobre a micro e a macrocriminalidade ou a criminalidade governamental na RDA[80] ilustra um desempenho específico de estatalidade de direito criticado por Bärbel Bohley: não obstante seu mínimo ético – ou justamente em razão dele – e a oferta de ideias suprapositivas de direito, a estatalidade de direito mostra-se, primariamente, na *repulsa* da injustiça. E esta se orienta – admita-se: de modo não muito seletivo – pelo princípio da proporcionalidade. Mesmo nos casos em que se deve compensar um injusto ocorrido, não se vai além das cautelas jurídico-positivas de Estado de direito do *método Locke*. De acordo com esse método, a justiça deve ser realizada de dois modos: *institucionalmente*, sobretudo por meio da separação de poderes, da vinculação constitucional e legal dos poderes públicos e da proteção da Constituição, e *procedimentalmente*, por meio de processos formalizados, da independência judicial, da publicidade do processo e da proteção efetiva dos direitos fundamentais.[81]

Isso quer dizer que "a hora da justiça pura", que não seria senão um estado de exceção, soa apenas durante a revolução, que não conhece segurança jurídica, proteção dos direitos fundamentais ou da Constituição em relação a tiranos. Assim, mesmo as cidadãs e os cidadãos meritosos devem aprender a lição de que a quebra da normalidade de Estado de direito obedece sem exceções, em prol de uma legitimidade superior, a uma lógica da arbitrariedade que busca sua justificação em um estado de necessidade (do Estado) supraconstitucional.[82]

---

80 *BVerfGE* 92, 277/316 e ss., punibilidade de espiões da RDA, e 95, 96/127 e ss., guardas do muro de Berlim.
81 *BVerfGE* 49, 220/235; 53, 30/71 e ss.; 68, 1/86 e ss.; 92, 277/325 e ss. e 95, 96/130 e ss. Em geral, a esse respeito, ver Böckenförde (1992), e sobre a justiça no contexto da reflexão crítica sobre as injustiças da RDA, ver Jaeger (1996).
82 Ver análise fundamental a esse respeito em Böckenförde (1978). Sobre a "hora da pura justiça", ver Schlink (1994). Vide também Jäger (1989).

9. O Estado de direito como Estado preventivo

A fórmula "Estado de direito *versus* Estado preventivo" marca uma conjuntura conflituosa que, em parte, entrecruza-se com as controvérsias sobre o Estado de direito material e o Estado de direito democrático, mas avança diretamente para o conceito central da "segurança" e, por conseguinte, para a relação jurídica precária entre situação normal e situação excepcional. Desde os anos 1970, são sobretudo duas as evoluções seculares do Estado de direito que fazem com que sejam transgredidos seus limites da repulsa policial e da repulsa política de perigos, assegurados, em certa medida, justamente pela teoria: *primeiramente*, o progresso técnico-científico rasante na sociedade de risco (Beck, 1993; Evers; Nowotony, 1987; Bonss, 1995) estimula novos potenciais periclitantes de difícil controle. *Em segundo lugar*, fenômenos e práticas criminosas, como, por exemplo, a criminalidade transfronteiriça e, sobretudo, as organizações terroristas, provocam os aparelhos e titulares de funções estatais a projetar uma nova "arquitetura da segurança". Atrás da fachada dessa arquitetura, o Leviatã dominado pelo Estado de direito torna-se um Leviatã incontido (Denninger, 1988, 1990; Grimm (1986), e o *método Locke* é suplantado pelo *método Hobbes* – mas, ao menos, as técnicas estatais são associadas de modo extremamente problemático. Com isso, as valências iliberais dos dois métodos ganham expressão no *método Foucault*.[83] Como pretendo mostrar na sequência,[84] na prática da técnica de Estado, os complexos de problemas da "sociedade de risco" e do "Estado preventivo" são reunidos pela tecnologia da informação.

Da repulsa de perigos à gestão hiperpreventiva de riscos

Em ambos os campos – do novo direito tecnológico e do clássico direito policial –, o Estado preventivo toma emprestadas suas

---
83 A esse respeito, vide capítulos I, III e IV.
84 A transformação do Estado de direito em Estado de prevenção ou de segurança é abordada nos capítulos V-VII a partir de diferentes perspectivas.

CONJUNTURAS DE ESTADO DE DIREITO E DE ESTADO DE EXCEÇÃO

estruturas, e as agências de segurança, suas competências, não mais da imagem ideal de uma repulsa de perigos que, além de eficaz, preserva de algum modo a liberdade e é limitada por leis de intervenção criadas em um processo democrático e que carregam traços característicos do Estado de direito. Ao contrário, em seu lugar entra um regime jurídico excepcional de segurança de prevenção generalizada de perigos e de medidas que interferem no campo preliminar dos perigos ou, para ser mais exato: uma dessas prevenções de riscos antecipadas, baseadas em normas interventivas imprecisas e em destinações vagas.[85]

Não é a prevenção em si que é nova. Pois a repulsa policial de perigos era e continua sendo orientada pelo aspecto preventivo; às suas decisões é sempre inerente um elemento prognóstico. Todavia, podem-se considerar inovadoras as inversões da repulsa de perigos em uma gestão de riscos hiperpreventiva que desconstroem o entendimento tradicional de Estado de direito. Por isso, no Estado securitário, a técnica de Estado baseia sua legitimidade não em êxitos no quesito da segurança jurídica, mas, cada vez mais, também na realização do bem comum, por meio da coibição de riscos civilizatórios. Sob o signo de uma ampla proteção dos bens jurídicos (Denninger, 1990b, p.33 e ss. e 219 e ss.),[86] as funções estatais são liberadas sob o aspecto quantitativo e requalificadas sob o aspecto qualitativo. Elas passam a abranger a produção da segurança pura e simples. Do mesmo modo, o instrumentário de intervenção dos poderes públicos é ampliado segundo a efetividade da prevenção de riscos. Em contrapartida, as liberdades civis são restringidas, algumas vezes com o assentimento do tribunal constitucional alemão que, entretanto, recentemente, negou o consentimento incondicional a algumas medidas especialmente extremas, como, por exemplo, o abate de

---

85 Da literatura praticamente inabrangível, cf. Roßnagel (1990); Di Fabio (1994); Steinberg (1998, especialmente p.379 e ss.); Wolf (1996).
86 E a análise fundamental para o direito penal de Prittwitz (1993).

aeronaves, as intervenções de vigilância de ampla disseminação e as medidas de retenção de dados.[87] No direito técnico, de modo especialmente ostensivo nos direitos ambiental, atômico, genético e no direito da saúde, o deslocamento em prol de uma prevenção de riscos e de uma exploração de recursos generalizada esboça-se em conceitos jurídicos vagos – como, por exemplo, tolerância social, proporcionalidade, aceitabilidade e confiabilidade – ou em cláusulas de rigor. Elas introduzem a transição do controle imperativo para o controle com formas de conduta flexíveis e informais por meio da gestão estatal da informação (Di Fabio, 1993, com outras remissões).

Do direito da repulsa de perigos ao "direito da invenção de perigos"

Nos âmbitos clássicos de atuação da repulsa policial de perigos, o Estado preventivo e de segurança triunfa, de modo geral, em um direito policial especial destipificado, que se insere no conceito global de um "direito de combate".[88] A lógica hiperpreventiva desse direito leva à associação entre repulsa de perigos e persecução penal com o auxílio da categoria "ação operacional", que é apenas pretensamente inócua e segundo a qual "o combate preventivo de crimes" também incumbe às autoridades policiais (Denninger in: Lisken; Denninger, 2007, nos marginais 193 e ss.). Isso debilita, com consequências extremamente inconvenientes, o princípio de que a técnica de Estado deve, por razões de Estado de direito, observar uma rígida alternância entre competências jurídico-policiais e competências penais. Além disso, esse direito policial especial hiperpreventivo, claramente distinguível das atribuições normais, confunde as competências da polícia com as do serviço secreto, por exemplo, no caso do emprego de informantes disfarçados ou do levantamento secreto de dados, como nas chamadas escutas telefônicas. Ele transfere as competências

---

87 BVerfGE 120, 274 (investigação *on line*); BVerfGE 120, 378 (registro automático de dados relativos a veículos); BVerfGE 121, 1 (retenção de dados).
88 Ver análise detalhada a esse respeito já em Frankenberg (2005) e, infra, Capítulo VI.

policiais para intervenções de caráter informacional, como as verificações sistemáticas de dados (*Rasterfahndungen*), as verificações aleatórias de dados (*Scheleierfahndungen*) e as vigilâncias por câmera, para o longínquo campo preliminar dos perigos concretos. Assim, o direito da repulsa de perigos transforma-se em "direito da invenção de perigos", que se impõe sistematicamente para além das categorias centrais de um direito policial de Estado de direito, tais como as de perigo e de perturbador/ não perturbador. No âmbito desse deslocamento, a relação bipolar Estado-cidadão é modificada sob dois aspectos de modo duradouro. O cidadão não é obrigado, no caso concreto, na qualidade de perturbador, mas transforma-se – para além dos deveres tradicionais de vacinação, de uso do cinto de segurança, de respeito ao próximo, de afiliação obrigatória a um seguro e aqueles relativos às regras de conduta – em um destinatário de "deveres fundamentais". Por conseguinte o cidadão funciona como "encarregado de segurança" do Estado. Como consequência lógica, o "direito fundamental à segurança" (Isensee, 1983) a ser executado pelo Estado inverte aquela relação jurídico--fundamental entre o conjunto dos cidadãos e os poderes estatais. Por meio da inclusão de terceiros interessados, sejam eles vizinhos, não perturbadores, associações ou outros, a relação bipolar é convertida em uma relação jurídica multipolar.

No lugar de um direito normal, assegurado de algum modo pelo Estado de direito, com um processo legalmente regulado de criação do direito, de generalidade da lei em relação a pessoas e objetos, bem como de sua durabilidade e executabilidade (também regulada pelo direito), entram elementos de um direito de exceção hiperpreventivo. *Primeiramente*, a difusão e a desconcentração do processo de criação de normas definido como "criação governativa do direito",[89] inclusive do "*outsourcing* legislativo", ou seja, da delegação de competências para criação de normas a atores não parlamentares.[90] *Em segundo lugar*,

---

89 Quanto ao que se segue, ver Bogdandy (2000).
90 Ver análise crítica em Denninger (1990a), Kloepfer (1982). Cf. também Becker (2005).

a debilitação da generalidade das leis, característica do Estado de direito, provocada por leis-medida e por leis *ad hoc*. *Em terceiro lugar*, o acúmulo de leis de duração limitada, na forma de leis experimentais e temporárias e de leis com reservas de alteração. *Em quarto lugar*, "normas em branco", de conteúdo indeterminado, adotadas com cláusulas gerais e conceitos jurídicos demasiadamente indeterminados. Por fim, *em quinto lugar*, a insegurança na aplicação e na imposição do direito gerada pela criação de um critério situacional.

Associados, esses fenômenos não podem ser interpretados como meros sintomas de uma inevitável fraqueza decisória do legislador que, diante da complexidade das relações, busca refúgio no anteparo das cláusulas gerais e atrás das armadilhas legais. Tampouco cabe minimizar a gravidade desses fenômenos, considerando-os como uma estratégia insignificante de otimização com vistas à dinamização da proteção dos bens jurídicos. No e com o Estado preventivo, o que aflora é muito mais uma transformação que altera drasticamente a estrutura da relação entre Estado de direito e estado de exceção. Sob a ditadura de uma prevenção de riscos demasiadamente abrangente, o Estado de direito transgride mais e mais as barreiras liberais de uma técnica de Estado liberal ou libera suas valências iliberais, revelando-se, por fim, como princípio constitucional autorizador e, em última consequência, imoderado. Nos campos relevantes para a segurança do direito da repulsa de perigos ocorre uma reconversão do controle de conduta sistemático direto em indireto que investe de modo amplo e profuso não apenas no campo preliminar dos perigos, mas também em estruturas, redes e ambientes, não interferindo, porém, em perturbações pontuais e em situações de perigos individualizáveis.[91] A combinação entre a dissolução de tipos penais, o rebaixamento dos limiares de intervenção e a redução da densidade do controle judicial nivela a oposição entre normalidade e situação excepcional, favorecendo um processo que analisarei a seguir como sendo uma normalização do estado de exceção.

---

91 A esse respeito, cf. também Volkmann (2009).

CONJUNTURAS DE ESTADO DE DIREITO E DE ESTADO DE EXCEÇÃO

No fim provisório da via especial alemã, o Estado de direito volta-se – sem dúvida, em uma realidade histórica consideravelmente alterada e com outros indícios funcionais – para o paternalismo da segurança[92] de sua história primitiva, quando não era possível distinguir com facilidade e segurança o ordenamento de Estado de direito e a técnica de Estado de um regime executivo jurídico-excepcional. Consequentemente, hoje, o estado de exceção não apenas revela ser uma construção da Teoria do Estado e do direito constitucional que somente se impõe quando o direito normal é suspenso por uma declaração formal, como também vem penetrando o direito da repulsa de perigos, a técnica de Estado e o cotidiano policial.

---

92 Nos capítulos seguintes, o Estado de direito regressivo, aqui esboçado apenas em seus traços gerais, será abordado em detalhes.

CAPÍTULO IV

POSIÇÕES E RELAÇÕES
MEDO E APOCALIPSE NO PENSAMENTO EXCEPCIONAL

1. Da ambivalência do paradigma liberal

No *government of laws* e na técnica de Estado do *método Locke* a ela correspondente estão inseridos dois projetos conectados no paradigma liberal. O primeiro é a ambiciosa tentativa, no Estado de direito, ou no *rule of law*, como se expôs, de programar a prática estatal por meio de lei parlamentar. Assim, o Legislativo tem que esclarecer por meio de leis gerais o que é legal e o que não é. Às leis e, em última instância, à lei constitucional, é dado o encargo de regular todos os assuntos comuns essenciais da sociedade. Para essa finalidade, atribuem-se aos poderes estatais competências que os habilitam a intervir na esfera de liberdade dos cidadãos – ou melhor: a coordenar condutas e consequências de condutas. O autogoverno por meio da autolegislação designa o projeto ambicioso, tanto de Estado de direito quanto, mais tarde, de democracia, de solucionar conflitos da situação normal após o ingresso das sociedades na "condição civil" (Kant). Por conseguinte, no paradigma liberal, toda técnica de Estado que se orienta unicamente pelo que é conveniente é superada pela concepção estatal de Estado de direito, que sempre coloca barreiras, *inclusive* jurídicas, ao interesse em um direcionamento legislativo efetivo e em um funcionamento desobstruído do ponto de vista executivo. Com isso, efetividade e normatividade, enquanto critérios para a solução de situações de conflito social, contraem uma relação carregada de tensão.

O segundo projeto de técnica de Estado liberal que, todavia, é ligado ao primeiro, consiste em pôr fim a todos os regimes precedentes de um direito de exceção de caráter público – desde os *arcana dominationis*, passando pelos direitos especiais dos imperadores até as formas de prerrogativas reais existentes na Idade Moderna. A teoria e a prática do Estado de direito têm por objetivo exorcizar o pesadelo do direito de exceção. As variantes que se oferecem são a concentração do estado de exceção no âmbito discricionário das prerrogativas executivas,[1] sua dissolução no ordenamento jurídico civil ou, então, sua impressão com os traços do direito moderno. É nesta última variante que me concentro nas exposições que se seguem.

Sobre o pano de fundo de regras e exceções, a forma de soberania legal concebida como contramodelo do absolutismo monárquico e seus casos excepcionais – guerra e estado de sítio, arbitrariedade do poder soberano e rebelião civil – assumem uma configuração jurídico-normativa. Pela primeira vez, o direito marcial, o direito do estado de exceção e os direitos do estado de necessidade do Estado de todos os tipos podem ser reconhecidos como variantes de uma situação excepcional baseada no direito, seja ela ilegal, supralegal ou legalmente regulada. Consequentemente, segundo as normas do Estado de direito ou as regras do *rule of law* pelas quais deve ser mensurado o controle da situação normal, é possível discernir e criticar os poderes especiais que escapam aos limites jurídicos. Essa crítica aguça a visão para os perigos do extraordinário. Se ela consegue neutralizar a fascinação que ele exerce e barrar o caminho a

---

[1] Segundo Locke (1977, II Tratado, cap.14), o Executivo tem o direito, em caso de estado de necessidade, dentro de sua margem de arbitrariedade e se for o caso, de agir contra a lei, mas deve, posteriormente, reconhecer atos ilícitos e responder perante a opinião pública. Os poderes extrajurídicos não devem alcançar a dignidade de precedentes e favorecer a ampliação do Poder Executivo em situações normais.

todas as tentativas de recorrer a medidas extraordinárias em casos de crise, isso é outro assunto. Contra um êxito assim tão retumbante do paradigma liberal fala sua ambivalência em relação ao fenômeno do extraordinário, primeiro ponto que abordarei; em seguida, partindo da prática estatal e da ciência, falarei dos romances fatais com o estado de exceção.

A ambivalência liberal em relação às situações extraordinárias de crise funda-se em seu racionalismo regulatório. Elevado à euforia, ele sugere aos defensores da versão otimista do projeto liberal que superem a necessidade de regular revoltas, tentativas de derrubada do poder, guerras ou catástrofes. É nesse espírito que o art. 130 da Constituição belga de 1831, por exemplo, postulava: "A constituição não pode ser suspensa nem total nem parcialmente",[2] e que a Constituição francesa de 1830 proibia o monarca de suspender leis ou de dispensar de sua execução (Schmitt, 1989, p.195). O estado de exceção não se realiza. Ou melhor: por força do direito, ele não se pode realizar, porque ele se opõe a toda e qualquer normalidade por ser algo simplesmente anormatizável ou, então, formaria uma cunha entre normalidade e normatividade.

Não é apenas no constitucionalismo primitivo que o caso excepcional não constitui um tema proeminente apesar – ou em razão – do trauma jacobinista por ele mesmo motivado e devido ao eventual temor de situações de guerra civil. Mesmo no final do século XIX, quando as doutrinas liberais do Estado de direito tentam repetidas vezes solucionar o insolucionável, restringindo a esfera de liberdade dos cidadãos em prol do poder estatal e, ao mesmo tempo, protegendo-a deste último, continuam existindo, assim como nos tempos subsequentes, teorias do Estado que não dizem uma palavra sequer sobre o estado de exceção, embora o pressuponham de modo implícito.[3]

---

[2] A Constituição belga em vigor atualmente contém uma regulação análoga no art. 108.

[3] Em Rotteck e Welcker (1846) há um registro de meia página sobre o "estado de sítio" que não faz referência ao Estado de direito (v.2, p.281 e ss.).

Em contrapartida, as teorias racionalistas realistas do Estado de direito sabem

[que] nunca é inerente ao direito [...] o poder de determinar o curso da vida do Estado em tempos de crise. Para atenuar violações evidentes do ordenamento estatal, aplicou-se a categoria do direito de necessidade do Estado, que não é senão outra formulação para o princípio de que o poder precede o direito. (Jellinek, 1905, p.349 e ss.)

Em conformidade com isso, alguns autores, fiéis à visão racionalista de que é possível regular toda a vida social e, consequentemente, todos os casos emergenciais, esforçam-se pelo "registro [arriscado, senão paradoxal] do estado de exceção no universo constitucional" (Boldt, 2001, p.162). Na execução prática dessa variante do projeto liberal, desde a segunda metade do século XIX e, mais intensamente, desde a Segunda Guerra Mundial, muitos ordenamentos jurídicos vinculam o estado de sítio a uma declaração formal, bem como a prazos e normas que, sem exceção, impelem à suspensão de sua aplicação. Essa visão encontra seu aperfeiçoamento no positivismo jurídico. Nele, "[o estado de exceção], formalmente, leva a vida de uma norma geral", como protótipo das regras jurídico-excepcionais correspondentes que são disponibilizadas por um ordenamento jurídico (ibidem, p.86 e 166 e ss.). Contrariamente à frase imputada a Graciano de que *necessitas legem non habet*, a *necessitas* extrema não deve ser desregulada e isenta de barreiras jurídicas.

De fato, é possível recuar na história dos regimes jurídicos do estado de exceção a um decreto da Assembleia Constituinte de 8 de julho de 1791, ou seja, à época da Revolução Francesa. Todavia, no século XIX, a monarquia constitucional e o *état de siège fictif* ou *politique* dos tempos da Restauração continuam sendo seu ponto de referência e modelo. Isso se aplica fundamentalmente também ao art. 68 da Constituição do *Reich* de 1871, que dava ao imperador o direito de declarar estado de guerra para algumas partes do território alemão em caso de ameaça da segurança pública. Enquanto o estado de guerra remete à longa pré-história do estado de exceção, é na proteção do bem da segurança pública que se revela sua evolução moderna.

Somente por volta do final do século XIX e, mais intensamente, após a Segunda Guerra Mundial é que ocorre uma tripla mudança de tendência: *primeiramente,* a transição semântica do estado de sítio para o estado de necessidade interno e externo do Estado acompanha a substituição da monarquia constitucional pela democracia constitucional. *Em segundo lugar,* a orientação estratégica do direito de exceção modifica-se. Não são a mais as supostas "doutrinas da Revolução Francesa" – na realidade, o trauma jacobinista – que ditam a defesa contra as temidas tomadas de poder por parte da esquerda como finalidade primária. São muito mais as regulações do estado de exceção que funcionam como instrumentário da repulsa política de perigos que têm por objetivo manter ou restabelecer as condições constitucionais ou de Estado de direito.[4] No final, o direito de exceção constitucionalizado, na qualidade de direito de combate de crises políticas e econômicas, distingue-se também pelo fato de necessitar uma declaração formal, limitada no tempo, baseada no sistema de competências do Estado de direito e de visar a um restabelecimento da situação jurídico-constitucional normal.

Esses regimes jurídico-excepcionais permitem supor que o liberalismo tenha se reconciliado com o estado de exceção. Que ele tenha conseguido solucionar o paradoxo da regulação do impensável e do anormatizável. Contudo, os flertes profissionais executivos e intelectuais com o estado de exceção, dos quais trata este Capítulo, bem como os problemas resultantes da normatização e da normalização do extraordinário que eclodem nas crises do Estado de direito, dos quais se falará mais tarde, mostram que se trata de um armistício extremamente frágil.

---

4 A esse respeito, cf. remissões detalhadas em Tingsten (1934); Rossiter (2002); Friedrich (1941); e Kirchheimer (1940).

O estado de exceção, enquanto projeto executivo, fascínio científico e cenário *worst case*, remete a receios intensos e a representações de ameaças que, manifestamente, não podem ser neutralizadas na normalidade e na normatividade de uma soberania legal e que, ademais, estimulam tanto a fantasia dogmática teórica quanto a prática estatal a servirem-se das reservas do pensamento jurídico--excepcional. Aqui, será abordada apenas a preferência pelo estado de exceção baseada em medos.

2. A prática estatal tendente ao estado de exceção

Não é de espantar o fato de os titulares da função executiva instituída e exercida, com o ministro do Interior, responsável pela segurança, na linha de frente, porem-se de acordo para justificar situações de exceção. Agentes públicos políticos em função executiva precisam temer a crítica que ameaça sua reputação de titulares de cargos competentes e, por conseguinte, sua reeleição; eles não distinguem adequadamente as ameaças externas ou internas que acometem a sociedade ou não são capazes de enfrentá--las. Para se armarem contra a crítica à sua administração, eles se regulam menos pela situação normal da legalidade e muito mais por situações extraordinárias de perigo. Uma espécie de reflexo de conservação do cargo e de legitimação faz com que eles conjurem situações excepcionais quando, diante de ameaças suposta ou realmente novas, reclamam poderes especiais com o objetivo de tomar contramedidas extraordinárias. Desde que consigam traduzir temores em programática política e em leis, uma *déformation professionelle* dos titulares de cargos presenteia-os com ganhos de competência sempre consideráveis, aos quais correspondem perdas de liberdade equivalentes do lado dos cidadãos. Nos capítulos subsequentes, analisarei pormenorizadamente o inchamento do aparelho estatal, a ampliação das competências executivas de intervenção e os métodos da técnica de Estado, relacionando-os com o "Estado de direito regressivo" e com o "estado de exceção normalizado" (capítulos V e VI). Para ilustrar o pensamento tendente ao estado de exceção na prática estatal, restrinjo-me, aqui, a uma enumeração episódica de comunicados ministeriais da história da República Federal da Alemanha. O destino cambiante da Constituição emergencial alemã impõe-se, para tanto, como ponto de referência.

A "hora do Executivo"

Em 1960, o ministro do Interior da Alemanha, Gerhard Schröder (CDU),* apresentava pela primeira vez sua iniciativa de estado de necessidade no Parlamento alemão e louvava a "situação excepcional [...] como a hora do Executivo, porque, neste momento, é preciso agir".[5] Ao designar o estado de exceção como "hora do Executivo", ele introduziu um discurso que, ao seu tempo, na jovem República Alemã e nos círculos parlamentares, não era suscetível nem de aprovação da maioria nem muito menos de consenso. Os primeiros passos do fragmento do Estado em direção ao Estado soberano da República Federal da Alemanha, por si sós, já suscitavam protestos públicos importantes, ainda que sem maiores consequências, sobretudo por ocasião do rearmamento (Rucht, 2001; Kraushaar, 1996). Por isso, naquele momento, a lembrança oculta da doutrina do estado de exceção de Carl Schmitt, comprometido por seu papel de auxiliar intelectual do regime nazista, não foi a única responsável pelo fracasso do projeto de uma lei emergencial.

Hermann Höcherl (CSU),** que sucedeu Schröder no cargo e sempre se considerou um homem simples, levou adiante a iniciativa do estado de necessidade, mas, na prática, não foi além de transgressões astuciosamente pontuais dos limites do Estado de direito.

---

* *Christlich Soziale Union Deutschlands*, União Democrata Cristã da Alemanha. [N. T.]
5 *BTag Sten. Bericht* [Relatório estenografado da sessão do Parlamento alemão] 3. WP, p.124. Sessão de 28 jul. 1960, p.177. Cf. Schneider (1986) e Sterzel (1969, p.13).
** *Christlich Demokratische Union*, União Social Cristã da Alemanha. [N. T.]

No escândalo da revista *Spiegel*,* de 1962, ele admitiu que a prisão, na Espanha, do redator Conrad Ahlers, que seria, supostamente, um "traidor de segredos de Estado", mas que posteriormente foi absolvido dessa acusação, fora realizada "um pouco fora da legalidade". Ele permaneceu fiel à sua linha de afinidade com a exceção quando defendeu a proteção constitucional no ano seguinte, no primeiro escândalo relacionado com escutas clandestinas da República Federal da Alemanha com a lendária frase: "Os protetores da Constituição não podem andar sempre com a Lei Fundamental debaixo do braço".[6]

A "Constituição emergencial" e o "estado de necessidade supralegal"

Os dois escândalos não tiveram consequências de longo prazo e não representaram um obstáculo para a "Constituição emergencial" de 1968. Depois de alguma reticência e de debates atrozes, a República Federal da Alemanha, ao adotá-la, entrou para o círculo dos Estados soberanos. Em sua redação original, a Lei Fundamental de 1949 dispunha apenas quanto ao estado de necessidade legislativa (art. 81) – que, na verdade, é mais uma crise da democracia parlamentar do que um verdadeiro estado de exceção. Além disso, em "situações excepcionais impróprias",[7] ela autorizava o emprego dos

---

* Assim ficou conhecida a polêmica em torno da prisão de alguns colaboradores da revista *Der Spiegel*, acusados de traição à pátria, em razão de um artigo redigido por Conrad Ahlers, redator da revista à época, intitulado "*Bedingt abwehrbereit*" (condicionalmente pronto para a defesa), que criticava a preparação deficiente do Exército alemão para se defender de uma eventual agressão dos países do Pacto de Varsóvia. Sentindo-se atingido pela crítica, o ministro da Defesa alemão à época, Franz Josef Strauß, iniciou uma investigação contra o semanário, que incluiu ataques aos escritórios da revista e a prisão de alguns de seus editores, inclusive do autor do artigo. O processo não se estendeu por muito tempo, mas teve consequências políticas relevantes, como o desmantelamento do gabinete do então chanceler, Konrad Adenauer. A reação governamental tornou-se símbolo do desrespeito à liberdade de imprensa. [N. T.]

6 *Spiegel Wissen*, n.20, p.211, 1999.
7 "Impróprias", porque os motivos que podem desencadear o emprego desse instrumentário estão muito distantes, no que diz respeito à intensidade da ameaça, tanto

instrumentos da proibição de partidos, da proibição de associação e da perda dos direitos fundamentais, reunidos sob o signo de uma "democracia combativa", bem como a declaração do "estado de necessidade interno" (art. 91), rudimentarmente regulado.

Para abolir as reservas de soberania dos aliados, a grande coligação do governo de Kiesinger reassumiu o projeto de normatização do extraordinário. As regulações recém-instaladas do estado de necessidade da Lei Fundamental executam a programação paradoxal ao dividirem o estado de exceção em "caso de tensão" (art. 80a), "*casus fœderis*, nos termos do Tratado do Atlântico Norte" (art. 24, § 2º; 80a, § 3º), "estado de defesa" (art. 115a e ss.) e casos de desgraças e catástrofes naturais graves (art. 35, §§ 2º e 3º), e ao preverem deslocamentos de competência quanto à mobilização das Forças Armadas e da Guarda Alemã de Fronteiras, bem como o emprego suprarregional de forças policiais.[8] Não obstante algumas modificações jurídico-expecionais da legislação (arts. 115c-115e), o estado de necessidade não devia ser uma hora ditosa do Executivo, mas ficar na mão do Legislativo e, sobretudo, não atentar contra a estabilidade e a função do tribunal constitucional alemão (art. 115g) no *casus fœderis*. A tipificação das situações emergenciais tinha por objetivo, primeiramente, permitir o desvio em relação aos padrões da legalidade democrática (separação de poderes!) que, de resto, deviam ser estritamente observados e, em segundo lugar, confirmar e garantir a força normativa da legalidade democrática, limitada à situação normal. Contra esse passo em direção ao "Estado de medidas"[9] é que se dirigia o veemente protesto da oposição extraparlamentar e parlamentar (Sterzel, 1969; Spernol 2008). No

---

do estado de sítio clássico quanto das representações atuais de situações críticas extraordinárias. A democracia "combativa", ou "resistente", ou "pronta para a defesa" será novamente abordada nos próximos capítulos.

8 Arts. 87a, §§ 2º-4º, 35, §§ 2º-3º, quanto à mobilização das Forças Armadas; arts. 91, 115 e ss., quanto à Guarda Alemã de Fronteiras (hoje: Polícia Federal); art. 35, §§ 2º-3º e, já antes, o art. 91 da Lei Fundamental relativo ao emprego suprarregional de forças policiais.

9 Quanto a esse conceito, ver Fraenkel (1974).

Parlamento alemão, esse protesto não obteve maioria. Pouco depois cessava também na opinião pública a dúvida sobre o precário empreendimento de legitimar a violação do ordenamento constitucional com sua proteção no estado de necessidade.

Na época dos atentados terroristas da Fração do Exército Vermelho, nos anos 1970, o Estado de direito alemão passou por sua primeira crise, à qual voltarei no próximo Capítulo. Diante dos atentados mortais, os representantes do Executivo logo deixaram claras as suas ideias de estado de necessidade, exigindo poderes especiais suplementares que não eram disponibilizados pelo ordenamento jurídico. Antes de sua posterior legalização, o Executivo esforçou-se, por diversas vezes, em justificar escutas clandestinas, buscas policiais sistemáticas e isolamentos de presos com o instituto do estado de necessidade justificante (art. 34 do Código Penal alemão), que, originalmente, não estava previsto para agente públicos, estendendo-o, diante do perigo terrorista, a um "estado de necessidade supralegal (e supraconstitucional)".[10]

Foi mais uma vez no contexto do terrorismo – desta vez transfronteiriço – que o Estado de direito alemão viveu sua segunda crise, nos anos 1990 (mais detalhes a respeito nos capítulos VI e VII). A série de atentados anteriores e posteriores ao "11 de setembro" alimentou, depois, os temores de uma guerra terrorista em escala mundial, sobre a qual se manifestaram muitos políticos especialistas em segurança pública. O então advogado e defensor dos direitos civis, Otto Schily, na qualidade de ministro federal social-democrata, fez a seguinte pergunta: "Não existe até mesmo um direito de legítima defesa contra terroristas que planejam assassinatos em massa?". Ele se deixou tentar pela reflexão conexa, questionando "se, em caso extremo, o homicídio está justificado como legítima defesa".[11] Três anos depois, o ministro da defesa, Franz Josef

---

10 A esse respeito, ver análise detalhada em Seifert (1977); Böckenförde (1978b); e Groenewold (1978).

11 Schily (*Der Spiegel*, n.18, de 26 abr. 2004, p.47). Análise diferenciada, embora, em conclusão, argumentando do mesmo modo, em Schily (2005).

Jung (CDU), expressou seu entendimento do estado de necessidade supralegal no mesmo sentido. Ele afirmou que – apesar da decisão contrária do tribunal constitucional alemão sobre a Lei de Segurança Aérea [alemã] (*BVerfGE* 115, p.118/139 e ss.) – também mandaria abater um avião de passageiros sequestrado por supostos terroristas mesmo sem base legal.[12] O ministro do interior, Wolfgang Schäuble (CDU), a seu tempo, apoiou essa manifestação com a reivindicação – apesar de tudo, simpática ao tribunal constitucional alemão – de que a Lei Fundamental deve ser alterada no sentido de as Forças Armadas poderem ser mobilizadas internamente, em caso de ataques "às bases da comunidade" ou que visem "aniquilar o ordenamento de liberdade e de Estado de direito".[13]

Seria fácil prolongar consideravelmente essa pequena lista com outras manifestações oriundas dos círculos do Executivo nas quais representações de ameaças levam a aproximações com o caso excepcional, sem que com isso se alcançasse um efeito especial ou uma mais-valia. Pois, afinal, segundo parece, todos os políticos de segurança tendem, de ofício, a dramatizar a ameaça e, por conseguinte, a recorrer a poderes jurídico-excepcionais, ou tomam a iniciativa de incorporar medidas jurídico-excepcionais ao ordenamento jurídico conforme a necessidade e o cenário de ameaça.

3. Carl Schmitt – medo e apocalipse

Mas isso fica mais interessante quando teóricos do Estado e cientistas do direito, levados por sua socialização profissional e por seu trato com a configuração dogmática do direito (Weber, 1967, § 1º) a manter distância dos fatos políticos cotidianos, sucumbem

---

12 www.spiegel.de/politik/deutschland/0,1518,506169,00.html. Na "decisão sobre a Lei de Segurança Aérea", o tribunal constitucional alemão considerou inconstitucional a autorização conferida no art. 14, § 3º do dispositivo para abate de aeronaves tomadas por terroristas (*BVerfGE* 115, 118/139).

13 www.spiegel.de/politik/deutschland/0,1518,506507,00.html; mais detalhadamente, cf. Schäuble (2007).

ao fascínio do extraordinário. Seria inexato, sob o aspecto histórico, e errado, do ponto de vista da atualidade, censurar a doutrina conservadora do Estado e a ciência do direito de modo geral, por cultivarem, com seu "pensamento baseado no estado de exceção", uma predileção pelo extraordinário ou de mostrarem sintomas de certa lassidão quanto à normalidade do Estado de direito democrático. Entretanto, não faltam evidências de que seus medos desencadeados pela insegurança nos ordenamentos secularizados, pelas crises sociais ou pela importação de fenômenos estrangeiros[14] levam uma e outra, na teoria, de modo semelhante ao que acontece com os práticos da técnica de Estado, a contemplar o mundo a partir da perspectiva do caso excepcional e a reservar o direito normal para problemas de somenos importância.

O cenário apocalíptico de Carl Schmitt

Carl Schmitt pode ser considerado um dos mais famosos habitantes teórico-estatais do arquipélago dos medos. É certo que seria absurdo reduzir a vasta obra de Schmitt à sua disposição psíquica; uma tese assim teria contra si a biografia ricamente documentada e as diferentes interpretações de obras de autoria de Reinhard Mehring (2009). Por isso, aqui, o medo do mundo (*Weltangst*) apocalíptico de Schmitt serve apenas como chave hermenêutica, cujo objetivo é abrir o acesso para *um* centro de sua Teoria do Estado: sua teoria do estado de exceção e da soberania e seu "conceito de político", internamente associado com aquela teoria. As reflexões que se seguem podem ser conduzidas pela tese de que Schmitt mistifica a exceção, para, então, aproveitar-se do político e da decisão soberana contra o direito da situação normal.

Para tanto lhe servem de auxiliares teóricos principalmente Thomas Hobbes e os contrarrevolucionários católicos do século XIX. Dos últimos ele retoma sem escrúpulos a teologia política e a

---

14 Isensee (2002), fala, dentre outros, de surtos de secularização, de importação de religiões estrangeiras (islamismo), de crises e do caos.

aprovação da ditadura. Em suas notas autobiográficas, Hobbes – decisivamente recepcionado por Schmitt, mas apenas unilateralmente, como teórico da segurança do Estado – reconhece pouco antes do fim de sua vida: "Vim ao mundo como irmão gêmeo do temor" (Hobbes, 1679, p.2).[15] Sua filosofia do Estado encontra-se, de fato, ainda que não exclusivamente, sob o fascínio do temor da morte violenta, não natural. Na condição natural anárquica, esse medo fundamenta-se no direito de cada pessoa a tudo, pois a cada um, impulsionado pela natureza humana lupina, é inerente a tendência excedente de conduzir inevitavelmente a guerra de todos contra todos. Nas situações, por assim dizer, da condição natural, de revoltas, rebeliões, guerras civis e religiosas que simplesmente se repetiam indefinidamente, vivenciadas por Hobbes no século XVII, ele identifica as eventuais ameaças oriundas da concorrência, da desconfiança, da inveja e da ambição que se refletem em sua Filosofia do Estado (Hobbes, 1984, caps.10 e 13). Hobbes, segundo ele mesmo, não elabora o mundo em transformação por ele vivenciado sem medo, mas de modo produtivo e até mesmo revolucionário,[16] quando, com sua fundamentação de uma soberania abstrata, baseada na teoria do contrato, arrisca uma transição da era absolutista para a era pós-absolutista que se vai esboçando.

Diferentemente de Hobbes, os contrarrevolucionários católicos do século XIX reagem com temor do apocalipse à época das revoluções. De um de seus filósofos favoritos, Donoso Cortés, Schmitt retoma a visão catastrófica de uma sociedade desgraçada pela secularização, pelo Iluminismo e pelas revoluções:

> [A] humanidade titubeia cega por um labirinto cuja entrada, saída e estrutura ninguém conhece, e a isso chamamos História. [...] a humanidade é um navio, arremessado para lá e para cá no mar, sem destino,

---

15 A esse respeito, ver Ginzburg (2008).
16 Schmitt, em sua recepção, esforça-se constantemente em não deixar Hobbes aparecer como um revolucionário. Ele o transforma erroneamente em testemunha principal de seu decisionismo e de sua teoria da soberania, desenvolvida na *Teologia política*.

com uma tripulação revoltosa, ordinária, recrutada à força, que urra e dança, até que a fúria divina atire a populaça rebelde ao mar, para que o silêncio volte a reinar. (Donoso Cortés, 1854, I, p.192; IV, p.102)

Para caracterizar a disposição mental de seu tempo, em 1922, Carl Schmitt acrescenta apenas uma atualização sucinta ocorrida do século XIX para o início do século XX: "Mas a imagem típica é outra: a sangrenta batalha decisiva que hoje eclodiu entre o catolicismo e o socialismo ateu" (Schmitt, 1979, p.75).[17]

Isso é apenas um recorte[18] do cenário atemorizante esboçado por Schmitt.[19] Esse cenário marca seu pensamento, faz com que ele veja o mundo à beira do abismo e rouba-lhe a segurança da expectativa de que a República de Weimar seja uma nova ordem em que ele pode depositar confiança.[20] Primeiro, os nacional-socialistas parecem-lhe autoritários e inescrupulosos demais para que se lhes possa confiar a tarefa de fomentar a ordem.[21] Hobbes, que por seus escritos teve que buscar proteção no exílio, ousa lançar a ponte sobre o abismo entre a tradição e a modernidade. Em compensação, Schmitt dá seu salto teórico-estatal partindo do Império autoritário, passando pelo frágil interregno republicano democrático de Weimar, para chegar ao Estado totalitário do *Führer*. Isso não é exatamente uma ousadia.

Que Schmitt, enquanto apocalíptico, entende o mundo a partir de seus receios[22] é algo que fica claro inclusive em sua crítica do

---

17 Para efeitos de comparação, cf. Schmitt (1984).
18 Ele discute outro recorte em *Der Begriff des Politischen*: aqui tem origem o medo das "neutralizações" do Estado, que terminam na "religião da técnica" (Schmitt, 1963, p.93 e ss.).
19 Mehring (2009) esboça uma imagem quase completa em sua impressionante biografia de Schmitt, *Carl Schmitt. Aufstieg und Fall*, que não podia mais ser incluída de modo apropriado nas presentes reflexões.
20 Ver análise concludente a esse respeito em Noack (1993); Laak (1993) e Groh (1998).
21 Uma avaliação semelhante de Schmitt é encontrada em Reemtsma (2008, p.436).
22 Quanto à psicologia do apocalíptico: Körtner, ver (1988). Quanto ao pensamento apocalíptico após a Primeira Guerra Mundial, ver Vondung (1988). Cf. também Schumacher (1987).

romantismo político (na verdade, mais uma vez, do liberalismo), na qual ele articula seu medo da destruição do Estado forte pela neutralização, pela despolitização e pela secularização, bem como na ideia, que ele insiste em cultivar, de uma condição natural em que os Estados se encontram desde a crise das guerras civis confessionais e que ocasiona o perigo de que

> pereça impiedosamente todo povo que não se mostre mais à altura de sua situação concreta e que se deixe convencer, por um instante que seja, a esquecer seu direito mais natural, evidente e primeiro, qual seja, o direito a uma existência livre, independente, una e indivisa. (Schmitt, 1940, p.108)

Para Schmitt, a trindade estado de exceção-soberania-decisão serve como fórmula mágica para a redenção do mal do interregno liberal-democrático entre o Império e o Estado do *Führer* e como veículo ao qual ele confia o espaço do direito.

Da primazia da exceção

Ademais, é possível inferir de sua *Teologia política*, obra que abre um acesso singular ao seu pensamento, o quão pouco Schmitt está em condições de aceitar a realidade político-social dramaticamente modificada e o quanto ele a vivencia como anarquia e caos. Nessa obra, ele mistifica o lugar vazio do soberano, a decisão terminativa como *creatio ex nihilo* e o estado de exceção como um "milagre" para, num reflexo de sua ânsia de ordem abreviado pelo temor, contestar toda e qualquer legitimidade à modernidade por ele proscrita.[23] Além disso, ele entroniza, na anormalidade da grande crise, o soberano representante, fomentador da ordem, dotado de absoluta autoridade e de poder de comando como redentor e instância decisória executiva maior da concretização do direito.

---

23 Em sentido contrário, Blumenberg (1966) e Habermas (1987).

Com um antissemitismo algumas vezes paranoide[24] e um antiliberalismo militante, Carl Schmitt parte apaixonadamente para a luta contra todos os efeitos da revolução e da secularização – o liberalismo, a soberania legal, o parlamentarismo, o Estado de direito, o socialismo, a "disposição antirromana", a "era da segurança civil" etc. Com essa campanha, Schmitt perfila-se como grande inspirador da preferência do direito público pelo estado de exceção e de uma técnica de Estado desvinculada de normas que coaduna com essa preferência. De fato, existem precursores de sua teoria da importância primordial da exceção.[25] E é certo que, antes da chegada das doutrinas de Estado de direito, a técnica de Estado baseada nessa primazia era de tal modo a regra que já faltava conceito e representação para situações excepcionais. Mas Schmitt, com seu "pequeno escrito" sobre *Teologia política*, composto de "quatro capítulos sobre a doutrina da soberania",[26] é o primeiro a inscrever-se como porta-voz do caso excepcional na história da Teoria do Estado. Em seu estudo *O conceito do político* (Schmitt, 1963), ele dá provas das importantíssimas implicações políticas de sua doutrina do estado de exceção[27] ao acentuar a "decisão [existencial] sobre a guerra e o inimigo".

Numa passagem central da *Teologia política* que não teme certa proximidade com o *kitsch* grandioso, Schmitt (1979, p.22) revela sua preferência incondicional pelo extraordinário:

---

24 O antissemitismo acompanha Schmitt desde seus diários até o "Ato contra os Judeus", organizado por ele em 1934. Análise esclarecedora sobre o antissemitismo: Reemtsma (2008, p.396): "O antissemitismo é a oferta de uma psicose coletiva que evita a formação de uma psicose individual."

25 Vico (1710, Capítulo II): "Por isso, a ciência do direito não é movida por aquele que, por meio de uma memória abençoada, domina o direito positivo ou as regras gerais, mas sobretudo por aquele que, com um juízo aguçado, observa os casos e os atribui a fatos ou consequências dos fatos que merecem justiça ou uma exceção em relação à regra."

26 Seu modelo de argumentação – norma *versus* decisão e normalidade *versus* exceção – havia sido esboçado por Schmitt (1912; 1989).

27 Ver análises admiráveis da obra e da influência de Schmitt em Maus (1980), Hofmann (1995), Habermas (1987) e Preuss (1984).

É justamente uma filosofia da vida concreta que não se pode retrair diante da exceção e do caso extremo, mas deve interessar-se por ele o máximo possível. Para ela, a exceção pode ser mais importante do que a regra, não por uma ironia romântica em relação ao paradoxal, mas com toda a seriedade de um entendimento mais profundo que as claras generalizações daquilo que comumente se repete. A exceção é mais interessante do que o caso normal. O normal nada prova, a exceção prova tudo; ela não apenas confirma a regra, a regra vive, sobretudo, da exceção. Na exceção, a força da vida real rompe a crosta de uma mecânica paralisada na repetição.[28]

O romance de Schmitt – na realidade: seu casamento teórico--estatal – com o caso excepcional alimenta-se não apenas de sua visão apocalíptica do mundo, mas também do mito da vida vital, ao qual ele opõe a modernidade por ele desprezada, com seu combalido Estado de direito e sua abatida democracia parlamentar. Sua crítica da modernidade e do liberalismo que a acompanha sob o aspecto teórico e político inflama-se, sobretudo, pelo fato de eles se esquivarem, com a secularização das bases de legitimidade política, à grande decisão entre "Deus" e o "mundo" e de confiarem conflitos fundamentais sérios às discussões na opinião publica e no parlamento. De acordo com Schmitt, os conflitos políticos cotidianos somente podem ser convenientemente compreendidos a partir da perspectiva do caso extremo da guerra civil, ou seja, do enfrentamento existencial com o inimigo, e não podem ser neutralizados no debate, mas apenas na decisão terminativa. A situação excepcional precisa de uma decisão, e esta "faz" o decisor soberano, que, por meio dessa decisão, coloca-se acima do caso excepcional, entre o caos e o ordenamento jurídico:

> Como o estado excepcional ainda é algo diverso da anarquia e do caos, continua existindo, no sentido jurídico, um ordenamento, ainda

---

28 A citação insinua a sugestão de que a *Teologia política* deveria ter como subtítulo mais preciso "Quatro capítulos sobre a Teoria do estado de exceção".

que não um ordenamento jurídico. [...] A decisão faz-se livre de toda e qualquer sujeição normativa e torna-se absoluta no sentido próprio. No caso excepcional, o Estado suspende o direito por força de um direito de autopreservação. (ibidem, p.18 e ss.)

O Estado normativamente vazio, ao definir o inimigo segundo sua razão[29] e ao concretizar o direito de maneira soberana,[30] situa-se, ao mesmo tempo, dentro e fora do direito.

Em *Teologia política*, Schmitt busca inspiração para a primazia da exceção em um "teólogo protestante" inominado. Por trás desse anônimo esconde-se ninguém mais, ninguém menos que Søren Kierkegaard (Kierkegaard, 1984, p.79 e ss.). Ora, é condizente com o estilo argumentativo de Schmitt que ele impute sua crítica da modernidade a outros autores. Contudo, vale notar que ele não menciona nominalmente Kierkegaard, como o faz ostensivamente com outras fontes, como Bonald, de Maistre e Donoso Cortés. Essa circunstância leva a supor que ele não apenas quis dar profundidade teológica ao seu decisionismo,[31] como também evitar mencionar o filósofo não católico do medo (Kierkegaard; Richter, 1984a, 1984b), por querer impedir conclusões sobre sua própria disposição amedrontada. Schmitt cita Kierkegaard assim: "A exceção explica o geral e a si mesma. E, se quisermos estudar o geral, basta procurarmos uma exceção real à nossa volta".

E mais adiante:

> Com o tempo, vamos nos cansando da elucubração eterna sobre o geral; existem exceções. Se não conseguimos esclarecê-las, tampouco podemos esclarecer o geral. Normalmente não nos damos pela

---

29 "[...] a razão de Estado, frequentemente mal interpretada [...] não repousa em normas plenas de conteúdo, mas na efetividade com que cria uma situação em que normas realmente podem vigorar, porque o Estado põe fim à origem de toda desordem e de toda guerra civil, à luta pelo normativamente correto" (Schmitt, 1931); a esse respeito, ver Rüthers (2005, p.99 e ss.).
30 Sobre a teoria da concretização do direito de Schmitt: Hofmann (1995, p.41 e ss.).
31 A esse respeito, Hofmann (2005, p.173).

dificuldade, porque nem sequer pensamos o geral com paixão, mas apenas com uma superficialidade comodista. Já a exceção pensa o geral com paixão enérgica. (Schmitt, 1979, p.22)

Furtivamente, Schmitt troca a exceção "legítima" de Kierkegaard pela exceção "real", por ele mesmo celebrada (Hofmann, 2005, p.173), e passa por cima de sua etapa intermediária, que é absolutamente relevante, porque neutraliza todo e qualquer efeito apocalíptico: "A exceção legítima está conciliada no geral. [...] a exceção ilegítima pode ser identificada justamente pelo fato de querer contornar o geral" (Kierkegaard, 1984, p.79 e ss.).

Há que se complementar que, em Kierkegaard, o geral também tem as conotações daquilo que é eticamente correto e divino.

O romântico político Schmitt, farto do geral, celebra e ontologiza a exceção. Ele faz com que ela pense com paixão enérgica, embora, olhando à luz do dia, não seja exatamente a exceção, mas seu intérprete que a pensa e visa o caso normal a partir da perspectiva do caso excepcional. Se inserirmos a passagem da *Teologia política* há pouco citada no cenário schmittiano de uma guerra cultural extrema entre o catolicismo e o socialismo ateu, compreenderemos imediatamente que a Revolução de Outubro e, depois, as Repúblicas dos Conselhos, as insurreições, as greves gerais e outras perturbações dos primeiros tempos da República de Weimar não foram aptas a atenuar os temores de um existencialista conservador do ponto de vista cultural e nacional. De fato, assim como Thomas Hobbes, embora com um atraso de mais de um quarto de milênio, Carl Schmitt também revela ser um irmão gêmeo do temor. Esse temor anuncia-se em sua crítica de que os debates parlamentares são uma inútil e desvalida "elucubração eterna sobre o geral".[32] E ele busca na decisão soberana sobre o estado de exceção, na distinção existencial entre amigos e inimigos, bem como na ditadura como quadro ordenatório concreto, um apoio sólido e lenitivo para

---

[32] Nessa formulação revelam-se, ao mesmo tempo, a nostalgia da decisão terminativa, o antiparlamentarismo de Schmitt e seu desprezo pelo Estado de direito civil.

neutralizar a desintegração do Deus mortal pelo pluralismo e pelo voto proporcional.[33] Na teoria do estado de exceção de Schmitt, a "paixão enérgica" dá provas de ser o "suplemento" (Derrida, 1983, p.244 e ss.) não inócuo da decisão. Ela dá apoio à decisão. Ela deve incondicionalmente adicionar-se à decisão e sustentá-la. Sem aquela paixão romantizada por Schmitt, falta à exceção o vigor para suplantar a regra. Naturalmente, quem não compartilha da paixão enérgica e da visão lúgubre de mundo daquele que refletiu sobre a contrarrevolução católica consegue facilmente manter distância de sua glorificação apocalíptico-sentimental do excepcional e, se necessário, ao menos fundamentar uma primazia da regra de modo igualmente plausível. Pois é da regra, daquilo "que se repete em média" e da "elucubração eterna sobre o geral", como cita e diz Schmitt com desdém, que a exceção retira seu tenebroso brilho. O estado de exceção enquanto "instituição social [...] somente é em relação àquilo que não é, ao seu outro" (Adorno, 1998, p.120). Sem regra, a exceção não se sobressai. É somente e apenas na contraluz do caso normal que se revelam os contornos e a forma do caso excepcional. Prova disso são os regimes que não conhecem regras. Eles somente podem ser identificados como regimes de estado de exceção se vistos de fora, a partir da experiência segura de uma situação normal e de sua normatividade.

Como em nenhum outro teórico do Estado do século XIX ou de seu tempo, domina em Carl Schmitt a preocupação com o caso excepcional. Mas se a exceção constitui o centro do interesse científico, o político passa à frente do direito. Para o teórico do político – de seu conceito, teologia e legitimidade –, o direito não tem senão uma importância secundária.

---

33 Sobre o antiparlamentarismo e o antipluralismo de Schmitt, ver Schneider (1957, p.119 e 139 e ss.).

Da estética e da política do pensamento excepcional

Outras leituras também admitem que o estado de exceção tornou-se a segunda natureza de Schmitt, o hábito (Bloch, 1961, p.172)[34] de seu pensamento apocalíptico. Josef Isensee (2002, p.67) vê nesse hábito a força atrativa da "beletrística" sobre aqueles que, profissionalmente, (precisam) ocupar-se com a prosa áspera do direito público e da Filosofia do Estado. Segundo Isensee, Schmitt podia dar forma às suas necessidades estéticas no pensamento excepcional:

> O esteta, em compensação, sente-se atraído pelo culto orgíaco da exceção e pelo jogo intelectual com o fogo. O próprio Carl Schmitt nega ser conduzido por uma "ironia romântica em relação ao paradoxal". Todavia, a exceção, tal como ele a representa, é mais interessante do que o caso normal, [porque nela] a força da vida real [rompe] a crosta de uma mecânica paralisada na repetição. (ibidem, p.67, na esteira de Schmitt, 1979, p.22)

Isensee acrescenta:

> Uma tendência fundamental semelhante percorre a beletrística, que prefere se dedicar ao caso-limite à normalidade; para a qual a existência no fio da navalha é mais importante do que a vida na segurança burguesa, e o pecado original, mais excitante do que a virtude incontestc; que encontra o tema refinado mais na doença do que na saúde bem nutrida. (ibidem)

A evasão para a estética da literatura também pode ser interpretada de modo menos superficial: como tentativa de um cientista do direito de apropriar-se da legitimidade do artista com o recurso extremo ao pensamento excepcional, para assim se desobrigar da análise objetiva do ordenamento jurídico e escapar

---
34 A remissão a Bloch foi retirada de Augsberg (2009, p.34).

à tirania do normal – da lei denunciada como "abstrata", "judia", "insondável" – e à "luta pelo normativamente correto" (Augsberg, 2009, p.29 e ss.). Esse gesto heroicamente estético vive, todavia, da suposição de um modelo rígido e estático de normalidade (jurídica). De fato, Schmitt compreende o direito como "meio homogêneo" (Schmitt, 1979, p.19; 1996, p.75 e ss.), desconhecendo, assim, que a normalidade, *em primeiro lugar*, é construída[35] e, *em segundo lugar*, que suas regras são continuamente modificadas em um processo dinâmico de intervalos cada vez mais curtos (Augsberg, 2009, p.35 e ss., com outras remissões). Sua incompreensão – ou má compreensão – da normalidade,[36] que o leva a evadir-se para o mundo do extraordinário, poderia ser o resultado de um profundo desconforto com o direito moderno, preparado para a permanente revisão e da constante "luta pelo direito" nas sociedades pluralistas. Para ele, essa luta era algo, por assim dizer, palpável, após a Primeira Guerra Mundial e na República de Weimar. Nela, ele via a "origem de toda desordem e de todas as guerras civis" (Schmitt, 1931).

Assim, sua *Teologia política*, especialmente a decisão sobre o estado de exceção surgida do nada, como um *big bang*, do lugar inocupado da soberania, carrega os traços de um "projeto [de fato] nostálgico"[37] – ou seja, de uma evasão diante do autogoverno democrático que deve ser realizado com meios imanentes (Rödel; Frankenberg; Dubiel, 1989, especialmente p.128 e ss.), em uma sociedade pluralisticamente dilacerada. Essa evasão leva Schmitt ao passado consumado de um ordenamento de Estado e de sociedade unitário e legitimado de modo transcendente.

Em favor dessa interpretação fala o fato de Carl Schmitt entender a si mesmo, como já se aludiu, como sucessor dos contrarrevolucionários católicos. Com sua crítica à "classe debatedora", ele assume desta,

---

35 Sobre a construção da normalidade, cf. Denninger (2002, p.5).
36 Schmitt (1940, p.141): "Não existe pluralidade das situações normais".
37 Que, segundo Augsberg (2009, p.36), consiste no fato de a referência ao pensamento excepcional partir da suposição de uma normalidade correlata, estabelecida e homogênea.

ao mesmo tempo, o *Weltangst* de que, com os monarcas, tanto a possibilidade de uma legitimação transcendente da soberania tenha ido parar sob a guilhotina quanto o princípio de uma legitimidade superior tenha perdido seu objeto. Schmitt, que não consegue tratar o autogoverno, a legitimidade discursiva e o *método Locke* nem sequer em termos especulativos, remaneja os conceitos de direito público, bem no espírito dos reacionários de Maistre, Bonald e Cortés, substituindo, assim, a teocracia e a monarquia pela "decisão que não reflete, não discute, não se justifica [...]" (Schmitt, 1979, p.83).[38] Desse modo, o fantasma schmittiano do extraordinário revela-se, por um lado, como uma tentativa de superação do medo, por outro, como veículo para a introdução de uma legitimidade superior (idem, 1985), que lhe permite entregar a república democrática por ele desprezada – diferentemente dos contrarrevolucionários católicos – não à teocracia, mas sim à ditadura concreta: em um primeiro momento à ditadura comissária, baseada no art. 48 da Constituição de Weimar, depois, à ditadura soberana do *Führer*.

No altar de uma segurança não civil, Schmitt, com a lógica que lhe é própria, termina por sacrificar a democracia parlamentar e o Estado de direito. Daí seu comentário sobre o discurso de Adolf Hitler no Dia do Jurista Alemão, em 1933 – "O *Führer* protege o direito do pior dos abusos quando, no momento do perigo, por força de sua liderança, como juiz supremo, cria imediatamente o direito" (Schmitt, 1934; cf. também 1933) – pode ser entendido como uma continuação absolutamente lógica[39] de sua teoria de um estado de exceção em que o "direito" é concretizado, de sua crítica do parlamentarismo e da ditadura legitimada à luz dessa teoria e dessa crítica: por meio de sua decisão soberana, o *Führer concretiza*, em última instância, o que ele considera ser direito. Portanto, não existe razão para seguir Carl Schmitt na câmara escura de seus medos e no

---

38 Quanto à crítica, ver Rödel, Frankenberg e Dubiel (1989, p.128 e ss.).
39 Quanto à controvérsia sobre a continuidade ou a descontinuidade na obra de Schmitt, acompanho os autores que não conseguem identificar nenhuma ruptura entre seus primeiros escritos e seus escritos sobre o *Führer*. Vide, por exemplo: Dyzenhaus (1997) e Scheuermann (1996).

mundo supostamente indene do passado ou para tecer-lhe coroas de louros por sua *Teologia política* ou mesmo por sua predileção pelo estado de exceção.[40]

4. De Schmitt a Agamben: o estado de exceção nu

Em proximidade mental e operacional com a razão de Estado de Maquiavel movimentam-se algumas teorias que, como Schmitt, pensam a normalidade com base no estado de exceção, dispensando, por conseguinte, a técnica de Estado de considerações de cunho jurídico e adaptando-a à execução eficaz da razão de Estado. Na tradição fundada pela *Teologia política* de Schmitt e por seu conceito do político na Teoria do Estado, o filósofo Giorgio Agamben vem ganhando proeminência. Haveremos de tratar ao menos brevemente das afinidades e diferenças entre ele e Schmitt.

Uma filosofia das palavras fortes

Giorgio Agamben segue os passos de Schmitt, de uma filosofia no sentido forte da palavra em direção a uma filosofia das palavras fortes. Do ponto de vista metodológico, ele também procura a verdade no extremo. Do ponto de vista do conteúdo, ele dá continuidade à teoria da soberania e à exaltada crítica da modernidade de Schmitt com *Homo sacer* e *estado de exceção*. Sua "matriz" revela-se para ele no campo prototípico do século XX (Agambem, 2002; 2004). Com toda gravidade, ele considera sua base como sendo as declarações dos direitos do homem, porque estas inscrevem a "vida natural" no ordenamento jurídico do

---

40 Como, por último, Mouffe (2007). Vide, em compensação, a constatação moderada de Preuss (2007, p.314): "Ninguém se torna soberano por ter poderes absolutos e indivisíveis sobre outras pessoas, nem tampouco, como explicava Carl Schmitt, por ter a capacidade de decidir sobre o estado de exceção, para ser claro: de se colocar acima do direito vigente. *Soberano é, sobretudo, quem dispõe de autoridade para criar o direito de modo unilateral e soberano*".

Estado nacional. Assim, ele conjuga a teoria da soberania de Schmitt com a biopolítica de Foucault, mas, ao fazê-lo, oculta sua conotação crítica à soberania, segundo a qual o poder se mostra na normalidade e não no estado de exceção. Distanciando-se claramente de Foucault, Agamben apoia-se na concepção de estado de exceção de Schmitt[41] – que o havia desvinculado de estados de sítio, guerras civis, decretos emergenciais e revoluções e tornara-o um conceito geral, antes de dispensá-lo, em 1957, após a experiência do estado de exceção permanente dos tempos do terror nazista, por ser "algo antiquado".[42] Em concordância com Schmitt, Agamben orienta sua teoria empiricamente pelos modelos históricos da Antiguidade e pelo estado de sítio clássico, militar e policial do século XIX, atualizado pelas experiências com a ditadura dos decretos emergenciais de Weimar.

Agamben, por sua vez, coloca a suspensão da Constituição e da relação jurídica com o inimigo decididas pelo soberano em uma posição central. O soberano, que em Schmitt "não precisa estar no direito" (Schmitt, 1979, p.19), em Agamben situa-se fora do direito. Por conseguinte, a situação excepcional por ele esboçada tampouco conhece competências no sentido jurídico, mas apenas a decisão soberana. Ambos são contrários a uma possível normatização do estado de exceção, por entender ser ela o "não subsumível" (idem) que se subtrai a toda e qualquer descrição típica. Enquanto, mais tarde, Schmitt afirmava, não sem contradição, que o "conceito geral" de estado de exceção antes introduzido escaparia à "formulação geral", para Agamben e seus precursores, o caso excepcional revela-se como "um elemento formal especificamente jurídico, a decisão na absoluta pureza" (ibidem, p.19 e ss.).

Enquanto Schmitt concebe o estado de exceção como sala de coroação do soberano, Agamben o traduz – agora se dirigindo

---

41 A esse respeito e sobre o que se segue, ver Schmitt (1979, p.11 e ss.; 1989, especialmente p.95 e ss. e 127 e ss., 168 e ss.; 1963).
42 Nesse sentido, cf. Schmitt (1985, p.261), em um comentário ulterior sobre seu tratado.

imperceptivelmente para Foucault – no fantasma negro da "vida nua, que não pode ser sacrificada e que, no entanto, pode ser ceifada".[43] Quanto à suspensão do ordenamento jurídico no caso excepcional totalizador, entretanto, ele torna a seguir a teoria da soberania de Schmitt. Mas como Agamben não compartilha nem do antissemitismo nem do desprezo pelo Estado de direito de Schmitt, ele consegue ignorar o fato de Schmitt estilizar sua teoria, transformando-a em uma posição radical quanto à soberania da lei que equipara esta ao positivismo jurídico e a um suposto "liberalismo judeu".

Seguindo o exemplo de Walter Benjamin, Agamben transfere o estado de exceção para a obscura esfera de um poder purificado de todas as finalidades, para o "vazio do direito", para um "espaço anômico", um "espaço sem direito" (Benjamin, 1965; Agamben, 2004, p.8, 60, 101). Por isso, esse estado de exceção não é dominado nem pelo poder que cria nem pelo poder que mantém o direito, mas pelo poder divino inspirador do temor. Assim, para além do paradigma liberal e da tradição conservadora, Agamben opera uma disjunção entre Estado de direito e estado de exceção. De modo metaforicamente vago, ele descreve o estado de exceção como "um limiar em que a lógica e a prática perdem sua precisão, e a força pura e simples [*violenza*] reivindica, sem *lógos*, encontrar uma afirmação sem qualquer relação com a realidade" (ibidem, p.51).

Para ele, um dos paradoxos do estado de exceção consiste no fato "de, nele, não ser possível distinguir entre a transgressão da lei e o seu exercício, de modo que o que corresponde à norma e o que a viola coincidem plenamente" (Agambem, 2002, p.68). Ao contrário de Schmitt, que situa o caso excepcional "entre uma coisa e outra", entre direito e caos, Agamben insiste em um enigmático – ou seria melhor dizer: quase benfazejo – "nem isso nem aquilo" do completamente diferente: "O caráter especial da situação em que o estado de exceção é criado consiste apenas no fato de ela não poder ser definida nem como situação fática nem como situação jurídica".

---

43 Cf. análise detalhada em Agambem (2002; 2004).

Por fim, porém, mesmo Agamben parece se acomodar com o "tanto isso quanto aquilo" fortuito do fático e do normativo: "O estado de exceção é o dispositivo que, em última instância, deve expressar e manter unidos os dois lados da máquina jurídico-política, instituindo, assim, um limiar de indecisão entre anomia e *nómos*, vida e direito, *auctoritas* e *potestas*" (idem, 2004, p.101; sobre a localização entre um e outro: idem, 2002, p.28).

O mistério do extraordinário

Agamben compartilha da fascinação de Schmitt pelo extremo e de sua preferência pela exceção, que ele pretende fundamentar não do ponto de vista do direito público, mas da Filosofia – muito embora ele se sirva de um fundamento extraordinariamente débil. Ele repete o equívoco de Schmitt de que o ordenamento jurídico apenas "suspenso" pode ser restabelecido uma vez abolida a suspensão. Segundo ele, no estado de exceção, apenas a "*aplicação* do direito [é] suspensa", enquanto "a lei *em si* permanece em vigor" (Agambem, 2004, p.46 e ss., p.59, p.62 e ss., grifos do original). Desse modo, ele despreza dois aspectos totalmente essenciais: primeiramente, que um ordenamento, uma vez suspenso, sofre uma perda de confiança quanto à sua estabilidade futura. Ele corre o risco de, futuramente, gozar da fama de ser uma normalidade provisória. Em segundo lugar, com a suspensão, muda também o fundamento da *validade* do ordenamento jurídico, quando aquele que decide sobre o estado de exceção abole a suspensão:

> De fato, o ordenamento recriado ou reestruturado, sob certas circunstâncias, apresenta semelhanças relevantes e até mesmo uma congruência conteudística total com o ordenamento jurídico suspenso. Mas é evidente que ele possui outro fundamento de validade e, por conseguinte, não pode ser celebrado de modo algum como mero renascimento. Quando a decisão que constitui e aperfeiçoa o estado de exceção origina-se *ex nihilo*, de outro modo não se pode dar com o ordenamento que se pretende apenas restabelecido. O antigo

ordenamento pode até ter sido revivificado [...]. O que nele caminha, então, é simples: um zumbi. (Augsberg, 2009, p.29)[44]

Agamben e Schmitt objetam aos atuais projetos de reposicionar e regular o estado de exceção dentro do Estado de direito o fato de tal empresa positivista enredar-se irremediavelmente no paradoxo de uma regulação do irregulável, estando condenada ao fracasso. Consequentemente, eles permanecem fiéis à sua heroica filosofia que mistifica o extraordinário; e Schmitt, além disso, leal ao seu desprezo pela legalidade democrática. Ambos fogem à problemática tendência temporal do século XX de juridificar o estado de exceção. Por essa razão, considero não terem eles nada a nos dizer sobre a ambivalência específica de uma "normalização do estado de exceção" que acompanha essa tendência.[45]

5. Movimentos prospectivos: o estado de exceção reprimido

Após a bancarrota política moral da Teoria do Estado de Schmitt não era de se esperar que teorias do direito público de Estado de direito – nem mesmo as conservadoras (Forsthoff, 1963, p.397) – no contexto da democracia alemã seguissem os passos da predileção imoderada do inimigo declarado do Estado de direito pelo estado de exceção. Mas, ainda assim, não é preciso que o extraordinário seja pensado para defender um ordenamento jurídico em caso de necessidade e para poder ajustar sua técnica de Estado àquilo que, em si, é inconcebível? Contra isso fala o fato de a história oferecer uma gama de catástrofes naturais, sociais e políticas que estimula e guia

---

44 De modo semelhante, já também Rossiter (2002, p.295): "Nenhum governo de Estado de direito passou alguma vez por uma fase de decretos emergenciais sem ter sofrido, ao mesmo tempo, mudanças duradouras e, nomeadamente, no sentido de uma multiplicação do poder estatal".
45 A esse respeito, ver análise detalhada no Capítulo VII. Cf. Frankenberg (2005, p.374) e Beck (1993, p.31): "A sociedade de risco é uma sociedade catastrófica. Nela, o estado de exceção ameaça se tornar o estado normal".

a fantasia (reguladora) e os métodos da técnica de Estado – desde o poder de destruição do terremoto de Lisboa, em 1755, passando pelas tribulações causadas pela peste, pelos incêndios, pelas enchentes e por revoltas, revoluções e atentados sangrentos, até as batalhas assassinas de duas guerras mundiais.[46] Regiões, Estados e as respectivas autoridades responsáveis pela segurança tiveram que se ajustar a esses abalos da segurança que ficaram marcados a ferro e fogo na memória coletiva.

Por isso, talvez pareça otimista, mas não implausível, num primeiro momento, inscrever o extraordinário no ordenamento jurídico na forma de uma cláusula geral ou, então, decompor a monumentalidade do possível caso crítico no prisma de diferentes tipos excepcionais, normatizando-o sob o aspecto da competência e do direito processual. Considerando-se essas abordagens, gostaria, agora, de reconstituir movimentos prospectivos que se situam no limite do Estado de direito, que levam a marcações situacionais e pontuais de situações excepcionais e que, na dogmática, documentam, por vezes, um "gosto intelectual pelo estado de exceção antecipado" (Di Fabio, 2008, p.423; Isensee, 2002, p.67. A esse respeito, Denninger, 2002).[47]

Comparativamente, Ernst Forsthoff formula essa ideia de modo cuidadoso, segundo suas próprias palavras à época – como Carl Schmitt –, sucumbindo à "magia de Hitler":[48]

> A experiência da história ensina que tais situações normais têm seu tempo; a experiência jurídica mostra ser conveniente que as situações normais não sejam consideradas sem o caso excepcional. Naturalmente, a República Federal da Alemanha tem não só uma situação normal

---

[46] Schmitt podia, em todo caso, lançar um olhar retrospectivo para a Primeira Guerra Mundial. Hoje, teríamos que adicionar à lista a obra destruidora da bomba atômica e das catástrofes climáticas.
[47] Um caminho parecido com o de Böckenförde é trilhado, no contexto norte-americano, por Rossiter (2002) (vide infra) e, recentemente, por Ignatieff (2004) e Ackerman (2006).
[48] Documentado especialmente em Forsthoff (1933).

específica como também um caso excepcional específico, que pode ser definido e descrito a partir das particularidades da situação normal. (Forsthoff, 1963, p.397)

Ambivalente é a atitude de Forsthoff quanto à Constituição emergencial, especialmente quanto ao art. 87a, § 4º da Lei Fundamental. Ele ironizava o direito do governo federal alemão de, em caso de necessidade, poder empregar inclusive as Forças Armadas para apoiar a polícia e a Guarda Alemã de Fronteiras "no combate de revoltosos organizados e militarmente armados" como sendo uma reminiscência pouco atual do século XIX. Essa afirmação remete vagamente à posição que Forsthoff desenvolveu nos tempos de Weimar, e que nunca revisou totalmente, de que o Estado garante o ordenamento jurídico e, portanto, está acima do sistema das normas jurídicas. Bem nos termos do ditado de Schmitt: "A existência do Estado prova, aqui, uma superioridade indubitável sobre a validade da norma jurídica" (Forsthoff, 1926, p.139; Schmitt; 1979, p.18).

Mais prudente do que Carl Schmitt, Ernst-Wolfgang Böckenförde, teórico do Estado e, mais tarde, juiz constitucional, aborda o estado de exceção em um trabalho que ele dedica a Carl Schmitt por seu 90º aniversário. Mesmo impressionado pelos atentados homicidas dos terroristas da Fração do Exército Vermelho, ele não se deixa seduzir pela exaltação de uma ditadura excepcional. Pelo contrário, ele introduz suas reflexões "sobre a atuação do poder estatal em situações extraordinárias" com um distanciamento inequívoco da *Teologia política* de Schmitt: "A preservação do direito da situação normal pressupõe o reconhecimento do estado de exceção" (Böckenförde, 1978b, 1881).[49] Em seguida, Böckenförde examina minuciosamente o "estado de necessidade supralegal", usado não apenas por representantes do Executivo, mas também nos círculos da Teoria do Estado na crise do Estado de direito na República

---

49 Ver análise crítica a respeito em Lübbe-Wolff (1980). Böckenförde (1980) apresentou uma réplica a essa crítica e, mais tarde, explicou novamente sua posição em detalhes (Böckenförde, 1981).

Federal Alemã[50] como justificativa de medidas antiterroristas, em analogia com o art. 34 do Código Penal alemão, rejeitando-o como "autorização geral aberta". Em outro sentido argumenta Meinhard Schröder em seu "Überlegungen zur Verteidigung des Rechtsstaates in außergewöhnlichen Lagen" [Reflexões sobre a defesa do Estado de direito em situações extraordinárias], publicado praticamente na mesma época. Embora conduza os leitores – assim como Böckenförde – aos "limites do Estado de direito" (Schröder, 1978), diferentemente de Böckenförde e contrariamente ao entendimento dominante, ele deduz do estado de necessidade justificante do art. 34 do Código Penal alemão a "confirmação codificada" de que "situações emergenciais [podem] ser solucionadas com uma ponderação de bens". Contudo, paradoxalmente, ele não pretende renunciar à unidade do Estado de direito.

Ambos os autores são contrários, ainda que não com a mesma firmeza, a uma "liberação ou a uma elevação da categoria das medidas do estado de exceção" e recusam-se a toda e qualquer predileção pelo extraordinário. Böckenförde critica, porém, a "suplantação" do estado de exceção e defende sua limitação por meio de uma regulação jurídico-constitucional que vá além da Constituição emergencial da Lei Fundamental. Sua posição não está livre de contradições: por um lado, ela se baseia na tese de que não é possível antecipar o estado de exceção por meio da ultralegalização. Por outro, ela vem a ser a reivindicação de que sejam mantidas aquelas regulações que são possíveis num Estado de direito e constitucional. Contra a "epifania da soberania" (Hofmann, 2005, p.179) de Schmitt e o déficit de regulação da Lei Fundamental, Böckenförde projeta a "estrutura modelo" de uma regulação excepcional jurídico-positiva (Böckenförde, 1981, p.264 e ss.).[51] Suas marcas distintivas são a distinção entre situação normal e situação excepcional, bem como a restrição dos poderes excepcionais a medidas proporcionais, vinculadas

---

50 Cf. análise detalhada a esse respeito no Capítulo V.
51 Ackerman (2006) fala de um *framework statute*, cujos componentes ele desenvolve.

a uma finalidade, que suspendem a condição legal apenas temporariamente e que estão sempre orientadas para o restabelecimento da situação normal. O parlamento, orientando-se pelas regulações da Lei Fundamental quanto ao estado de necessidade, deve continuar sendo o senhor do estado de exceção. Por conseguinte, no centro dessas reflexões, o Estado situa-se *antes* da Constituição, na qualidade de unidade de poder, decisão e paz.[52]

Com sua concepção jurídico-excepcional, Böckenförde rejeita o legado da conotação radical do decisionismo de Schmitt. Ele renuncia também ao projeto de um cenário ameaçador. No entanto, ele se posiciona dentro da tradição estatal, ao pensar a proteção do direito a partir da perspectiva do Estado. Independentemente disso, cabe perguntar se, com sua "estrutura-modelo" para situações excepcionais, Böckenförde se aproxima do imprevisível, ainda que apenas um passo a mais do que a Constituição emergencial da Lei Fundamental, por exemplo, que deixa transparecer sua perplexidade diante do fenômeno do inconcebível na tipificação de situações excepcionais concebíveis, porque suscetíveis de demonstração histórica, e nos deslocamentos do ordenamento normal de competências.

Contra o projeto de Böckenförde de normatizar ao menos sob a forma de modelo o que, em si, é imodelável, fala o fato de ele partir de uma lacuna do ordenamento constitucional, inclusive de suas regulações relativas ao estado de necessidade, quanto ao combate de situações excepcionais fáticas, que deve ser colmatada pelo direito do estado de exceção concebido por ele como modelo. Todavia, deve-se ter em vista que, no futuro, haverá que se contar com novas situações excepcionais cuja imprevisibilidade fará com que sempre voltem a surgir lacunas na estrutura-modelo[53] de Böckenförde.[54]

---

52 Hofmann (2005, p.181) chama a atenção acertadamente para o fato de que, nessa concepção, as teses de Schmitt permanecem vivas de forma atenuada.
53 A mesma objeção dirige-se contra a cláusula geral jurídico-excepcional sugerida por Enders (2007, p.1045), que deixaria "inviolados os princípios dos arts. 1º, §§ 1º e 2º e 2º [...] mesmo no estado de exceção formalmente declarado".
54 Cf., por exemplo, as sugestões para ampliação do conceito de defesa do art. 87a, § 2º por meio de "intervenções não estatais nas bases da comunidade" – nesse

Pois a suposição inicial de um ordenamento positivo incompleto, quando levada às últimas consequências, conduz a um "regresso infinito de metadireitos (de necessidade do Estado) cada vez mais amplos".[55] Por essa razão, é praticamente impossível invalidar a objeção de Gertrude Lübbe-Wolf de que não é possível neutralizar de modo eficaz a tentação política de recorrer a uma autorização global sem contornos, segundo o modelo do art. 34 do Código Penal, sobretudo quando uma regulação excepcional jurídico-constitucional – quanto a competências, processos e finalidades, por exemplo – institui barreiras, ainda que mínimas (Lübbe-Wolff, 1980, p.121).

6. No limite: flertes com o estado de exceção nos cenários *worst case*

Diante dos turbulentos anos do "outono alemão" de 1977, o Estado de direito consolidou-se consideravelmente por volta do final do século XX com o incremento pessoal e financeiro do aparelho estatal. Ao mesmo tempo, a ampliação de competências do direito da repulsa de perigos imprimiu nele os traços de um Estado preventivo ou de um Estado securitário.[56] A fórmula da "nova estrutura de segurança" sinaliza o regresso inserido nessa evolução do *método Locke* para o *método Hobbes*. Com a normalização do estado de exceção, o reverso da governamentalidade liberal, tal como ela é analisada pelo *método Foucault*, toma forma. Esse assunto voltará a ser abordado mais adiante.

---

sentido, ver Enders (2007, p.1043 e ss.), ou para a eliminação da separação entre polícia e repulsa de perigos e entre Forças Armadas e defesa e para previsão "inclusive do emprego de meios militares" na assistência administrativa em calamidades especialmente graves – nesse sentido, ver Schäuble (2007, p.213).

55 Nesse sentido, cf. acertadamente, Augsberg (2009, p.26).

56 A esse respeito, ver Denninger (1988) e Haffke (1992). A evolução em direção ao Estado da prevenção e da segurança será pormenorizadamente discutida no contexto da primeira e da segunda crise do Estado de direito alemão (capítulos V e VI). Aqui, trata-se apenas de traçar as afinidades eletivas com a teoria de Carl Schmitt.

Concomitantemente, segundo parece, o curso dos eventos atenuou as relações, apenas esboçadas aqui,[57] entre as obras do Schmitt dos primeiros, intermediários e últimos tempos e fez com que suas contribuições de caráter jurídico-público para a construção do regime nazista passassem para um segundo plano. A graça do nascimento tardio parece aliviar, para os teóricos do Estado e da ciência do direito de modo geral, o encargo de referirem-se ao vocabulário e ao modelo de argumentação de Carl Schmitt e de adotarem, explicitamente ou no mérito, sua preferência pelo estado de exceção. A ingenuidade histórica e as variações de Schmitt aparecem em teorias que apontam para um flerte – não totalmente despreocupado – com o estado de exceção, ao violarem, guiadas por uma ética autoprojetada da salvação, o tabu da tortura, não se escandalizarem com o tratamento penal especial para "inimigos", justificarem o emprego das Forças Armadas no plano interno (para o abate de aviões de passageiros, por exemplo) ou reativarem a teoria do sacrifício dos cidadãos.

A imagem de mundo dominada pelo medo de um Carl Schmitt não precisa ser nem recepcionada nem reinventada com as próprias forças por aqueles que constroem os casos extremos ou justificam os poderes excepcionais na Alemanha. Com a "guerra das culturas" (Huntington, 1996)[58] e a "guerra contra o terrorismo islâmico",[59] os equivalentes funcionais de um apocalipse global são-lhes disponibilizados pela política, pelas mídias e pela ciência. Os cenários aterrorizantes da "bomba tiquetaqueante" e do "ataque ao coração do Estado" pelo terrorismo internacional[60] deles derivados remetem

---

57 No contexto da preferência de Schmitt pelo estado de exceção, não era necessária uma discussão sistemática e detalhada da obra. Sobre o caminho da filosofia de Carl Schmitt, ver Hofmann (1995).
58 Cf. análise crítica a esse respeito em Sem (2007) e Heine (1996).
59 Vide a documentação do painel de especialistas sobre a guerra contra o terrorismo em: www.bpb.de/die_bpb/RD2PEB,Krieg_im_Irak_Krieg_gegen_den_Terror.html.
60 Até mesmo Enders (2007, p.1039), que argumenta de modo moderado e diferenciado sobre outras questões, esboça um cenário nesses moldes: "E o Estado, hoje, está em apuros, ameaçado pelo terrorismo internacional. Ataques terroristas

– como já o fazia o fascínio do extraordinário em Schmitt – a ameaças que são sentidas de modo intenso. As possíveis consequências desvantajosas dessas ameaças são tomadas em grande conta, contrariamente ao que acontece com a probabilidade de elas se produzirem.[61] Contudo, os justificadores somente são considerados como herdeiros de Schmitt na medida em que, como ele, contemplam a normatividade da situação normal a partir da perspectiva do estado de exceção,[62] copiam seu vocabulário ou adotam as estruturas de sua argumentação, especialmente a suspensão do direito no caso excepcional, com vistas à concretização do direito, e o *status* jurídico binivelar (baseado em amigos e inimigos).

Um "direito penal do inimigo" sem Schmitt?

Dentre os defensores de um pensamento orientado para o estado de exceção, vem ganhando proeminência, há mais de vinte anos, o penalista Günther Jakobs, com sua tese do "direito penal do inimigo". Em numerosas publicações, ele apresenta uma argumentação cuja distinção fundamental entre cidadãos e "inimigos" parece ter sua origem no conceito do político de Schmitt e na teoria do estado de exceção a ele associada. Diferentemente de Schmitt, e mais preciso do que ele, Jakobs define o "inimigo" como "não pessoa", que não se deixa dominar por uma constituição civil nem se separa pontualmente dela, mas "afastou-se permanentemente do direito em um grau não apenas incidental e, nessa medida, não garante a segurança cognitiva mínima de conduta pessoal" (Jakobs, 2004b, 2005).

---

    visam abalar e, em longo prazo, arruinar o Ente Estatal. [...] O Estado parece estar no fim de suas possibilidades de atuação tradicionais e marcadas pelo caso de regra da situação normal. Ele faz lembrar, assim, a pessoa que está se afogando, que embora se oriente pelos princípios da conduta correta na vida cotidiana, a situação de necessidade existencial, o que conta é apenas a mera sobrevivência".

61 Sobre a "lei" do menosprezo da probabilidade, ver Sunstein (2007, p.98). Ver análise crítica sobre o menosprezo da probabilidade no discurso sobre a segurança interna também em Prantl (2008, especialmente p.42 e 47 e ss.).
62 Ver análise esclarecedora a esse respeito em Augsberg (2009, p.17 e ss.).

TÉCNICAS DE ESTADO

Assim, são "inimigos" não os cidadãos delinquentes, mas as "pessoas perigosas". Ao serem alocados ao "direito penal do inimigo", eles deixam de poder ser regidos pelo Estado de direito liberal (Foucault, 2003, v.3, p.568 e ss.). Protótipos dessa categoria são todos os delinquentes sexuais por propensão resistentes à intimidação e à ressocialização e outros delinquentes habituais, os criminosos organizados profissionais e, sobretudo, os terroristas, que Schmitt não contemplava em seu *Conceito do político*.[63]

No entanto, Jakobs movimenta-se no campo magnético do vocabulário de Schmitt e dentro de seu cenário apocalíptico não apenas em razão da intensidade da distinção cidadão/inimigo, mas também devido à metáfora da guerra, quando defende o "direito penal do inimigo" como uma guerra cuja regulação e totalidade também dependem daquilo que é temido pelo inimigo (cf. Jakobs, 2004a, p.41 e ss.; 2004b). Seu "direito penal do inimigo" revela-se como "forma legal daquilo que [segundo Agamben, na realidade] não pode adotar uma forma legal" (Prantl, 2008, p.147) e que Schmitt situaria no estado de exceção. Dificilmente Jakobs contestaria o fato de o "direito penal do inimigo" ter caráter excepcional.

Por isso, à primeira vista, o "direito penal do inimigo" dá a impressão de ser um caso relativamente claro de recepção de Schmitt, mas, ao que parece, Jakobs pretende fugir desse comprometimento. Ele insiste em não citar Carl Schmitt. É evidente que ele não se considera como seu herdeiro e nem sequer julga necessário manter um distanciamento. Além disso, em suas primeiras publicações sobre o assunto, nas quais analisa as medidas estatais contra os atos terroristas da Fração do Exército Vermelho, ele assume a posição do observador[64] que apenas diagnostica e critica, no direito penal e processual penal do cidadão, "fragmentos" do direito penal do inimigo contrários ao sistema, para resguardar o direito penal do cidadão

---

63 Em Schmitt (1963, p.20 e ss.) trata-se de "uma exposição simples e elementar" do Estado como uma condição – política – especial de um povo, que ele codifica binariamente justamente, de acordo com a teoria sistêmica.
64 Isso também o distingue de Schmitt.

(Jakobs, 1985; a esse respeito, ver Saliger, 2006; Uwer, 2006). Schmitt, em contrapartida, no projeto de um "direito penal do inimigo", teria pretendido, certamente, a destruição do combalido direito penal do cidadão.

Além disso, Jakobs não se refere a uma primazia da exceção ou a um "conceito do político", mas a uma teoria da validade da norma influenciada por Fichte, Hobbes e Kant. Ele a baseia na questão sobre se uma norma e as expectativas de obediência normativa nela inseridas são ignoradas de modo apenas excepcional ou sistematicamente. Sua tese, inspirada em Hobbes, que, por sua vez, aproxima-se de Schmitt, é que a medida contra pessoas "que não se [deixam] submeter a uma condição civil", resumindo, contra "inimigos", nada significa, ou seja, não despersonaliza, mas apenas coage: "O direito penal do cidadão *mantém* a *validade da norma*, o direito penal do inimigo (em sentido amplo, incluindo o direito de medidas de segurança) *combate* perigos" (Jakobs, 2000, p.51 e ss.). Nada impede que uma teoria da validade da norma seja baseada em citações de clássicos, mas, nesse caso, haveria que se considerar que Hobbes (1984, especialmente parte II, cap.28) insere sua teoria da pena, distante do conceito de Estado de direito, no conceito global de um despotismo esclarecido.

Quanto ao que o legislador receia em relação ao "inimigo", Jakobs vê-se levado, tanto no direito penal material quanto no direito penal processual – abstraindo-se o caráter geral de combate –, a uma "mudança da visão, de um fato ocorrido para um fato vindouro", adaptada à evolução do direito policial (Jakobs, 2000, p.51), sem prever uma redução da pena proporcional[65] e uma observância das garantias processuais.

Das observações de Jakobs sobre as medidas legislativas não se tem que deduzir necessariamente uma apologia do "direito penal

---

65 A título de exemplo, Jakobs cita o crime de formação de associações criminosas ou terroristas – arts. 129, 129ª do Código Penal alemão, e de formação de quadrilha para cultivo de entorpecentes – arts. 30, § 1º, nº 1 e 31, § 1º, nº 1 da Lei de Entorpecentes.

do inimigo", sobretudo porque ele – diferentemente de seus auxiliares[66] –, como se afirmou, insiste em ignorar Carl Schmitt e, ao fim, não se atreve senão a afirmar de forma dúbia, em uma comparação diplomática: "Um direito penal do inimigo claramente delineado é menos perigoso, do ponto de vista do Estado de direito, do que misturar todo o direito penal com fragmentos de regulações próprias do direito penal do inimigo" (idem, 2004b, p.95).[67] Isso pode ser entendido, em uma interpretação bem-intencionada – que as exposições de Depenheuer, por exemplo, não permitem[68] – como uma intervenção de salvar um direito penal do cidadão de Estado de direito de sua infiltração pelo direito penal do inimigo. Contudo, se observarmos os tratados posteriores de Jakobs sobre o "direito penal do inimigo", que não se mostram exatamente tocados pelas vozes críticas, o "comedimento" de Jakobs em relação a Schmitt revela-se como um gesto que aponta para o vazio. Pois, semanticamente, com o conceito de inimigo e também quanto ao conteúdo,

---

66 O direito penal do inimigo recebe adesão enfática de Depenheuer (2008, p.55 e ss.), que não tem nenhum problema com a testemunha principal, Carl Schmitt; vide ali notas de rodapé 67, 69, 72, 74 e 82, bem como o texto que as acompanha.

67 Ele já concluía seu primeiro trabalho sobre o tema direito penal do inimigo com a frase: "O Código Penal, em sua forma atual, dissimula em não poucos trechos a transgressão dos limites de um Estado liberal" (Jakobs, 1985, p.784).

68 Depenheuer (2008, p.56, 58 e 63) introduz de modo afirmativo o inimigo, o direito penal do inimigo e, sobretudo, o direito (de combate ao) inimigo: "O conceito de inimigo é contaminado, comprometido e suscetível de abuso em vários sentidos, mas, objetivamente, não tem alternativa. [...] O inimigo representa, com efeito, o que é totalmente diferente, a possibilidade alternativa da própria existência política, a reavaliação de todos os valores tidos como verdadeiros; assim, 'o inimigo [é] nossa própria questão como forma'. [...] Mas, politicamente, ele corporifica a negação da forma de vida de uma democracia secular e liberal. Se essa negação torna-se organizada e cruel, aquele que é negado torna-se inimigo. [...] o inimigo é a negação do cidadão no *status civilis*, enquanto pessoa, ele se situa fora do contrato social, do qual não pode derivar nenhum direito para si. O inimigo, do ponto de vista da teoria constitucional, não é uma pessoa de direito que, por princípio, respeita o direito vigente, mas um perigo, que deve ser combatido em nome da validade do direito. [...] Referência fenomenológica da ajuridicidade do inimigo e do caráter determinante da razão pura do Estado, Guantánamo é um lugar onde o direito é suspenso enquanto o perigo persiste. Ali, os presos não têm o *status* de sujeitos de direito, só lhes resta ainda sua 'vida nua'".

com a construção de uma relação de extrema intensidade (às vezes penal, às vezes marcial), Schmitt está ao lado de Jakobs inclusive no que se refere ao conteúdo, ainda que não no sentido existencial, mas normativo (idem, 2000, p.47 e ss.; 2004b, p.92; 2004a, p.41 e ss.).[69] Objetivamente, Jakobs adota como legados o "conceito de político", para o qual a distinção entre amigo e inimigo é constitutiva, e a teoria do estado de exceção, o mais tardar, quando muda do discurso analítico e descritivo para o discurso legitimador e prescritivo, nas publicações a partir de 1999. A partir do momento em que se deixa conduzir por seus receios quanto ao perigo terrorista e por sua compreensão da necessidade de combater o terrorismo com o direito de exceção, ele abandona a posição do observador crítico analítico e decide considerar necessária a suspensão das relações penais normais no trato com os "inimigos": para ele, não se trata mais da preservação do ordenamento do direito penal do cidadão após desordens sociais internas, mas da produção de condições ambientais suportáveis, que devem ser obtidas "neutralizando-se todos aqueles [...] que não oferecem a garantia cognitiva mínima necessária para poderem ser tratados, na prática e na atualidade, como pessoas".[70] Atente-se para a escolha das palavras: "neutralizando-se"! Com esse passo, Jakobs alista seu "direito penal do inimigo" na "guerra contra o terrorismo" e torna-o associável à representação schmittiana de uma "eventualidade da guerra situada no campo do real" (Schmitt, 1963, p.33).

Em suas publicações mais recentes, Jakobs tem uma conduta afirmativa quanto a um ordenamento penal binivelar, formado de um direito penal do cidadão legal e de um direito penal legítimo de combate ao inimigo. Com a construção de um sistema de *apartheid*, com um direito penal do cidadão e um direito penal do inimigo que, *em primeiro lugar*, estende a penalização a "atos preparatórios"[71] que,

---

69 "A distinção entre amigo e inimigo tem o sentido de designar um grau extremo de intensidade de uma ligação ou de uma separação [...]" (Schmitt, 1963, p.27).
70 Sobre a crítica, Prantl (2008, p.150 e ss.), e os artigos em Uwer (2006).
71 É instrutivo a esse respeito o projeto de lei do Estado Livre da Baviera e da Turíngia para aperfeiçoamento do instrumentário penal de combate ao terror e

segundo as regras de um direito penal do cidadão, não são suscetíveis de punição; *em segundo lugar,* agrava sanções; *em terceiro lugar,* suprime garantias processuais penais, para, finalmente, *em quarto lugar,* marcar e excluir uma categoria de delinquentes como "inimigos", Jakobs recapitula, para o direito penal, a dicotomia entre legalidade e legitimidade que perpassa a teoria do Estado de direito schmittiano. Assim como Schmitt atribui ao "Estado normal" o encargo de estabelecer a paz, a segurança e a ordem dentro do Estado e de seu território, instituindo, assim, a situação *normal,* que é o pressuposto de que as normas jurídicas podem vigorar de fato, em Jakobs, a exclusão e a proscrição do "inimigo" servem como defesa do direito penal do cidadão.

Resta um importante contraste em relação a Schmitt. Enquanto este se consagra totalmente ao seu fantasma do extraordinário, no qual o direito real, não importando o que seja ele, deve ser concretizado por meio da suspensão, e a luta contra o inimigo deve ser limitada pelo direito, Jakobs declara o "inimigo", que ele pretende "neutralizar" sob o regime de um tratamento penal especial, segundo o modelo da concepção do estado de exceção de Agamben, como alguém destituído de direitos. Assim, por fim, Jakobs coloca-se a serviço de uma técnica de Estado hobbesiana atualizada que pretende, por um lado, conservar a racionalidade do direito penal do cidadão e, por outro, liberada das deferências habituais de ordem constitucional e penal, aquiescer aos supostos imperativos de segurança de um combate efetivo ao terrorismo no direito penal.

à criminalidade organizada de 27 nov. 2001 que, entre outros aspectos, prevê o "apoio e a publicidade para associações terroristas como atos preparatórios de lavagem de dinheiro" (*BR-Drucksache* 1014/01), bem como o projeto de uma "Lei de Persecução da Preparação de Atos de Violência Graves de Ameaça ao Estado" (*BT-Drucksache* 16/11735); é digna de leitura e informativa a esse respeito, a crítica convincente de Walter (2008).

A aproximação com o extraordinário no "discurso da tortura"

No "discurso da tortura", a lógica da repulsa de perigos que se expressa de modo repressivo no "direito penal do inimigo" encontra seu eco jurídico-preventivo. Isso se aplica não apenas a tentativas de introduzir instrumentos da "tortura de salvamento" no direito da repulsa de perigos, mas também a tentativas, no campo do direito penal, de mascarar o crime da tortura como legítima defesa ou assistência em caso de necessidade.

Querer inserir discretamente a tortura no arsenal do *método Locke* em nome de uma "teologia política" ou de um "conceito do político" *à la* Schmitt seria, porém, um empreendimento bastante infrutífero. Quem pretende admitir o emprego da violência em casos extremos para extorquir a revelação de informações no Estado democrático de direito deve evitar, queira ou não, toda e qualquer associação com métodos da Gestapo.[72] Assim, a justificativa da tortura exige nada mais nada menos do que uma quadratura do círculo, ou seja, a satisfação da dívida portátil do Estado Ddemocrático de direito e, ao mesmo tempo, a assunção de uma hipoteca do Estado de não direito. Traduzindo-se para a dogmática do direito Constitucional e do direito policial, chega-se ao empreendimento paradoxal de relativizar a estrita proibição da tortura e a imponderável proteção da dignidade impostas pelos direitos humanos, sem, contudo, ao mesmo tempo, abrir a porta para o direito do estado de exceção.

O teórico do Estado e filósofo do direito, Winfried Brugger, em várias publicações, extenuou-se na análise desse paradoxo e, apesar das enérgicas objeções,[73] não se deixou dissuadir de seu empreendimento. Guiado por uma ética do direito certamente bem

---

[72] Brugger (1996), em seu estudo, "*Darf der Staat ausnahmsweise foltern?*", distancia-se expressamente do regime nazista e de seus métodos e refere-se a Jean Améry como testemunha de acusação contra a tortura. – No Capítulo VII, as justificações da tortura são situadas historicamente.

[73] Da literatura crítica, praticamente inabrangível, cf. Enders (2007); Poscher (2004); Marx (2004); Hecker (2003); Krestchmer (2003); Frankenberg (2008), e infra, Capítulo VII.

intencionada, ele considerava, bem antes do atentado terrorista ao World Trade Center e da declarada "guerra contra o terrorismo" não declarada, uma autorização do Estado para torturar em casos excepcionais. Partindo de uma "proibição incondicional da tortura", ele termina argumentando sobre um "direito condicional à tortura" (Brugger, 1996, 2000).[74] Em 1996, Brugger inaugura o debate, que logo se amplia, transformando-se em um verdadeiro "discurso da tortura", com uma pergunta simples: "Pode o Estado, excepcionalmente, torturar?". Ele não busca a resposta em Carl Schmitt, mas em Niklas Luhmann. Três anos antes, em uma conferência em Heidelberg sobre a existência de normas indisponíveis em nossa sociedade, "segundo o bom costume dos juristas", Luhmann (1993, p.1) debatera o seguinte caso:

> Imaginem que vocês fossem um oficial da polícia. Em seu país – e este pode vir a ser a Alemanha em um futuro não muito distante – existiriam muitos terroristas de esquerda e de direita, assassinatos, mortes, incêndios criminosos, prejuízos a pessoas não envolvidas todos os dias. Vocês teriam capturado o líder de um desses grupos. Se o torturassem, poderiam, supostamente, salvar a vida de muitas pessoas – dez, cem, mil, podemos variar o caso. Vocês o fariam?

Para Luhmann, não importava se eles o fariam. A ele somente interessava saber se a diferenciação funcional, no caso, entre direito e moral, também deve ser mantida em casos extremos. De forma notável, ao final, Luhmann, "a despeito de todas as restrições legais" e contrariando totalmente a teoria sistêmica, considera a possibilidade da "autorização da tortura por tribunais vigiados internacionalmente, [com] televigilância das cenas em Genebra ou Luxemburgo, controle remoto telecomunicativo", para não sacrificar "inocentes ao fanatismo dos terroristas" (ibidem, p.27).

---

74 Recentemente, Brugger (2004) vem falando em "obtenção forçada de declaração para salvar vidas".

Brugger, em uma intenção totalmente prática, inverte essa experiência mental, transformando-a no cenário justificador da "bomba tique-taqueante",[75] do qual ele deduz as condições fáticas e jurídicas de emprego da tortura:

> Existe um perigo (1) claro, (2) imediato e (3) grave para a (4) vida e a integridade física de uma pessoa inocente. (5) O perigo é causado por um elemento perturbador identificável. (6) O elemento perturbador é a única pessoa que pode eliminar o perigo, movimentando-se dentro dos limites do direito. [...] (7) Ele também está obrigado a isso. (8) O emprego de coação física é o único meio promissor para a obtenção de informações. (Brugger, 2000, p.167)

No mérito, e talvez contra sua convicção, Brugger associa a situação excepcional da "bomba tique-taqueante" com a figura de argumentação schmittiana do estado de exceção como situação de *concretização* do direito. Com a construção de um *status* jurídico binivelar com vítimas de um lado e criminosos/elementos perigosos de outro, ele se apropria da estrutura do "conceito do político", pois, no cenário justificador da "bomba tiquetaqueante", o terrorista, o instalador de bombas ou o sequestrador prototípico funcionam, implicitamente, como inimigos dos cidadãos leais ao direito. Contudo, diferentemente da concepção de amigo/inimigo de Schmitt e do sistema de *apartheid* penal de Jakobs, Brugger, provisoriamente, não suspende o direito normal, que proíbe a tortura e protege a dignidade e a integridade física e psíquica em relação àqueles que sabem algo sobre a localização da "bomba tiquetaqueante". Mas, em detrimento do terrorista que abusa de uma vítima inocente como se ela fosse um mero objeto, ele relativiza, com sua argumentação, a tese de que toda agressão (mediante tortura) à dignidade humana seja, de imediato, uma violação dos direitos fundamentais (idem, 1996, p.70 e ss.). Ele conclui assim:

---

75 A esse respeito, em geral, ver Brecher (2007).

A apreciação jurídica da conduta do extortor (ilegal) e da situação da vítima (leal ao direito) é unívoca. Somente o extortor pode se esquivar da agressão, a vítima não. Somente dele é possível exigir o retorno à esfera da conduta legal; para aqueles que estão sendo ameaçados, a fuga ou a entrega dos reféns é inexigível. Sob os aspectos da proporcionalidade, não é de se excluir que o emprego da coação represente um meio adequado. Um meio aceitável mais brando não é visível. Por conseguinte, pode-se afirmar a adequação. Assim, apesar [...] das ponderações contra a extorsão de declarações por parte do Estado que, com razão, tornaram-se centrais, é possível uma exceção para o presente caso. (ibidem, p.81)

Um comentador da Lei Fundamental chega por uma via parecida, embora mais curta, à justificação da tortura e a um ordenamento jurídico binivelar: "A vida da pessoa agredida ou a coibição de uma agressão grave à sua integridade física são classificados em um nível superior ao da vida do agressor" (Starck, in: Mangoldt; Klein; Starck, 2005, *GG I, Art. 1, Abs. 1*, nota 78).[76]

Em minha opinião, mesmo outros autores que aderem à tese da proteção jurídica reduzida[77] não entram realmente em uma ponderação entre a dignidade da vítima e a dignidade do criminoso que não é predeterminada, mas reduzem de antemão a dignidade humana, concebida como algo não suscetível de ponderações, por meio da lente da distinção maniqueísta entre bem e mal, a um sistema de proteção da dignidade de duas classes. Assim, o culpado de instalar uma bomba ou de fazer reféns deve defender, ele mesmo, a atribuição de uma dignidade de segunda classe e, por conseguinte, a tortura que lhe deve ser dispensada em razão de sua conduta. Ele perde seu *status* de sujeito do direito na medida em que o Estado, com o

---

76 Do mesmo modo, Kirchhof (1976, p.114): "A vítima que permanece dentro dos limites do ordenamento jurídico merece a proteção prioritária do Estado". Pawlik (2004, p.1048) formula-o de forma análoga, mas mais cuidadosa: "Quem estava envolvido na criação do perigo para cujo afastamento deve ser chamado a contribuir depois tem, portanto, um dever de sacrifício suplementar".
77 Vide remissões detalhadas a esse respeito no Capítulo VII.

recurso da tortura, "remete-o para a esfera jurídica injustamente transgredida" (Enders, 2007, p.1041).

Em sua argumentação, Brugger e outros superam a objeção de que o Estado, que, numa situação inquestionavelmente difícil, esbarra nos limites do cumprimento de seus encargos, torna o torturado "disponível, sem qualquer reserva, como objeto despersonalizado do controle de outrem", incorpora-o diretamente no contexto da função estatal da repulsa de perigos e, por meio da construção de um dever de proteção estatal que o onera, submete-o incondicionalmente a uma definição de finalidades alheia (nesse sentido, ibidem).

Nem Brugger nem Jakobs devem ser seriamente criticados por terem procedido contra a razão jurídica racional seguindo o modelo de Carl Schmitt, para se abandonarem à predileção pela exceção e, ao mesmo tempo, exaltar a decisão que, afinal, é injustificada por ser injustificável. Sem a "paixão enérgica" e a simpatia de Schmitt pelo soberano que decide sozinho e, em vez disso, impelidos pela preocupação de proteger uma sociedade ameaçada por "pessoas [especialmente] perigosas", eles abrem a porta para o direito de exceção com fundamentações minuciosas: aqueles que, em Jakobs, são submetidos ao "direito penal do inimigo" e, em Brugger, são torturados com a finalidade de salvamento pagam, com a privação de seus direitos e com sua exclusão do círculo da comunidade jurídica, por não poderem ser conduzidos segundo as regras do Estado de direito em razão de sua atuação criminosa ou perigosa.

Embora Jakobs, Brugger e outros participantes do debate possam estar atentos a manter distância de Carl Schmitt, devem-lhes ser imputados danos indiretos consideráveis ao discurso, resultantes do namorico com o extraordinário – ou melhor: do endosso ao vocabulário de Schmitt e de seu pensamento baseado no estado de exceção. Onde Schmitt abandona o espaço do direito para transformar o não direito criado mediante decisão em "direito" e excluir "inimigos", encontram-se, hoje, na ciência e na prática estatal, não poucos imitadores, que também sustentam a exclusão dos "inimigos" do ordenamento do Estado de direito e a normalização jurídica da tortura.[78]

O "abate de salvamento" e o sacrifício dos cidadãos

As construções de um *status* jurídico binivelar com vistas à concretização do direito por meio da cisão de um "direito penal do inimigo" ou da legitimação de métodos de tortura estritamente proibidos em si são levadas adiante na reflexão sobre os abates de aeronaves que destroem vidas e aniquilam o direito. Assim como aqueles que justificam as medidas de tortura, os que justificam o abate de aviões de passageiros que se encontram em poder de supostos terroristas também vêm esforçando-se, desde o 11 de setembro de 2001, em mascarar semanticamente sua dogmática construída a partir da perspectiva do caso excepcional. Esse mascaramento começa com designações eufemísticas. Assim como os tormentos da tortura são banalizados quando descritos como "extorsão de declarações para salvar vidas" que, "regra geral, transforma [as pessoas] em coisa",[79] a morte de pessoas no abate de aviões de passageiros é definida de modo quase casual como "abate final de salvamento"[80] com vistas à "repulsa de perigos". Tanto a ética da salvação indicada no conceito quanto a normalização dessas intervenções como medidas preventivas servem manifestamente para paliar o recurso extremo a autorizações extraordinárias em situações extremas e, assim, reduzir o limiar de aceitação para tais medidas.

A Lei de Segurança Aérea de 11 jan. 2005 e seus justificadores seguiam, num primeiro momento, a lógica do direito de exceção, assim como no caso antes ilustrado da legitimação da tortura: o Estado oferece proteção aos indivíduos privando outros dessa proteção (Merkel, 2009; 2007a). Assim, o art. 14, § 3º da Lei de Segurança Aérea determinava:

---

78 Cf. análise detalhada a esse respeito nos capítulos VI e VII.
79 Nesse sentido, ver a descrição minimizadora em Brugger (1996, p.88).
80 A circunlocução eufemística da tortura vem de Brugger (2004); Lindner (2006, p.579) fala do "abate de aeronaves como medida final para salvar vidas".

Somente se admite a ação direta com poder armado [sobre uma aeronave] quando, segundo as circunstâncias, seja possível partir do princípio de que a aeronave deve ser empregada contra a vida de pessoas, e este seja o único meio de repelir esse perigo atual.

Todavia, a autorização para abate de aeronaves, que, evidentemente, orienta-se pelo atentado contra o World Trade Center, dá um importante passo à frente. Ela despreza os princípios fundamentais da repulsa de perigos e do direito penal emergencial. Até o surgimento do art. 14, § 3º da Lei de Segurança Aérea (posteriormente declarado inconstitucional pelo tribunal constitucional alemão) (*BVerfGE* 115, 118/139 e ss.) era incontestável que, *primeiro*, a ponderação entre uma vida e outra é inadmissível, porque o Estado de direito não admite a compensação entre vida e *quanta* de vida (*Lebensquanten*).[81] *Em segundo lugar*, elementos não perturbadores (inocentes) somente devem ser submetidos a medidas de polícia em situações emergenciais se outro remédio não for possível e apenas quando não forem expostos a uma periclitação grave.[82] Essa restrição da responsabilidade penal e policial-penal vigorava em todas as situações normais, ou seja, inclusive na repulsa de ameaças letais.

Além disso, mediante recurso ao "*topos* universal da repulsa de perigos",[83] com o art. 14, § 3º da Lei de Segurança Aérea, o legislador introduziu um cálculo securitário que qualifica passageiros "inocentes" como terceiros não envolvidos, segundo a lógica militar – ou

---

[81] Quanto à dogmática penal do estado de necessidade, cf. Stratenwerth e Kuhlen (2004, § 9º, nota de rodapé 113) e Pawlik (2004, com outras remissões).
[82] Cf. apenas o art. 9º, § 1º da Lei do Estado de Hesse sobre a Segurança e a Ordem Pública; o art. 8º, § 1º, n 4 da Lei do Estado da Baixa-Saxônia sobre a Segurança e a Ordem Pública (sobre a restrição da responsabilidade de elementos não perturbadores) e o art. 12 da Lei sobre a Coação Direta no Exercício do Poder Público por Agentes de Execução da Federação quanto ao emprego de armas de fogo (incapacidade de ataque e de fuga).
[83] *BT-Drucksache* 15/2361, 14 – análise crítica a esse respeito em Pawlik (2004, p.1.055) e Merkel (2009).

como elemento funcional da arma ofensiva[84] –, cujo fim antecipado da vida deve ser descontado como dano colateral: "Para salvar vidas, a vida pode ser aniquilada".[85] Com isso, torna-se passado a distinção entre inocentes e culpados, que ainda há pouco era central para a diminuição do *status* jurídico de um terrorista ou sequestrador no contexto da "tortura de salvamento". O art. 14, § 3º da Lei de Segurança Aérea teria o objetivo de possibilitar o sacrifício dos cidadãos, quando, sendo as chances de salvamento assimétricas – passageiros destinados à morte *versus* população ameaçada em terra –, o maior número ou apenas os potencialmente ameaçados possam ser salvos. O tribunal constitucional alemão pôs um termo provisório a essa assombração – provisório, pois é de se prever que o debate seja reeditado caso venha a ocorrer um novo atentado terrorista vindo dos ares.

A "tortura de salvamento" e o "abate de salvamento", a despeito de tratarem os inocentes de maneiras diferentes, mostram a mesma estrutura justificadora: em ambos os casos, a "dogmática da situação normal" retrocede em relação a uma "dogmática da situação extrema",[86] por trás da qual não se esconde senão uma dogmática do estado de exceção. Segundo essa dogmática, no caso crítico, aparecem pseudoponderações entre a dignidade humana, previamente estimada de acordo com a situação, e o direito à vida de criminosos ou suspeitos de crimes e de vítimas, também previamente estimado de acordo com a situação, que remetem a colisões de deveres que resultam de seu *status* jurídico escalonado.[87]

---

84 Fica-se tentado a relevar essa argumentação cínica de Isensee (2006, p.193) como um desvio de conduta. Em sentido contrário, Lepsius (2006, p.60 e ss.) e Enders (2007, p.1042).
85 Assim, Pawlik (2004, p.1055) revela o essencial dessa lógica. Sobre a controvérsia em torno da Lei de Segurança Aérea, cf. Roellecke (2006, p.266); Merkel (2009); Waechter (2007); Hillgruber (2007) (com o *"Plädoyer für eine wehrhafte Verfassungsinterpretation"*).
86 A designação é retirada de Pawlik (2004, p.1.051 e ss.).
87 Quanto à dogmática da ponderação pré-avaliada, ver Starck (in: Mangoldt; Klein; Starck, 2005 notas de rodapé 79 e ss.); Brugger (2000, especialmente p.168 e ss.); Hillgruber (2007). Mais cuidadosa é a formulação de Horst Dreier (in *GG I, Art. 1*, nota de rodapé. 133): "Mas, realmente, os órgãos estatais podem se ver

Da lógica do pensamento baseado no estado de exceção

O "pensamento baseado no estado de exceção" nem sempre se mostra abertamente. Algumas vezes, ele está escondido em uma "dogmática da situação extrema". Todavia, mais frequentemente, ele é situado em "*tragic choices*", nas quais são sondados "interstícios" entre a "dogmática da situação normal" e a dogmática do caso excepcional ou, como se diz, "espaços isentos de direito" (Lindner, 2006, com outras remissões).[88] Ou, então, formula-se de modo mais cauteloso que "lacunas axiológicas" situadas nos limites do Estado de direito devem ser colmatadas. De modo semelhante ao que acontece na *Teologia política* de Carl Schmitt, nesse caso, a aniquilação do direito é colocada a serviço da suposta concretização do direito, embora se restringindo ao caso concreto.

O pensamento jurídico-excepcional mostra-se de modo especialmente claro nos apurados experimentos mentais[89] que operam com o cenário da *ticking bomb* (bomba tiquetaqueante). Eis um exemplo elucidativo:

> O policial P está com o terrorista T em um local que nenhum dos dois pode deixar em um espaço de tempo iminentemente próximo, digamos, em um avião que se encontra a dez mil metros acima do Oceano

---

confrontados, no caso concreto, com dois deveres jurídicos que, por princípio, têm o mesmo valor, pois ambos decorrem do art. 1º, I da Lei Fundamental, o de violar a dignidade da vítima ou a do autor, uma vez esgotados todos os outros recursos". Cf. também Baldus (2004, p.1285), que pergunta: "Mas, em surgindo uma situação tal, não deveria ser decisivo o fato de que os passageiros que estão no avião encontrarão seguramente a morte [...] se o Estado não agir?". Cf. também Melzer; Haslach; Socher (2005, p.1.362), que, entretanto, exigem apenas uma "correção do enunciado" do art. 14, § 3º da Lei de Segurança Aérea, de modo a acentuar o caráter de *ultima ratio*. Em contrapartida, de modo claramente mais crítico, BVerfGE 115, 118/140 e ss., no que se refere ao art. 14, § 3º da Lei de Segurança Aérea.

88 Ainda Lindner (*Frankfurter Allgemeine Zeitung* de 15 out. 2004, p.8); cf. também Merkel (2009), quanto ao "abate de salvamento".

89 Nesse sentido, p.ex., Brugger (2000), Merkel (2008, p.46) e Pawlik (2004, p.1053): "Imaginemos que um Estado inimigo tenha ocupado parte do território da Alemanha". Cf. a impressionante crítica à legalização da tortura de Scarry (2009).

Atlântico. Além disso, no avião encontra-se uma bomba-relógio levada clandestinamente a bordo por T. T (terrorista suicida) nega-se a desativar o relógio da bomba com o código que só ele conhece. P sabe que a bomba explodirá em aproximadamente vinte minutos. Não há tempo para um pouso de emergência. A única chance de salvamento para P consiste em amarrar T, fisicamente inferior, e ameaçar infligir--lhe dores, ou começar a fazê-lo, até que T desista e desative a bomba. (Merkel, 2007, p.392)[90]

Para esclarecer, o autor diz que quem considera a tortura absolutamente proibida deve-se deixar apresentar qualquer exemplo concebível e continuar sendo coerente ou, então, rever sua posição.

O que caracteriza cenários desse tipo como figuras de pensamento jurídico-excepcionais e o que é criticável neles? Bem, esse procedimento é criticável, porque o *designer* desses cenários, assim como o fez antes Niklas Luhmann em sua conferência em Heidelberg, para finalidades lógicas ou acadêmicas, esboça uma situação extrema, para, depois, perguntar se uma proibição ou um princípio estrito admitidos na normatividade ou em situação normal devem ser mantidos ou abandonados nessa situação extrema. Devido ao efeito sugestivo angustiante do exemplo, deduz-se inevitavelmente a resposta negativa: defender o princípio seria ainda mais extremo do que a situação construída. Com esse entendimento baseado no extraordinário, lógicos e dogmáticos (assim como o representante da teoria sistêmica) retornam à normalidade e proclamam o lema: no experimento fica demonstrado que o princípio não se sustenta em um teste de carga extremo. O *crash test* mental leva inelutavelmente à capotagem. Por conseguinte, sua construção é deficiente e deve ser abandonada ou devidamente modificada. Concluindo, o emprego da tortura, por exemplo, em situações de legítima defesa ou a ponderação da dignidade humana podem ser justificados.

---

90 O próprio autor remete à – segundo sua concepção – "probabilidade empírica (moderada)", que ele, porém, não aborda, porque pretende "reproduzir [apenas] a estrutura lógica dos problemas".

O "pensamento baseado no estado de exceção" reclama para si o charme tilintante de uma lógica inexorável, que toma emprestado de Hobbes, Rousseau, Kant, Hegel ou outros filósofos seu imperativo categórico para justificar medidas extraordinárias violentas ou letais. Assim, filosoficamente enobrecida, essa lógica desqualifica, então, o direito da situação normal ao menosprezar objeções normativas e empíricas e suspeitar dos defensores do direito normal de serem cínicos ou totalizadores.[91] A generalização que ela faz dessa suspeita dispensa-a, por exemplo, de levar a sério o princípio normal da proporcionalidade e de determinar se, por exemplo, a tortura ou o abate de aeronaves prestam-se ao salvamento de vidas no caso concreto em apreciação, se existem meios menos drásticos mas igualmente eficazes à disposição, quais efeitos a tortura "legitimada" ou o abate "legitimado" de aeronaves teria sobre o Estado de direito e sobre a autoestima de uma sociedade.

Por fim, também é próprio da lógica do pensamento jurídico--excepcional apresentar o Estado como vítima:

> O Estado parece estar no fim de suas possibilidades de ação tradicionais e marcadas pelo caso de regra da situação normal. Ele faz lembrar, assim, a pessoa que está se afogando, que, na vida cotidiana, pode até se orientar pelos princípios da conduta correta – contudo, na situação de necessidade existencial, o que conta é a apenas a sobrevivência pura e simples. (Enders, 2007, p.1039)

Assim, ataques terroristas não devem ser repelidos primordialmente por visarem ameaçar ou matar vítimas, mas por mirarem o "coração do Estado":

> [...] em seu papel de titular do monopólio do poder, que é o que o capacita, em primeiro lugar, a garantir o ordenamento jurídico de paz. Essa capacidade é uma condição necessária de sua legitimidade. Somente

---

91 A esse respeito, vide apenas Merkel (2007b), Lindner (2006) ou Depenheuer (2008, passim).

na medida em que ele consegue garantir convenientemente sua função de proteger as normas é que ele pode exigir obediência quanto a estas e perante estas. Atentados que colocam em risco, por princípio, essa capacidade do Estado ameaçam, por conseguinte, os fundamentos normativos de sua existência. (Merkel, 2009, p.33)[92]

"[N]o caso crítico da autoafirmação" (Depenheur, 2008, p.55)[93] contra um "ataque ao coração do Estado",[94] ou seja, quando sua tarefa de proteção hobbesianamente definida é ameaçada, podem, portanto, os agentes públicos estatais transgredir os limites do direito da situação normal. Assim, por meio de rodeios argumentativos, a dogmática do direito penal e do direito policial acaba, afinal, por encontrar novamente uma correspondência com Carl Schmitt e com a teoria pós-schmittiana do estado de exceção: "O Estado garante o ordenamento jurídico. Por isso ele está acima do sistema das normas jurídicas" (Forsthoff, 1926, p.139).[95] E o garantidor do ordenamento jurídico deve ser protegido, se necessário, por meio da tortura ou do abate de passageiros inocentes.

Por isso, minha tese é que os "fronteiriços" do Estado de direito de nossos dias, do mesmo modo que Carl Schmitt em sua época, operam com figuras de pensamento do direito de exceção. Entretanto, isso não quer dizer que eles compartilham da preferência deliberada e constante de Schmitt pelo estado de exceção. Contra isso fala o extremismo intelectual brutal que marca a dogmática da "tortura de salvamento", do "abate de salvamento" e do "direito

---

92 Na mesma linha situam-se as exposições do tribunal constitucional alemão em sua decisão sobre a Lei sobre o Isolamento de Presos – *BVerfGE* 49, 24/56 e ss.; cf., porém, Hillgruber (2007, p.218).
93 De modo semelhante também, ver Gramm (2006).
94 A metáfora origina-se, com conotação crítica, de Hess et al. (1988b); ela se torna uma figura de argumentação para justificar o sacrifício dos cidadãos em Merkel (2009).
95 Em um sentido absolutamente semelhante, Hillgruber (2007, p.218) pretende "colocar o Estado em seu [!] direito" por meio de uma interpretação constitucional adequada. Outros autores reclamam dos cidadãos o sacrifício de sua vida quando isso seja necessário à proteção do Estado como garantidor do ordenamento jurídico e da segurança jurídica (vide infra, Baldus e Depenheuer; supra, Merkel).

penal do inimigo": Günther Jakobs, o advogado e antigo crítico do "direito penal do inimigo", pode se calar quanto à tortura e ai abate de aeronaves, não obstante não haja dúvidas de que se trate, nesses casos, de "fragmentos do direito (penal) do inimigo" no direito do cidadão da repulsa de perigos.[96] Contudo, adversários de sua tese da necessidade do direito de exceção para "inimigos", sobretudo práticos, não querem saber disso, porque consideram os fenômenos por ele classificados como normais, como elementos do direito penal do cidadão e adaptaram-se a eles na prática sem nenhum problema. Quem, por um lado, por boas razões, nega a recepção do "abate de salvamento" no direito normal, deixa-se conduzir, por outro, pela mesma lógica para justificar a "tortura em legítima defesa" para salvar vidas.[97] Inversamente, outros negam à tortura o bilhete de entrada para o direito, mas encontram argumentos que justificam o abate de aviões do tipo *renegade*.[98] Outros, por sua vez, não consideram juridicamente admissíveis nem a tortura nem o abate de aeronaves, situando-os, em vez disso, no "espaço isento de valoração jurídica", no qual a violência "é admitida em caráter excepcional, mas não é considerada legal" (Lindner, 2006, p.588). A lista de combinações possíveis poderia continuar como bem se entenda.

Assim, em vez de uma orientação sistemática para o pensamento baseado no estado de exceção, o que se vê mais são irrupções na dogmática do direito normal. Não é sem certo gosto pelo extraordinário que os dogmáticos do extraordinário, às vezes, encontram-se com o Sr. Hyde, movido por paixões tenebrosas. Contudo,

---

96 Também Depenheuer (2008, p.72), que amplia o direito penal do inimigo, transformando-o no direito geral do inimigo, abstendo-se quanto à tortura, mas afirmando enfaticamente o "abate de salvamento" como sacrifício necessário dos cidadãos (ibidem, p.87-104).
97 Merkel (2007b; 2008, p.46; 2007a) trata a tortura dentro dos limites do direito, mas o abate de aeronaves fora desses limites.
98 Enders (2007) pretende mostrar que "os casos problemáticos da tortura de salvamento e do abate de aviões de passageiros abusivamente tomados por terroristas [...] [necessitam] um tratamento diferenciado". De modo semelhante, embora menos cuidadoso na argumentação, cf. Depenheuer (2008).

esperamos que seu amor jurídico seja mesmo do Dr. Jekyll, "que comumente se repete".

7. Decapitação do Estado de direito

O constitucionalista Otto Depenheuer não quer saber de movimentos dogmáticos de prospecção mais ou menos cautelosos entre regra e exceção nas lacunas de valoração e em situações decisórias trágicas que estão longe de ser inócuos. Em sua exortação à "autoafirmação do Estado de direito" (Depenheuer, 2008),[99] ele se deixa influenciar constantemente por Carl Schmitt. Sem hesitar, ele prolonga a tese da tortura de Brugger, transformando-a em uma teoria geral do sacrifício do cidadão e amplia o "direito penal do inimigo" de Jakobs a um "direito do inimigo" global. Uma leitura extremamente seletiva permite-lhe destacar a teoria do político e do estado de exceção de Schmitt de seu contexto histórico e sistemático e incorporá-la como suporte argumentativo em sua representação de um Estado resistente e de cidadãos dispostos a se sacrificarem.[100]

Como cenário funcionalmente equivalente ao medo de Carl Schmitt da destruição da cultura ocidental pelo socialismo, Depenheuer, com o auxílio de um liberalismo frágil, mobiliza a visão tomada pelo medo de um *clash of civilizations*, que ele acentua ainda mais (Huntington, 1996).[101] Nesse cenário, surgem os "gentios da estatalidade de direito secular e da liberdade individual"; resumindo: os terroristas islâmicos, que têm em suas mãos inimigas meios de destruição em massa que ameaçam nossa existência. Para Depenheuer (2008, p.12-14, 24), é indubitável que esses inimigos devem

---

99 Augsberg (2009, p.26) critica acertadamente essa sugestão como "autoafirmação do Estado". Sobre a crítica, vide também Hetzer (2008, p.185 e ss.).

100 Quem, como Depenheuer, não quer enxergar a relação entre a *Teologia política*, *O conceito do político* e os "primeiros escritos" deveria apresentar argumentos que os diferenciem.

101 Sobre a crítica da visão de medo de Depenheuer, ver Stolleis (2007).

ser excluídos de uma parte importante das relações jurídicas normais. Impassível, ele apresenta Guantánamo como "possível resposta" do Estado Constitucional a essa ameaça – ou, ao menos, como uma resposta que está em total acordo com a sua própria teoria. Ele parece não se escandalizar com a combinação entre "ausência de direitos do inimigo e o caráter autoritativo da razão pura de Estado" (a esse respeito e sobre o que se segue, ibidem, p.40 e ss., 53 e ss., 63, 70 e ss., 75 e ss. e 104).[102] É certo que Depenheuer tem que admitir que "os atentados ocorridos até agora não ameaçaram, em princípio, a existência e a Constituição dos Estados atingidos". Mas isso não o impede de querer habituar os cidadãos do Estado democrático de direito – ou, como ele repete e observa, fazendo uma crítica cultural: da "sociedade da diversão e do bem-estar" – ao extraordinário. Em total acordo com Schmitt, ele exalta sua técnica securitária executiva como "soberania do fato", que o conduz ao "direito do inimigo da repulsa de perigos", para, finalmente, exigir o sacrifício dos cidadãos, traçado pelas "lutas sangrentas" da história. O fato de ele considerar a possibilidade de citar Immanuel Kant como testemunha principal para justificar esse sacrifício como "ato de autolegislação" é mais do que desconcertante – tivesse ele feito uma leitura mais consistente, teria percebido que Kant não tem em vista a autoproteção e somente julga admissível o sacrifício dos cidadãos quando o ser humano "não é tomado como meio, mas visto como fim e respeitado em sua dignidade", ou seja, quando é perguntado se deu ou poderia ter dado seu assentimento à lei que exige o sacrifício (Schlink, 2005, p.1026). Não se pode falar, porém, em um consentimento substancial quando sua técnica de Estado, para estar armada contra o terrorismo, reivindica aquela renúncia ao direito.

Portanto, Carl Schmitt, Martin Heidegger e Ernst Jünger não passam de informantes não insuspeitos de Depenheuer, unânimes em rejeitar toda e qualquer autolegislação. Em vez disso, eles favorecem o emissor de ordem soberano e autoritário e reconhecem a felicidade no sacrifício, se necessário, da própria vida:

---

102 Cf. também Schmitt (1985, p.70 e ss.), quanto à soberania do fato.

Para o individualismo do pensamento liberal, essa pretensão [exigir o sacrifício da vida] não pode ser nem obtida nem fundamentada de forma alguma. [...] Para o indivíduo enquanto tal, não existe inimigo com quem ele deva lutar pela vida e pela morte se assim não quiser; obrigá-lo a lutar contra a sua vontade é, em todo caso, do ponto de vista do indivíduo privado, sujeição e violência. (Schmitt, 1963, p.70)

A maior felicidade do ser humano consiste em ser sacrificado e a arte máxima do comando, em mostrar objetivos dignos do sacrifício. (Jünger, 1982, p.71)[103]

Abandonado por uma Teoria do Estado que "perdeu o Estado de vista", Depenheuer escreve audaciosamente contra "a catástrofe que se prepara". Sem se deixar levar pela "perversão do pensamento jurídico" e pelo "autismo constitucional" que ele identifica na decisão do tribunal constitucional alemão sobre a Lei de Segurança Aérea, por ele veementemente censurada,[104] ele se entrega ao "erotismo do pensamento excepcional" (Augsberg, 2009, p.18, com remissão a Isensee, 2007, p.67) e ao seu "gosto intelectual pelo estado de exceção antecipado" (Di Fabio, 2008, p.423). De fato, ele não pensa o caso crítico com a mesma "paixão enérgica" de Schmitt, mas, ainda assim, é movido por um autismo da segurança considerável com uma "seriedade axiológica". Ele não vê problemas sérios no fato de estar destruindo valores que não são insignificantes. O medo devora a razão.[105] E quando isso acontece, apocalipse, medos e estado de exceção podem entrar em curto-circuito.

Diante do altar sobre o qual os direitos fundamentais são sacrificados e, se necessário, o "sacrifício da vida"[106] é apresentado,

---

103 A teoria do sacrifício de Jünger e Schmitt é citada em tom aprovador por Depenheuer (2008, notas 106, 111).
104 Isso é um obstáculo especial para Depenheuer, porque o tribunal negou ao Executivo a autorização para abater aviões em poder de supostos terroristas (*BVerfGE* 115, 118/151 e ss.). Ver análise crítica a esse respeito em Di Fabio (2008).
105 Uma paráfrase de Stolleis (2007) que, por seu lado, retoma o título do filme de Rainer Werner Fassbinder.
106 Deve-se mencionar como discípulo Haltern (2003, p.533 e ss., 537 e ss.), que – como Schmitt – crítica a teoria política liberal por "ficar muda diante da vítima". E,

fecha-se o círculo no qual se reúnem Depenheuer e outros românticos do extraordinário para o combate defensivo pelo Estado monossilábico[107] que, entretanto, somente pode ser conseguido se estreitarmos a visão para o estado de exceção.

8. Do centramento no Estado e na Constituição do pensamento jurídico-excepcional

Na teoria e na prática, Estado de direito e estado de exceção contraem relações distintas. Estas são determinadas de forma decisiva pela perspectiva do pensamento, se ele se baseia na regra ou na exceção. Em cada uma dessas perspectivas estão inseridos medos específicos, em relação à onipotência estatal *(perspectiva 1)* ou ao abuso dos poderes especiais *(perspectiva 2)* que, por seu lado, marcam representações diferentes, centradas no Estado ou na Constituição. Os medos de uma situação emergencial que não pode ser solucionada com o direito normal apontam o caminho para o *direito de necessidade do Estado* escrito ou não escrito. Os medos do abuso desse direito sugerem um agnosticismo jurídico-excepcional ou uma fixação e uma limitação constitucional dos poderes para situações excepcionais.

A onipotência do Estado e o estado de necessidade do Estado ajurídico

Abordagens *centradas no Estado*[108] dirigem sempre seus temores para a situação de necessidade ou para a crise de Estado. Elas alegam que sua opção por um direito emergencial não escrito baseia-se justamente em uma percepção diferenciada da normalidade e da crise. Por conseguinte, nessa percepção, regra e exceção são registradas

---

mais adiante: "É característica elementar de uma comunidade política esperar de seus membros o sacrifício. No Estado, isso pode ser uma questão de vida ou morte".
107 A esse respeito, ver Capítulo II e Möllers (2000).
108 Quanto à caracterização do modelo centrado no Estado, cf. Jakab (2005).

como estados de agregação político-jurídicos distintos. Esse modelo não prevê regulações jurídico-positivas para o caso excepcional, porque o estado de exceção escapa a toda e qualquer limitação jurídica. Na esteira de Schmitt, o técnico é entronizado como comissário quase ditatorial, amplamente desvinculado do direito, encarregado da repulsa de perigos extraordinários.

Com a instauração do estado de exceção, o espaço do direito normal é abandonado. A coibição do abuso do poder excepcional extralegal, quando este é realmente o caso, incumbe, do mesmo modo que no *método Maquiavel, à razão de Estado de um soberano perspicaz, interessado na manutenção do poder*.[109] Quanto a isso, em compensação, autores mais cautelosos orientam-se por representações extralegais de um Estado moral ou confiam no efeito vinculante do direito divino, do direito natural, da ética estatal ou, em último lugar, da ética constitucional, como medidas preventivas contra abusos.[110] Como não pretendem recorrer a um direito de necessidade do Estado escrito, eles criam, a partir do direito de autopreservação do Estado, uma legitimidade orientada para a repulsa eficaz de perigos que concede aos titulares do poder estatal poderes especiais para operar em todas as situações do estado de necessidade do Estado sem observar o direito da normalidade. Na solução de crises extraordinárias, a figura de pensamento do estado de necessidade supralegal (constitucional) baseada na autopreservação do Estado costuma funcionar como fonte normativa. Ela justifica a "tecnicidade da ditadura", que, "por princípio, não se faz tributária do consentimento ou do conhecimento do destinatário e não espera seu assentimento" (Schmitt, 1989, p.13), bem como as

---

[109] Sobre Maquiavel como pai de uma técnica de Estado anterior ao Estado de direito, cf. Maquiavel (2001); a esse respeito, ver Kersting (2006) e Münkler (2004). A figura de argumentação apresentada do "estado de necessidade supralegal (e supraconstitucional)" e o trabalho polêmico de Depenheuer (2008, especialmente p.52 e ss. e 62 e ss.) evidenciam que o modelo desvinculado do Estado de direito *à la* Maquiavel não tem interesse apenas arquivístico.

[110] Quanto a essas distinções, ver Stolleis (1995; 1990); Schmitt (1940); Böckenförde (1978a).

medidas necessárias à autopreservação ou à "autoafirmação" do Estado. A defesa do interesse do Estado em si dá-se *hors la loi*. Desse modo, em rigor, tanto o direito à existência do Estado quanto os poderes excepcionais do ditador situam-se fora do direito da normalidade (Heller, 1989, p.281 e ss.).

A onipotência do Estado e o direito de necessidade do Estado escrito

Diferentemente de um regime de origem tirânica, de um "Estado de não direito",[III] o direito de necessidade das abordagens centradas no Estado, também marcado pela *perspectiva I*, da onipotência em situações extremas, avalia o caso crítico como normalidade. A positivação centrada no Estado do estado de exceção nega a contradição entre regra e exceção. Como observou Walter Benjamin, fazendo uma análise temporal, o estado de exceção tornou-se regra (Benjamin, 1991, p.697). Ele não é reprimido, mas sim normatizado e normalizado. O centro de rotação e o ponto crucial dessa concepção também é o direito à autoafirmação.

Sobretudo da parte dos positivistas jurídicos, o recurso à autoafirmação do Estado como fonte do direito é severamente criticado em concepções escritas e não escritas de um direito de necessidade do Estado:

> Na maioria das vezes, por trás da afirmação cândida de que o Estado precisa "viver" esconde-se apenas a vontade desconsiderada de que o estado precisa viver como acham correto aqueles que, para justificarem, se servem de um "direito de necessidade do Estado". (Kelsen, 1925, p.157)

Toda especulação com um "estado de necessidade supraconstitucional" como uma autorização para a tomada de medidas não justificadas pela Constituição documental não passa de uma paliação

---

[III] Um bom exemplo quanto à analise e à crítica do regime nazista: *Kritische Justiz Redaktion* (1990; 1998).

condenável da violação constitucional, da traição da Constituição. (Arndt, 1962, p.13)

O temor do abuso e a renúncia a um direito de necessidade

Os temores da *perspectiva 2* inspiram as opções alternativas centradas na *Constituição* que excluem o abuso por meio da renúncia a uma medida preventiva emergencial de caráter jurídico ou tentam impedi-lo com as regras positivas de uma *Constituição* emergencial. Entretanto, as opções para o direito da situação normal ou para uma Constituição emergencial devem consentir na pergunta sobre se os casos críticos podem realmente ser solucionados com o instrumentário do direito da normalidade ou de uma Constituição emergencial, se necessário, limitada. Para otimistas liberais da regulação, que se orientam pelo direito da situação normal e renunciam à regulação do caso excepcional, a primeira opção está fora de cogitação. Eles identificam na abstinência de direito excepcional justamente o capital moral do Estado de direito (Kägi, 1945, p.115 e ss.; Borgs--Maciejewski, 1977; Kägi; Ebert, 1986). Observadores de disposição fatalista aceitam a suposta "indefensabilidade" do Estado de direito como um "destino" que, na melhor das hipóteses, deveria ser superado com medidas semelhantes às medidas marciais (Isensee, 1975).

Para seus críticos, a não regulação do caso excepcional é um sintoma de debilidade de um "Estado de direito introvertido".[112] Eles criticam aqueles que não regulam o caso excepcional, ou que o regulam apenas de modo rudimentar, por entender "o Estado de direito exclusivamente com base na situação normal" e, por isso, renunciar rápida e levianamente ao "considerar uma aplicação modificada do princípio em situações extraordinárias" (Schröder, 1978, p.147 e ss.). Os otimistas da regulação, diz a crítica severa, estariam cometendo

---

112 Forsthoff (1963, p.397 e ss.): "Quem se familiarizou com os movimentos constitucionais deste século, com suas revoluções, revoltas, guerras civis e ditaduras não poderá duvidar de que uma teoria do direito público de nossos dias pode conseguir, mais do que nunca, pensar exclusivamente em situações normais e acreditar no fim do poder da política".

um erro duplo tanto quanto à medida dos perigos possivelmente iminentes quanto sobre a "função da legalidade em tempos de crise" (Forsthoff, 1963, p.397). Por essa razão, em vez de confiarem em uma técnica de Estado necessária no caso excepcional do *método Hobbes*, eles fiar-se-iam na técnica de Estado onipotente da situação normal de uma "Constituição do tempo bom", ou seja, do *método Locke*.[113]

Positivação das competências emergenciais como medida preventiva de abusos

Ao contrário tanto dos modelos clássicos quanto das representações afins de Schmitt e Agamben da ajuridicidade do caso excepcional, os defensores do modelo *centrado na Constituição*, na medida em que, segundo um padrão positivista, reivindicam a constitucionalização de Estado de direito do caso excepcional, pensam a partir da perspectiva do caso normal. Sua tentativa tão exigente quanto delicada de regular o estado de exceção enquanto Estado constitucional[114] tem por objetivo prevenir recursos a um direito de autopreservação do Estado quase natural e, em todo caso, suprapositivo, e a um estado de necessidade supralegal (e supraconstitucional).

Com a positivação necessariamente centrada na Constituição, a razão do Estado deve ser convertida em razão da Constituição (cf. Arndt, 1961, p.899) e, ao mesmo tempo, possíveis situações críticas extraordinárias devem ser sustentadas com os meios do direito normal. A gama de variantes de um estado de exceção submetido à constitucionalização de Estado de direito é considerável. Ela vai da "ditadura constitucional", passando pelo "Estado de direito resistente" ou pela "democracia combativa", chegando até a "Constituição emergencial". Tomando o exemplo das influentes

---

113 Nesse sentido ver a tese de Depenheuer (2008, especialmente p.26 e ss.).
114 Da literatura "centrada na Constituição" quanto ao estado de exceção, praticamente inabrangível, vide apenas: Thoma (1932, p.232); Hesse (1960); Arndt (1961); Koja (1979); Schneider (1957, p.264 e ss.); análise detalhada em Jahn (2004a).

concepções de Clinton Rossiter e Carl. J. Friedrich e quanto à internalização e à normalização do estado de exceção, as transições fluidas entre o centramento no Estado e o centramento na Constituição e suas respostas específicas à problemática da prevenção de abusos não serão senão brevemente esboçadas.

As teorias de uma "ditadura constitucional"[115] de Rossiter e Friedrich, baseando-se na "ditadura ordeira" da República Romana e, diante das experiências de Weimar, partem do princípio de que crises extraordinárias não podem ser solucionadas com o instrumentário do direito constitucional normal. Por conseguinte, autoriza-se a proclamação do caso excepcional ditatorial, ainda que apenas para finalidades legítimas, sobretudo para proteção e reabilitação das condições constitucionais:

> Como a forma de governo democrática, com seu complexo equilíbrio de forças, é concebida para funcionar em condições normais, o governo constitucional deve ser modificado em tempos de crise, na medida do necessário, para conjurar perigos e restabelecer o estado normal. (Rossiter, 2002)

Rossiter desenvolve onze critérios de uma democracia constitucional, os quais têm por objetivo possibilitar tanto a evolução quanto o controle do Poder Executivo em situações de crise. Ele tem consciência do paradoxo dessa concepção e do risco compreendidos na suspensão parcial de uma Constituição, mas julga isso defensável, considerando-se as grandes crises econômicas e a era nuclear que se aproxima: "Nenhum sacrifício é grande demais para nossa democracia, menos que nunca, inclusive, o sacrifício transitório da própria democracia" (ibidem, cap.XIX e p.314).

Carl J. Friedrich (1941, passim) tampouco vê uma garantia institucional que possa assegurar que os poderes excepcionais sejam

---

[115] Esse conceito foi cunhado por Rossiter (2002). A esse respeito, já antes, ver Tingsten (1934) e, mais ou menos na mesma época, Friederich (1941). É também instrutiva a análise diferenciada e comparativa de Lietzmann (1977; 1999).

aplicados realmente apenas para salvar a Constituição. Ele teme que uma concentração de poder não controlada de modo eficaz possa se transformar em um sistema totalitário, se as condições mostrarem-se favoráveis para tanto. Para conter desse "risco residual", ele pretende conceder ao "mínimo organizatório" da Constituição uma proteção da estabilidade que seja resistente a ditaduras. Em contrapartida, Rossiter acentua que o direito de exceção, por sua vez, deve se submeter a controles constitucionais e a limitações temporais codificadas. Ao sugerirem que o Executivo seja desvinculado da Constituição em situações de crise, como acontece por meio do art. 48 da Constituição de Weimar, ambos movimentam-se em proximidade clara com a "ditadura comissarial" de Schmitt. Isso se aplica especialmente a Friedrich, cujos trabalhos anteriores a sua transição para a crítica do totalitarismo deixam transparecer uma disposição contrária ao pluralismo, à democracia de massa e ao legislador parlamentar que remete ao imaginário da monarquia constitucional do século XIX.

O modelo de uma "Constituição emergencial", que também apadrinhou as regulações emergenciais da Lei Fundamental, já vai conceitualmente muito além da concepção de uma ditadura constitucional de juridificar situações excepcionais ao menos em linhas gerais. Ele anuncia o projeto precário e extremamente ambivalente de antecipar a realidade crítica de situações extraordinárias e de colocar-se o desafio de regular amplamente essa realidade no plano da Constituição da forma mais minuciosa possível, sem comprometer a estatalidade de direito.[116]

Desde a metade do século XIX, é possível observar a tendência, intensificada após a Primeira Guerra Mundial, de integrar no ordenamento jurídico regimes distintos de um direito de exceção jurídico-público como poder de preservação do direito, para usar

---

116 Isso corresponde, em essência, aos encargos esboçados por Böckenförde (1978b), especialmente p.1885 e ss.). A transposição desses encargos para as democracias ocidentais e para a complementação no direito da segurança interna é comentada por Agamben (2004, p.22) como sendo uma "ampliação sem precedentes do paradigma da segurança como técnica normal do governar".

novamente a terminologia de Benjamin. Com isso, empreende-se a tentativa, na teoria e na prática da legislação, de criar uma relação interna entre Estado de direito e estado de exceção, entre regra e exceção, que se reproduz estruturalmente em programas condicionais constitucionais ou infraconstitucionais e em instituições e ordenamentos de competência especiais, criados nos moldes da situação excepcional.

Os elementos típicos gerais do estado de exceção submetido à constitucionalização de Estado de direito são sua declaração formal e sua vigência limitada no tempo, bem como sua configuração conteudística orientada para um objetivo definido e predeterminado – a defesa da democracia, do Estado de direito e da paz interna. A racionalidade do poder preservador do direito aparece, por um lado, no deslocamento de competências do Legislativo para o Executivo, bem como das competências da polícia para as Forças Armadas e para os serviços secretos. Por outro lado, ela se mostra na violação ou na limitação dos direitos fundamentais enquanto normas negativas de competência em prol de competências interventivas do Executivo. Essas alterações do sistema normal de competências são associadas a deslocamentos no plano da organização institucional, bem como a uma mudança do exercício do poder estatal que, de público, torna-se arcano.

Com a internalização constitucional da exceção, o Estado de direito e o estado de exceção desenvolvem entre si uma relação parasitária interdependente e recíproca. O Estado de direito incorpora em si o estado de exceção – não levianamente, mas por precaução (ou melhor: para prever abusos) e para prevenção de perigos. Por um lado, ele confere à exceção uma estrutura jurídica; por outro, a exceção recebe, em contrapartida, uma forma jurídica. Assim, a Constituição amplia-se, tornando-se um ordenamento de Estado de direito que abrange o máximo possível de situações excepcionais, para salvar esse ordenamento das invectivas do caos, da revolta, da revolução e da catástrofe. O direito normal continua sendo acompanhado pelo direito de exceção como uma sombra. Este último coloca-se funcionalmente a serviço dos engenheiros do poder e fica à disposição deles nas eventuais situações críticas.

Mas não é só isso. Segundo a tese que deverá ser minuciosamente fundamentada nos capítulos seguintes, o regime jurídico do estado de exceção, no curso de sua normalização, tem uma tendência interna excedente. Sua internalização desencadeia uma dinâmica e um processo de familiarização: é próprio dessa dinâmica o fato de a institucionalização jurídica dos estados de necessidade antecipáveis e dos poderes emergenciais atribuírem furtivamente aos poderes estatais, principalmente ao Executivo, uma responsabilidade plena de criar situações de segurança almejadas de todos os tipos.[117] A classe política reage a isso com promessas de segurança francamente ritualísticas em todas as situações de perigo possíveis, fazendo aumentar, assim, a necessidade de segurança da população. Do mesmo modo que, de um lado, a sociedade torna-se uma "sociedade da segurança",[118] com uma nova formação de controle e conjuntura social com necessidades de segurança acrescidas, de outro, o Estado de direito transforma-se em "Estado securitário" (Robert, 2005; Denninger, 2002a; Groß, 2002).

O processo de familiarização inicia-se com a inclusão do extraordinário na estrutura de segurança ordinária do Estado de direito. O efeito de familiarização é aprofundado e prolongado por meio de poderes interventivos estatais adicionais sempre novos, exigidos por razões existentes ou supostamente existentes e, na maioria das vezes, até mesmo conferidos. O extraordinário, quer se trate de escutas clandestinas, isolamentos de presos, verificação sistemática e aleatória de dados, vigilância por câmera e *on-line* quer se trate de emprego das forças armadas no plano interno, é normatizado e normalizado. Trocando em miúdos, as respostas extraordinárias aos casos excepcionais, tais como a tortura, o direito penal do inimigo ou o abate de aviões de passageiros capturados deixam de ser vistos como ameaça à normalidade de Estado de direito.

---

117 A esse respeito, ver Denninger (1988); Frankenberg (2005) e Volkmann (2008, p.373).
118 Quanto a esse conceito, ver Singelnstein; Stolle (2006), baseando-se em Garland (2001); Foucault (2004a, especialmente p.52 e ss.).

CAPÍTULO V
PRIMEIRA CRISE
ESTADO DE DIREITO REGRESSIVO E EXTREMISMO POLÍTICO

1. Medo no Estado de direito[1]

As revoltas estudantis dos anos 1960 e o protesto contra as leis emergenciais conduziram o Estado de direito alemão ocidental à sua primeira crise. Impulsionadas por um movimento de busca que, no início, era anti-hegemônico e extraparlamentar e provocativo, as forças policiais reagiram em Berlim e, depois, em outras grandes cidades, como se estivessem lidando com uma verdadeira insurreição e não com infrações de regras limitadas e pacíficas.[2] Na memória

---

[1] Parte das reflexões que se seguem foi publicada no trabalho *"Angst im Rechtsstaat"* (*Kritische Justiz*, 1977, p.353 e ss.) e, posteriormente, atualizadas em *"Nochmals: Angst im Rechtsstaat"* (*WestEnd. Neue Zeitschrift für Sozialforschung*, 2006, p.55 e ss.) e também para este estudo, de acordo com as exigências da passagem do tempo e da exposição do tema, e de modo a permitir a inserção de modificações da situação jurídica e da literatura mais recente. Agradeço a Bung (2006) pelas valiosas sugestões.

[2] Uma análise informativa e rica em ideias sobre o protesto estudantil e os atos terroristas da Fração do Exército Vermelho foi apresentada por Scheerer (1988b, p.193 e ss.). Vide análise instrutiva também em Hess (1988a), e Aust (*Der Baader--Meinhof Komplex*).

coletiva imprimiram-se as medidas de uma técnica de Estado de órgãos estatais da República Federal Alemã pouco hábeis no trato com a programática política "cultural-revolucionária" e com formas de protesto incomuns, medidas essas que deixaram transparecer uma nova "resistência". Esta se mostrou pela primeira vez na ação desmedida da polícia contra jovens músicos de rua em 1962, que desencadeou a chamada Desordem de Schwanbing, e na intervenção policial contra os manifestantes que protestavam contra a visita do Xá a Berlim. A morte do estudante Benno Ohnesorg com um tiro na nuca deferido por um policial, em 2 de junho de 1967, durante essa manifestação, é um fato que, não obstante o recém-revelado pano de fundo do SED e da *Stasi*,[3*] condiz com a imagem das ações e reações policiais desmesuradas que tiveram por consequência a intensificação dos protestos. Com as medidas de repulsa de perigos e de perseguição criminal contra os terroristas da Facção do Exército Vermelho, os métodos da técnica de Estado intensificaram-se. Ao fim, sob o lema de uma guerra contra o "extremismo político", desvaneceram-se as distinções consideráveis entre o protesto estudantil e extraparlamentar, que, entretanto, ao radicalizar-se, distanciava-se cada vez mais de infrações de caráter provocativo e de uma guerra ideológica orientada pelo modelo mercadológico. Após os combates de rua do final dos anos 1960, foram principalmente as resoluções sobre os extremistas de 1972, chamadas "decreto sobre os radicais", as operações de escuta e a espionagem política, as proibições de exercício profissional, os isolamentos de presos e as verificações sistemáticas de dados, todas medidas de caráter sistemático, que ficaram na lembrança como fenômenos manifestos do *método Foucault* – fenômenos que remetiam à primeira crise do Estado de direito e, pela primeira vez, também à normalização de instrumentos e justificações jurídico-excepcionais.

---

3 A esse respeito, ver Küpper ("*Warum starb Benno Ohnesorg?*", *Frankfurter Allgemeine Zeitung* de 22 maio 2009, p.3).

* SED: *Sozialistische Einheitspartei Deutschlands*, Partido Socialista Unificado da Alemanha; *Stasi*, abreviação de *Ministerium für Staatssicherheit*, estatal da República Federal da Alemanha. [N.T.]

PRIMEIRA CRISE

O então presidente Gustav Heinemann, um dos observadores mais insuspeitos das relações políticas para o radicalismo de esquerda, bem como dois personagens laureados com o Prêmio da Paz da Associação Alemã de Comerciantes de Livros, ambos liberais, o escritor Max Frisch e o publicista e politólogo Alfred Grosser, designaram, ao seu tempo, com a relação entre o medo e o poder político soberano, um problema que, como reverso do Estado de direito resistente, passa a ocupar o centro das seguintes reflexões:

> A evolução dos últimos anos obriga a uma verificação cuidadosa desses métodos [de proteção da Constituição]. Com efeito, observamos que a conduta franca e, certamente, muitas vezes, também selvagem da jovem geração, por nós vivenciada no final dos anos 1960, cedeu lugar a uma postura receosa. No lugar da vigilância política e da avaliação moral rigorosa do cotidiano político, propaga-se manifestamente a conformidade e o silêncio, como se se tratasse ainda apenas de proteger a própria pele e a própria carreira. [...] A coragem de endossar publicamente uma opinião diminui. A Anistia Internacional, por exemplo, reclama que cada vez menos pessoas estão dispostas até mesmo a assinar um protesto contra torturas. (Heinemann, "*Freimütige Kritik und demokratischer Rechtsstaat*", p.61 e ss.)[4]
>
> Hoje, estudantes em todos os níveis, perguntados sobre sua opinião sobre as funções da democracia, dão de ombros. Eles sabem o que pode lhes custar fazer uso do direito constitucional da liberdade de opinião. Ter feito com que até mesmo a juventude resignasse-se não é um triunfo da democracia.[5]

De fato, tanto o discurso do inimigo do Estado, que se orientava no início contra os extremistas, mais tarde contra os terroristas do Grupo Baader-Meinhof, em seguida contra seus "simpatizantes" e

---

[4] Em sentido semelhante, ver Grosser (1977).
[5] Frisch ("*Wir hoffen. Rede zur Verleihung des Friedenspreises des deutschen Buchhandels 1976*"), discurso proferido em 1976, na entrega do Prêmio da Paz da Associação Alemã de Comerciantes de Livros, citado segundo o jornal *Frankfurter Rundschau* (20 set. 1976, p.15).

"precursores intelectuais" e, nos anos 1980, contra grupos extremistas de direita, quanto as medidas de repulsa de grupos extremistas e de combate ao terrorismo remetem ao triunfo de uma técnica de Estado marcada por imperativos de segurança interna que se isentam cada vez mais de inibições jurídicas.

2. A liberdade em relação ao medo

De acordo com a Constituição, no Estado de direito devem dominar as leis e a liberdade. A liberdade, sob o aspecto do Estado de direito, é sempre também a liberdade em relação ao medo. A exigência de liberdade em relação ao medo formulada por doutrinas tanto conservadoras quanto liberais acompanhou a evolução do Estado de direito desde o início.[6] Na concepção hobbesiana de um Estado de direito dividido, o medo da morte não natural, que grassava na condição natural, é substituído, após a renúncia contratual em favor do Leviatã desvinculado do direito, pelo temor da pena por ele infligida: "A pena é um mal infligido ao infrator de uma lei por parte do Estado, com a intenção de intimidar os cidadãos e de induzi-los à obediência" (Hobbes, 1984, parte II, cap.28; ver também as exposições sobre a pena no cap.17).

Além da intimidação, a previsibilidade da pena já desempenha outro papel importante em Hobbes, nos termos dos princípios *nullum crimen sine lege* e *nulla poena sine lege*.[7] Por isso, ele reserva a pena legal imposta "pelo juiz autorizado pelo soberano", após

---

[6] Montesquieu (2006, livro 12, cap.1); Hobbes (1983, cap.1; 1984, cap.13); preâmbulo da *Convenção da ONU sobre Direitos Civis e Políticos* de 16 dez. 1966; Neumann (1967a, p.128 e ss.); Arndt (1961, p.898): "Pois, para fazer com que a democracia cresça a partir da raiz, a primeira exigência para todo aquele que for um 'indivíduo' é a liberdade em relação ao medo". Em sentido semelhante, ver também Dürig (in: Dürig; Maunz, 1958, nota 8); Denninger (1979, p.27 e ss.); Bung (2006, p.64) (perda da racionalidade e da autonomia suscitada pelo medo).

[7] "Não há crime sem previsão legal" e "Não há pena sem previsão legal". Vide, por exemplo, art. 103, § 2º da Lei Fundamental.

"condenação pública precedente", à relação de semi-Estado de direito entre Estado e cidadão, que deve ser mantida isenta de arbitrariedade. Em razão de sua "revolta consciente (contra) o poder soberano", ele admite sanções arbitrárias[8] para "inimigos declarados", especialmente para aqueles que incidem em crime de traição e de lesa-majestade e esboça, assim, os traços fundamentais de um direito penal do inimigo legal.

Outros filósofos também localizam o temor na condição natural. Ele é desencadeado pelo direito a tudo (Rousseau, 1981, livro I, cap.8), ou seja, pelo fato de, como escreve John Locke (1977, II Tratado, § 7º), "a *execução* da lei natural [estar] nas mãos de todos. Com isso, todos estão autorizados a punir a transgressão da lei em uma medida que seja necessária para coibir uma nova violação". Entretanto, em Locke, o direito a tudo extremamente ameaçador de Hobbes é formulado de modo mais estrito: onde todo juiz age em causa própria e falta uma conciliação de conflitos por uma autoridade, a defesa dos direitos naturais à vida, à propriedade e à liberdade é "muito insegura e incerta". Com a associação contratual em uma comunidade de todos os indivíduos que "buscam refúgio sob as leis existentes de um Estado e, nelas, proteção para a propriedade" conclui-se uma situação "cheia de medos e de perigo constante". Pois, a partir de então, a lei do mais forte e o autoauxílio volatilizam-se (ibidem, II Tratado, cap.9) – e, com eles, o temor onipresente do exercício individual arbitrário do poder. Diferentemente de Hobbes, Locke e Rousseau podem renunciar à categoria do medo em seus projetos da condição social. Teoricamente, Locke faz essa categoria desaparecer no paradigma liberal da relação entre dominantes e dominados – *limited government* e *rule of law*. Rousseau neutraliza-a na vontade comum da república regida por leis (Rousseau, 1981, livro II, cap.6). A promessa de uma liberdade sem medo contribuiu de modo determinante para o triunfo do *método Locke*.

---

8 "Afinal, não se pode chamar de pena o que sucede a um inimigo manifesto, porque inimigos não são cidadãos" (Hobbes, 1984, parte II, cap.28).

3. Reflexões prévias à análise dos medos político-jurídicos

Se é que podemos confiar nas múltiplas manifestações sobre o estado de ânimo dos cidadãos alemães – ao menos de sua parcela ativa, envolvida com os assuntos da sociedade – antes, durante e depois do "Outono Alemão", era o medo que reinava. No vocabulário comum à época, ele foi expresso como "covardia moral", "apatia política", "hipocrisia" ou mesmo "retração à vida privada". Isso nos leva a perguntar quais relações sociais e transformações da normalidade e da normatividade atualizavam o "perigo de uma devastação da autoconsciência natural da juventude".[9]

A questão das causas dos receios da juventude, que foram classificados de várias formas e que, de modo algum, surgiram do nada, remete para além da delimitação entre Estado de direito e estado de exceção. Aqui, ela é concentrada na interação entre elementos institucionais e "pré-institucionais" de uma democracia de Estado de direito.[10] As palavras-chave "Estado de direito regressivo" e "medo no Estado de direito" sinalizam que o exame restringe-se à dimensão psicológica das formas e estruturas jurídicas do poder político soberano. Diferentemente das análises normativas e sociológicas da estatalidade de direito, as reflexões que se seguem partem da suposição de que entre formas, estruturas e procedimentos jurídicos, por um lado, e determinados tipos de medo, por outro, existe, no respectivo contexto histórico, uma correlação suscetível de demonstração que pode ser vista na conduta dos sujeitos.

Para essa análise dos mecanismos político-jurídicos da geração do medo e da sua reprodução nas estruturas psíquicas e na conduta política não se pode recorrer a estudos teóricos sistemáticos e a análises empíricas resilientes. Ela se movimenta, portanto, em terreno inseguro e precisa ainda, antes de tudo, certificar-se de um sistema referencial metodológico e teórico adequado. Por essa

---

9 Heinemann ("*Freimütige Kritik und demokratischer Rechtsstaat*", p.61).
10 Denninger (1979, p.26 e ss.) considera a liberdade em relação ao medo um dos "elementos pré-institucionais do ordenamento democrático-liberal fundamental".

razão, ao analisar o fragmento de problema do "medo no Estado de direito", trata-se para mim apenas, num primeiro momento, com teses de base empírica, de abrir um primeiro acesso para a dimensão psicológica do Estado de direito e para a técnica de Estado a ele correspondente para a solução de situações normais. Com isso, os medos sociais típicos da sociedade existente – principalmente: o de fracassar na luta concorrencial, o de perder o emprego ou o *status* social – passam necessariamente para o segundo plano. Assim, o objetivo não é sugerir uma separação estrita entre os receios sociais e políticos, nem a primazia das relações entre Estado e cidadãos para a análise do medo, nem politizar a problemática do medo de modo errôneo.

Do medo daqueles que inculcam o medo

O medo daqueles que inculcam o medo, embora careça de esclarecimento sob o aspecto teórico e tenha sua relevância na prática, não será analisado aqui. Nas teorias sobre a monarquia e a tirania, encontram-se muitas remissões ao estado de ânimo marcado pelo temor dos governantes. Francis Bacon descreve o medo como um "estado de ânimo lamentável, quando se tem pouco a desejar e muito a temer". Ele considera "isso, em geral, [como sendo] o destino dos reis. [...] Eles estão cercados por perigos imaginários e sombras ameaçadoras" (Bacon, 1993). Em Jean Bodin (1981, livro II, cap.4, n.290, e livro IV, cap.6, n.616), o medo serve como um critério importante para a distinção entre monarquia legítima e tirania:

> Uma funda o Estado no amor do povo, a outra no temor. Uma não conhece senão a preocupação com os súditos, a outra os teme. [...] O amor que os súditos manifestam pelo soberano é mais importante para a manutenção do Estado do que o temor, sobretudo porque o amor não pode existir sem o temor de ferir o ser amado.

O medo dos governantes manifestou-se, durante a primeira crise do Estado de direito da República Federal Alemã, no apelo por uma proteção intensificada do Estado e em cenários policiais ameaçadores desmesurados. Ele se expressou em exigências por competências de intervenção mais amplas, principalmente da Polícia e da Agência Federal de Proteção da Constituição, e refletiu-se nos recursos públicos e postos disponibilizados para essas atividades, que foram multiplicados no período entre 1968 e 1978. Em 1969, a Agência Federal Alemã de Proteção da Constituição dispunha de mais de 1.016 postos; até 1985, esse número subiu para cerca de 2.200. O orçamento anual aumentou de 4,4 milhões em 1950 para cerca de 210,3 milhões de marcos alemães em 1985 (Schwagerl, 1985, p.37).[11] O quadro de funcionários da Agência Federal de Investigações Criminais foi aumentado de quinhentos nos anos 1960 para 1.500 nos anos 1980. Em um discurso para os colaboradores do órgão, o chanceler Helmut Schmidt falava de 3.200 membros e de um orçamento de 270 milhões de marcos alemães (Boldt; Stolleis, 2007, A, nota 82; Schwagerl, 1985, p.37, com outras remissões). O número de policiais dos *Länder* subiu de 113.124 em 1960 para 194.203 em 1980. As despesas com segurança pública cresceram de modo análogo, com o acréscimo, a partir de 1977, de recursos suplementares concedidos repetidas vezes para "medidas imediatas de combate ao terrorismo". Só em 1985, esses recursos elevaram-se a 294 milhões de marcos alemães.[12] A evolução constante da ampliação dos quadros de funcionários do aparelho estatal e o aumento de seus recursos orçamentários perduraram para além da primeira crise do Estado de direito até os dias atuais.[13] Portanto, o receio de atentados nos anos de luta contra o terrorismo engendrou efeitos legitimatórios consideráveis e desencadeou importantes impulsos repressivos que fazem lembrar a observação de Bodin de que a monarquia (!) é

---

11 Ver análise detalhada a respeito da evolução da proteção constitucional: Droste (2007). Cf. também Merk; Werthebach (1986). Análise geral a esse respeito: Scheerer (1988b, p.395 e ss.) e Hess (1988a, p.69).

12 Schwagerl (1985, p.37, com outras remissões); Boldt; Stolleis (2007, A, nota 79); *Bulletin der Bundesregierung*, n.31, de 6 abr. 1982, e *wib* (21/1984, p.12).

13 Remissões em Lange (2006); *Deutscher Bundestag – 14. Wahlperiode, BT-Drucksache* 14/4113, p.7-8.

"tanto mais segura quanto menos forças de segurança possui" (Bodin, 1981, livro IV, cap.1, nº 519).

Os problemas teórico-metodológicos relacionados com o aspecto da soberania de uma análise do medo não podem ser solucionados de modo incidental. Entretanto, as posições governamentais oficiais e semioficiais levam a supor que não apenas as campanhas assassinas terroristas[14] e o extremismo político, mas também a "crescente consciência política da população", uma "inquietação intelectual" em expansão, programáticas oposicionistas radicais[15] ou a discussão abrangente das condições de trabalho por parte da classe trabalhadora (Funk; Werkentin, 1977, p.208)[16] são percebidos pela classe política como fenômenos ameaçadores.

---

14 O então ministro do Interior, Genscher, em seu discurso sobre a segurança interna, em 1972, acentuou a constatação de que a concepção global da Federação e dos *Länder* "não seria acaso, como hoje se costuma ler nos jornais, o resultado da inquietação gerada pelos atos terroristas dos últimos meses, mas o resultado da concertação demorada, muito minuciosa, objetiva e desapaixonada dos ministros do interior de todos os partidos democráticos" (Parlamento alemão, debates de 22 jun. 1972). Trata-se, entretanto, de saber se tais manifestações justificam a conclusão de as representações de ameaças das instâncias estatais quanto ao terrorismo serem irrelevantes; cf. Funk; Werkentin (1977, especialmente p.196 e ss.); cf. também as remissões em Grosser (1977, p.55 e ss.).

15 Análise instrutiva a esse respeito quanto aos debates conduzidos durante os anos 1980 sobre a constitucionalidade do Partido Verde alemão (*Die Grünen*). Cf. Stolleis (1986).

16 O presidente Agência Federal de Informações, Günther Nollau (1976, p.189), falou sobre o medo dos protestos do Movimento Trabalhista em *Wie sicher ist die Bundesrepublik?*: "A consciência das massas um dia será madura para perceber que suas condições de trabalho, em especial as consequências da divisão do trabalho, são desumanas, ou seja, não correspondem à sua situação de seres humanos integrais. Quando esse sentimento puder ser convertido por um movimento político em uma revolta maciça contra essa injustiça, a situação tornar-se-á crítica. Contra as ações terroristas de pequenos grupos, nossa sociedade pode empregar meios coercitivos. Tenho dúvidas de que a nossa democracia tenha forças para dirigir metralhadoras contra massas de trabalhadores revoltosos. Não consigo visualizar um Noske [Gustav Noske, ministro das Forças Armadas da Alemanha, que desempenhou um papel central na contenção da Revolução de Novembro e nos confrontos políticos e sociais que a sucederam, entre 1918 e 1920. (N. T.)] que, em 1919, declarou: 'Alguém tem que fazer o papel de sanguinário'".

Análises científico-sociais, especialmente jurídico-científicas, da soberania política preferiram evitar o tema do medo, e não apenas em razão das reservas contra esse "conceito existencial":[17]

> No jogo de palavras regrado do dar e assumir motivos, o reconhecimento do sentimento não é uma jogada prevista. O sentimento não tem nenhuma relação com a verdade, mas, na melhor das hipóteses, com a veracidade. Mas, na ciência, a veracidade não é algo decisivo. (Bung, 2006, p.67)

No entanto, no que se refere ao medo, trata-se de um problema social e jurídico-político tão suscetível quanto carente de análise. É por essa tese que se orientam as minhas reflexões a seguir.[18]

O medo como categoria da análise jurídico-política

De modo geral, é possível descrever o medo como sendo

> o conjunto das experiências humanas com situações de ameaça, na medida em que estas não estejam associadas com estados de humor emocionais e corporais: os esvaecimentos da angústia permanente, motivados, aparentemente motivados, bem como os irreais e motivados de modo desproporcional, aqueles que se referem a medos presentes ou futuros, os qualitativos e os quantitativos, até o pavor agudo, os estados disposicionais e atuais. (Baeyer; Baeyer-Katte, 1971, p.26)

Por conseguinte, o medo é um fenômeno que, embora individual, não é sentido de modo subjetivo, na medida em que tem sempre um correlato objetivamente mensurável.

Para fins heurísticos, estabeleceremos, aqui, uma distinção entre medos *reais* e medos *neuróticos*. Essa distinção remonta a Søren

---

17 Nesse sentido ver também Preuss (1973b, p.30).
18 Cf. também as análises de Neumann (1954), Duhm (1975), Horn (1968; 1972) e Wiesbrock (1967).

Kierkegaard, que distingue o temor referido a um objeto, ou a uma ameaça, do medo difuso, sem objeto (Kierkegaard, 1984). Na teoria psicanalítica de Sigmund Freud, essa oposição é reproduzida, então, naquele exato contraste entre medo real e medo neurótico. Para tanto, serve como critério de distinção, em um primeiro momento, o caráter conhecido do perigo, depois, a adequação do medo ao evento que a desencadeou.[19] Originalmente, Freud parte da ideia de que "o medo real [é] o medo de um perigo [...] conhecido. O medo neurótico é o medo de um perigo que não conhecemos. Assim, o perigo neurótico precisa, primeiro, ser procurado [...] (Freud, 1974, p.302). Mais tarde, Freud introduz a diferença entre a disposição para o medo e o desenvolvimento do medo, para o qual não é a origem, ou seja, o evento que desencadeia o medo, mas a adequação da reação que é determinante. Se observarmos a racionalidade da reação, é possível dizer que os medos reais previnem perigos e ameaças concretas. Eles podem desencadear condutas de proteção, como reflexos de fuga e comportamentos coibitivos e, com isso, possibilitar fundamentalmente uma lida consciente ou, ao menos, próxima da consciência – ou seja, racional – com fenômenos concretamente ameaçadores e perigosos. Em contrapartida, os medos neuróticos são motivados de modo atualmente desproporcional. Eles são desencadeados por eventos que não representam um perigo sério ou concreto e, na qualidade de "paralisia fóbica", coíbem possíveis condutas de proteção.[20] Decisivo para a causação de medos neuróticos é menos a periculosidade real de uma situação ou evento que, muito mais, as experiências e representações passadas relacionadas com

---

19 As duas teorias do medo de Freud e suas contradições ou tensões não serão reconstruídas aqui, mas relacionadas com o problema da racionalidade. Análise detalhada a respeito em Körtner (1988, p.108 e ss.).
20 A interação entre medos reais e medos neuróticos é descrita por Neumann (1954, p.188 e s.), deste modo: "Os perigos externos que ameaçam uma pessoa encontram o medo interno e, assim, são experimentados como sendo ainda mais perigosos do que realmente são. Esses mesmos medos externos intensificam, ao mesmo tempo, o estado de medo interno. A tensão dolorosa gerada pela combinação entre medo interno e medo externo pode se expressar de duas formas: no medo depressivo e no medo paranoico".

ameaças por elas evocadas. Freud designa uma forma desses medos que flutuam livres como "medo antecipatório", "que não perde uma ocasião de se fazer justificar" (idem, 1971, p.379 e ss.).[21]

A despeito das dificuldades de manter a separação típico-ideal entre medos reais e medos neuróticos, sobretudo no que se refere ao elemento que lhe é inerente e às questões não solucionadas quanto ao seu surgimento,[22] gostaria de prolongá-la para dentro do âmbito do Estado de direito e de transpô-la para a segurança cognitiva. A segurança cognitiva é mais do que um sentimento vago de segurança; ela é, mais precisamente, a certeza, resultante do "alicerçamento normativo" da validade da norma (Jakobs, 2000), dos atores individuais de que podem entender suas opções e seus âmbitos de conduta como estando relativamente protegidos ou assegurados e, por essa razão – acertadamente ou não – partir do pressuposto de que o exercício de liberdades (constitucional-)juridicamente garantidas não lhes prepara, em regra, surpresas desagradáveis ou riscos imprevisíveis. Com a segurança cognitiva – ou também: insegurança assegurada – trabalham, sobretudo, aqueles princípios de Estado de direito que têm por objetivo dar contornos ao horizonte de expectativas dos cidadãos: precisão, clareza normativa e proteção efetiva e proporcional dos direitos (fundamentais). Nessa medida, a segurança cognitiva pode ser compreendida como resultado da liberdade em relação ao medo e é, como esta, um pressuposto necessário de uma condição normal liberal. Em contraste com isso, a insegurança cognitiva gera nos cidadãos aquele *"chilling effect"*[23] que se reflete, dentre outros, em sua falta de disposição para defender publicamente seus interesses e reivindicações e, para tal finalidade, exercer seus direitos de liberdade.

No Estado de direito, as situações político-jurídicas de perigo que podem desencadear medos reais originam-se tipicamente de

---

21 Agradeço a Jochen Bung essa referência a Freud, que, além disso, problematiza a "confusão" entre medos reais e medos neuróticos na segunda teoria do medo de Freud.
22 A esse respeito, cf. Bung (2006, p.69 e ss., com outras remissões).
23 A esse respeito, cf. Furedi (2005).

proibições ou mandamentos legais e de determinações que preveem intervenções do poder estatal, como restrições da liberdade ou medidas de censura. Quem viola ou não observa uma norma desse tipo pode temer uma pena ou uma perda de recompensa, se souber com quais sanções pode contar. Quem, por exemplo, "mata alguém dolosamente", segundo o enunciado do art. 212 do Código Penal alemão, é "punido como autor de homicídio, com pena privativa de liberdade não inferior a cinco anos". Por conseguinte, sentirá medo real ao violar normas jurídicas guarnecidas com sanções quem vê "os guardiões da ordem como representantes de sua consciência regulatória, mas também como instância de poder para imposição dessas regras" (Baeyer; Baeyer-Katte 1971, p.94). Portanto, quanto mais clara a formulação de uma ordem legal e das sanções, mais inteligível é a ameaça para os destinatários das normas.

A situação é outra quando os preceitos comportamentais permanecem indeterminados ou ambíguos em sua construção frasal ou em seu conteúdo e contêm apenas cominações penais vagas ou encobertas. Eles geram, então, insegurança comportamental, ou seja, levam a uma insegurança cognitiva que acarreta a intensificação e o aumento do medo do uso da violência por parte do Estado, porque a ameaça difusa dificulta ou aniquila todas as medidas para superação do medo, especialmente a avaliação do perigo, a reação à ameaça, a fuga ou a mudança de conduta etc. Ou seja, o medo real é secundariamente neurotizado e pode se consolidar nas estruturas da conduta na forma de síndrome de eventuais receios. Esses receios podem se compactar, formando "medos estruturais", os quais, na forma de receios difusos, não se referem mais a pessoas ou eventos concretos que desencadeiam medos, mas se intensificam e perenizam-se até se tornarem um sentimento de ameaça geral, indeterminado, que tem um efeito paralisante sobre a liberdade de decisão e sobre a disposição para agir.

Não apenas os tipos legais vagos, mas também as "escutas" clandestinas, os "interrogatórios" que não observam os procedimentos legais, a perquisição de opinião por parte de autoridades anônimas e a difamação da crítica nutrem a ideia do Leviatã – de um poder estatal incalculável, onipresente e praticamente ilimitado em sua força que, potencialmente, registra e castiga toda conduta ostensiva e que se devia das normas ambíguas. No curso desse processo, a relação geral de poder entre cidadão e Estado é vivenciada cada vez mais como um estado de "inquietação organizada",[24] como um sistema de vigilância e de ameaça interno ao Estado, se e na medida em que a liberdade de cidadãos do Estado não garante de modo suficiente a segurança necessária do indivíduo – ou, ao menos, a convicção da própria segurança, já exigida por Montesquieu.

Reações de medo

De uma ameaça difusa, que visa ao controle indireto de conduta, podem resultar importantes mudanças comportamentais: assim, ameaças não palpáveis podem suscitar sentimentos de intimidação e paralisia fóbica que se manifestam numa superadequação ao que é supostamente imperioso e no esforço em não se fazer notar a nenhum preço. A superadequação revela-se também na renúncia precipitada e voluntária a posições jurídicas.[25] A essa reação contrapõe-se uma educação familiar e escolar que se baseia não na confiança, mas na rigidez e nas punições e que constitui o tipo do "caráter autoritário".[26] Incapaz de perceber as circunstâncias, ou seja, uma situação ameaçadora, sua capacidade decisória pouco desenvolvida impele-o a apoiar-se em autoridades.[27] Estas devem lhe fornecer uma interpretação o mais simples possível da ameaça e provê-los da certeza de que será feito tudo que for necessário para afastar a ameaça. A fraqueza do "eu" do caráter autoritário condiciona uma

---

24 Sobre essa problemática no plano das ameaças entre Estados, ver Senghaas (1968).
25 Como, por exemplo, a reação, atualmente disseminada, a intervenções de caráter informacional com o pretexto de que não se tem nada a esconder.
26 A esse respeito, ver análise fundamental de Adorno (1973), Fromm, Horkheimer e Marcuse (1936); Richter (1969).
27 Segundo Neumann (1954, p.204), os medos paranoicos levam à alienação e à apatia, "porque o indivíduo não vê a possibilidade de mudar algo no sistema por meio de seu esforço".

tolerância reduzida ao medo. Essa disposição é reforçada pelas exigências específicas de adaptação na vida profissional e pela "exclusão da responsabilidade manipulada política e economicamente".[28] Formulando-se de modo exacerbado: situações de ameaça jurídico-políticas difusas favorecem o surgimento de formas neuróticas de medo que remetem à ansiedade disposicional da criança e infantilizam o cidadão do Estado concebido como soberano ou, pelo menos, como ativo. Todavia, a percepção de uma ameaça ubiquitária não palpável também pode provocar uma "fuga para frente", em vez de um recuo. Um ativismo assim, que, naturalmente, é menos difundido que a paralisia fóbica e o quietismo político, exterioriza-se, por exemplo, na ostentação de ilegalidade, em ações *kamikaze*, crises de desejo assassino e no martírio. O homicídio político, os atentados políticos e as declarações de estado de guerra internas ao Estado contra o poder estatal percebido como ameaçador podem ser interpretados como tentativas insanas e fatais de dar contornos definidos às próprias representações de ameaça para, assim, dominá-las – ainda que ao preço da aniquilação ou da autoaniquilação.[29]

Entre quietismo e ativismo, cada um com suas respectivas variantes, não está a via da resistência mínima. A alternativa que se concentra nas condutas racionais de proteção pressupõe, ao contrário, que nos mantenhamos no campo de tensão de uma ameaça difusa e não recalquemos os medos indeterminados, para controlar o conflito interno por eles sinalizado e, por fim, as causas que os desencadeiam. Essa resistência exige uma alta medida de tolerância ao medo, coragem, inteligência e disciplina, para que a necessária função admoestativa dos medos não seja desativada nem convertida em receios onipresentes que paralisam a disposição para a decisão e para a ação. Alguns exemplos disso: quem participa de uma "greve selvagem" teria que aceitar a advertência de que, com isso, pode, sob certas circunstâncias, perder seu emprego. O mesmo acontece

---

28 Cf. análise detalhada a esse respeito em Horn (1968).
29 Sobre uma teoria desse fenômeno, ver Hess (1988a) e Scheerer (1988a).

com aqueles que participam de uma manifestação proibida ou pretendem integrar uma organização acusada de ser "inimiga da constituição". Nessas situações, o medo não é sinal de covardia, não é uma reação neurótica, mas, antes de tudo, uma advertência adequada quanto a perigos concretos.

Todavia, quando o medo é tão grande que as pessoas afetadas não conseguem mais se dar conta de sua margem de conduta, elas renunciam ao protesto político ou não ousam mais pensar, que dirá exteriorizar ideias de alternativas sociais; então, a própria advertência sobre o perigo torna-se um perigo. Pois a renúncia a uma conduta baseada no medo ou na insegurança cognitiva inaugura possibilidades sempre novas para aquele que inculca o medo. Quanto menos uso fazem de seus direitos os sujeitos concebidos como autores das leis, mais cedo eles lhes são retirados. Quanto mais recuam diante do perigo de serem catalogados como "inimigos", mais livres ficam as instâncias estatais para definir "inimigo" e "amigo" e mudar a "orientação [de Estado de direito] pelo amigo" (Schneider, 1957, p.244) para uma orientação pelo inimigo. Quanto mais insistem em se calar sobre a intimidação para não serem isolados, mais isolados ficarão na "maioria silente" – ainda que, em segredo, possam ter imaginado sua participação corajosa.

4. A liberdade em relação ao medo e a racionalidade de Estado de direito

Como expus anteriormente,[30] a constituição do Estado burguês como Estado de direito consumou-se no afrontamento prático e teórico com a soberania monárquico-real. Na teoria política, às vésperas das revoluções democráticas, o "Estado de direito" surgiu como conceito-chave que ajustava as contas com as práticas da soberania absolutista. E era nisso que consistia a contribuição revolucionária da burguesia em plena expansão: ela racionalizava o

---

30 A esse respeito, vide supra, Capítulo III.

monopólio do poder do Estado, que foi subordinado às finalidades econômicas e, nesse sentido, aburguesado.

Racionalidade formal, técnica de Estado legislativa e liberdade em relação ao medo

Num primeiro momento, esse aburguesamento expressa-se na racionalidade formal do Estado de direito. A ela corresponde a técnica de Estado legislativa do *método Locke*. A racionalidade formal transforma as relações e conflitos sociais em relações jurídicas ao introduzir e assegurar formas universais de interação.[31] Por um lado, a concorrência pacífica dos cidadãos entre si deve ser garantida por meio de formas de interação recíprocas e desprovidas de violência (contrato) e de regras formais (lei) para as possibilidades e os limites da persecução privada de interesses. Por outro lado, no projeto de Estado de direito, a coexistência pacífica entre os cidadãos e o Estado é afiançada, sobretudo, por direitos civis (para os nacionais) de liberdade e de participação, pela separação de poderes, pela vinculação do poder estatal a leis parlamentares, bem como pelo *due process*, o *fair trial* e outras garantias jurídicas do processo penal. O compromisso da racionalidade formal com o princípio da legalidade tem por objetivo impedir o Poder Executivo de intervir – como o príncipe fazia antes – segundo a "situação", na vida social ou privada, por meio de ordens pessoais, ou de contratos unilaterais com os súditos, ou de atos individuais arbitrários. Além disso, a expectativa de que sanções penais ou outras sejam associadas apenas a comportamentos externos, mas não a opiniões presumidas, orienta-se por leis determinadas segundo tipos e que, portanto, são calculáveis (Montesquieu, 2006, livro 12, caps. 11 e 120).[32]

Nesse modelo de soberania, a técnica de Estado ganha os contornos da legalidade racional formal. As intervenções do poder estatal, na medida em que seguem o método Locke, tornam-se tanto

---

31 Sobre a importância das formas universais de relação, ver Preuss (1975, p.54 e ss.).
32 A esse respeito, cf. Denninger (1979, p.28 e ss., com outras remissões).

previsíveis quanto calculáveis. Só precisa temer sanções aquele que transgride as leis. Na medida em que vigoram leis gerais de significado e conteúdo determinados, que excluem ou permitem possibilidades concretas de condutas, que não têm efeito retroativo e que, ao menos em média, são respeitadas pelo poder estatal, pode-se dizer que o medo real é institucionalizado.[33] Pois o regime da racionalidade formal surge com a pretensão de impedir atos arbitrários do poder estatal e, com isso, de garantir, ao menos rudimentarmente, a liberdade em relação ao medo e a segurança cognitiva.

Entretanto, fundamentalmente, o projeto de Estado de direito racional formal e sua técnica de Estado primariamente legislativa somente podem ter êxito se for possível definir sobre a base de interesses sociais harmônicos ou, ao menos, harmonizáveis, o que deve ser lei geral e, por conseguinte, o que deve ser legal. O projeto fracassa quando os interesses particulares de uma elite, grupo ou classe alcançam validade geral sobre as leis ou, então, conforme a necessidade, obrigam o Estado a tomar medidas também contrárias às leis vigentes.

Todavia, a sociedade burguesa nunca conheceu um equilíbrio socioeconômico pressuposto pela lógica da racionalidade formal e uma situação de tranquilidade político-econômica condizente com esse equilíbrio. A burguesia mal tinha conquistado suas liberdades contra a soberania do príncipe e os privilégios estamentais e já teve que se defender contra o premente proletariado industrial. Este levou a sério "as promessas da burguesia" (Engels) e exigia o resgate da liberdade e da igualdade. No capitalismo primitivo, cuja concepção idealizada serviu de modelo para o projeto gemelar liberal da economia da livre concorrência + Estado mínimo, não era possível cogitar uma situação de equilíbrio e tranquilidade e uma economia de mercado independente do Estado. Não faltam registros de intervenções estatais de regulação direta nas relações sociais, como, por

---

33 Neumann (1967b, p.282) distingue entre medos reais no sistema político "relativamente liberal" e medos depressivos e paranoicos no sistema político "totalmente repressivo".

exemplo, a produção forçada de relações de trabalho assalariado (cf. Gerstenberger, 1973; Kühnl, 1971) ou o disciplinamento da população e da classe trabalhadora por meio da proibição de coligações e greves (cf. Lütge, 1960; Creveld, 1999, especialmente a parte IV). Essas intervenções remetem a outra racionalidade.

Racionalidade material, técnica de Estado executiva e liberdade em relação ao medo

Assim, complementarmente à racionalidade formal do Estado de direito e da técnica de Estado legislativa, há que se contar sempre com sua racionalidade material. Seu parâmetro não é a segurança jurídica; ela é marcada pelo caráter conteudístico, sobretudo socioeconômico. A esses conteúdos remete o instrumentário de uma técnica de Estado agora primariamente executiva, que abandona o tipo ideal da lei como forma de conduta e manifesta-se em medidas – especialmente para a proteção e a distribuição de bens públicos. Na forma institucional do Estado do bem-estar e interventivo, o Estado de direito material ou social remodela a construção liberal de um *government of laws and not of men*. A nova técnica de Estado revela-se em intervenções sistemáticas com vistas à regulação do mercado e da produção, à disponibilização de recursos humanos, infraestrutura e prestações de serviços elementares (serviços de interesse geral), à correção dos resultados de mercado por meio da distribuição secundária das rendas, à prevenção de riscos em uma sociedade industrial e à distribuição também primária de bens públicos.[34]

Para mim, aqui, interessa unicamente saber se e como os múltiplos encargos do Estado interventivo e suas correspondentes formas de ação sempre modificaram e comprometeram a promessa formalmente racional de garantir a liberdade em relação ao medo por meio da soberania legal. Por essa razão, começo falando

---

34 Da literatura praticamente inabrangível sobre o Estado do bem-estar e o Estado interventivo, cf. Polanyi (1978), Ritter (1991), Ewald (1993), Stolleis (1989), Schmidt et al. (2007), Obinger e Zohlndörfer (2007).

daqueles mecanismos que minam a liberdade em relação ao medo e levam à insegurança cognitiva. No plano da técnica regulativa, esses mecanismos externalizam-se na flexibilização dos tipos legais por meio de conceitos jurídicos indeterminados e de cláusulas gerais,[35] bem como no abandono da racionalidade formal em normas em branco e em armadilhas legais (Maus, 1986a, especialmente p.277 e ss.; 1986d). Leis assim estruturalmente diluídas e destipificadas – quer elas se devam à fraqueza decisória do legislador, quer representem uma abertura planejada das margens discricionárias, quer tenham por objetivo otimizar a concretização dos direitos fundamentais[36] – apesar de, externamente, manterem a forma de Estado de direito e o aspecto legitimatório da vinculação legal, ampliam as margens de intervenção e de configuração das agências estatais. No lugar das leis gerais (ou a par destas) surgem medidas concretas que se devem a exigências situacionais e que deixam a desejar tanto no que se refere à calculabilidade da atuação do poder estatal quanto à segurança jurídica individual.

Violência, segurança jurídica e política do medo

A generalidade das leis como condição necessária à institucionalização do medo real é minada não apenas pelas flexibilizações da estrutura jurídica devidas à racionalidade material, como, sobretudo, pela violência, como elemento das intervenções estatais:[37] "Em uma sociedade que, segundo seu princípio, não pode prescindir da violência, a verdadeira generalidade não é possível" (Neumann, 1937, p.594). O comprometimento da "verdadeira" generalidade, ou seja, da generalidade semântica e procedimental resulta do fato de o Estado ser obrigado a reconhecer e a assegurar, por meio de intervenções violentas diretas, uma forma de socialização que repousa sempre

---

35 A esse respeito, ver já Neumann (1937).
36 Sobre essa leitura distinta: Schmitt (1928, p.31 e ss.) e Alexy (1985, p.81 e ss.).
37 A esse respeito, ver Benjamin (1991b, p.179 e ss.); Derrida (1991, especialmente p.11-46 e 60 e ss.; sobre Benjamin, 1991b). Quanto à fenomenologia do poder, ver Reemtsma (2008, p.101 e ss. e 256 e ss.), inclusive sobre o que se segue.

na garantia da propriedade privada e da troca de mercadorias e que é dinamizada pelos processos de concorrência. O Estado, na medida em que atua como guardião e garante dessa socialização, assume, ao mesmo tempo, a função de um poder coercitivo.

Contudo, por motivos legitimatórios e com vistas à preservação do poder, o Estado deve fazer tudo para limitar a violência sob o aspecto espacial e ao estritamente necessário, apenas cominando e retardando sua aplicação tanto quanto possível ou recorrendo a ela apenas para evitar o pior, inclusive a violência civil. A lógica da limitação situacional da violência, seu retardamento temporal e sua graduação segundo a ocasião que se apresenta manifestam-se, dentre outros aspectos, nas normas do direito penal e da execução penal, do direito policial, da execução judicial e, de modo especialmente claro, nas regras de emprego da coação imediata.

A racionalidade formal é especialmente ameaçada pela presença pontual e situacional do Estado como "poder coercitivo extraeconômico" quando, em situações extremas de conflito, o poder estatal precisa intervir "de fora" entre as partes antagônicas em choque, servindo-se da lei, de uma decisão judicial ou, se necessário, da violência. Em situações normais de conflito, não há necessidade de uma interposição visível do Estado. Ao contrário, as controvérsias podem ser deslocadas ou, por assim dizer, removidas para as diferentes arenas políticas, parlamentares ou judiciais e nelas serem tratadas de modo específico.[38] Assim, consegue-se, por um lado, civilizar as controvérsias e sublimar a violência e, por outro, provar a identidade do Estado como garante do "interesse geral" e de uma ordem social justa.[39] Esse processo de civilização corre perigo quando o Estado interveniente evolui do Estado mínimo concebido na teoria[40]

---

38 A esse respeito, ver Rödel, Frankenberg e Dubiel (1989) e Frankenberg (1997, especialmente Capítulo VII).
39 Da perspectiva da teoria marxista, ver Gerstenberger (1975, p.10); da visão de uma teoria conservadora do Estado de direito, ver Forsthoff (1971).
40 Clássicas são as ideias desenvolvidas a esse respeito por Humboldt (1851). Ainda atual, Nozick (2006). Uma boa panorâmica das visões liberais do Estado mínimo é encontrada em Böhr (1985).

para o destinatário real de todas as exigências sociais possíveis. Isso pode acontecer sempre que se espera dos órgãos estatais que eles solucionem as crises econômicas, respondam às questões sociais e mantenham a paz social. Os conflitos resultantes da desigualdade na divisão do trabalho, na distribuição da riqueza social e das chances de vida desiguais das classes abastadas e desabastadas são sedimentados necessariamente nas instâncias estatais. A igualdade e a justiça recusadas pelo sistema econômico devem ser concretizadas ou compensadas pelo Estado de direito, na qualidade de Estado garantidor, sem que se afetem a estrutura nuclear e a soberania do capital. Por fim, com a evolução do Estado de direito para o Estado interventivo e do bem-estar ou para o Estado de direito social, desaparece a pretensão de deixar as relações sociais transcorrerem exclusivamente nas formas e segundo os mecanismos institucionais da liberdade burguesa mercantil (Preuss, 1973b, p.20). Encargos socialmente necessários que extrapolam o âmbito da concorrência capitalista ou a ele escapam, situando-se, assim, para além da racionalidade formal, são, de todo modo, assumidos pelo Estado. Com isso, governo e administração tornam-se cada vez mais uma arena de conflitos de distribuição.

Mas, quanto mais o Estado é coagido a atuar como agente neutro do bem-estar, mais decisivamente ele precisa se libertar das rédeas da racionalidade formal do Estado de direito. A clareza e a segurança jurídica proporcionadas por tipos legais de redação precisa, gerais em seu significado e conteúdo, e por regras processuais inequívocas somente podem ser sustentadas em zonas de conflito nas quais os interesses são relativamente claros e juridicamente operacionalizáveis, porque não se recusa de modo flagrante a nenhum grupo ou classe social as chances de vida, de bem-estar e de educação. Todavia, pobreza estrutural, desemprego, "gargalos" no sistema educacional, explosão de despesas no sistema de saúde pública, destruição do meio ambiente, problemas de abastecimento energético e outros fenômenos de crise exigem estratégias de solução e uma técnica de Estado que rompem o sistema de meios organizatórios e formas de relacionamento que são, formalmente, de Estado de direito. A lógica estatal intervencionista das "coações objetivas" que, na realidade, são coações sistêmicas, remodela, com as regras da racionalidade material, conforme a situação da economia e dos orçamentos públicos, a racionalidade formal do Estado de direito e decompõe a previsibilidade e a calculabilidade da política estatal. A forma de conduta da lei formalmente racional, com seu correspondente processo legislativo prolongando e demorado, revela-se obtusa e pouquíssimo manejável. Leis que satisfazem os critérios da generalidade são rapidamente trocadas e substituídas por leis-medida feitas a toque de caixa, que praticamente não são deliberadas de fato em um processo parlamentar, impostas por decretos do Executivo, portarias e diretrizes que cuidam em prover uma decisão atual e flexível. O "Estado de medidas"[41] suplanta o Estado legal.

Com a transição da racionalidade formal para a material, a legitimação pelo desempenho surge ao mesmo tempo em que a legitimação pela legalidade democrática das políticas estatais, quando não antes dela. Todavia, em longo prazo, o preço dessa transformação é alto. O caráter complexo e dispendioso da ampliação do âmbito dos encargos estatais prepara o terreno para fracassos na administração de crises. Com isso, a legitimação baseada no desempenho também se torna precária. Em fórmulas como "igualdade de chances", "simetria social", "criação e manutenção de empregos" ou "melhoria da qualidade de vida" refletem-se tentativas de atribuir a certas políticas um valor de consumo. Todavia, essa fixação legitimatória de objetivos institucionaliza a obrigatoriedade de uma tomada de decisão: se os interessados estiverem descontentes com sua situação concreta de vida, podem reclamar politicamente o suposto valor de consumo da política. Mas se estiverem satisfeitos, esse valor pode se tornar o ponto de partida para outras exigências (Preuss, 1975, p.61). Quando, em razão da escassez dos recursos públicos ou mesmo de uma crise fiscal do Estado,[42] não é possível tratar as exigências adequadamente sob o aspecto do Estado Social, nem controlá-las

---

41 O conceito foi cunhado por Ernst Fraenkel (1974) como contraposto do "Estado normativo".
42 Ver análise fundamental a esse respeito em O'Connor (1974).

por meio de privatização, a racionalidade material da atuação estatal e a legitimação do *output* encontram-se em grave perigo.

Entretanto, não se pode aceitar que, sob tais condições, a técnica de Estado recorra a meios violentos disponíveis – nem sequer como *ultima ratio*. Pois a visibilidade e a frequência do emprego da violência física e a intensidade da coação exercida pelo Estado são variáveis extremamente críticas da legitimidade do poder político e da estabilidade da soberania. Comumente, a violência estrutural[43] é exercida ou, então, faz-se de tudo para que as relações de violência institucionalmente intermediadas pareçam um ambiente natural. Para demonstrar e valorizar a credibilidade do sistema de ameaças interno ao Estado perante os cidadãos basta, em regra, empregar meios violentos contra aqueles que são identificados como perturbadores da paz e criminalizados como "elementos inimigos" – todavia, contra estes últimos, isso deve ser feito com toda a força, para que não surjam dúvidas sobre a combatividade do Estado de direito.[44]

Em regra, a conjuração de um grupo marginal, de um "inimigo interno" tem a função de desviar a atenção da ameaça real representada por crises econômicas cuja evolução não pode ser nem calculada pelo indivíduo nem controlada pelo Estado. A incerteza que acompanha a produção capitalista da riqueza e da pobreza e ameaça a segurança de carreiras profissionais, postos de emprego, satisfação de necessidades e *status* social, bem como os temores cotidianos por ela suscitados podem ser sobrepostos e suplantados, ao menos temporariamente, pelo medo dos "inimigos da Constituição", dos terroristas e da "criminalidade organizada".

Entretanto, as imagens do inimigo e os cenários ameaçadores de caráter oficial não apenas oferecem ao público modelos interpretativos para conflitos sociais e base para a representação de fenômenos ameaçadores, mas produzem, ao mesmo tempo, uma

---

43 Sobre esse conceito, ver Galtung (1971) e Roth (1988).
44 Ver a esse respeito, à sua época, o primeiro ministro da Baviera, Franz Josef Strauß: "O Estado de direito precisa ter dentes e garras" (em *Süddeutsche Zeitung* de 25 abr. 1977), bem como as reclamações que se vêm repetindo nos últimos tempos sobre o "Estado de direito indefeso".

necessidade intensificada de apaziguamentos e símbolos autoritativos harmonizantes.[45] Desse modo, uma política do medo gera uma grave situação de tensão entre ameaças e apaziguamentos. Planejada ou não, ela mobiliza em seus destinatários temores e necessidades de segurança atuais. "A precaução torna-se o único valor" que encontra reconhecimento; "a coragem e a dignidade são sacrificadas ao preconceito de que nossa segurança é só o que conta".[46] Ao mesmo tempo – devido à desmesura tanto das promessas de segurança quanto dos medos e da necessidade de segurança – a precaução sobrecarrega um Estado que regride em sua qualidade de Estado de direito quando não cumpre promessas de liberdade, mas, em contrapartida, erige-se em Estado securitário, sem, contudo, conseguir compensar a perda da liberdade com ganhos de segurança em um regime de direito do medo.

5. As manipulações da separação de poderes e a legalidade como mecanismos da geração de medo

A medida com a qual a política consegue regular e reinterpretar conflitos de interesses e lutas pelo poder de maneira autoritativa e sem perdas de legitimidade depende, em geral, da impenetrabilidade das relações sociais, da distância e da clareza com que as ameaças são identificadas, do grau de evolução das posições de contrapoder e da amplitude da disponibilidade de interpretações alternativas oriundas de outras interações sociais. Todavia, até que ponto o poder estatal pode transgredir os limites jurídicos de sua atividade em suas intervenções concretas e em suas mistificações simbólicas e manipular imagens do inimigo e medos sem pôr em risco seu mandato de Estado de direito não é algo que dependa unicamente da força de

---

45 Cf. Edelman (1976, p.10 e ss., p.18, p.34) e, a esse respeito, o prefácio de Offe (ibidem, p.VII e ss.).
46 Dworkin ("*Amerika zerstört seine Selbstachtung*", *Die Zeit*, n.28, 7 jul. 2005, p.138); nesse mesmo sentido, ver Bung (2006, p.72).

oposição dos interessados imediatos e da disposição para a indignação e o conflito daqueles que, aparentemente, não estão envolvidos no caso concreto. O mais importante é como eles conseguem, quando não justificar, ao menos dissimular essas transgressões de limite.

Essa problemática é explicitada por três tendências jurídico-políticas evolutivas dos anos 1970 que, pela abertura de espaços livres, conduziram a constituição de Estado de direito da República Federal da Alemanha à margem de um regime jurídico-excepcional e alteram de modo efetivo tanto os limites da técnica de Estado quanto as condições da liberdade política e da liberdade em relação ao medo: *primeira*, as fraturas na separação de poderes; *segunda*, as modificações da legalidade democrática, que chegam até a negação; e *terceira*, a sobreposição dos direitos de liberdade por "metadireitos fundamentais" do Estado.

As transgressões da separação de poderes

Segundo os paradigmas liberais, a separação dos poderes estatais não é apenas uma questão da divisão do trabalho na organização estatal; a ela cabe também uma função de garantia da liberdade. Isso se tornou inquestionável desde o *Segundo tratado sobre o governo* de Locke e *Do espírito das leis* de Montesquieu. Desde a Declaração Francesa de 1789, a separação de poderes – a par da garantia dos direitos do homem e dos cidadãos – é considerada elemento constituinte da Constituição democrática[47] e elemento central da promessa de coerência e transparência da Modernidade.[48]

A Lei Fundamental segue incontestavelmente o caminho apontado pelo paradigma liberal, embora este substitua o esquema clássico de separação por um complexo sistema de separações e intrincações.[49] Uma das marcas desse sistema é o chamado privilégio partidário,

---

47 Art. 16 da Declaração dos Direitos do Homem e do Cidadão: "A sociedade em que não esteja assegurada a garantia dos direitos nem estabelecida a separação de poderes não tem Constituição".
48 A esse respeito, ver Reemtsma (2008, p.167).
49 Cf. análises fundamentais a esse respeito em Hanebeck (2004) e Oeter (1998).

segundo o qual a inconstitucionalidade de partidos somente pode ser declarada pelo tribunal constitucional alemão (art. 21, § 2º da Lei Fundamental). Daí resulta naturalmente que a inconstitucionalidade de um partido não pode ser invocada de outro modo por outros agentes estatais antes de ser declarada pelo tribunal constitucional. Se for correto – e esse, com razão, é o ponto de partida preponderante da teoria constitucional – que o privilégio partidário é uma das "lições" tiradas da República de Weimar, então ele exclui a proscrição política de partidos por serem considerados "inimigos da Constituição". Em favor disso também fala o fato de a Lei Fundamental não conhecer "inimigos" internos ao Estado no sentido empregado por Schmitt, porque ela segue a tradição liberal que despersonalizou a relação de fidelidade entre governantes e governados. Ademais, o art. 73, § 1º, nº 10b da Lei Fundamental atribui à federação a competência legislativa exclusiva sobre "a colaboração entre a federação e os *Länder*", dentre outros motivos, "para proteção do ordenamento fundamental democrático liberal" e, assim, como os instrumentos clássicos da "democracia combativa", evita o conceito de "inimigo da Constituição".

Não obstante, a prática estatal e, especialmente, os órgãos oficiais de proteção da Constituição operavam nos anos 1970 – e ainda hoje operam incansavelmente – com os conceitos de "inimigo da Constituição" e de empenhos "hostis à Constituição". Com sua "decisão sobre os extremistas", o tribunal constitucional alemão não apenas não se contrapôs a essa prática que rompe a separação de poderes como, pelo contrário, abençoou-a sem poupar argumentos:

> Uma parte da conduta que pode ser relevante para a apreciação da personalidade de um candidato a um cargo público pode ser também a afiliação ou a pertença a um partido político que persiga objetivos hostis à Constituição – independentemente de sua inconstitucionalidade ser ou não declarada pelo tribunal constitucional. (*BVerfGE* 39, 334/8. Princípio)[50]

---

50 A cooptação do conceito "inimigo da Constituição" era totalmente dispensável, pois, no contexto do direito do funcionalismo público, em razão das maiores

Desde então, a técnica de Estado infere dessa decisão ser permitido falar oficialmente de um partido "hostil à Constituição" mesmo que este ainda não esteja proibido.[51] Essa inferência, pertinente no que se refere à jurisprudência do tribunal constitucional alemão, reflete um entendimento constitucional que nega a separação de poderes de Estado de direito como sistema de controle recíproco e considera os poderes Executivo e Judiciário (e, como veremos, também o Legislativo), no contexto de uma concepção hobbesiana da repulsa política de perigos, mais como uma associação unificadora dos poderes com vistas ao fornecimento recíproco de legitimação. Parece não importar minimamente que, assim, a relação entre legislação e execução da lei seja posta em rebuliço e o controle da execução da lei seja neutralizado. Nas situações em que o Executivo pensa ter que agir já sobre a base de autoautorizações, o legislador parlamentar e, especialmente, a jurisprudência dos tribunais superiores devem legalizar *a posteriori* as satisfações das necessidades políticas, do modo como elas foram executadas na prática.

A anexação de legalidade

No contexto da repulsa de extremistas (não exclusivamente das medidas antiterroristas) dos anos 1970, é possível mostrar que e como o discurso extraconstitucional sobre "inimigos do Estado" é assumido pelos parlamentos no plano do Executivo e, nos âmbitos da segurança interna e da proteção do Estado, no plano legislativo, segundo o método da governamentalidade iliberal, traduzido em leis por meio da "anexação de legalidade". Projetos de alteração do direito do funcionalismo público partem, mais ou menos

---

exigências de fidelidade constitucional impostas aos servidores públicos, um antagonismo radical em relação à Lei Fundamental ou sua rejeição deveriam ser qualificados como violação de dever de fidelidade.
51 Filbinger (ex-primeiro ministro de Bade-Württemberg), em entrevista à revista *Der Spiegel* (n.27, 28 jun. 1976, p.40). Sobre a referência fundamentalmente admissível aos esforços "de inimigos da Constituição" nos relatórios da Agência Federal de Proteção da Constituição, cf. *BVerfGE* 113, 63/74 e ss.

irrefletidamente, do princípio de que podem existir "inimigos da Constituição" segundo o direito e de que é possível uma verificação juridicamente irrecriminável da orientação política.[52] No contexto da legalização posterior, trata-se de compartimentar uma prática administrativa duvidosa sob o aspecto constitucional em questões relativas ao processo e ao ônus da prova.

Esses esforços encontram apoio em uma justiça que se apropria das necessidades de ação e do entendimento constitucional do Executivo reduzido aos imperativos da técnica de Estado efetiva:

> O moderno Estado administrativo, com seus encargos tão múltiplos quanto complicados, de cujo cumprimento apropriado, eficiente e pontual depende o funcionamento do sistema político-social e a possibilidade de uma vida humanamente digna dos grupos, minorias e de todos e cada indivíduo, não pode prescindir de um corpo de funcionários intacto, leal, fiel ao dever, intimamente vinculado ao Estado e ao seu ordenamento constitucional.[53]

As alterações das leis de proteção à Constituição da federação e dos *Länder* que seguiam as "resoluções sobre os extremistas" do chefe de governo baseavam *a posteriori* em leis sobre a participação – até então habitual, mas extralegal – dos agentes públicos da Agência

---

52 Vide o Projeto de Lei para Alteração da Lei-Quadro do Funcionalismo Público, da Lei da Magistratura Alemã e da Lei sobre a Situação Jurídica dos Soldados, *BT-Drucksache* 7/2432 de 31 jul. 1974; o Projeto de Lei para Alteração das Regulações Relativas ao Funcionalismo Público, *BT-Drucksache* 7/2433, e os debates do Parlamento alemão de 15 set. 1974, Werner Maihofer: "Para ser claro: inimigos da Constituição não têm lugar no serviço público! Todos concordamos quanto a esse princípio. [...] Desse modo, a diferença entre os dois projetos está unicamente nas diferentes exigências processuais de Estado de direito quanto à verificação da fidelidade constitucional de um candidato ao serviço público" (Denninger, 1977, p.568 e 571).

53 *BVerfGE* 39, 334/347; de modo semelhante, o Superior Tribunal Administrativo de Koblenz, *Juristenzeitung* (1974, p.24): "Por isso, o Estado somente pode oferecer tolerância quando mantém sua unidade de atuação política, sua durabilidade e sua capacidade de resistência por meio de um funcionalismo funcional e fiel à Constituição".

Federal de Proteção da Constituição nas verificações para fins de recrutamento.[54] Todavia, sua sustentabilidade tinha, primeiramente, que ser demonstrada. Pois, mesmo assim, já em 1975, o tribunal constitucional alemão considerava as "investigações dos órgãos de proteção do Estado e o armazenamento de seus resultados para as finalidades das autoridades de recrutamento dificilmente conciliáveis com o mandamento da proporcionalidade ancorado no princípio do Estado de direito" (*BVerfGE* 39, 334/357). Como se faltassem exemplos de legalização posterior,[55] alguns parlamentares – preocupados com a reputação do Estado de direito, ou melhor, com sua fachada – propuseram, após a descoberta das escutas clandestinas, uma regulação similar à "Lei G-10"* para "ações tais como a invasão e a instalação do minitransmissor sob o canto de trás da escrivaninha de Traube".[56]**

O adiantamento de legalidade

Quando determinadas práticas dos órgãos estatais não são elevadas à categoria de norma positiva, o legislador complementa

---

54 Por exemplo, o art. 2º, § 2º, nº 4 da Lei sobre a Proteção Constitucional na Baviera, de 8 ago. 1974: "A Agência Regional de Proteção Constitucional atua [...] 4. na verificação de pessoas que se candidatam a um cargo no serviço público" (cf. Denninger, 1977, p.660 e ss.).

55 Cf., por exemplo, os objetivos do Projeto-Modelo de uma Lei Policial Unitária; referências em Denninger (1977, p.718 e ss.) e, a esse respeito, Funk e Werkentin (1976a, com outras remissões). Schwarz, ministro do Interior à época, constatara que "os policiais [...], em tais casos [nos quais, a partir de então, o tiro visado de efeito fatal deve ser admitido – observação do autor] até agora também [estavam autorizados] a matar delinquentes a tiros" (entrevista na revista *Der Spiegel*, n.32, de 2 ago. 1976, p.29).

* Lei de Restrição ao Sigilo Postal e Telegráfico de 26 de junho de 2001. [N. T.]

56 Nesse sentido, por exemplo, cf. Vogel (representante da União Democrata Cristã no Parlamento alemão), citado segundo o jornal *Frankfurter Rundschau* de 1º mar. 1977.

** Ficou conhecida por "escândalo Traube", ou "caso Traube", a chamada "Operação Lixo" da Agência Federal de Proteção da Constituição que, em 1975, iniciou uma operação de escuta clandestina na residência do especialista em energia nuclear, Klaus Traube, para investigar suas supostas ligações com os terroristas da Fração do Exército Vermelho. [N. T.]

lacunas por vezes supostas para prover futuras ações politicamente oportunas com uma cobertura jurídica – com vistas à profilaxia de perigos, por assim dizer. Desse modo, os ministros do Interior adotaram uma série de medidas, ao admitirem, por exemplo, o tiro capital visado (Schenke, 2007, nos marginais 560 e ss.)[57] inclusive contra pessoas "que, pela aparência externa, ainda não atingiram os 14 anos de idade", "quando o emprego de arma de fogo for o único meio para repulsa de um perigo atual para a integridade física ou para a vida" (art. 41, §§ 2º, 3º do Projeto-Modelo de uma Lei Policial Única); ademais, o emprego de armas de fogo "contra uma multidão de pessoas [...], quando por ela forem praticados ou dela emanarem ou forem imediatamente iminentes atos de violência, e não se esperar êxito de medidas coercitivas contra indivíduos" (art. 43, § 1º) e, por fim, o emprego de metralhadoras, granadas de mão e meios explosivos similares contra pessoas que fazem uso desses meios (art. 44).[58] Após o referencial do Projeto-Modelo de uma Lei Policial Única para a Federação e os *Länder* de 1976, uma série de *Länder* adotou essas regulações em suas leis policiais (Pieroth; Schlink; Kniesel, 2007, p.422 e ss.). O então ministro do Interior da Renânia-Palatinado, que considerava ser "uma das tarefas mais importantes da política legalizar a atuação policial necessária", já conhecia um expediente para evitar problemas colaterais, ou seja, o homicídio legalizado de pessoas não envolvidas, que não dispõem nem de metralhadoras, nem de armas semelhantes, nem tampouco representam uma ameaça, e para salvar o princípio da proporcionalidade do emprego da violência pela polícia: "Eu (!) posso arremessar a granada de mão a uma distância suficiente dessas pessoas".[59]

---

57 Vide análise detalhada a esse respeito no Capítulo VI, 7.
58 Os parágrafos foram extraídos do Projeto-Modelo de uma Lei Policial Unitária deliberado na conferência dos ministros do Interior em 1976. A esse respeito, cf. Funk e Werkentin (1976b). Cf. também as declarações de Dregger (representante da União Democrata Cristã no Parlamento alemão) no Parlamento alemão sobre a situação da "segurança interna" no jornal *Frankfurter Rundschau* (31 jan. 1977, p.14).
59 Schwarz, ministro do Interior, em entrevista à revista *Der Spiegel* (n.32, 2 ago. 1976, p.31).

O Poder Executivo também recebeu uma espécie de adiantamento de legalidade para finalidades atinentes à segurança interna em outros âmbitos de intervenção. Desde a modificação da Lei de Proteção das Fronteiras Federais de 18 de agosto de 1972, as tropas de segurança das fronteiras, mesmo em não se tratando de caso de necessidade (art. 3º da Lei sobre a Proteção das Fronteiras Federais), estavam autorizadas a deixar a faixa fronteiriça de 30 km e a auxiliar as forças policiais dos *Länder* "com vistas à manutenção ou ao restabelecimento da segurança ou da ordem pública em casos de especial gravidade" (art. 9º da Lei sobre a Proteção das Fronteiras Federais). Segundo o já citado ministro do Interior, Schwarz, essa assistência administrativa antecipada tem por objetivo aumentar as chances "de reprimir uma revolução armada [...] em uma situação pré-revolucionária".

De modo comparável, a colmatação de lacunas de intervenção no direito penal político leva a uma "defesa avançada" extrema na luta contra as reivindicações de direitos políticos de liberdade. A "apologia da violência", apenada, à época, nos arts. 88a e 130a do Código Penal alemão para proteção da "paz comunitária",[60] foi concebida como "complementação necessária" à difamação do Estado e de seus símbolos (art. 90a do Código Penal alemão), à difamação hostil à constituição dos órgãos constitucionais (art. 90b do Código Penal alemão), à perturbação da paz pública (art. 126 do Código Penal alemão), à incitação popular (art. 130 do Código Penal alemão), à apologia da violência (art. 131 do Código Penal alemão), à recompensa ou à apologia de crime (art. 140 do Código Penal alemão) e à ameaça com crime (art. 241 do Código Penal alemão).[61] Não eram

---

60 Diante das críticas públicas intensas, o art. 88a do Código Penal alemão foi posteriormente eliminado, sem substituição. O art. 130a do Código Penal alemão penaliza, hoje, a "indução ao crime".

61 A esse respeito, ver Wiggershaus e Wiggershaus (1976); Vogel, ministro federal da Justiça e Lattmann, representante do SPD no Parlamento alemão, no jornal *Frankfurter Rundschau* (20 jan. 1976, p.12). Quanto à aplicação do art. 88a do Código Penal alemão, Leggewie, no jornal *Frankfurter Rundschau* (2 abr. 1977, p.9).

evidentes lacunas de segurança e de punibilidade cuja colmatação pudesse ser um mandamento da proteção eficaz do cidadão.

Na prática da "colmatação [legislativa] de lacunas", os dois planos de realidade das decisões políticas ficam especialmente claros. São introduzidos novos tipos de crimes e de agentes criminosos e o aparelho de segurança estatal é ampliado para poder regular estatalmente conflitos sociais. Na lógica dessa prática estão as investigações criminais policiais inclusive em caso de greve legal,[62] de suspeita de coação em caso de "operação padrão"[63] e, há algum tempo, a vigilância policial de manifestações (arts. 12a, 19a da Lei sobre Reuniões e Passeatas). Ao mesmo tempo, as medidas preventivas legislativas para proteção da paz comunitária e da segurança e da ordem pública e para a prevenção de revoluções sinalizam ao público que a situação é séria, mas que ele pode confiar na determinação e na perspicácia da liderança política.

A legalidade em branco

Na legalização posterior ou preventiva do emprego estatal da violência, o legislador, em vez de dar ordens de intervenção normativamente claras e precisas em seu conteúdo, muitas vezes outorga poderes em branco. Conceitos jurídicos indeterminados, como, por exemplo, "apologia da violência", "ordem pública", "medidas necessárias" etc., levam, sobretudo quando combinadas, à porosidade e à possibilidade de manejo flexível de normas autorizadoras. Esse processo é intensificado pela associação de conceitos jurídicos indeterminados com cláusulas gerais. A antiga cláusula geral relativa à Guarda Federal de Fronteiras – "A Guarda Federal de Fronteiras pode, no cumprimento de suas funções [...] tomar as medidas necessárias segundo a discricionariedade devida" – ou à Agência Federal

---

62 Referências no *Frankfurter Rundschau* (13 dez. 1976).
63 Em razão da "operação padrão" dos controladores aéreos, o telefone do presidente da Associação dos Controladores Aéreos, Wolfgang Kassebohm, foi grampeado por ordem judicial. A "atividade" de escuta foi suscitada por suspeita de coação (art. 253 do Código Penal alemão) – jornal *Süddeutsche Zeitung* (14/15 maio 1977, p.5).

de Proteção da Constituição, que, "para assunção de suas funções, [foi] autorizada a empregar meios atinentes aos serviços de informação" (art. 3º, § 3º, alínea 2 da Lei sobre Proteção Constitucional, antiga redação) quase não tem uma redação mais precisa após a transformação da Polícia de Fronteiras em uma Polícia Federal e, após a emenda da Lei sobre Proteção Constitucional (arts. 3º e ss.), ela quase não sofreu diferenciação.[64]

Com normas em branco e armadilhas legais,[65] o legislador esquiva-se do encargo que lhe é imposto pelo paradigma liberal para contenção do *método Locke*: decretar tipos penais transparentes em sua redação e determinados de modo geral em seu conteúdo, os quais facultam ou vedam, de modo calculável, aos destinatários das normas, possibilidades de conduta – ou seja, tipos delitivos que garantem o mínimo de Estado de direito em termos de segurança jurídica e de densidade de controle judicial e, com isso, institucionalizam o medo real.

Raramente a autorização global do Executivo para a complementação da lei ou, mais exatamente, para a definição do que é legal foi expressa de modo tão franco como aconteceu em 1972, na deliberação da Lei sobre Proteção Constitucional (especialmente de seu art. 3º):

> Uma precisão do conteúdo do conceito de "meios atinentes aos serviços de informação" revelou-se inviável. O ministro federal do Interior é responsável pela determinação dos meios atinentes aos

---

64 Vide art. 10, § 1º, alínea 1 da Lei de Proteção das Fronteiras Federais e art. 14, § 1º da Lei da Polícia Federal Alemã: "A Polícia Federal pode, para cumprir suas funções, nos termos dos arts. 1º a 7º, tomar as medidas necessárias para repelir um perigo, contanto que esta lei não regule as competências da Polícia Federal Alemã de maneira especial".

65 Como exemplo de uma armadilha legal fora do âmbito da repulsa de perigos é de se mencionar uma norma-chave do direito do funcionalismo público, o art. 45, § 1º, alínea 2 da Lei-Quadro do Funcionalismo Público: "Constitui crime funcional a conduta do servidor público, fora do serviço, quando, segundo as circunstâncias do caso concreto, ela for especialmente capaz de afetar o respeito e a confiança de maneira relevante para a sua função ou para a reputação do funcionalismo público".

serviços de informação juridicamente admissíveis, bem como dos modos de seu emprego[66].

Se, aqui, o Legislativo emite explicitamente uma declaração em branco, a renúncia silenciosa à soberania da lei geral de Estado de direito e do legislador parlamentar esconde-se por trás de operacionalizações legislativas aparentemente bem-sucedidas. Um exemplo disso foi a redação do art. 88a do Código Penal alemão, posteriormente suprimido:

Quem
1. divulga;
2. expõe, afixa, apresenta ou torna acessível publicamente de outro modo;
3. produz, compra, fornece, mantém em estoque, vende, propagandeia, introduz no âmbito de validade espacial desta lei ou para fora dele envia, para utilizar em todo ou em parte, nos termos dos números 1 e 2, ou possibilitar a outrem tal utilização, um escrito (art. 11, § 3º) que contenha e determine a apologia de um dos atos ilegais mencionados no art. 126, § 1º, nos 1 a 6, bem como, segundo as circunstâncias, seja destinado a fomentar a disposição de outrem a defender, por meio do cometimento de tais atos, esforços contrários à estabilidade e à segurança da República Federal da Alemanha ou aos princípios constitucionais, será punido com pena privativa de liberdade de até três anos ou pena de multa.

Se observarmos esse monstro censurador[67] ("apologia", "fomentar a disposição de outrem", "segurança", "torna acessível de outro modo" etc.) no contexto de um conceito de violência sempre

---

66 Relatório escrito da comissão interna do Parlamento alemão sobre a Lei de Alteração da Lei sobre a Colaboração entre a Federação e os *Länder* em Matéria de Proteção Constitucional, de 15 jun. 1972, citado segundo o jornal *Frankfurter Rundschau* (9 mar. 1977, p.4).
67 Igualmente monstruosa é a norma geral relativa a atos delitivos segundo a Lei de Entorpecentes (art. 29).

nebuloso e dogmático,[68] que, segundo a concepção de muitos tribunais, tampouco exclui a greve ou a resistência passiva[69] como formas de violência, tornam-se identificáveis os contornos de uma situação de perigo incalculável criada pelo legislador. Em conclusão, o art.88a do Código Penal alemão cominava pena para o caso da falta de autocensura – bem no modelo do *método Foucault*.

O surgimento e as consequências das normas em branco aqui apresentadas a título de exemplo e que deveriam ser complementadas com as disposições do direito penal político, do direito processual penal,[70] do direito dos estrangeiros[71] ou mesmo da chamada Lei sobre Escutas Clandestinas, a G-10,[72] documentam que a crítica da legalização em branco não se baseia nem em um formalismo jurídico estranho à realidade nem em uma representação idealista inocente da criação parlamentar do direito. Quem se consola sobre cláusulas gerais, conceitos jurídicos indeterminados e normas em branco com a complexidade da matéria ou com a confiança no poder estatal que "já orienta tudo" pode se fiar no julgamento hipotético do Estado sobre sua conduta futura expressa nessas leis (Neumann, 1937) e não temer a combinação entre a discricionariedade quanto a tipos delitivos e a discricionaridade quanto a condutas. Entretanto, essa posição renuncia às conquistas do Iluminismo burguês e à base do *método Locke*. Pois a lei deixará de ser exigida ao menos como expressão da relação de razão e de liberdade entre o cidadão e o poder soberano vinculado ao Estado de direito e passará a ser considerada seriamente como institucionalização do medo real. Ela funciona mais como substitutivo de racionalidade e é aceita como a garantia

---

68 É digna de nota a análise de Brink e Keller (1983).
69 Quanto à jurisprudência dos tribunais inferiores sobre as paralisações, cf. Frankenberg (1985).
70 A esse respeito, ver Denninger (1977, p.991 e ss.).
71 Sobretudo os arts. 6º, § 2º; 7º, §§ 2º e 4º; 13, §§ 1º e 16 da Lei sobre os Estrangeiros. Nesse ínterim, esta lei foi substituída pelas determinações da Lei sobre a Estada de 25 fev. 2008, *BGBl.I*, p.162.
72 A Lei de Restrição do Sigilo Postal e Telegráfico de 13 out. 1968, recentemente alterada pela Lei de Combate ao Terrorismo Internacional de 2002, *BGBl. I*, p.949.

simbólica que significa, a partir de agora, que tudo está em ordem ou, ao menos, nas boas mãos do Estado.

Leis cuja definição do que é permitido ou proibido é feita apenas posteriormente, provisionalmente ou de modo lacunar degradam-se em fórmulas de legitimação que privam o governo e a administração de um controle de legalidade relativamente rigoroso. As normas em branco, no direito público, mormente no direito relativo à intervenção estatal para segurança interna, autorizam o Poder Executivo a antecipar muito a linha de defesa para o âmbito do conflito de (ideias) políticas e a minar a segurança cognitiva. No processo de decomposição real da diferenciação funcional, a função legislativa desloca-se dos grêmios deliberativos e decisórios parlamentares para o governo, a administração e a justiça.

As instituições estatais responsáveis pela segurança apresentam-se, nos anos 1970 e 1980, em todo agravamento da situação legal, como "sistema de violência estatal geral que sufoca a sociedade"[73] – hoje diríamos: como rede de comunicação de dados imperscrutável, que opera muito além das garantias de Estado de direito e dos controles parlamentares e judiciais e, contanto que se consiga afastar a mídia e a opinião pública democrática, trabalha em silêncio executivo e exacerba o medo da arbitrariedade do poder estatal.

6. O direito do medo e a metalegalidade

Quem não está habituado com o entendimento tradicional de Estado na Alemanha e considera permitido o que não é proibido corre o risco de fracassar, apesar de todos os esforços, ao tentar decodificar a afirmação típica sobre a primeira crise do Estado de direito: a República Federal da Alemanha é (não apenas na concepção do tribunal constitucional alemão) uma democracia que "não tolera

---

[73] Nesse sentido, ver Groth (1975, p.296).

inimigos deste ordenamento fundamental, ainda que eles se movimentem formalmente dentro do âmbito da legalidade".[74]

Quem se comporta legalmente não pode, em si, ser "inimigo". De acordo com Ulrich K. Preuss, a "legalidade" pode ser definida como

> essência de uma estrutura jurídica cujos elementos têm um grau de determinação tal que sua existência pode ser constatada no âmbito de métodos assegurados e de modo verificável, e que uma determinada conduta pode ser examinada segundo esses métodos. (Preuss, 1973, p.122)

Assim, a rede das normas estabelecidas – visíveis, embora confusas – constituem a normalidade do ordenamento legal. E, segundo os critérios da legalidade de Estado de direito que se referem à conduta externa, essa conduta é considerada legal quando está em harmonia com as normas correspondentes do direito vigente. Em contrapartida, na decisão há pouco citada e na jurisprudência e na prática administrativa que a secundam, a legalidade "normal" é contraposta a uma legalidade superior, extraordinária. O plano da legitimidade ou da superlegalidade[75] é introduzido no direito da situação normal como um estado de exceção simplificado.

De fato, embora seja um erro no que concerne à prática estatal, é possível supor que o ordenamento legal determine de modo suficiente e extremamente vinculante o que é considerado proibido ou permitido. Como é de se deduzir da sentença do Supremo Tribunal Administrativo de Lüneburg e da jurisprudência daquele tempo, que reforça essa decisão, sobre a proibição do exercício profissional,

---

74 O Supremo Tribunal Administrativo de Lüneburg, *Deutsches Verwaltungsblatt* (1972, p.961), antecipando a "decisão sobre os extremistas" do tribunal constitucional alemão e da fidelidade estatal agravada dos funcionários públicos, exigida também por outros tribunais. Quanto à crítica dessa jurisprudência, cf. Frankenberg (1980) e Blanke e Frankenberg (1979).

75 Ver análise fundamental a esse respeito em Schmitt (1985), Kirchheimer (1985) e Preuss (1973).

isso se decide antes de tudo no plano da legitimidade/superlegalidade. Em sentido estrito, trata-se de uma metalegalidade, porque, no plano superior por ela marcado, as questões fundamentais da validade e da interpretação são depositadas no plano inferior do direito normal e respondidas a partir dele.

A metalegalidade designa, portanto, a essência daquele ordenamento de valores precedente e superior ao ordenamento legal cujos elementos – princípios, normas e interpretações suprapositivos – sempre decidem sobre o conteúdo e o alcance dos comandos jurídicos no caso concreto e sobre a validade do direito em geral. A indeterminação acrescida desse ordenamento de valores impede que a correspondência entre seus elementos possa ser constatada pelos tribunais de modo verificável, segundo métodos relativamente assegurados, e que os cidadãos possam orientar uma determinada conduta de acordo com essa constatação. Assim, quando um tribunal enuncia que a afiliação ativa a uma organização ou partido não proibido, subvencionado por meios públicos (arts. 18 e ss. da Lei sobre os Partidos), embora seja legal segundo o ordenamento jurídico, não é legítima de acordo com o ordenamento metalegal de valores, sobressai-se o caráter intrínseco atribuído às normas individuais – de sua finalidade e sentido suprapositivos mais profundos ou mesmo mais elevados. O que, superficialmente, aparece como uma relação de tensão normal entre legalidade e legitimidade ou moral revela ser, na resistência ampliada do Estado de direito, o fracionamento de uma metalegalidade autoinventada e abençoada pelos tribunais em prol do poder estatal executivo. Esta pode, então, objetar aos destinatários da norma que sua conduta, apesar de legal, não é legítima e que, por essa razão, eles têm que tolerar uma medida estatal que, embora, em rigor, não seja legal, é legítima – ou, dito de outro modo: oportuna ou efetiva no sentido da repulsa política de perigos. O público assiste admirado ao nascimento de gêmeos siameses: a luz do mundo é vista pelo "inimigo constitucional legal" e pelo "abuso legítimo da lei" por parte dos poderes estatais.

Os conceitos-chave para o entendimento do ordenamento de valores como substância da governamentalidade iliberal são, até hoje, o "ordenamento democrático de valores fundamental", a democracia "combativa" ou "defensiva" e o "Estado de direito resistente". O tribunal constitucional alemão, em sua "primeira decisão sobre a proibição partidária", definira o "ordenamento liberal democrático fundamental", num primeiro momento, apenas de modo formal, como uma espécie de conceito coletivo para características essenciais do paradigma liberal (*BVerfGE 2*, ½. Princípio).[76] Durante a primeira crise do Estado de direito, esse conceito formal metamorfoseou-se, na prática administrativa e na jurisprudência baseada nas decisões sobre os extremistas, em um conceito substancial, em uma "decisão axiológica existencial" pela "combatividade". Essa combatividade não se esgota na soma das possibilidades de repressão previstas pela Lei Fundamental, sobretudo a proibição de associações e partidos (art. 9º, § 2º e 21, § 2º) e a perda dos direitos fundamentais (art. 18). Pelo contrário, os instrumentos do "ordenamento democrático liberal fundamental" são reinterpretados, em uma transição schmittiana, como aspectos de uma decisão axiológica constitucional fundamental quanto à militância que pode ser aplicada universalmente e não apenas nos limites do Estado de direito (*BVerfGE* 28, 36/48).[77]

A fragmentação da Lei Fundamental e a construção de uma metalegalidade levam a um esvaziamento da soberania de Estado de direito. "Liberalismo" e "combatividade" são considerados como anteriores a todas as possibilidades e impossibilidades de conduta juridicamente normatizadas. Por conseguinte, em última instância, a conduta de todos os membros da sociedade deve se orientar por essas decisões axiológicas que não podem ser definidas com precisão. Isso atinge de modo especialmente drástico os servidores públicos. Integrados na relação jurídica especial provida de componentes tradicionais pré-democráticos pelos princípios costumeiros do art. 33, § 5º da Lei Fundamental, eles se tornam, por meio do dever de

---

76 Rejeitando a tese, ver Hesse (1995, nos marginais 127 e ss.).
77 Ver análise crítica a esse respeito em Denninger (1979, p.17), Preuss (1973, p.9 e ss.), Blanke e Frankenberg (1979).

fidelidade personalizado de modo regressivo, parte da "substância constitucional fixada".[78] A "substância liberal" é retirada dos conflitos sociais e confiada ao Estado como "valor absoluto".[79] Enquanto ordenamento de valores e de vida normatizado, ele não é "discutível, não pode ser reconhecido ou rejeitado com relevância jurídica, somente pode ser obedecido" (Quaritsch, 1962, p.184 e ss.). Caso contrário, existe a ameaça de uma persecução.

Quando a democracia liberal é militante em sua *essência*, ela pode, se necessário, produzir outros casos de aplicação não previstos pela Lei Fundamental. As "escutas clandestinas", como práticas ilegais de escuta, as medidas de vigilância e os controles de orientação ideológica de candidatos ao serviço público demonstraram, nos anos 1970 e 1980, uma militância tranquila. A "democracia defensiva" cresce, transformando-se de um "freio de emergência" em um "sistema de super-repulsa" (Schuster, 1968, p.416 e p.429). Na sombra da liberdade, está constantemente à espreita a reserva da repulsa de um "Estado de medidas"[80] que executa valores fundamentais superiores de modo metalegal e, além disso, na medida do necessário, desobriga-se do princípio da legalidade. Desse modo, a metalegalidade evolui para um regime jurídico-excepcional de repressão política que coloca os membros da sociedade em uma espécie de situação de *double bind*: no plano do direito positivo, a atividade política livre é assegurada. No metaplano, todavia, essa garantia é revogada.

---

78 Nesse sentido, cf. *BVerfGE* 39, 334/366; de modo semelhante, cf. Lerche (1960, p.475).
79 Na "decisão sobre a proibição do Partido Comunista da Alemanha" (1956), o tribunal constitucional alemão expôs: "Esses valores fundamentais superiores são parte componente indispensável do ordenamento fundamental democrático liberal; a Lei Fundamental considera-os como núcleo fundamental dentro do ordenamento global estatal, como um sistema de princípios fundamentais da organização estatal, retirados do pluralismo de objetivos e valorações que ganharam forma nos partidos políticos e que, uma vez ratificados de maneira democrática, são reconhecidos como valores absolutos e, por isso, devem ser firmemente defendidos contra toda e qualquer agressão" (*BVerfGE* 5, 85/139).
80 Sobre esse conceito, cf. Fraenkel (1974). A esse respeito, ver Blanke (1975).

Ademais, "liberalidade" e "combatividade" marcam uma imagem de dois rostos, como a de Jano, que deve representar, ao mesmo tempo, o ordenamento político justo e a presença de espírito do poder estatal, de modo a facilitar a formação de lealdades e a produção de imagens do inimigo. Elevada pelos guardiões do ordenamento à condição de dogma, a sociedade é cindida, por meio da representação oficial de "liberalidade", em "defensores da liberdade" e "inimigos da liberdade". Essa polarização assenta inexoravelmente a contradição entre ortodoxia política e heresia e, ao mesmo tempo, legitima o papel da prática dos órgãos de segurança. Quem critica "expõe-se à suspeita [...] de ser um adversário do Estado de direito".[81] Somente a Agência Federal de Proteção da Constituição pode chegar a conclusões. No fim, resta uma legalidade até nova ordem, uma mistura institucionalizada entre ameaça e apaziguamento que vai além da Constituição e que nega a segurança cognitiva aos cidadãos. Esse direito do medo, que lembra Hobbes, contrapõe-se à técnica de Estado enquanto técnica securitária.

A próxima etapa após o direito do medo leva a uma cultura política da cautela. Desorientados pela situação jurídica ambígua, os titulares dos direitos fundamentais renunciam a sondar margens de conduta legais em si, porque não podem estar seguros de que observadores incumbidos da proteção estatal, utilizando-se de instrumentos atinentes aos serviços de informação, reúnam "conclusões" que serão recuperadas em "entrevistas de emprego" posteriores não de modo legal, mas "legítimo". Quem se

---

81 "Todavia, também devem ser julgadas com rigidez as reações que censuram o Tribunal [alude-se aqui ao tribunal constitucional alemão por ele ter tomado uma decisão política ou ter-se imiscuído em um assunto do Legislativo. O direito constitucional é, com certeza, direito político [...]. Quem censura assim o tribunal constitucional alemão expõe-se à suspeita [...] de ser um adversário do Estado de direito." Nesse sentido, cf. o publicista e, mais tarde, juiz do tribunal constitucional, H. H. Klein, *Göttinger Tageblatt* (20 jul. 1973, p.3), cuja advertência também deveria ser acolhida por redatores de votos minoritários. Vide, por exemplo, o voto discordante quanto à "decisão sobre escutas telefônicas" do tribunal constitucional alemão: *BVerfGE* 30, 1/33 e ss.

responsabiliza pelo fato de os dados armazenados no cotidiano das autoridades, não obstante o direito à proteção dos dados, serem mais tarde transmitidos e, por fim, reinterpretados no sentido de restringirem os direitos fundamentais sem consideração de sua limitação de finalidade?[82] Como devemos distinguir os "inimigos da Constituição" dos "amigos da Constituição" se não existem critérios constitucionalmente sólidos para tanto – mas a ideia da liberalidade militante como substituto de legalidade? Qual organização é considerada "oficialmente" como legal, mas secretamente como empenho "hostil à Constituição"? Associação dos amigos da natureza, defensores do meio ambiente, opositores da energia nuclear, jovens socialistas, velhos comunistas, juristas democráticos, cristãos engajados, jovens democratas, social-democratas e sindicalistas – na dúvida, todos são suspeitos: esta é a imagem do final dos anos 1970 e dos anos 1980.

7. O direito do medo e os "metadireitos fundamentais"

A metalegalidade, como plano de referência de medidas supralegais, encontra sua continuidade nos "metadireitos fundamentais" do Estado enquanto plano de referência para a validade e a interpretação de direitos fundamentais individuais e coletivos. Os metadireitos fundamentais são invocados pelos poderes estatais como título de competência para a defesa da liberdade e para a imposição aos cidadãos de deveres de tolerância. Eles levam à regressão do Estado de direito para o Estado da segurança e permitem que elementos normalizados de um regime jurídico-excepcional acentuem-se.

---

82 Sobre a problemática da proteção e do registro de dados, cf. Seifert (1977b). Sobre o efeito intimidador das coletas legais de informação por parte das autoridades estatais, cf. Hartlieb (1976).

O metadireito fundamental à manutenção do status quo político

Nos debates dos anos 1970 e 1980 sobre a "segurança interna" e a "fidelidade estatal" sempre volta a aparecer, assim como acontece frequentemente nas doutrinas do estado de exceção, a figura de argumentação do direito de existência e de autopreservação do Estado.[83] Quando, com isso, faz-se referência à repulsa necessária de perigos mediante emprego da violência estatal, seus bens de proteção, como a estabilidade da República Federal da Alemanha e de seus *Länder*, bem como a democracia de Estado de direito, são garantidos pela Lei Fundamental.[84] Todavia, o direito de autopreservação transforma-se em um metadireito fundamental estatal quando os cidadãos e servidores do Estado exigem que este seja reconhecido em seu aspecto atual concreto como realidade fática e normativa imutável, ou seja, quando a preservação do *status quo* político torna-se norma maior, e a garantia da existência do Estado, livre das vinculações à Lei Fundamental, erige uma "barreira ao avanço" das modificações das estruturas políticas.

O metadireito fundamental à autopreservação lembra o direito de resistência (art. 20, § 4º da Lei Fundamental), que, nesse caso, porém, é mobilizado em sentido inverso. Enquanto o direito de resistência, como *ultima ratio* extremamente questionável dos cidadãos, abandona a proteção do ordenamento constitucional democrático, o primeiro transforma em tabu a prática exercida da soberania e passa a repelir, em vez de perigos concretos, liberdades dos cidadãos.

---

83 A esse respeito, cf. os materiais em Denninger (1977, p.487 e ss.) e *BVerfGE* 39, 334, bem como o Komitee für Grundrechte und Demokratie (Comitê para os Direitos Fundamentais e a Democracia, 1982) e, em detalhes, vide Capítulo IV.

84 Podem ser entendidos como concretizações da garantia da estabilidade territorial e política, em especial, os instrumentos da "democracia combativa" (art. 9º, § 2º; 18 e 21, § 2º da Lei Fundamental), o auxílio em catástrofes (art. 35, § 2º e 3º da Lei Fundamental) e as regulações atinentes ao estado de necessidade interno (art. 87a, § 4º da Lei Fundamental).

O recurso a um "estado de necessidade supraconstitucional", ao "estado de necessidade do Estado" ou mesmo a uma "reserva de bem-estar comum" em prol do Estado e em detrimento dos cidadãos revela que se atribui ao Estado uma garantia de existência que remodela os direitos fundamentais.[85] Foi desse modo que, nos anos 1970, as práticas ilegais de escuta foram legitimadas com o direito de exceção no âmbito do combate ao terrorismo:

> Quando aspectos preeminentes do bem-estar comum O EXIGIREM, um direito fundamental não se encontra na estrutura jurídica de modo ilimitável, ainda que não lhe esteja acrescida nenhuma reserva legal ou que a reserva legal acrescida não seja suficiente. Mesmo nesse caso, ela deve SE CURVAR às exigências do bem-estar comum. [...] Mesmo quando a Constituição não tenha previsto essas restrições por meio da ponderação de perigos comuns, como a reserva do bem-estar comum, a possibilidade de intervenção resultaria do aspecto do "estado de necessidade supralegal" para justificar a repulsa dos perigos atuais e incalculáveis.[86]

O âmbito estatal interno assemelha-se, assim, a uma situação de direito internacional. A validade de todas as vinculações estatais é restringida pela reserva de que o Estado pode se desvincular delas quando se sentir ameaçado em sua existência. Para proteger seu metadireito fundamental, ele sai do "âmbito de seu ordenamento jurídico" e persegue "suas finalidades".[87] No caso concreto, portanto, uma suposta situação extrema – um perigo putativo, bem entendido – já conduz à negação do Estado de direito, quando instâncias estatais arrogam-se competências supraconstitucionais que sobrepujam as barreiras dos direitos fundamentais – e não, acaso, para

---

85 A esse respeito, cf. Seifert (1977a) e Roßnagel (1977).
86 Maihofer, citado segundo o jornal *Frankfurter Rundschau* (10 mar. 1977, p.13). Sobre a prática da proteção do Estado nessa matéria, cf. a ampla documentação na revista *Der Spiegel* (10-14/1977).
87 Cf. a argumentação de Mayer (1924, parte IV, v.1, p.9 e ss.).

negação da negação do Estado de direito no estado de exceção aplicado segundo a Constituição.[88]

O metadireito fundamental à fidelidade estatal

A fidelidade constitucional, aplicada ao sistema normativo de uma Constituição democrática, não é um dever civil impassível de cumprimento. Ela é condizente com o *método Locke* que, no *government of laws and not of men*, substitui o vínculo de fidelidade pessoal entre governantes e governados pelo vínculo impessoal da obediência legal. Assim, quando os meios e as vias para a transformação das relações sociais são associados ao mandamento da constitucionalidade e da legalidade, não se constitui, com isso, um "metadireito fundamental" do Estado. Todavia, esse metadireito desenvolve-se quando a "fidelidade estatal" abstrata é personalizada regressivamente e elevada à categoria de norma de conduta superior. Deficit medidos segundo essa lógica servem, então, de indício para a "hostilidade constitucional e estatal", sem que os critérios de conteúdo, finalidade e dimensão dessa fidelidade sejam inferidos da Constituição democrática.

A conversão da fidelidade à Constituição e à lei em uma fidelidade ao Estado está inserida nas cláusulas do direito do funcionalismo público que exigem dos destinatários "que ofereça(m) a garantia de que, a todo tempo, defende(rão) [...] o ordenamento fundamental liberal democrático" (art. 7º, § 1º, nº 2 da Lei dos Servidores Públicos Federais). Na interpretação da fidelidade funcional da "decisão

---

88 É possível inferir o modo como o estado de exceção deve ser aplicado conforme a Constituição partindo-se de uma conclusão inversa da análise do Estado duplo de Fraenkel (1974, especialmente p.33). De modo semelhante, Schuster (1968, p.417): "As estipulações da Lei Fundamental relativas à repulsa têm caráter excepcional – ou, como formula Helmut Ridder: 'caráter de estado emergencial' [...] Em todo caso, elas não devem ser interpretadas no sentido de que a Lei Fundamental contenha algo como uma garantia de estabilidade do '*establishment*' político atual da República Federal da Alemanha". Schuster (ibidem, p.429) conclui: "O estado de exceção não se deve transformar em norma por razões de comodismo ou oportunidade".

sobre os extremistas" do tribunal constitucional alemão, a cláusula da oferta de garantia é personalizada e ampliada à orientação ideológica:[89]

> Faz-se referência ao dever de disposição para se *identificar* [...] com a *ideia do Estado*, ao qual o servidor deve servir. [...] É indispensável [...] que o servidor afirme o Estado – a despeito de suas deficiências – e o ordenamento constitucional vigente, na forma em que vige, que os reconheça como dignos de proteção, que se reconheça partidário dele e defenda-o ativamente. [...] O dever de fidelidade política – fidelidade estatal e constitucional – exige *mais do que uma postura* internamente distanciada, *apenas formalmente correta*, desinteressada, de resto, em relação ao Estado e à Constituição [...] Espera-se do servidor que ele *conheça e reconheça* esse Estado e sua Constituição como um valor positivo maior, que vale a pena ser defendido. [...] A fidelidade política exige do servidor que ele tome o partido do Estado, que esteja pronto a responsabilizar-se por esse Estado, pelo "seu" Estado, que ele se sinta em casa no Estado ao qual deve servir [...]

– e isso deve acontecer imediatamente, não apenas após as modificações correspondentes admitidas pela Constituição (*BVerfGE* 39, 334/347 e ss).

De fato, o tribunal constitucional alemão declara: "o Estado e a sociedade não podem ter interesse em um corpo de servidores públicos 'acrítico'". Ele admite expressamente as críticas "às manifestações desse Estado" (*BVerfGE* 39, 334/348). Mas continua sendo um enigma como e até que ponto os servidores públicos, não obstante seu dever de fidelidade ampliado, podem e devem criticar sem o risco de serem sancionados. Sobretudo quando o "vigor da República Federal Alemã [é lido] na fidelidade constitucional de seu corpo de

---

89 Em razão do significado amplamente abrangente, citarei aqui apenas a "decisão sobre os extremistas" (*BVerfGE* 39, 334). Cf. também as positivações do dever de fidelidade no direito do funcionalismo público, como, por exemplo, os arts. 35, 36 da Lei-Quadro do Funcionalismo Público.

servidores públicos" (*BVerfGE* 47, 350),⁹⁰ e a crítica é avaliada como expressão de uma atitude política hostil, o mandamento da fidelidade exige dos servidores, na realidade, que eles não critiquem.

O metadireito fundamental à fidelidade aplica-se, sobretudo, mas não exclusivamente, na relação do funcionalismo público, que passou a ser tratada dogmaticamente como "relação de direito especial",⁹¹ mas continua tendo o caráter de uma "relação especial de poder"⁹² caracterizada pela redução das garantias jurídico-fundamentais de liberdade. Embora o tribunal constitucional alemão, em sua decisão, conceda ao cidadão normal a liberdade de "rejeitar o ordenamento constitucional e de combatê-lo politicamente, contanto que o faça dentro de um partido que não seja proibido, com meios geralmente permitidos", o Tribunal, "bem como esta democracia [espera] de seus cidadãos [...], uma defesa do ordenamento liberal" (*BVerfGE* 28, 48; 39, 359). Um encargo que parece paradoxal, que o cidadão pode interpretar para si com grandes riscos de ilegalização e, então, agir politicamente ou, em vez disso, por precaução, deixar-se conduzir, em vez de agir.

Nos anos 1970 e 1980, deixou-se de se tratar apenas da fidelidade constitucional: "Os professores de ensino superior da matéria de Sociologia têm uma função especial na manutenção e na consolidação de nosso ordenamento estatal liberal, na instrução correspondente dos estudantes".⁹³ Os físicos tornam-se suspeitos quanto à sua fidelidade quando apresentam sua candidatura em uma lista de

---

90 Cf. também o Supremo Tribunal Administrativo de Koblenz, *Juristenzeitung* (1974, p.24).

91 Desde a decisão de princípio do tribunal constitucional alemão do ano de 1972 sobre os direitos fundamentais de prisioneiros, as até então chamadas circunstâncias especiais de violência passaram a existir sob o nome de circunstâncias de direito especial nas quais os direitos fundamentais, por princípio, não são suspensos (*BVerfGE* 33, 1).

92 O voto discordante da "decisão sobre o véu" do tribunal constitucional alemão, do ano de 2003, contém reminiscências da figura da "circunstância especial de violência" (*BVerfGE* 108, 282/314 e ss.).

93 Extraído da fundamentação de uma decisão denegatória do Ministério da Cultura do *Land* de Schleswig-Holstein, Schleswig-Holstein (1975, p.10).

orientação sindical (Engelmann, 1977, p.409 e ss.). Para os bancários, a atividade "contrária à fidelidade" no Partido Comunista Alemão acarreta a demissão sem aviso prévio.[94] Com isso, os cidadãos são obrigados a demonstrar sua fidelidade confiando na correção das decisões estatais, como é o caso das "decisões sobre os extremistas":

> Ao fazê-lo, na realidade, o círculo dos interessados teria que garantir uma interpretação democrática dessa tentativa bem-intencionada, mas frustrada de, por meio da decisão dos responsáveis da Federação e dos *Länder*, chegar a uma aplicação uniforme das decisões de apreciação relativas à colocação no serviço público, sobre a base do direito que vige inalterado em nosso país há séculos.[95]

Em vez da crítica pública, os cidadãos são exortados, afinal, a manter uma "confortável relação de servidão" (Marx) para com a autoridade estatal, em que o dogma da fidelidade de caráter metajurídico-fundamental "[serve] à conscientização sobre a perpetuação da instituição e do sistema de crença-descrença que ela representa" (Rokeach, 1960, p.68).[96]

8. Metadireitos fundamentais, metalegalidade e mito

Com a criação de metadireitos fundamentais, que são inferidos, como que por mágica, do ordenamento de valores, ou produzidos a partir dos encargos constitucionais, quando não resultam

---

[94] Este e outros "casos" estão contidos na ampla documentação de Bethge; Roßmann (1973). Cf. também Bethge et al. (1976.), e Komitee für Grundrechte und Demokratie (Comitê para os Direitos Fundamentais e a Democracia, 1982, especialmente p.144 e ss.).
[95] Maihofer (*"Referat auf dem Bundesparteitag der FDP am 19./20.11.1976"*, apud *Frankfurter Rundschau* de 9 dez. 1976, p.14).
[96] Cf. também Edelman (1976, p.39 e ss.). Se a fidelidade é elevada à categoria de dogma, não pode mais existir nenhuma diferenciação qualitativa nas exigências de fidelidade do servidor público ou do cidadão; cf. *BVerfGE* 39, 334/355, sobre a fidelidade do servidor público!

da "natureza da matéria", o sistema dos direitos fundamentais sofre um desgaste. Ele se reduz cada vez mais a um apêndice do programa de ação para uma técnica de Estado executiva que alega valorizar um interesse supostamente objetivo da sociedade nos diferentes âmbitos vitais. As instâncias estatais assumem seu encargo político educativo, executam a pretensão punitiva do Estado e defendem, sobretudo, seus interesses de segurança. Os administradores da segurança interna fazem um prognóstico da fidelidade estatal dos indivíduos e, sendo bom esse prognóstico, deferem o juramento de fidelidade.

Da negação e do rompimento tendencial das formas de soberania e de controle de Estado de direito, especialmente por meio da prática da legalização em branco e da construção da metalegalidade e de metadireitos fundamentais, o poder Executivo resulta fortalecido e francamente mistificado. Equipado com instrumentos e competências de intervenção suplementares e, em parte, jurídico-excepcionais, com recursos orçamentários disponibilizados para tanto e com um quadro efetivo de pessoal consideravelmente incrementado, ele faz frente aos cidadãos na qualidade de empreendedor do bem comum e fomentador da paz dotado de uma consciência da segurança.

Em contrapartida, os direitos de liberdade dos indivíduos e dos grupos devem passar para o segundo plano. Para segurança própria e geral, esses direitos são juridicamente incluídos no círculo constitucional ampliado e politicamente resguardados.[97] A sociedade aparece como sendo aquela exortada associação com o Estado soberano do "superego", "formada" na conduta e na consciência política,[98] da metade dos anos 1960, perante a qual indivíduos, grupos e organizações devem responder por suas expressões e ações. Nesse

---

97 Por fim, o povo é transformado em "órgão estatal"; cf. *BVerfGE* 8, 104 e, a esse respeito, a crítica de Ridder (1977, p.161).
98 O lema da "sociedade formada" remonta ao ex-chanceler alemão Ludwig Erhard (1965) e designa uma sociedade libertada do pensamento da luta de classes, orientada inequivocamente pela ideia de bem-estar, característica da economia de mercado e baseada na condução psicológica da economia.

cenário, a defesa do paradigma de Estado de direito liberal, por mais criticável que possa ser, ganha uma premência considerável. Pois "a soberania da lei, por mais restrita que seja, ainda é infinitamente mais segura do que uma soberania sobre a lei sem lei" (Marcuse, 1967, p.70 e ss.).

CAPÍTULO VI
SEGUNDA CRISE
O ESTADO DE EXCEÇÃO NORMALIZADO NO ESTADO SECURITÁRIO

1. O terrorismo e a "nova arquitetura securitária"[1]

O terrorismo quer dominar o pensamento (Wördemann, 1977). O interesse visa ao efeito de choque. Independentemente disso, os danos e as vítimas não têm importância para os criminosos. Da perspectiva dele, o crime terrorista distingue-se do comum pelo fato de a violência reduzir-se ao seu valor simbólico. Cada atentado contém uma mensagem de arrogância bárbara, muitas vezes reforçada por uma declaração de guerra expressa em vídeos ou manifestos de reivindicação.[2] No plano simbólico, terrorismo é comunicação, mas uma comunicação unilateral, interessada no "benefício da atenção" (Bung, 2006, p.64, também quanto ao que se segue),

---

[1] Algumas reflexões prévias a esse respeito foram publicadas pela primeira vez sob o título "Crítica ao direito de combate" (*Kritische Justiz*, 2005, p.370 e ss.). A redação original foi minuciosamente reelaborada considerando a problemática da técnica de Estado, do Estado de direito e do estado de exceção e com a inclusão de novas evoluções na prática e nos discursos que a acompanham.

[2] Outro acento é dado por Hoffmann (2001). Waldmann (2003), fala, ao contrário, de "*low intensity wars*". Cf. também Münkler (2002) e Scheerer (2002).

não no entendimento.³ Mandantes e executores indicam sua motivação supostamente altruística para se distanciarem de crimes silenciosamente egoísticos e despertar a atenção pública. As pessoas diretamente envolvidas não devem se comportar como público mais ou menos interessado, nem os órgãos de segurança podem se movimentar dentro do âmbito de sua discricionariedade decisória – ou seja, atuar ou deixar que se atue na repulsa do terrorismo e na investigação dos agentes. Por um lado, o terrorismo pretende obrigar a classe política, a mídia e até mesmo toda a sociedade e, por fim, a opinião pública mundial tanto a se envolverem constantemente com os supostos objetivos de seus protagonistas quanto a lidarem necessariamente com os temores gerados pelo terror.

Por outro lado, com seu atentado sangrentamente instrumental e com o sacrifício cínico e desmesurado de inocentes, o terrorista visa provocar o aparelho repressivo preventivo do Estado de direito, dar a entender que o Estado, por meio da repulsa de perigos e da persecução penal, por meio do recurso a competências jurídico-excepcionais, mostra ser um regime autoritário⁴ ou, então, desmascarar a corrupção e a fraqueza da civilização (ocidental). Desse modo, o conjunto das reações antiterroristas⁵ – dos "pacotes de segurança" legislativos, assim chamados em tom minimizador, passando por medidas policiais e chegando até os discursos de caráter midiático e jurídico-científico sobre a liberdade e a segurança que os acompanham – atendem não apenas às expectativas de segurança da sociedade, quase sempre ilusórias, mas também, obrigatoriamente, àquela comunicação iniciada ou à qual se dá continuidade com um atentado terrorista. Apesar dessa reserva em relação à comunicação

---

3 O plano simbólico é ignorado por Roellecke (2006, p.268); todavia, há que se concordar com ele quanto à sua afirmação de não ser possível "uma comunicação jurídica racional [...] com terroristas".
4 Esta era a estratégia dos terroristas da Fração do Exército Vermelho.
5 A esse respeito, cf. documentação da Gustav Heinemann-Initiative & Humanistische Union (2009). Sobre a tendência secular nas sociedades preponderantemente ocidentais, cf. Darnstädt (2009). Cf. também os trabalhos em Graulich e Simon (2007).

forçada pelo terrorismo, nas reflexões que se seguem, gostaria de tratar do discurso securitário desencadeado pela série de atentados terroristas. Para frisar expressamente desde já, não contesto que as medidas antiterrorismo sejam convenientes e, em princípio, também justificáveis. Mas isso não as isenta de crítica.

Aqui, vamos discutir os riscos e os efeitos colaterais da chamada "nova arquitetura da segurança"[6] construída sob o signo do combate ao terror. Seus pilares são: *primeiro*, as várias medidas reunidas em três "pacotes antiterrorismo"; *segundo,* o intercâmbio de informações entre a polícia e os serviços secretos e a ampla gama de autorizações relativas ao emprego amplamente disseminado dessas informações, como, especialmente, a vigilância da telecomunicação e o recurso a dados disponíveis *on line*, o fichamento de placas automotivas, o emprego de tecnologia de segurança em documentos de identificação e nos controles de fronteiras, a busca e a verificação sistemática ou aleatória de dados, a retenção de dados, a vigilância por vídeo; *terceiro*, o enrijecimento, sobretudo, do direito de estada e permanência, do direito de reunião e do direito penal; *quarto,* a cooperação institucional entre vários órgãos oficiais no combate ao terrorismo (Polícia, Polícia Federal, Agência Federal de Proteção da Constituição e Agência Federal de Investigações Criminais) (Gustav Heinemann-Initiative & Humanistische Union, 2009).

Mas o caráter *ad hoc*, a velocidade precipitada de construção e a plasticidade semântica e instrumental dessa arquitetura fazem sentir falta de todo e qualquer planejamento, coesão e estabilidade, ou seja, precisamente, dos princípios arquitetônicos diretores.[7] O caráter *ad hoc* é ilustrado, nos últimos tempos, pela "Lei Complementar de Combate ao Terrorismo" e pelo projeto de uma "Lei de Persecução da Preparação de Atos de Violência Graves", que

---

6 Ver análise detalhada a esse respeito nos trabalhos em "*Neue Sicherheitsarchitektur: Das Netz im Innern*", *Cilip 90* (2008).

7 Sobre princípios condutores desse tipo como pilares de uma arquitetura da segurança, cf. Ackerman (2006, especialmente p.119).

fez um crítico supor que o Estado de direito esteja perdendo o sangue frio (Walter, 2008).

Insiro a "arquitetura securitária"[8] que se desenvolve no âmbito nacional, mas também global, no conceito de um "direito de combate" que deve ser inferido da atividade legislativa – não apenas no que se refere ao terrorismo internacional – e no qual se faz notar outro grau da normalização do estado de exceção. A retórica do combate que se desenvolve no plano legislativo prolonga-se para a prática dos órgãos de segurança executivos. No discurso jurídico-científico, ela é traduzida em justificações dogmáticas da militância e da resistência do Estado perante seus "inimigos".[9]

Minha tese, que será explicitada a seguir, é que essa militância caracteriza, em palavra e em ação, a segunda crise do Estado de direito da República Federal da Alemanha. Ela começa no início dos anos 1990 e, mais precisamente, de novo, como reação a atividades terroristas. Diferentemente do terrorismo da Fração do Exército Vermelho, o "novo" terrorismo opera no plano transnacional, em redes transfronteiriças, que os construtores do Estado de direito pretendem combater com aquela "nova arquitetura securitária". Sob o lema quase mágico da "interconexão", as concepções antiterroristas dão continuidade à reestruturação do Estado de direito em Estado de prevenção ou de segurança iniciada em sua primeira crise (Denniger, 1988). Se nela já se mostravam claramente tanto a combinação entre o *método Locke* e o *método Hobbes* nas irrupções de uma racionalidade material no direito da segurança, quanto as perdas de

---

8 Sobre a arquitetura global da segurança, cf. Denninger (2005a), Müller (2003), Balkin (2009), Günther ("*Weltbürger zwischen Freiheit und Sicherheit*", http://refgov.cpdr.ucl.ac.be/?go=publications&dc=2784ecb724c8881513158535e28211bdfa42cc2d); Heinz, Schlitt e Würth (2003); Heinz e Arend (2004). Sobre a alteração do direito de guerra no ordenamento de segurança global, cf. Berman (2004); e Kennedy (2006).

9 É instrutiva e acompanhada de exemplos desse trabalho de tradução, a opinião divergente da juíza Haas quanto à "decisão sobre a verificação sistemática de dados" do tribunal constitucional alemão (*BVerfGE* 115, 320/371). Cf. também Hillgruber (2007), Gramm (2006), Depenheuer (2008) e Isensee (2004). Análise crítica a esse respeito, cf. Lepsius (2004a).

calculabilidade do poder soberano,[10] a segunda crise, além disso, gera falhas tectônicas no plano das bases interventivas das autoridades encarregadas da repulsa de perigos e da persecução penal, dos serviços secretos e das Forças Armadas. Os sintomas da crise manifestam-se no vocabulário e na gramática da liberdade e da segurança. Na técnica de Estado e na mentalidade dos cidadãos, elas condicionam uma "normalização" do estado de exceção.

2. A "normalização" do estado de exceção

As periclitações da normalidade da liberdade

O lema "liberdade igual para todos" funciona como mantra das sociedades seculares. O que é prometido aos titulares dos direitos de liberdade é assumido como dever por seus representantes e pelos titulares das funções públicas. Uma prática dos direitos fundamentais que se orienta por esses mantras – um cidadão ativo, respeitoso dos direitos de outrem e o respeito proporcional dos direitos fundamentais na atuação estatal, assim como, relacionado a isso, o juízo cientificamente instruído sobre o conteúdo e o alcance dos direitos fundamentais – marca, com o tempo, tanto uma normalidade da liberdade quanto uma mentalidade que lhe corresponde. A normalidade e a mentalidade da liberdade afirmam-se no plano da atuação cidadã ativa como disposição para o conflito; no plano da execução estatal do "monopólio da violência legítima" (Max Weber), elas geram um clima de legalidade (Frankenberg, *AK-GG*³, Art. 20 Abs.1-3 IV, nota 9). Ambos os aspectos manifestam-se de modo especialmente claro, no que se refere aos cidadãos, em uma cultura de conflito e, quanto ao Estado, em um direito da repulsa de perigos e em um direito penal moderado pelos princípios do Estado de direito.

---

10 Mais detalhes a esse respeito, cf. Denninger, (1988) e as exposições no Capítulo V.

Como se expôs,[11] a distinção normativa do estado de liberdade juridicamente delimitado recebe seus contornos idealizantes da imagem constrastativa lúgubre do estado de exceção. Como exceção da normalidade normativa consideram-se as situações de estado de sítio, de estado de necessidade desencadeado por catástrofe e de ameaça interna evocada por revolução e tumulto. Os poderes estatais tratam-nas com um conjunto de técnicas de poder concebido de modo a reverter a situação de necessidade. Segundo os fenômenos não escritos ou positivados, centrados no Estado ou na Constituição e as técnicas estatais que lhes são correspondentes,[12] o estado de exceção deixa transparecer seu caráter extraordinário de maneira mais ou menos clara na declaração formal, na regulação legal ou no apelo a uma fonte supralegal. É possível situar esse caráter extraordinário, segundo a perspectiva teórica e a normatização legal prática, além da normalidade, em seus limites ou em uma esfera obscura entre direito e caos.[13] Como dispositivo *político*, o estado de exceção faz a forma jurídica desintegrar-se ao suspender as regras normais do uso da liberdade pelos cidadãos e do exercício do poder pelo Estado. Como dispositivo *jurídico*, ele põe em risco a racionalidade formal do Estado de direito ao comprometer a soberania da lei geral por meio da soberania das medidas[14] e desativa a normatividade da situação normal – suas regulações, barreiras e controles do

---

11 Vide Capítulos III e, em especial, IV.
12 Sobre as diversas opções e representações de ameaças de caráter jurídico-excepcional, Capítulo IV, 8.
13 Com exemplos das diferentes contextualizações do estado de exceção: Schmitt (1979, p.19): "Do mesmo modo que, no caso normal, o elemento autônomo da decisão pode ser reduzido a um mínimo, no caso excepcional, a norma é *destruída*. Não obstante, o caso excepcional continua acessível ao reconhecimento jurídico, porque ambos os elementos, norma e decisão, *permanecem dentro do âmbito do jurídico*". Agamben (2004, p.7): "O estado de exceção mostra-se como forma legal daquilo que não pode assumir uma forma legal". Em contraposição a isso, Böckenförde (1981, p.264 e ss.) esboça a "estrutura-modelo" de uma regulação excepcional positivante.
14 Bung (2006, p.65) afirma que o Estado de direito, que procura "respostas incomuns [...] já se despediu de si mesmo".

exercício do poder – em nome das "materializações" ditadas pela situação excepcional.

A normalização do estado de exceção e a crise do Estado de direito

A segunda crise do Estado de direito da República Federal Alemã enseja o complemento dessa fenomenologia de figuras de pensamento e modelos de regulação de caráter jurídico-excepcional com a "normalização" constante e insidiosa do estado de exceção. Por "normalização", entendo a banalização e a minimização de medidas extraordinárias, a modificação radical da topografia do Estado de direito em detrimento da proteção da liberdade e a inserção de autorizações de intervenção de natureza jurídico-excepcional no ordenamento jurídico ou a inclusão de figuras de pensamento jurídico-excepcionais na dogmática jurídica da situação normal reunidas sob a máscara do direito normal. Caso a caso, ou conforme a necessidade, o inconcebível é regulado ou concebido, o não subsumível é subsumido ou aquilo que, originariamente, rompe os limites da normalidade é normatizado. Diferentemente do estado de necessidade da Constituição ou do Estado declarado e juridicamente normatizado, os fenômenos normalizados não manifestam publicamente seu caráter excepcional, mas penetram pela porta de trás, furtivamente, na normatividade e na normalidade.

Esse processo de normalização não penetra na sociedade e em "seu" regime de legalidade democrática como um poder superior apenas nos anos 1990; pelo contrário, os primeiros indícios já podem ser observados na primeira crise do Estado de direito. Nela, as normalizações mostram-se, por um lado, em transgressões pontuais, como escutas clandestinas ilegais e declarações de descrédito internas ao Estado; por outro, na construção de uma metalegalidade e de metadireitos fundamentais em detrimento do uso da liberdade originariamente constitucional.[15] Na segunda crise do Estado de direito, as tendências do Estado vigilante levam a falhas estruturais

---

15 Ver análise detalhada a esse respeito, supra, Capítulo V.

no direito da repulsa de perigos no sentido mais amplo.[16] A normalização do estado de exceção acentua-se de modo dramático com o atentado à vida e à saúde. O Estado de direito não apenas cai em apuros ou regride aqui e ali; ao contrário, ele regride amplamente em relação ao Estado securitário hiperpreventivo.

As periclitações da mentalidade da liberdade

A normalidade da liberdade e a mentalidade da cidadania ativa que lhe corresponde correm risco quando os cidadãos desertam da opinião pública ou quando os titulares do poder estatal transgridem os limites do Estado de direito como "forma de Estado da distância".[17] A deserção civil é típica em regimes autoritários, especialmente nos totalitários, que apoiam de modo sistemático a fuga da cidadania ativa da esfera pública e sua retração para o âmbito privado, para transformar a opinião pública em uma instituição estatal (Rödel; Frankenberg; Dubiel, 1989). Em regimes democráticos de Estado de direito relativamente consolidados, a erosão de garantias e processos asseguradores de direitos põe em risco a disposição dos cidadãos para a ação e é capaz de atiçar aquele medo no Estado de direito,[18] que os âmbitos de proteção claramente delimitados dos direitos fundamentais e os processos e princípios de Estado de direito devem justamente conjurar.

Eventos catastróficos, como o assassinato terrorista em massa de 11 de setembro de 2001 ou a série de brutais atentados à bomba que caíram como raios no cotidiano, também podem gerar sentimentos de ameaça e tendências de retraimento. Seu causador é uma

---

16 Ver uma boa panorâmica das análises em Graulich e Simon (2007, especialmente capítulos IV e V).

17 Ambos os elementos também podem ser mais estreitamente associados: os cidadãos desertam da vida pública *porque* os titulares do poder estatal transgridem os limites do Estado de direito como forma de Estado da distância não apenas de modo pontual.

18 A esse respeito, vide Capítulo V e as edificantes exposições de Bung (2006).

réplica sísmica emocional, que deve ser trabalhada individualmente, de um evento incalculável, experienciado sempre como catástrofe. Outras fontes de temores a serem consideradas são os cenários oficiais de medo, condensados, por exemplo, na imagem da "bomba tique-taqueante" ou no lema da "guerra contra o terrorismo" e as reações de pânico por parte do poder estatal por eles legitimadas e ocasionadas. Seu caráter precipitado e sua falta de objetivo podem, no mínimo, intensificar e atualizar, quando não até mesmo evocar temores relacionados com o evento ameaçador. Quando esses cenários e reações levam à erosão da estatalidade de direito, eles produzem a representação de um Leviatã incalculável e geram aquele clima de medos difusos quanto a intervenções abusivas do Estado na esfera de liberdade. Tanto a erosão do Estado de direito quanto a reação exagerada a catástrofes abalam a segurança cognitiva. Com razão ou não, os cidadãos precisam temer que a reivindicação das liberdades que lhes são garantidas possa lhes trazer más surpresas e elevar-se a riscos quase inabrangíveis, sobretudo nos tempos da interminável "guerra contra o terrorismo".

Entretanto, periclitações do estado normal normativo não levam de modo algum, necessariamente, a sua liquidação ou diretamente ao estado de exceção. Todavia, atentados e ataques, quando, em razão de sua frequência, drasticidade ou falta de objetivo, assumem o caráter de catástrofes incalculáveis, favorecem formas de reação que oneram a liberdade. Os decisores políticos, sobretudo aqueles encarregados da segurança interna, reagem a tais situações de perigo, na retórica política e com os instrumentos do direito, com uma mudança de tendência quanto aos princípios condutores da liberdade e da segurança e à oposição entre estado normal e estado de exceção.[19] Na técnica de Estado, eles liberam a valência iliberal do *método Locke* analisada por Foucault.

---

19 A esse respeito, vide Capítulo IV, 2. Bung (2006, p.66) remete acertadamente ao fato de ser o medo o que dita essa mudança de tendência.

Resta saber se essas reações também se devem a uma "neurotização secundária"[20] dos titulares de funções públicas que atuam influenciados pelo pânico ou *apenas* a um cálculo oportunista que visa à legitimação e à manutenção do poder. Pois é difícil contestar que elas, sobretudo quando irrompem de modo especialmente ameaçador e perigoso na normalidade, ampliam-se, de modo francamente rotineiro, para além de uma apreciação sensata da situação ameaçadora e de uma ponderação cuidadosa das medidas de repulsa exigidas,[21] deixando transparecer, ao menos, um ativismo simbólico, que *também* tem motivações tático-eleitorais e político-partidárias.

3. Da lógica do direito de combate

A retórica da militância

Esse ativismo executivo é captado textualmente por uma legislação que persegue a finalidade de gerar na percepção pública "a impressão tranquilizadora de um legislador atento e decidido" (Cancio Meliá, 2005, p.270). Assim, o legislador fornece aos administradores da segurança interna autorizações de intervenção sempre novas e cada vez mais amplas, cujo objetivo é sugerir ao público assustado que está sendo feito sem demora tudo que é necessário para afastar a ameaça.

O ativismo simbólico é acompanhado por um discurso de suplantação regularmente tingido de matizes político-partidários e que se concentra na questão de quem é capaz de colmatar supostas lacunas de segurança da forma mais lógica possível e, por conseguinte, prometer mais segurança. O discurso securitário é caracterizado por uma retórica legislatória da militância que é por ele mesmo

---

20 Nesse sentido, cf. o argumento em Frankenberg (1977), relacionado, contudo, à percepção dos cidadãos quanto à liberdade ameaçada pelo poder estatal e que, por isso, deve ser entendida, aqui, por assim dizer, no sentido inverso.
21 A esse respeito, ver as diferentes avaliações de Bosbach (2008) e Stegner (2008). Vide também Capítulo IV, 2.

instigada. No que se refere à autodescrição dos produtos do legislador, isso significa que as leis – em primeiro lugar, aquelas que visam à repulsa de perigos e, depois, de todas as outras possíveis – não regulam meramente por meio de proibições e mandamentos, mas também se afirmam e *combatem*, por assim dizer, militarmente. As leis devem instaurar e conduzir a guerra contra tudo que possa parecer ameaçador: "criminalidade organizada",[22] lavagem de dinheiro e narcotráfico, sonegação tributária, abuso de asilo, trabalho clandestino, vandalismo esportivo e grafitagem, sem esquecer o terrorismo internacional.[23]

A repulsa hiperpreventiva de perigos

Segundo minha tese, o direito de combate obedece à lógica de um estado de exceção normalizado e atualizado. Com a transição semântica da regulação para o "combate" e com a mudança funcional para um instrumentário quase jurídico-excepcional, a técnica de Estado é constantemente situada na concepção de uma repulsa de perigos e de uma persecução penal tão militante quanto abrangente. Ao poder estatal são atribuídas competências interventivas suplementares que se estendem ao campo preliminar dos perigos,

---

22 Vide a definição oficial em *Gemeinsame Arbeitsgruppe Justiz/Polizei, RiStBV Anlage E*. Cf. análises críticas de diferentes teores quanto ao conceito de "criminalidade organizada" em Pütter (1998); Kinzig (2004); Albrecht (2005; 1998).
23 Lei de Combate ao Terror Internacional de 1º jan. 2002 (Denninger, 2002a). Cf. também as leis que precederam temporalmente essa lei: Lei de Combate ao Terrorismo de 19.12.1986, *BGBl*. I, 2.566; Lei de Combate ao Comércio Ilegal de Entorpecentes e a Outras Formas de Criminalidade Organizada de 15 jul. 1999, *BGBl*. I, p.1.302; Lei de Combate aos Crimes de 28 out. 1994, *BGBl*. I, 3.186; Lei de Combate à Evasão de Impostos de 19 dez. 2001, *BGBl*. I, p.3.922, que, dentre outros, trouxe uma emenda ao art. 370a do Código Tributário; Lei de Combate ao Trabalho Clandestino de 23 jul. 2004, *BGBl*. I, p.1.842, com a alteração de 07 set. 2007, *BGBl*. I, 2.246; Lei de Combate ao Hooliganismo; a esse respeito, vide a fundamentação do Projeto de Lei do Governo Federal, *BT-Drucksache* 14/2.726, 1 e 5, bem como a Lei Complementar de Combate ao Terrorismo de 05 jan. 2007. Instrutivos também os debates no parlamento alemão quanto à Lei de Combate à Grafitagem, que agrava o crime de dano material (art. 38 da Lei de Alteração do direito penal), *BT-Plenarprotokoll* 15/182, 17.184-17.192.

à sua vigilância e ao seu controle, para repelir não apenas perigos concretos, mas também para poder captar antecipadamente riscos longínquos para a segurança, de acordo com o *método Foucault* de técnica de Estado. A par disso, o direito de combate impõe-se em novas disposições penais agravadas e que se estendem a atos preparatórios, as quais antecipam a punibilidade e, combinadas com a redução das garantias processuais penais, assumem um caráter de "direito do inimigo".[24] Além disso, globalmente, o direito penal de combate gera um clima punitivista.

No âmbito de uma nova prevenção dinamizada, orientada especialmente para a "criminalidade organizada" e para o terrorismo, o direito de combate, que totaliza e agrava a repulsa de perigos, modifica também a topografia do Estado de direito. Como exporemos em breve, as categorias e distinções centrais de garantia da liberdade e da limitação da atuação estatal – sobretudo o conceito de perigo e a diferença entre perturbadores e não perturbadores – são retificadas. Ao mesmo tempo, as fronteiras entre polícia, serviços secretos (a esse respeito, ver Droste, 2007) e forças armadas, entre segurança interna (repulsa de perigos) e externa (defesa), entre direito penal e direito de guerra (Lüderssen, 2002, p.19; Kühne, 2004) são demolidas, e as barreiras de intervenção, reduzidas.[25] Sob o pano de fundo das restrições da esfera privada e da esfera de liberdade dos cidadãos assim ocasionadas, desenham-se os contornos do Estado de prevenção ou de segurança (Denninger, 1988).[26]

Com a ideia condutora da segurança, a legislação de combate produz, globalmente, uma retórica, uma concepção e uma topografia de prevenção inéditas. Em nome da "nova prevenção" ou da

---

24 Esse processo é analisado – e justificado – por Günther Jakobs; a esse respeito, Capítulo IV, 6 e infra, parte 6.
25 Nesse sentido também, ver Poscher (2008) e Volkmann (2009).
26 De maneira um pouco precipitada e apocalíptica, o fim do Estado de direito é às vezes antecipado, e a diferença entre estado de exceção e estado de exceção normalizado, anulada. Contudo, de modo coerente, apenas nessa medida, cf. Paye (2005). Quanto ao Estado preventivo, ver Grualich; Simon (2007, Capítulo V).

"prevenção – parte II",[27] a efetividade da repulsa de perigos ganha primazia sobre os direitos fundamentais, cujo exercício é colocado sob uma "reserva executiva praticamente incondicional", na medida em que "a resposta à questão política da segurança não [depende] mais de um perigo concreto verificável para um bem jurídico" (Lisken; Denninger, 2007, C, nota 91).

O "direito fundamental à segurança" como fundamento do direito de combate

O "direito fundamental à segurança", frequentemente citado para justificar as medidas de combate, mostra-se cada vez mais como base de legitimação do direito de combate.[28] À primeira vista, ele é inferido dos deveres de proteção inseridos em garantias jurídico-fundamentais[29] e, assim, parece dar apenas uma redação constitucional ao encargo de proteção do Estado. Todavia, observando-se mais atentamente, o "direito fundamental à segurança" revela-se como metadireito fundamental do Estado.[30] Pois ele se superpõe aos direitos de liberdade com um título de competência do Estado abrangente, que faz lembrar Hobbes – Estado que assume o encargo de proteção e, em nome desse direito fundamental, desativa a função de repulsa de intervenções desempenhada pelas garantias de liberdade, determinante para o *método Locke*. Pior ainda: com o "direito fundamental à segurança", a exceção pode se erigir em elemento doméstico, como subcaso da regra, no direito da situação normal. Os casos extremos da legítima defesa/do auxílio em legítima defesa e do estado de necessidade policial desvinculam-se de suas condições legais e atualizam-se.

---

27 A esse respeito, cf. Kühne (2004, p.3 e ss., 14 e ss.) e Denninger (2002a).
28 A esse respeito, cf. análise fundamental em Isensee (1983).
29 É sobretudo do art. 2º, § 2º, alínea 1 da Lei Fundamental que se infere o dever do Estado de proteger a vida e a saúde. Ver análise crítica sobre a dogmática dos deveres de proteção em Hermes (*Das Grundrecht auf Schutz von Leben und Gesundheit*).
30 Vide Capítulo V, 7.

4. Da gramática de Estado de direito da liberdade à lógica jurídico-excepcional da segurança

As mudanças de tendência retóricas da liberdade para a segurança,[31] da segurança cognitiva para a existencial – ou: da insegurança assegurada para a segurança insegura – refletem-se no direito de combate não apenas sob o aspecto semântico, mas também estrutural. Pode-se dizer, de um modo um pouco menos metafórico, que essas mudanças de tendência alteram o *status* normativo de segurança e, com ele, a assimetria estrutural na relação entre liberdade e segurança.

A normalização da segurança

Essa mudança é dissimulada por um primeiro passo metódico em direção à normalização da segurança. Esse passo apoia-se na hipótese de que liberdade e segurança encontram-se, como princípios condutores, lado a lado. Para tanto, remete-se, a título de exemplo, ao "direito fundamental da segurança", apadrinhado por Isensee ou, então, apela-se ao "direito à liberdade e à segurança", garantido no art. 5º da Convenção Europeia dos Direitos do Homem (CEDH). Contudo, no que diz respeito a esse dispositivo, não se diz que o direito à segurança deve ser entendido não isoladamente, mas "unicamente em relação com o conceito da liberdade [e orienta-se] contra intervenções 'arbitrárias' por parte do poder estatal no direito de liberdade do indivíduo" (Peukert; Frowein, 1996, Art. 5, nota 4).

Da suposição da equidade normativa entre liberdade e segurança infere-se, então, que as duas podem ser ponderadas entre si sem nenhum problema.[32] A ponderação[33] sugere que, enquanto

---

31 A esse respeito, ver Hassemer (2002); Hoffrmann-Riem (2002); Bielefeldt (2004).
32 Nesse sentido, cf. Baldus (2008).
33 Ver análise fundamental em Alexy (1985) e análise crítica sobre o método da ponderação em Ladeur (2004).

princípios equitativos da normalidade de Estado de direito, a liberdade e a segurança seriam totalmente compatíveis e obedeceriam a uma mesma lógica de otimização. Logo, não haveria que se falar em uma valorização da segurança. Todavia, é exatamente isso que acontece. Na técnica de Estado, na dogmática dos direitos fundamentais e do direito de repulsa de perigos, a segurança cognitiva ascende irremediavelmente, contrariando a manobra retórica de minimização, à categoria de uma espécie de segurança existencial. Essa ascensão é mascarada de duas formas: primeiramente, por meio da afirmação de que a segurança tem sempre um significado cognitivo. Evidentemente, isso não é correto. Pois os pontos de referência da nova segurança não são, justamente, os princípios da determinação, da clareza normativa e da proteção jurídica (fundamental) efetiva e proporcional, orientados contra intervenções arbitrárias do Estado. Pelo contrário, esses princípios são diluídos e conduzidos para outra direção: agora, eles têm o objetivo de assegurar a existência do Estado ou, de modo geral e ilusório, a existência. A segurança, abrangente e existencial, dispensa-se de prestar serviço à liberdade.

Além disso, o desprezo da liberdade é velado pela afirmação de que liberdade e segurança sempre foram, de fato, princípios ou valores de igual categoria e que, portanto, a liberdade nada teria perdido de sua relevância. Em contrapartida, há que se lembrar, em primeiro lugar, de algumas diferenças fundamentais na situação inicial da liberdade e da segurança e na relação específica entre elas. Titulares das liberdades são os cidadãos que, por meio dela, são autorizados a agir publicamente. Em relação aos poderes estatais, eles têm, antes de tudo, a função das competências negativas. A igual liberdade dos cidadãos impõe-se de modo ambicioso. Em uma democracia, ela visa à participação nos assuntos comuns de uma sociedade, ou seja, na política. Logo, a liberdade pretende estimular iniciativas oriundas do seio da sociedade.

Na associação normativa com a igualdade, a liberdade, que encontra um limite – admite-se, nem sempre claro e absolutamente incontestável – nos direitos de outrem e na Constituição democrática carrega em si sua moderação. O fato de as experiências com o princípio da proporcionalidade e o método da concordância prática em caso de colisões de direitos fundamentais obrigarem a falar-se não em âmbitos de liberdade claramente delimitados, mas abertos à interpretação não muda em nada a circunstância de que a liberdade não apenas visa à atividade social[34] como também é internamente interpretada de modo limitado.

Da desmesura da segurança

Com a segurança é diferente em ambos os aspectos. Ela é confiada ao Estado. A segurança é um bem público que o ordenamento jurídico atribui às instituições estatais e aos titulares de funções públicas, concedendo a estes a competência para intervir nos âmbitos sociais de conduta, bem como nas esferas social e privada dos cidadãos por meio de normas policiais e jurídico-penais correspondentes. Um "direito fundamental" à segurança revela-se como uma competência positiva que gera o dever estatal de produzir e garantir segurança. Ademais, diferentemente do sistema das liberdades, a segurança não conhece nenhuma restrição imanente. Ao contrário: orientada para a satisfação de condições e de necessidades, a segurança é, comparativamente, desmesurada.[35] Independentemente da possibilidade fática de produzi-la e/ou garanti-la e de cálculos de necessidade dependentes de apreciação, o princípio da efetividade[36] não consegue senão, no máximo, ter um efeito sobretudo fracamente moderado.

---

34 Mesmo a proteção da esfera privada, especialmente da decisão de consciência e da formação de opinião, contém, com a garantia da passividade, um componente que repousa numa ação futura.

35 Ver análise instrutiva a respeito de que, na fundamentação oficial da Lei de Combate ao Terrorismo, fala-se de segurança 37 vezes, mas nenhuma vez de liberdade em Denninger (2002a). No sentido da lógica da segurança, a União Europeia, conforme o art. 29 do Tratado da União Europeia, persegue o objetivo de "oferecer aos cidadãos, num espaço de liberdade, segurança e direito, um alto grau de segurança". Sobre a crítica à concepção europeia de segurança, ver Albrecht (2003).

36 Sobre a efetividade como princípio do direito policial, cf. Rachor (in: Lisken; Denninger, 2007, F, notas 240 e ss., com remissões às leis policiais dos *Länder*).

Contudo, uma diferença normativa ainda importante mostra-se quando se estabelece uma relação direta entre liberdade e segurança. Como se expôs, a liberdade necessita de uma medida mínima – em regra, garantida pelo Estado – de segurança cognitiva como condição fática de sua possibilidade. A segurança cognitiva recebe da liberdade seu sentido e, por conseguinte, é relacionada justamente a ela de forma assimétrica. Sem segurança cognitiva, a liberdade seria pouco mais do que uma promessa vazia, e os direitos de liberdade dificilmente convidariam ao seu uso. Com a segurança, novamente, não acontece o mesmo. Ela subsiste sem a liberdade ou, em todo caso, não precisa de âmbitos de liberdade como pressuposto necessário da garantia para sua legitimação – fora de uma democracia de Estado de direito. Além disso, há que se considerar que os direitos de liberdade são garantidos pela Constituição desde sua origem, enquanto a segurança busca sua base no fático e não precisa necessariamente de uma base normativa constitucional,[37] embora os defensores de uma segurança emancipada por sua restrição ao cognitivo não se cansem de construir para ela uma base jurídico-constitucional, como é o caso já mencionado de Isensee (1983), com o "direito à segurança".

Por conseguinte, liberdade e segurança somente se apresentam iguais sob o aspecto normativo e apenas se tornam comensuráveis quando ambas são *avaliadas*, ou seja, traduzidas em valores. Existem diversas maneiras de se proceder a essa operação. Primeiramente, os direitos de liberdade podem ser escolhidos como ponto de partida, traduzidos em deveres de proteção e, desse modo, objetivados. Especialmente ao direito à vida e à saúde (art. 2º, § 2º, alínea 1 da Lei Fundamental) corresponde, então, o dever do Estado derivado desse direito fundamental de protegê-las. Em segundo lugar, uma ponderação avaliadora pode se iniciar na segurança como bem coletivo público e encargo estatal. Nesse caso, a segurança entendida não apenas cognitivamente, ou um suposto "direito fundamental à segurança", somente precisa ser reconstruída, transformando-se

---

[37] A esse respeito, é útil a leitura da convincente análise de Lepsius (2004a, p.78 e ss.).

em um eventual dever de proteção.[38] Entretanto, um dever de proteção assim abrangente, ou mesmo um "direito fundamental" geral a ele correspondente, enquanto competência estatal positiva, diferentemente dos direitos de liberdade individual, não há que temer uma ponderação: enquanto um Estado securitário não for produzido, ele vence qualquer ponderação e exige da liberdade vencida os sacrifícios necessários.

Por conseguinte, não é possível confrontar e ponderar facilmente liberdade e segurança. Ao contrário, sua ponderação pressupõe uma tripla mudança de perspectiva, do cidadão como perturbador e do Estado como titular dos "metadireitos fundamentais" e da proteção de minorias para a proteção do Estado. Essas mudanças de perspectiva são traduzidas sob o aspecto metodológico e da teoria dos direitos fundamentais com consequências extremamente importantes: o sistema das liberdades é sobreposto por um encargo estatal de segurança e por um "direito fundamental à segurança" a ela correspondente, que deve ser necessariamente garantido pelo Estado e que insere a eficácia funcional das autoridades de segurança (Lisken; Denninger, 2007, C, nota 91) no sistema de valores do ordenamento constitucional com prioridade em relação aos direitos fundamentais. Em contrapartida, atribui-se aos titulares dos direitos fundamentais, inclusive aos não perturbadores, um ônus de segurança geral que deve ser suportando por cada indivíduo.

Ambas, a mudança de perspectiva e a remodelagem do sistema dos direitos fundamentais, permitem identificar uma visão hobbesiana do problema, em que a liberdade sempre contém a conotação de perigo.[39] O que se assume não é, justamente, uma perspectiva democrática. Mesmo autores que não pretendem seguir Hobbes menosprezam o fato de as liberdades jurídico-fundamentais não

---

38 A esse respeito, ver Isensee (1983).
39 Cf. análise clara em Lübbe (1977) e Isensee (2004b). Análise crítica prudente quanto à inclinação da balança para o lado da segurança, cf. Papier ("*Wie der Staat Sicherheit und Freiheit vereint*", http://www.welt.de/politik/article2055921/Wie_der_Staat_Freiheit_und_Sicherheit_vereint.html).

se deverem apenas à proteção dos cidadãos de modo geral, como nos regimes absolutistas ou no Estado policial do século XIX, mas terem também a função de proteger as minorias das maiorias dominantes em cada caso e suas representações de segurança. Esses aspectos surgem de maneira especialmente clara em um direito de combate que não se deve unicamente ao terrorismo internacional e que rompe as estruturas e barreiras de Estado de direito tradicionais da repulsa de perigos.

5. O direito de combate como direito policial especial

A nova justiça de direito de combate da relação entre liberdade e segurança leva, no direito da repulsa de perigos, a uma divisão.[40] Nela, a racionalidade e a técnica de Estado do direito policial do Estado de direito clássico são reposicionadas no âmbito do "direito policial especial": da constituição racional do ordenamento por meio de intervenções estatais pontuais, juridicamente sustentadas e que controlam a conduta de modo direto, visando à repulsa de perigos, passa-se a uma constituição efetiva do ordenamento, orientada para o direcionamento indireto da conduta por meio da perscrutação sistemática do campo preliminar e da intimidação que a acompanha. Esse reposicionamento começa no plano dos encargos estatais, continua no nível das competências de intervenção e mostra-se especialmente importante no plano das garantias processuais e da densidade de controle judicial. No centro, estão as intervenções de caráter informacional, cujos pressupostos típicos penais são flexibilizados e a base de conhecimento policial e a legitimação jurídica, subjetivadas e reconvertidas em um direito de exceção.

---

40 Schoch (2004, p.360 e ss.) fala de uma "mudança de paradigma" acompanhada por "escândalos de Estado de direito 'de fabricação caseira'".

Da repulsa de perigos à prevenção de riscos

Mais uma vez, o terrorismo abre as portas para um "Estado de direito resistente", que mascara autorizações para intervenções jurídico-excepcionais e déficit de controle como direito policial normal. Sob a bandeira do combate", primeiramente aos ataques terroristas, em seguida à "criminalidade organizada", à "criminalidade estrangeira"[41] e a outros fenômenos reais ou supostos de abuso mais ou menos grave da liberdade, legisladores policiais da federação e dos *Länder* ordenaram ações de vigilância e fiscalização de iniciativas, condutas e orientações políticas que agravaram aquela tendência de divisão do direito policial que já se podia observar antes do 11 de setembro de 2001: de um lado, está o direito da repulsa de perigos do Estado de direito liberal. Seu *método Locke* de técnica de Estado caracteriza-se, no direito policial, *primeiramente*, pela redução dos bens de proteção policial, segurança e ordem, bem como, em *segundo lugar,* pelas competências de intervenção e programadas de modo condicional, das quais somente se pode fazer uso em caso de perigos que se produzirão com uma probabilidade suficiente. A *terceira* característica é que a responsabilidade jurídico-policial concentra-se nos perturbadores e somente admite que não perturbadores sejam importunados em casos de estado de necessidade policial. *A quarta* característica é que a concepção do direito policial liberal prevê um controle judicial posterior, sob o aspecto da proteção jurídica efetiva, segundo as regras do controle de discricionariedade e do princípio da proporcionalidade.

Em nítido contraste com ele, vem-se desenvolvendo, já há algum tempo, um direito policial hiperpreventivo que visa ao combate e que vai além dos limites do direito policial e ordenador de Estado de direito tradicional, combinando a lógica dos *métodos Locke* e *Hobbes* de tal modo que elas são abrangidas pelo *método Foucault*. A cisão do complexo normativo hiperpreventivo está situada no plano da definição de tarefas policiais. Um papel-chave na "abertura" do direito

---

[41] Cf. análise crítica a esse respeito em Albrecht (2005, § 43).

policial é desempenhado pela função, relativamente discreta se considerada isoladamente, do "combate preventivo de crimes", o qual foi inserido em muitas leis policiais no final dos anos 1980.[42]

Aqui se pode fazer abstração do fato de alguns legisladores dos *Länder* tentarem se apropriar de uma competência legislativa ao inserirem medidas preventivas quanto à persecução penal futura no âmbito da repulsa de perigos.[43] Das intervenções informacionais relacionadas com esse combate preventivo infere-se necessariamente uma relação estreita com a atividade repressiva da polícia: a coleta e o armazenamento de dados têm por objetivo preparar e facilitar investigações futuras. A coleta de dados relativos à pessoa, especialmente por meio da observação, do emprego de meios técnicos e de informantes secretos ou por meio de verificações aleatórias e sistemáticas de dados parecem servir, como se indica no conceito, à obtenção e ao direcionamento da suspeita para investigações futuras de caráter penal-persecutório (Rachor, in: Lisken; Denninger, 2007, F, nota 168). Todavia, o caráter jurídico-excepcional é marcado pela lógica da prevenção quanto à persecução de crimes futuros. Ela obedece à máxima do ex-presidente da Agência Federal de Investigações Criminais, Horst Herold, de que a polícia tem que estar no local do crime antes do criminoso. As intervenções de caráter informacional correspondentes solidificam-se em um direito de

---

42 Quanto a essa problemática, cf. Rachor (in: Lisken; Denninger, 2007, F, notas 160 e ss.) apresentou um comentário tão ricamente documentado quanto diferenciado do ponto de vista crítico. A norma de competência da Lei Policial da Baixa Saxônia quanto ao levantamento de dados mediante vigilância da telecomunicação correspondente a essa tarefa foi recentemente considerada inconstitucional pelo tribunal constitucional alemão (*BVerfGE* 113, 348/364 e ss.). A decisão apoia-se sobretudo na falta de competência legislativa do *Land* e na violação do mandamento da precisão, característico do Estado de direito. Cf. *BVerfGE* (110, 33/54).

43 Exemplificando: art. 31, § 1º, nº 1 da Lei da Baviera, sobre as Funções da Polícia e art. 1º, § 4 da Lei de Segurança e Ordem Pública de Hesse. A falta de competência do *Land* infere-se, no plano interventivo, da afinidade dessa tarefa com a persecução penal por meio do levantamento e arquivamento de dados relativos à pessoa ("busca antecipada"). Mas de acordo com o art. 74, § 1º, nº 1 da Lei Fundamental, o legislador federal já esgotou a competência concorrente e, com isso, obstruiu a via para as medidas persecutórias penais atinentes às leis dos *Länder*.

exceção quando a base fática incerta[44] combina-se com processos decisórios sem os direitos assegurados de participação e audiência e com um vastíssimo poder policial de definição, bem como, diante da distância do perigo, com o princípio da proporcionalidade – e, com este, os controles jurídicos posteriores por parte dos tribunais perdem o significado.[45]

Competências-padrão versus intervenções preliminares de caráter informacional

No plano da competência, os elementos distintivos do direito policial especial tornam-se visíveis, sobretudo na forma das intervenções de caráter informacional de ampla margem de disseminação, como, por exemplo, a vigilância (por câmera) do espaço público,[46] escutas clandestinas e verificações de segurança. A isso se junta despercebidamente o agora possível intercâmbio de dados entre as autoridades da repulsa de perigos e os serviços de informação, o qual assenta a pedra fundamental para uma associação na investigação de caráter informacional.[47] Além disso, também apresentam caráter jurídico-policial especial as medidas desmotivadas, tais como, sobretudo, as verificações aleatórias de dados,[48] que permitem às autoridades policiais verificar a identidade de uma

---

44 Nas normas de competência, não se fala de um perigo, mas de "fundamentos reais" ou de "fatos" que justificam as suposições da polícia.

45 Nesse sentido também, ver *BVerfGE* (113, 348/375 e ss.); Rachor (in: Lisken; Denninger, 2007, F, notas 176-8).

46 Ver análise detalhada a esse respeito em Büllesfeld (2002, com outras remissões).

47 Quanto ao princípio da separação entre polícia e serviços de informação, cf. Lisken e Denninger (2007, C, notas 114 e ss.) e Gusy (2008). Sobre os perigos de uma comunicação de dados, cf. Hamm (1998).

48 Ver análise detalhada a esse respeito em Krane (2003, com outras remissões); quanto à controvérsia em torno da constitucionalidade, cf. Schenke (2007, notas 120 e ss.) e *MVVerfG, Deutsches Verwaltungsblatt* (2000, p.262 e ss.), bem como Waechter (1999).

pessoa encontrada em locais de trânsito internacional, em vias rodoviárias ou em vias fluviais ou marítimas federais, desde que se possa supor, com base no conhecimento da situação ou na experiência policial, que estas tenham importância considerável para a criminalidade transfronteiriça, para combate preventivo da criminalidade transfronteiriça. (Art. 18, § 2º, nº 6 da Lei de Segurança e Ordem Pública de Hesse)

Nesse processo, as categorias de Estado de direito do direito policial fracassam. A decomposição do conceito de perigo começa com a fórmula de possíveis "pontos de referência" que "justificam a suposição" de que uma pessoa possa, no futuro, praticar um crime e é acelerada pelo fato de "não se fazer nenhuma exigência específica quanto à proximidade temporal do crime" (Rachor, in: Lisken; Denninger, 2007, F, nota 177). Por conseguinte, o conceito de perigo, enquanto condição da intervenção asseguradora do direito, é substituído por formas de conduta potencialmente perigosas e situadas no futuro incerto, e as competências de investigação do perigo são generalizadas. No "campo preliminar", as autorizações jurídico-policiais perdem sua estrutura condicional, e as barreiras de intervenção são reduzidas.[49] Desse modo, a polícia recebe a prerrogativa de definir quando quais "fatos" remetem a um crime futuro. Consequentemente, ela pode proceder à coleta de dados em locais públicos, observações e vigias segundo seu livre-arbítrio.[50]

---

49 Análise crítica sobre essa evolução na decisão mais recente do tribunal constitucional alemão, de 27 de julho de 2005, relativa ao art. 33a, § 1º, nºs 2 e 3 da Lei de Segurança e Ordem Pública da Baixa Saxônia (medidas preventivas de caráter informacional para a persecução ou prevenção de um crime) (*BVerfGE* 113, 348). Quanto à redução dos limiares de intervenção: ver Poscher (2008).
50 Cf., por exemplo, os arts. 14, § 1º; 15, § 2º, nº 2 e 17, § 2º da Lei de Segurança e Ordem Pública de Hesse. De modo pouco mais preciso, o art. 54, nº 5 da Lei de Imigração exige que "justifiquem a conclusão de que ele [o estrangeiro] pertence ou pertenceu a uma associação que apoia ou apoiou o terrorismo"; entretanto, a pertença a essas associações e as condutas de apoio anteriores devem "fundamentar uma periculosidade atual". Quanto à norma precursora do art. 47, § 2º, nº 5 da Lei de Imigração em sua antiga redação (que corresponde, aproximadamente, ao art. 54, nº 5 da Lei de Imigração [atual]), ver Bender (2003).

Com isso, o conceito de perturbador também é substituído furtivamente pelo de "periclitador", porém sem base legal. Segundo uma resolução do Grupo de Trabalho dos Diretores das Agências de Investigação Criminal dos *Länder* e da Agência Federal de Investigação Criminal ("AG Kripo") de 2004, periclitadores são "pessoas relacionadas a determinados fatos que permitem às autoridades policiais suporem que elas praticarão crimes de motivação política de importância considerável, especialmente aqueles previstos no art. 100a do Código de Processo Penal".[51]

A delimitação típica e a desconcretização das normas relativas às funções e às competências, bem como a redução das barreiras de intervenção, sem as garantias processuais, abrem um amplo espaço para o "trabalho policial operativo" (Denninger, in: Lisken; Denninger, 2007, E, notas 193 e ss).[52] Este é caracterizado por dois elementos especialmente importantes: no conceito do "combate preventivo de crimes", sobretudo em consequência da multiplicação das normas de intervenção do Código de Processo Penal nas leis policiais dos *Länder*, desvanece o limite entre ação repressiva e preventiva.[53] Além disso, quanto ao encargo bifuncional repressivo-preventivo, é alto o preço a ser pago em termos de dever de

---

[51] Referência: Parlamento Alemão – Serviços Científicos, "*Gefährder*" ["periclitadores"]. O art. 100a do Código de Processo Penal admite a vigilância e a gravação da telecomunicação sem conhecimento do interessado no caso de cerca de cem "crimes graves" listados – desde a traição à pátria e a periclitação do Estado de direito democrático, passando pelo homicídio qualificado e simples [nos termos do Código Penal], genocídio, pornografia infantil, lavagem de dinheiro, fraude, falsificação de documento público e crimes contra a livre concorrência, até os crimes previstos pela Lei de Asilo e pela Lei de Imigração.

[52] Em sentido contrário, Stümper (1980) considera ultrapassada a separação característica do Estado de direito entre funções repressivas e preventivas. Quanto à erosão dos limiares de intervenção, ver Poscher (2008).

[53] Art. 1º, § 1º, alínea 2 e § 3º da Lei de Proteção de Segurança e Ordem Pública de Berlim; art. 1º, § 1º, alínea 2 e § 4º da Lei de Segurança e Ordem Pública de Hesse; art. 1º, § 1º, alínea 2 da Lei Policial da Renânia do Norte-Vestfália. A Lei da Agência Federal de Investigações Criminais de 7 jul. 1997 renuncia ao conceito de "combate preventivo de crimes" e, ao invés dele, fala constantemente em prevenção e persecução de crimes (art. 1º, § 3º da referida lei).

conduta de Estado de direito: "Quem toma precauções quanto a perigos que ainda nem sequer conhece em detalhes [...] não age com base no conceito jurídico-policial de perigo. [...] Quanto a um crime potencial, isso quer dizer: não existe ainda sequer uma suspeita inicial concreta", como exige o art. 152, § 2º do Código de Processo Penal. E onde não existe perigo também não há, do ponto de vista lógico-conceitual, elemento perturbador. Onde não há suspeita, não existem indiciados.[54] Portanto, o "trabalho operativo" torna sem efeito os critérios de Estado de direito fundamentais da imputação pessoal.

A erosão dos controles jurídicos

No plano do controle jurídico, o retrocesso do legislador vinga-se por trás do conjunto de instrumentos de vigilância e controle e das competências para obtenção e transmissão de informações discretamente reunidas em "pacotes de segurança".[55] Em vez de programar as ações policiais, o legislador limita-se, no âmbito da persecução penal preventiva de amplo alcance preliminar – ou, mais exatamente: da prevenção de riscos –, à fixação de objetivos, satisfazendo-se com a produção de normas em branco de programação finalística. Essa técnica de regulação que pode se apresentar em outros âmbitos do direito público, mas que, neles, concentra-se preponderantemente em determinações de encargos e em critérios de ponderação,[56] é transferida, no direito policial especial, para as normas de competência, nas quais, complementarmente, é subjetivada. Por um lado, dominam os motivos de intervenção que, de fora – sobretudo pelos destinatários e tribunais – quase não podem ser verificados. Pois as autoridades policiais são autorizadas a agir com base em suas experiências, relatórios e suposições. Assim,

---

54 Nesse sentido, acertadamente, ver Denninger (in: Lisken; Denninger, 2007, E, nota 206).
55 A esse respeito, cf. Denninger (2002a); Groß (2002); Buckel e Kannankulam (2002).
56 Por exemplo: art. 1º da Lei da Construção Civil; art. 1º da Lei de Energia Atômica e art. 1º da Lei de Engenharia Genética.

elas mesmas podem produzir sua base de conhecimento e legitimar suas medidas sem se preocupar com critérios legais.[57] Quando existem "pontos de referência" que "autorizam uma suposição" de que um evento temporalmente distante poderia se revelar um perigo, ou quando experiências e imagens de situações de natureza policial, não controláveis externamente, podem gerar intervenções de caráter informacional, as autoridades e os policiais se veem obrigados a cuidar da legitimação de suas intervenções de modo, por assim dizer, autorreferencial. Com isso, no lugar da "vinculação proporcionalmente estrita ao direito"[58] entra, por fim, a confiança na pureza das intenções das autoridades e na solidez empírica de sua experiência.

As normas em branco incitam as autoridades policiais a insistirem caprichosamente na geração de elementos de suspeita para se precaverem contra perigos e contra a criminalidade. Como não existe o controle externo e efetivo por parte dos tribunais, não é raro que as medidas policiais obedeçam a um segundo código,[59] que é determinado menos por resultados de ordem criminalísto-tática do que, muito mais, por preconceitos, estereótipos e conclusões cotidianas inquestionadas. Exemplos tirados da prática ilustram o problema resultante da subjetivação da base de conhecimentos do *racial profiling* (Herrnkind, 2000; 2002).[60] Segundo as estatísticas, pessoas ou grupos de pessoas suspeitas em razão de sua origem, de sua cor de pele ou de seu aspecto externo entram mais frequentemente na mira dos investigadores do que os suspeitos comuns. Comparados aos "cidadãos normais", eles vivem em uma esfera jurídica de liberdade reduzida: "a extensão e a intensidade da

---

57 Cf. art. 18, § 2º, nº 6 da Lei de Segurança e Ordem Pública de Hesse (verificação aleatória de dados). Quanto ao conceito de relatórios da situação, vide os relatórios anuais da Agência Federal de Investigação Criminal, *Kurzfassung des Lagebildes Organisierte Kriminalität Bundesrepublik Deutschland*.
58 A formulação contraditória foi cuidadosamente escolhida.
59 A esse respeito, cf. Macnoughton-Smith (1975).
60 Sobre a problemática do *racial profiling*, cf. Heumann e Cassak (2003) e Jealous ("*Gastkommentar: Die üblichen Verdächtigen*", *Amnesty Journal*, set. 2004).

vigilância estatal são medidas segundo o *status* dos objetos de controle social".[61]

Contra redes criminosas ou terroristas e seu "ambiente", são aplicadas intervenções de grande margem de disseminação, medidas preliminares e medidas baseadas em suspeitas. Estas tornam, necessariamente, sem efeito a diferença entre perturbadores e não perturbadores, pois, no campo preliminar, todas as pessoas que nele se encontram são observadas, repertoriadas e registradas na guerra contra o terrorismo e a "criminalidade organizada". A generalização da suspeita impõe à população como um todo um ônus de segurança. Independentemente de uma situação de necessidade policial concreta, toda pessoa passa a ter deveres policiais e entra na linha de mira como elemento perturbador/criminoso/periclitador, sobretudo no ambiente de conduta difuso de redes impenetráveis (Kühne, 2002; Roggan, 2003, p.82 e ss.).[62]

Da proporcionalidade à lógica incontrolável do necessário

Logo, nesse direito policial especial, no plano interventivo, a normatividade – elástica, em todo caso – do princípio da proporcionalidade tanto é consideravelmente suavizada no que diz respeito à limitação de intervenções quanto suspensa no caso de salvamento da vida ou do Estado (Groß, 2002, especialmente Capítulo IV; Volkmann, 2009). Quanto à adequação e à necessidade de medidas, o princípio da repulsa efetiva de perigos garante, desde o início, uma considerável prerrogativa de estimativa. Esta

---

61 Funk (2005, p.255) fala de "esferas jurídicas diferentes". No que diz respeito às intervenções de caráter informacional, a situação dos estrangeiros pode ser caracterizada como "proteção de dados de segunda classe", cf. Frankenberg (2000).
62 Cf. também a decisão do tribunal constitucional alemão supracitada acerca do art. 33a da Lei de Segurança e Ordem Pública da Baixa Saxônia que, com a formulação "um fato que fundamente uma suposição de que uma pessoa virá a cometer crimes de relevante gravidade", viola o princípio da precisão legal e, contra a disseminação das intervenções de caráter informacional, introduz o princípio da proporcionalidade.

passa a ser ampliada quando as medidas "sem valência 'criminogênica'" (Rachor, in: Lisken; Denninger, 2007, F, nota 410 e ss., com outras remissões; Herrnkind, 2000; Roggan, 2003, p.147 e ss.) no campo preliminar, apoiam-se, ademais em estimativas, conclusões e teorias cotidianas policiais de caráter subjetivo. Além disso, as ponderações de aceitabilidade metodologicamente controláveis fracassam pelo fato de, no campo preliminar ou em intervenções de grande margem de disseminação, não existir sequer um "caso", e de o peso da intervenção primeira (coleta de dados), em regra, não ser adequadamente auferido se as consequências da intervenção (processamento e transmissão de dados e seus erros) permanecerem ocultas.[63] Com isso, o controle judicial posterior dessa técnica de Estado é, no mínimo, consideravelmente dificultado, sem que à "nova arquitetura da segurança" corresponda, no direito policial, uma "nova arquitetura de controle".[64]

Mas a verificação da proporcionalidade não apenas é suavizada, como simplesmente suspensa em alguns casos. O princípio da proporcionalidade – a "mais significante barreira das barreiras" – perde sua função de controlar e proteger a liberdade, sobretudo porque seus critérios falham em todos os casos em que se afirma tratar-se de salvar vidas humanas ou o Estado. Em situações potencialmente ameaçadoras para a vida, de tendência danosa totalmente incerta, o dano possível é sempre incomensuravelmente grande e justifica

---

[63] Exemplificando: o tribunal constitucional da Baviera quanto à verificação aleatória de dados, *Neue Zeitschrift für Verwaltungsrecht* (2003, p.1375).

[64] Com a transição da reserva judicial para a reserva das chefias administrativas, o limiar de intervenção é reduzido – de modo absolutamente coerente, da perspectiva dos defensores de um direito de combate. Todavia, quem, independentemente de ponderações de caráter estratégico-combativo, contesta o efeito de controle da reserva judicial, deveria exigir, da perspectiva do Estado de direito, que a "nova arquitetura da segurança", que se ilustra de modo especialmente claro no direito policial especial, correspondesse a uma nova arquitetura do controle. Não se pode discutir aqui se a reserva judicial deve ser transferida para a jurisdição administrativa, se um controle parlamentar deve ser previsto ou se devem ser instituídos órgãos especiais independentes (encarregados da proteção de dados, por exemplo).

toda e qualquer intervenção, por mais grave que ela seja.[65] O mesmo se aplica quando se supõe que o Estado ou a sociedade correria perigo se um "atentado ao coração do Estado" tivesse que ser repelido. Essa suposição sempre surge quando se fazem necessárias medidas para impedir um atentado nos moldes do de 11 de setembro de 2001 e que, como medidas de tortura, atingem violentamente a integridade física ou, como o abate de um avião de passageiros, atingem vidas humanas. Nesses casos, falha toda e qualquer avaliação sobre fins e meios baseada na adequação.[66]

O direito policial especial, com a técnica de Estado que lhe é característica, pretende obedecer à lógica do necessário. Por isso, assim parece, a atualização e a normalização da situação excepcional policial devem se opor a controles jurídicos enérgicos e, sob certas circunstâncias, impeditivos. Em contrapartida, porém, ele deve se submeter, ao menos, a um controle de eficácia. Todavia, as avaliações sistemáticas das intervenções de caráter informacional de ampla disseminação não se tornaram conhecidas: "Nota-se [...] quão poucas são as afirmações consistentes sobre os êxitos do emprego dos diversos novos meios de vigilância".[67] Os deveres de relatório esporadicamente ordenados, o material publicado de modo seletivo, os lugares-comuns e o louvor das descobertas fortuitas não são o suficiente (Denninger, 1998b; Petri, in: Lisken; Denninger, 2007, H, nota 199; Rachor, in: ibidem, F, nota 435). Mesmo seguindo a lógica de efetividade do direito policial especial, persistem tanto a impressão de que a prática protege-se de demandas empíricas quanto dúvidas relevantes sobre sua eficácia. Mencionaremos algumas delas para a conclusão desta parte.

Primeiramente, quanto à verificação sistemática de dados. Nesse caso, a polícia opera necessariamente de modo reativo. As características desse método somente podem ser estabelecidas quando um

---

[65] Nesse sentido, acertadamente, ver Volkmann (2009, p.220).
[66] Nesse sentido ver também Merkel (2007a, p.375 e ss.).
[67] Nesse sentido, ver o juiz do tribunal constitucional alemão, Wolfgang Hoffmann-Riem, em seu discurso de despedida ("*Das Bundesverfassungsgericht als Garant von Rechtsstaatlichkeit*", p.560).

evento que deve ser imputado a um determinado tipo de agente já ocorreu. Além disso, com a inevitável publicação do resultado dessa verificação, futuros agentes podem orientar sua conduta de modo a que ela escape à verificação sistemática. Independentemente disso, em razão da margem de disseminação dessa medida, é difícil processar de maneira segura a quantidade de dados coletados. Todavia, há que se refletir quanto à eficácia dessas medidas quando, numa determinada investigação, após uma ampla verificação sistemática de dados em que foram armazenados e avaliados os dados de cerca de 250 mil pessoas, não se obteve nenhum êxito (*BVerfGE* 115, 320/324).

Em segundo lugar, quanto à verificação aleatória de dados e às vigias: nesses casos, o conhecimento policial ajusta as intervenções de caráter informacional àquilo que se sobressai de modo totalmente tradicional. Todavia, o protótipo do "*sleeper*" teria tornado mais do que claro que terroristas e criminosos organizados que operam em redes aplicam-se em se movimentar na vida social com a maior discrição possível. Como investigação antecipada, efetiva, também conhecida como repulsa de perigos, esses métodos pretendem produzir uma medida mínima de segurança existencial ou apenas cognitiva e, portanto, dificilmente podem se concentrar unicamente, ou mesmo primariamente, na busca daquilo que se sobressai.

Em terceiro lugar, quanto à vigilância por câmera: enquanto não são apresentados resultados empíricos relativamente sólidos, é de se supor que essa medida é mais apropriada ao deslocamento do que ao combate à criminalidade.

No final das contas, impõe-se o resultado de que o direito policial especial, sob o *diktat* daquilo que é necessário para combater o terrorismo e a "criminalidade organizada", opõe-se tanto à sua contenção de Estado de direito quanto a todo e qualquer controle posterior de eficácia.

6. O direito penal do inimigo como fenômeno do direito de combate

No âmbito das medidas contra o terrorismo, a reconversão da repulsa de perigos e da persecução penal em um direito de combate "de prevenção de riscos" e hiperpreventivo ameaça também outros setores do direito interno estatal com um ganho de terreno de caráter jurídico-excepcional.[68] Não gostaria, aqui, como fiz nos últimos capítulos,[69] de criticar o "pensamento baseado no estado de exceção" na tradição de Carl Schmitt, mas apenas de apreender, com a teoria do "direito penal do inimigo", um fenômeno especialmente evidente, porém sintomático, que remete a um estado de necessidade perenizado, imaginado.

No direito penal – em paralelo evidente com as evoluções do direito de combate aqui caracterizadas como sendo de natureza policial especial – introduziu-se, mediante remissão à indispensável eficácia da proteção dos bens jurídicos para a percepção de determinadas periclitações no devido tempo, a diferenciação entre tipos de agentes, e suas sanções diferenciadas, e a distinção entre direito penal do cidadão e "direito penal do inimigo" (este último, entretanto, sem aspas).[70] O penalista Günther Jakobs inaugurou o discurso do direito penal do inimigo durante a primeira crise do Estado de direito na República Federal da Alemanha e, a partir de então, deu-lhe continuidade, defendendo-o, por fim, de objeções críticas em alguns trabalhos (Cancio Meliá, 2005; Lüderssen, 2002; Kühne, 2004; Prittwitz, 2004; Bung, 2006, p.67 e ss., com outras

---

68 No direito internacional, que não será discutido aqui, seria possível ilustrar uma problemática comparável com a crise do multilateralismo e o enfraquecimento da função *peace-keeping* das organizações internacionais que a acompanha, bem como com a flexibilização da proibição de violência. Todas essas evoluções apresentam as características de uma nova "arquitetura securitária" global. Afirmativamente a esse respeito, ver Slaughter e Burke-White (2002).
69 A esse respeito, vide Capítulo IV, 6.
70 A esse respeito e quanto ao que se segue, cf. Jakobs (1985; 2000; 2004a, p.41 e ss.; 2004b).

remissões a opiniões críticas). A série de leis de combate[71] e seus alvos – mencionem-se novamente aqui: o terrorismo e a "criminalidade organizada" – inspiraram-no, com o direito penal do cidadão e o direito penal do inimigo, "a descrever dois polos *de um* mesmo mundo ou a mostrar duas tendências opostas em *um* único contexto do direito penal" (Jakobs, 2004b, p.88). Para ele, inicialmente, não se trata da introdução e da legitimação, mas da identificação do "direito penal do inimigo" com vistas ao salvamento do direito penal do cidadão. Para esse fim, como se expôs anteriormente (Capítulo IV), em seus primeiros escritos, Jakobs analisa os "fragmentos" de direito penal do inimigo no direito penal e processual penal, como, em especial, a Lei sobre a Fração do Exército Vermelho,* que, dentre outros aspectos, apenava a formação, a pertença e o apoio a associações terroristas (art. 129a do Código Penal alemão) e impunha isolamento aos presos integrantes daquela facção;[72] ou o direito de medidas, que prevê custódia de segurança para agentes reincidentes especialmente perigosos e criminosos reincidentes (especialmente os arts. 66 e ss. do Código Penal alemão).[73] Ele constata três

---

71 Leis de combate à criminalidade econômica, ao terrorismo, ao tráfico ilegal de entorpecentes e a outras formas de criminalidade organizada, de crimes sexuais e de outros crimes perigosos, bem como, por fim, a Lei de Combate ao Crime de 1994. Cf. remissões em Jakobs (2004b; 2000, p.51 e ss.).

* O art. 129a do Código Penal Alemão é parte integrante de um conjunto de leis designado por algumas vozes críticas como Lex RAF – Leis da Fração do Exército Vermelho – que foram especialmente promulgadas visando às atividades daquele grupo de terroristas. [N. T.]

72 A Lei sobre o Isolamento de Presos foi votada como produto do "Outono Alemão" de 1977. Ela estabelece, dentre outros apectos: "Quando existe um perigo atual para a integridade física, a vida ou a liberdade de uma pessoa, e determinados fatos fundamentam a suspeita de que o perigo emana de uma associação terrorista, e sendo conveniente, para repulsa desse perigo, interromper todo e qualquer contato dos presos entre si e com o mundo exterior, inclusive a comunicação oral ou por escrito com o advogado, tal determinação pode ser tomada" (art. 31, § 1º, alínea 1 da Lei de Introdução à Lei Constitucional Judiciária).

73 A custódia de segurança ulterior, introduzida em 2002 e extremamente controversa (art. 66b do Código Penal alemão) corresponderia a uma concepção do "direito penal do inimigo" da forma como Jakobs o entende. A esse respeito, cf. Braums

elementos que se apartam do direito penal do cidadão e caracterizam um "direito penal do inimigo" ou os tais "fragmentos": a antecipação preventiva do direito penal, o agravamento das sanções penais e a redução das garantias processuais penais. Essas características normalizam o estado de exceção e inserem o direito penal e processual penal na concepção do direito de combate. Nos "frios"[74] comentários de Jakobs sobressai-se, mais tarde, uma transformação em direção à legitimação do "direito penal do inimigo" que não voltaremos a expor aqui. Praticamente inegável é a sua simpatia científica pela distinção entre direito penal do cidadão e "direito penal do inimigo" quando pergunta

> [...] se, com a estrita fixação unicamente na categoria do crime, não se impõe ao Estado uma obrigação – qual seja, a necessidade de respeitar o criminoso como pessoa – simplesmente inadequada em relação a um terrorista que, precisamente, não justifica a expectativa de uma conduta pessoal em geral. (Jakobs, 2000, p.51 e ss.)

Uma vez desfeita essa "obrigação inadequada", já é possível trilhar o caminho do direito penal do fato para o direito penal do agente, do direito do cidadão para o "direito penal do inimigo" e abrir a porta para a exclusão dos inimigos.

No contexto do direito de combate, aqui tratado como um direito de exceção normalizado, as impressionantes exposições de Jakobs são conclusivas em muitos aspectos. A forma conceitual que Jakobs relaciona com o atual direito penal associa-se à lógica do direito de combate. Não é o delinquente que é combatido, mas o inimigo. Além disso, suas reflexões – como deixa transparecer o "direito à segurança" *à la* Isensee, por ele citado de passagem, casualmente, para legitimação filosófica de um direito penal

---

(2004) e a hesitante decisão do tribunal constitucional alemão: *BVerfGE* (109, 133/190); recentemente, *BVerfG Europäische Grundrechte-Zeitschrift* (2008, p.636).

74 Em suas "*Schlussbetrachtungen*", Eser (2000, p.445) confessou que a "frieza" da concepção de Jakobs "causava-lhe arrepios".

do inimigo – também acompanham a transformação do sistema dos direitos fundamentais em um dispositivo de segurança de direito de combate. Todavia, Jakobs insiste em sua positivação discreta e em sua legitimação diversa, em vez de dar sua benção incondicional ao estado de exceção ou o direito penal de exceção. Disso resulta, por fim, o fato de ele, a princípio e afinal, não fazer qualquer objeção à distinção entre direito do cidadão e "direito penal do inimigo". Ao contrário, ele justifica o "direito penal do inimigo", que "neutraliza" uma categoria de crimes com sua negação do ordenamento jurídico e – segundo a lógica do direito de combate – com aquilo "que *precisa* ser feito contra terroristas" (idem, 2004b, p.92, grifos do original). Essa concessão legitimatória sugerida pela necessidade, que sempre dá a vantagem das medidas à situação excepcional, não é um equívoco, como mostram suas exposições quanto à criminalização antecipada:

> Todavia, é possível haver situações, quiçá até mesmo existentes atualmente [aqui é provável que ele esteja se referindo à guerra contra os terroristas da Fração do Exército Vermelho – nota do autor] nas quais normas indispensáveis para um Estado liberal perdem sua força de validade, quando se adia a repressão até que o agente saia de sua esfera privada. Mas, mesmo nesse caso, o "direito penal do inimigo" somente é legitimável como direito penal de estado de necessidade excepcionalmente vigente. (idem, 1985, p.783 e ss.)

7. A "tortura de salvamento", o "tiro final de salvamento" e outros fenômenos do direito de combate

A referência à renúncia temporária a normas que são indispensáveis para um Estado liberal aponta para um elemento constitutivo do direito de combate e, ao mesmo tempo, para outros sintomas graves da segunda crise do Estado de direito: a "tortura de salvamento", o "tiro final de salvamento" e o "abate de salvamento" de aeronaves capturadas por supostos terroristas. Apesar de todas as diferenças na execução prática e na avaliação normativa, esses sintomas estão ligados pelo elemento da atribuição aos órgãos de segurança, especialmente à polícia, de poderes especiais de caráter jurídico-excepcional para situações decisórias incontestavelmente graves.

O "tiro final de salvamento"

O debate acerca do tiro mortal ou do "tiro final de salvamento" inflamou-se com um assalto a banco com tomada de refém ocorrido em 1971, em que morreram uma refém e um dos dois tomadores de refém. Mais tarde, os defensores do tiro mortal criticaram as regulações policiais até então vigentes de modo geral – e que, hoje, ainda vigoram em alguns *Länder* – segundo as quais armas de fogo somente podem ser usadas contra pessoas para impedi-las de atacar ou fugir.[75] Para desonerar a polícia e esclarecer suas competências – especialmente, mas não apenas no caso de tomadas de reféns – também seria admissível um disparo, cujo efeito seria fatal com uma probabilidade próxima à certeza, quando ele seja "o único meio para a repulsa de um perigo atual para a vida ou a integridade física".[76] Apesar das consideráveis objeções de caráter tático-policial e jurídico, essa exigência foi acolhida, primeiramente, no Projeto-Modelo de uma Lei Policial Unitária e, depois, nas leis policiais de dez *Länder*.[77]

Os defensores da regulação do tiro mortal remetem ao fato de que não se cogitava na incorporação das causas de justificação civis e

---

75 Exemplos tirados de leis sobre a coação direta: art. 9º, § 2º da Lei sobre o Emprego da Coação Direta no Exercício do Poder Público pelos Funcionários da Execução do *Land* de Berlim; art. 109, § 1º da Lei de Segurança e Ordem Pública de Mecklemburgo; art. 63, § 2º da Lei Policial da Renânia do Norte-Vestfália e art. 12, § 2º da Lei sobre Coação Direta.

76 Art. 42, § 2º, alínea 2 do Projeto-Modelo de uma Lei Policial Unitária.

77 Dentre outros: art. 54 da Lei da Polícia Federal; art. 66, § 2º da Lei da Baviera sobre as Funções da Polícia; art. 60, § 2º, alínea 2 da Lei de Segurança e Ordem Pública de Hesse; art. 65, § 2º, alínea 2 da Lei de Segurança e Ordem Pública da Saxônia-Anhalt.

penais sobre a legítima defesa e o estado de necessidade, nem sequer em um direito de necessidade não escrito. Por isso, seria preciso impedir que uma ação policial em "situações extremas degenerasse-se em um seminário jurídico-policial" (Schenke, 2007, notas 560 e ss.; Merten, 1980, p.604). Alguns críticos rejeitam a regulação do tiro mortal com o argumento de que uma competência desse tipo, além dos difíceis problemas de sua aplicação, viola os limites do Estado de direito, leva à demolição de barreiras de inibição e "beira perigosamente a pena de morte" (Rachor, in: Lisken; Denninger, 2007, F, notas 990 e ss.). Entretanto, a evolução do direito na maioria dos *Länder* e muitos autores no discurso jurídico-policial ignoraram os problemas de aplicação do direito e as avaliações tão reais quanto diferenciadas segundo as quais se trata "não apenas de repelir definitivamente um perigo, mas também de reduzir o grau de intensidade em que um refém oscila permanentemente" e não fizeram caso do fato de, por isso, poder ser necessário aquiescer a exigências do tomador de refém (Denninger, 2007, nota 1024). Nesse caso também triunfou a lógica do direito de combate, quando não a fascinação pelo direito de exceção.

O "abate de salvamento" de aviões renegade

Há algum tempo, vem-se desenvolvendo uma controvérsia semelhante sobre o "abate de salvamento" de aviões de passageiros que se encontram nas mãos de supostos terroristas. Ela foi impulsionada pelo ataque terrorista ao World Trade Center, em 11 de setembro de 2001, e por um "piloto errante" mentalmente perturbado que, em 5 de janeiro de 2003, voando sobre Frankfurt, ameaçou chocar seu motoplanador contra um dos edifícios. Dois anos depois, o Parlamento alemão aprovou a Lei de Segurança Aérea (Lei de 11 jan. 2005, *BGBl.* I, p.78) que, para impedir atentados como o do 11 de setembro de 2001, permitia às autoridades de segurança aérea, às companhias aéreas e aos administradores de aeroportos aplicarem determinadas medidas de segurança, especialmente controles rígidos de pessoas e verificações de confiabilidade de funcionários de aeroportos e companhias aéreas.[78] No centro da controvérsia estava a regulação do art. 14, § 3º da mencionada lei, que considerava admissível "a ação direta com poder armado" sobre um avião de passageiro "quando, segundo as circunstâncias, pode-se supor que a aeronave deve ser empregada contra a vida de pessoas, e ela [*a ação*] seja o único meio de repelir esse perigo atual".

Por meio dessa autorização de natureza legal ordinária, as forças armadas deveriam ser incluídas no conceito de combate para possíveis mobilizações no plano interno. Todavia, em virtude da reserva constitucional contida no art.87a, § 2º da Lei Fundamental, uma mobilização do Exército Alemão no plano interno que não sirva à defesa necessita de uma autorização expressa da Lei Fundamental. Por essa razão, alguns *Länder* e o grupo CDU/CSU no Parlamento alemão apresentaram, no procedimento legislativo, projetos de lei que previam uma alteração das possibilidades de mobilização previstas nos arts. 87a, § 4º e 35, §§ 2º e 3º da Lei Fundamental.[79] Além das situações excepcionais reguladas na Lei Fundamental em casos de revolta (art. 87a, § 4º), catástrofes ou desastres graves (art. 35, §§ 2º e 3º da Lei Fundamental) faltava abrigo constitucional para uma mobilização das forças armadas no plano interno com poder armado que não visasse à defesa do território alemão,[80] mas à proteção do tráfego aéreo contra sequestros de aeronaves, atos de sabotagem e, especialmente, atentados terroristas (art. 1º da Lei de Segurança Aérea) por parte dos chamados aviões *renegade*. Mesmo um recurso ao auxílio militar em casos de catástrofes e desastres (art. 35, §§ 2º e 3º da Lei Fundamental) não era contemplado:

---

78 Curiosamente, estavam excluídos desses controles pilotos que (como aquele "piloto errante") possuam apenas a licença para voos de ultraleve ou de planador.

79 *BR-Drucksache* 181/04 e *BT-Drucksache* 15/4658. Todavia, as alterações propostas foram rejeitadas pela maioria do Parlamento alemão (*BT-Plenarprotokoll 15/115*, p.10545).

80 O conceito de defesa é definido pelo art. 115a da Lei Fundamental como ataque real ou diretamente iminente *manu militari* ao território federal. Ademais, o estado de defesa precisaria ser constatado, a pedido do Governo Federal, pelo Parlamento alemão, com consentimento do Conselho Federal.

A medida interventiva de ação direta com poder armado sobre uma aeronave nos termos do art. 14, § 3º da Lei de Segurança Aérea não observa [...] os limites do art. 35, § 2º, alínea 2 da Lei Fundamental, porque esse dispositivo não permite uma mobilização bélica das forças armadas com armas militares específicas no combate a catástrofes naturais e a acidentes de especial gravidade. (*BVerfGE* 115, 118/146 e ss.)

O mesmo se aplica ao estado de necessidade em caso de catástrofes suprarregionais.[81] É somente por essa razão que deveria ser desconsiderado o veredicto do tribunal constitucional alemão no sentido de que o art. 14, § 3º da Lei de Segurança Aérea (*BVerfGE* 115, 118/142 e ss.) é inconstitucional e nulo.

Entretanto, no centro das controvérsias públicas estava a autorização de abate e, por conseguinte, a proteção da dignidade humana (art. 1º, § 1º da Lei Fundamental) e o direito à vida (art. 2º, § 2º, alínea 1 da Lei Fundamental).[82] Como já acontecia com o "tiro final de salvamento", os justificadores do "abate de salvamento" também apelaram, em seu benefício, para uma ética do salvamento, com vistas a tornar a dignidade humana, concebida originariamente como algo insuscetível de ponderações, e o "valor maior" da vida, hostil a ponderações, acessíveis a uma relativização ponderativa.[83] O ministro do Interior da Alemanha já se havia pronunciado antes sobre a necessidade de homicídios em situações excepcionais: "Acaso não existiria um direito de legítima defesa em relação a terroristas que planejam um assassinato em massa? Isso nos leva a perguntar se, no caso extremo, o homicídio não está justificado como legítima defesa"[84]. Mais uma vez recorreu-se, para legitimação de tal "legítima defesa", ao "direito fundamental à segurança contido não direta,

---

[81] A esse respeito e sobre os problemas da competência orgânica (necessidade de uma decisão do Governo Federal não prevista pela Lei de Segurança Aérea): *BVerfGE* 115, 118/148 e ss.

[82] Ver análise detalhada a esse respeito em Ladiges (2007).

[83] Quanto à Lei de Segurança Aérea, ver Hartleb (2005); Schlink (*Der Spiegel*, n.3, p.34 e ss., 17 jan. 2005); Merkel (2007a; 2009); Sattler (2004); Wieland (2004).

[84] Schily (*Der Spiegel*, n.18, p.47, 26 abr. 2004).

mas indiretamente na Lei Fundamental".[85] Entre as justificações bizarras estava não apenas a suposição de que os passageiros supostamente consentiriam no abate de uma aeronave ao nela embarcarem, como também a teoria de que cidadãos livres teriam o dever de sacrificar sua vida pela comunidade em situações extremas, sob certas circunstâncias (*BVerfGE* 115, 118/157; Depenheur, 2008, p.75 e ss.). De modo totalmente absurdo, a tese lembra que os passageiros seriam componentes funcionais da aeronave ameaçada.

Em contraposição a isso, os críticos da "autorização de abate" argumentavam que a vida dos passageiros inocentes do avião ameaçada de modo atual não era menos valiosa do que a vida potencialmente ameaçada de pessoas em terra. Além disso, segundo eles, os passageiros da aeronave são mortos com base não em uma evolução segura dos fatos, mas em um cenário hipotético. E, por fim, afirmam que Lei Fundamental não admite a quantificação da vida; pelo contrário, ela não obriga o Estado em maior medida a matar, ele mesmo, seus cidadãos do que a protegê-los de ameaças de outros cidadãos ou terroristas.

O tribunal constitucional alemão pôs um fim provisório a esse debate ao rejeitar uma ética do salvamento e, com isso, recusar também a teoria do sacrifício dos cidadãos[86] em prol de uma questionável segurança dos cidadãos. Assim havia entendido o Tribunal:

> Nesta situação extrema [...], passageiros e tripulação encontram-se, tipicamente, em uma situação que, para eles, é insolucionável. Eles não podem mais exercer influência sobre sua vida de modo autodeterminante, independente de outras pessoas. Isso os torna objetos não apenas dos criminosos. O Estado, que, em tal situação, recorre à medida de repulsa do art. 14, § 3º da Lei de Segurança Aérea, também os trata como meros objetos de sua ação de salvamento com vistas à proteção de outras pessoas. O caráter insolucionável e iniludível que

---

85 Schily ("*Interview*", *Süddeutsche Zeitung*, 29 out. 2001).
86 A esse respeito, cf. Depenheuer (2008, p.75 e ss.), que censura severamente a decisão do tribunal constitucional alemão, chamando-a de "autismo constitucional". Vide análise detalhada a esse respeito no Capítulo IV.

caracteriza a situação dos ocupantes do avião atingidos como vítimas também existe em relação àqueles que ordenam e executam o abate da aeronave. A tripulação e os passageiros do avião não podem evitar essa ação do Estado em virtude das circunstâncias que de modo algum eles podem dominar, mas à quais estão entregues, desarmados e indefesos, e a consequência disso é que serão visados e abatidos juntamente com a aeronave e, portanto, mortos com uma probabilidade próxima da certeza. Tal tratamento desconsidera as pessoas atingidas como sujeitos com dignidade e direitos inalienáveis. Elas são reificadas e, ao mesmo tempo, desapossadas de seus direitos quando sua morte é empregada como meio para salvar outras pessoas; ao se dispor unilateralmente sobre a vida dessas pessoas pela razão de Estado, nega-se aos passageiros do avião, que, na qualidade de vítimas, também precisam de proteção, o valor que lhes é próprio. (*BVerfGE* 115, 118/154)

Contrariando as exigências da prática estatal e um número considerável de vozes científicas do debate sobre a segurança e a liberdade, o tribunal constitucional alemão resistiu à tentação de, sobre o pano de fundo dos atentados de 11 de setembro de 2001, sacrificar parte da Lei Fundamental sobre o altar da segurança aérea e sancionar o sacrifício dos cidadãos como "dever de solidariedade", para "conservação do ordenamento juridicamente constituído". Entretanto, trata-se, sobretudo, de saber se a questão do "tiro de salvamento" ficou resolvida com as palavras claras do tribunal constitucional. No governo e no Parlamento alemão existem esforços para realizar o sentido e a finalidade do art. 14, § 3º da Lei de Segurança Aérea por meio de uma alteração da Lei Fundamental. O ministro da Defesa alemão sinalizava que, se necessário, ordenaria o abate mesmo sem autorização legal. É possível que ele se sentisse encorajado para tanto pelo "*renegade concept*" da Otan, do qual é possível inferir a autorização para abate "de aeronaves com objetivo terrorista".[87]

---

87 A esse respeito, cf. Dreist (2005, p.86); Niklaus (2006, p.53 e ss.). Cf. também *BT--Stenographischer Bericht, 96. Sitzung* (relatório estenográfico do Parlamento alemão, 96ª sessão), *Plenarprotokoll 15/96*, de 10 mar. 2004, p.8585.

A "tortura de salvamento"

Em associação imediata de ideias com o "tiro final de salvamento" e o não menos final "abate de salvamento" de aeronaves, a "tortura de salvamento" passou a levantar polêmica a partir da metade dos anos 1990. O debate foi aberto em 1996, com o estudo "Pode o Estado torturar excepcionalmente?" (Brugger, 1996)[88] e, em seguida, continuou com intensidade considerável e com tendência justificadora. Nos capítulos seguintes, mostrarei que se trata, neste caso, de uma ruptura civilizacional importante. Aqui, gostaria, antes de tudo, de deixar algumas observações quanto à tortura de salvamento como fenômeno de normalização característico do direito de combate.

Fascinados pela figura do terrorista, arquetípica para todo o direito de combate e, mais tarde, complementada pela do tomador de reféns, os defensores da tortura de salvamento partiram da perspectiva da prevenção de perigos para desenvolver seus argumentos visando à normalização dessa medida extraordinária. Que, para a solução de situações decisórias "trágicas" ou "dilemáticas", sob certas circunstâncias, a integridade física e mental e a dignidade de um criminoso ou mesmo de um simples suspeito de um crime precise retroceder diante da proteção da dignidade e da vida daqueles que ele ameaça é uma figura de pensamento que se encaixa perfeitamente no contexto do combate jurídico-excepcional do inimigo. Com a tortura como *ultima ratio* da repulsa de perigos, surge, ao lado do tiro mortal visado e do abate objetivo de aeronaves, outro elemento – Günther Jakobs falaria de um "fragmento" – do direito do inimigo mascarado pela dogmática jurídica. Todavia, nos casos em que Jakobs revela e torna palpável o caráter excepcional do "direito penal do inimigo" em seu conceito, os defensores da brutalidade estatal em situações de interrogatório envolvem suas construções dogmáticas em uma névoa semântica e falam eufemisticamente de

---

[88] Além disso, Brugger (2000; 1995; "*Das andere Auge – Folter als zweitschlechteste Lösung*"). Quanto à crítica, Denninger (2002b).

"tortura de salvamento" ou "tortura em legítima defesa", de "obtenção forçada de cooperação mediante violência com o objetivo de salvar vidas" ou de "interrogatório de salvamento motivado por culpa própria".[89]

No debate sobre o "direito penal do inimigo" e a tortura, no direito policial especial e no direito militar policial especial relativo à segurança aérea, o direito de combate expressa-se de modo especialmente acentuado.[90] Nesses âmbitos, ele vai muito além dos limites do Estado de direito, ressalta energicamente a governamentalidade iliberal e remete à desmesura de uma segurança desassociada da liberdade. Em tempos de terrorismo, sob o mandamento da necessária eficácia da proteção, o direito de combate insiste nas "soluções preventivas de conflitos" (Morlok; Krüper, 2003), não importando as perdas em termos de direitos fundamentais. A retórica da militância e as receitas *ultima ratio*, as declarações de inimizade e os poderes especiais inserem no cotidiano normativo da situação normal figuras de pensamento e modelos de legitimação de um estado de exceção que se envolve no manto daquele direito que sua lógica justamente contradiz.

8. Sobre algumas consequências do direito de combate e da mentalidade securitária

Da segurança cognitiva à segurança existencial

A mudança da velha para a nova prevenção é vivenciada pelos destinatários dispostos para a cidadania ativa da repulsa de perigos ou, na verdade, da política da prevenção de riscos, como perda de

---

89 Remissões em Rüssmann ("*Schmerzgrenze* überschritten", *Frankfurter Rundschau*, 10 dez. 2008, p.6 e ss.), Bowden (2003) e no Capítulo VII.

90 Quanto a fenômenos típicos do direito de combate menos ostensivos, por exemplo, no direito religioso e no direito de imigração: Morlok e Krüper (2003, com outras remissões); Walter ("*Religionsfreiheit* – öffentliche *Sicherheit – Integration*", *BDVR-Rundschreiben*, p.94 e ss. 2/2004) e Marx (2004b).

segurança cognitiva gerada pela vigilância e pelo controle estatais. Todavia, o discurso político securitário também contém a mensagem de que a segurança cognitiva é compensada por uma segurança existencial, generalizada à existência. Do simbolismo indecifrado do direito de combate, o público passivo sob o aspecto da cidadania pode deduzir sem problemas uma pretensão à proteção contra riscos vitais gerais (Lisken; Denninger, 2007, C, nota 91). Na sombra de eventos catastróficos, cenários ameaçadores exacerbados e da produção frenética de medidas, o estado de exceção normalizado produz uma mentalidade na opinião pública civil que lhe é conveniente: os sentimentos de ameaça difusos e o medo da criminalidade condensam-se, formando uma necessidade de "certeza existencial". Combinados às promessas estatais de segurança, os receios eventuais impelem para a defensiva o experimento e a conservação da liberdade que, de todo modo, já não são excessivamente populares, porque estão associados a esforços. Onde o nervosismo e os sentimentos de ameaça propagam-se, surgem insegurança cognitiva e "perda(s) de racionalidade e autonomia" que acabam favorecendo o aumento compensatório do poder das agências estatais" (Bung, 2006, p.66).

Além disso, situações e cenários de ameaça reforçam a incerteza hobbesiana, que acompanha como uma sombra todo regime de liberdade, sobre a possibilidade e as modalidades de controle efetivo do turbilhão liberado das formações de iniciativas civis, de coordenação das múltiplas condutas e consequências de condutas e da contenção dos conflitos sociais inevitáveis. Onde domina a questão hobbesiana da segurança, a disposição publicamente declarada de viver com determinados riscos e tolerar diferenças – em outras palavras: estrangeiros e outros elementos que se desviem da "imagem normal" e da "conduta normal" – deve ser defendida contra a crítica de que ela banaliza os perigos que ameaçam a sociedade. Em contrapartida, para quem dramatiza esses riscos, a "desqualificação do conceito de inimigo" revela-se como "eliminação de problemas por meio da negação conceitual" (Depenheuer, 2008, p.57). Pouco menos clara no mérito foi a crítica que a juíza Haas, do tribunal constitucional alemão, dirigiu à maioria no Senado por ocasião da decisão por ela desaprovada sobre a defesa da verificação sistemática de dados: segundo ela, essa maioria menospreza o fato de que não se pode vedar ao legislador, "diante de uma situação de ameaça modificada e da qualidade da ameaça, que ele, no âmbito de seu dever de prevenção de riscos, redetermine o limite de intervenção [...] com a finalidade de controlar o risco".[91]

Nesse contexto, portanto, parece impotente a proposta de que a comunicação com tudo aquilo que se afigura estranho e perigoso, por mais difícil que ela ainda seja,[92] não deve ser interrompida de antemão, inclusive por motivos de segurança. O mesmo se aplica à sugestão de não alimentar a população com uma segurança ilusória, mas, em vez disso, alertá-la para a extrema fragilidade das sociedades e para a inconveniência de esperar do poder estatal uma proteção completa.

Da precisão e dos custos da prevenção de riscos

Na técnica de Estado primordialmente orientada para a segurança e focada no combate, a transformação para uma mentalidade securitária se expressa na tendência – não irracional *prima facie* – de criar um espaço para medidas de repulsa efetiva de perigos por meio da restrição da liberdade. Como se mostrou, na segunda crise do Estado de direito, isso aconteceu inclusive com uma ampliação considerável e excessiva dos poderes estatais de intervenção. *Secunda facie*, diante dos riscos e efeitos colaterais dramáticos, seria conveniente esperar comprovações ao menos quanto à sua precisão e efetividade. Estas não existem, mesmo depois de os instrumentos terem

---

91 Opinião divergente da juíza Haas em *BVerfGE* 115, 320/380. De modo diferenciado argumenta Roellecke (2006), quando se refere à problemática da renúncia (ao direito).

92 À dificuldade e até mesmo à impossibilidade da comunicação com terroristas, em especial com assassinos terroristas suicidas, remetem Grzeszick (2004, p.63 e ss.) e Roellecke (2006).

sido testados por várias vezes ou diante das experiências históricas:[93] os especialistas em segurança não admitem que os produtos das verificações aleatórias de dados, exceto descobertas acidentais, são bastante medíocres, nem, muito menos, que são raríssimos os casos em que os resultados das verificações sistemáticas de dados prestam-se a finalidades probatórias. Não se tem notícia de que as amplas intervenções de caráter informacional do direito policial especial estejam submetidas a um rígido controle de efetividade que tenha o caráter de uma avaliação. A característica constitutiva do discurso da tortura é justamente o fato de a incerteza do salvamento e, por conseguinte, de sua proporcionalidade, como também as condições da aplicação processual e proporcional de métodos de tortura, inclusive da formação profissional dos torturadores, não estarem seriamente refletidas nesse discurso. Também permanecem desconhecidos os efeitos de uma prática da tortura sancionada pelo direito sobre o Estado de direito e a sociedade, que, com uma probabilidade próxima da certeza, são devastadores. Em Jakobs, não se lê que um "direito penal do inimigo" produz mais inimigos, fornece-lhes argumentos para angariar simpatizantes e, com isso, poderia incrementar o perigo que supostamente deve ser combatido. Apesar disso, a proibição de comunicação e as ordens de isolamento prisional contra os terroristas da Fração do Exército Vermelho fornecem material ilustrativo abundante das consequências contraprodutivas das medidas de direito penal do inimigo. Que um incidente aéreo considerável seja marcado, conforme a situação objetiva, por grandes inseguranças reais e que as motivações e objetivos dos sequestradores, bem como o destino dos passageiros, permaneçam especulativos até o final, ou seja, que a ordem de abate possa ser dada cedo demais (ou, então, tarde demais) em uma situação fática incerta são ponderações que os técnicos jurídicos de segurança tiveram que ouvir pela primeira vez do tribunal constitucional alemão e dos

---

93 Vide, por exemplo, Schoch (2004); Walter (2004). Sobre o que se segue, vide também Hoffmann-Riem ("*Das Bundesverfassungsgericht als Garant des Rechtsstaates*", p.560).

especialistas militares (*BVerfGE* 115, 118/155 e ss.). Em resumo: prática e ciência cultivam, sob a bandeira do direito de combate, um regime de segurança estruturado e exercido, em parte, no âmbito excepcional, sem se deixarem perturbar muito pela realidade.

Os riscos e os efeitos colaterais da mudança de mentalidade

A uma mudança da mentalidade remete também a retórica do sacrifício, tão enérgica quanto difusa, que pode ser ouvida nos últimos tempos na ciência do direito.[94] Da perspectiva da mentalidade, a redescoberta do sacrifício dos cidadãos pode ser interpretada como contribuição heroico-impotente de intelectuais para a guerra contra o terrorismo transnacional. A retórica do sacrifício distingue-se consideravelmente das reações da comunidade dos "copartícipes dos direitos fundamentais" (v. art. 1º, § 2 da Lei Fundamental) com as quais, em sua grande maioria, não condiz totalmente o sentido de heroico. Nelas se expressa muito mais, no cotidiano, um quietismo que não se deixa importunar por pretensões de liberdade, que se faz servir de bom grado pelas promessas de segurança existencial e, em contrapartida, inflama "de baixo para cima", com a renúncia irrefletida às liberdades jurídico-fundamentais, tanto o discurso político-securitário exagerado quanto a semântica e a lógica do direito de combate. O ônus da segurança é assumido de modo enfático ou letárgico de acordo com o temperamento. Assim, o poder estatal, que se apressa em combater os perigos que emanam do terrorismo, da

---

[94] Vide análise detalhada a esse respeito no Capítulo IV. Com exemplos sobre a retórica do sacrifício, Depenheuer (2008, p.75 e ss.); Haltern (2003, p.555): "O âmbito das imaginações do político no Estado Nacional começa com o sacrifício com o qual o direito 'nos' habitua. Da perspectiva do liberalismo, essa afirmação é impopular, pois, nele, não se morre pelo Estado, mas se é protegido pelo Estado. Todavia, a teoria política precisa estar em condições de esclarecer o fenômeno do autossacrifício e do homicídio". De modo diferenciado quanto ao sacrifício da perspectiva do contrato social, cf. Enders (2007, p.1043 e ss.), que no contexto da repulsa ao terrorismo defende um dever geral de solidariedade, se necessário empregando-se a própria vida para conservação do ordenamento juridicamente constituído. A esse respeito, em geral, cf. Münkler e Fischer (2000).

"criminalidade organizada", do islamismo radical e de outros grupos e organizações, vai ao encontro da opinião pública civil com uma renúncia antecipada a direitos fundamentais e a comprovações da eficácia de medidas estatais antiterroristas: o que o Estado dispõe-se a fazer não pode ser prejudicial. Além do quê – esta é a postura quanto a observações, vigilâncias por câmera, verificações sistemáticas de dados e escutas clandestinas –, não há nada a esconder.

Em contrapartida, como que para compensação da renúncia aos direitos fundamentais, expressam-se preconceitos em relação "ao estrangeiro" e ao "elemento perigoso" e articulam-se necessidades punitivas praticamente incontidas quanto a suspeitos de crimes e, *a fortiori*, relativamente a criminosos convictos. Nas exigências de expulsão, procedimento sumário e prisão perpétua se expressa o reverso das necessidades de segurança (Günther, 2004). Nessas manifestações, expressa-se, em clima inconfesso de ansiedade, uma mentalidade de segurança que, com o tempo, transforma-se em problema para os órgãos estatais desonerados da crítica dos cidadãos e liberados de amarras de Estado de direito e pode acentuar a crise do Estado de direito. É que, quando o sacrifício da liberdade e a tolerância submissa em relação a intervenções estatais reforçam, em contrapartida, a necessidade da "certeza existencial", ao fim e ao cabo, a esse autodesapossamento dos cidadãos[95] corresponde uma sobrecarga do Estado de prevenção, ao qual se atribui de modo não espontâneo a tarefa de cuidar das pessoas e de proteger a sociedade de modo amplo. Não é por acaso que os técnicos da segurança, em regra, prometem mais segurança do que eles efetivamente podem "cumprir". E talvez seja apenas uma questão de tempo para que aqueles que são frustrados em suas expectativas percebam que renunciaram à insegurança assegurada em um regime jurídico de liberdade – não por um mundo maravilhoso (ilusório) de uma existência globalmente protegida, mas por uma liberdade extremamente insegura em um regime de exceção normalizado em que a segurança é ilusória.

---

95 Bung (2006, p.66), remete – baseando-se em Fromm (1988) e Neumann (1954, p.7) – às "perdas de racionalidade e autonomia condicionadas pelo medo e pelo temor".

CAPÍTULO VII
A TORTURA NO CAMINHO PARA A TÉCNICA DE ESTADO NORMAL?
PARADIGMAS, PRÁTICAS E ARGUMENTOS

1. Tortura e tabu[1]

Por acanhamento diante do sagrado ou por temor dos demônios, o "selvagem" evita o tabu.[2] Por medo, o neurótico obedece à proibição coercitiva. Aquele que se considera "civilizado" pode ser conduzido pelo bom-senso e pela convenção a respeitar o que é tabuizado ou a lidar com precaução com aquilo que não lhe é familiar (Reimann, 1989, col. 422). À primeira vista, a tortura representa ambos – o não familiar e um tabu. Há até pouco tempo, ela não era "acessível a todos", era ocultada ao olhar público, cercada pela aura do perigoso-demoníaco e estritamente proibida. Até mesmo suas proibições pareciam recear expressar em palavras o

---

[1] As reflexões que se seguem remontam a dois trabalhos publicados com outro título em *Kursbuch* (n.163, p.6 e ss., 2006) e no *American Journal of Comparative Law* (n.56, p.403 e ss., 2008). Meus agradecimentos a Annabelle Ganapol pelo apoio na retrotradução.

[2] A esse respeito e sobre o que se segue, ver Freud (1974c).

tabuizado[3] – como se ele se proibisse a si mesmo. Ou como se remetesse a uma dimensão religiosa.

Na sequência, num primeiro momento, exporei em termos gerais o debate e a prática da tortura nos Estados Unidos e, em seguida, discutirei três equívocos comuns a respeito da tortura que também marcam as controvérsias atuais. Em seguida, apresentarei as características estruturais dos diferentes paradigmas da tortura e discutirei a suposta particularidade da "nova tortura": o motivo do salvamento e a estreita relação com o direito. À comparação entre os paradigmas segue-se um breve panorama dos diferentes atalhos de fundamentação que levam ao emprego proporcional da "tortura de salvamento", bem como de alguns problemas práticos e jurídicos ligados a esse emprego. Concluindo, apresento abordagens estratégicas e semânticas cujo objetivo é encobrir violações do tabu da tortura e a ruptura civilizacional que nelas se situam.

A normalização da tortura no discurso

Após uma reserva inicial,[4] e contrariando a inviolabilidade consentida de um tabu, a tortura vem-se metamorfoseando pouco a pouco em animal domesticado na mídia e – o que me interessa em particular aqui – no discurso jurídico. Na Alemanha, a domesticação e a normalização jurídico-científica mostram-se, como se discutiu no Capítulo IV, num discurso que se enraíza na prática dogmática cotidiana: "Pode o Estado torturar excepcionalmente?" (esse é o título do trabalho de Brugger, 1996, p.67 e ss.). Esse discurso, por sua vez, traduzia a provocação teórica de Niklas Luhmann para

---

3 Art. 5º da Declaração Universal dos Direitos do Homem: "Ninguém poderá ser submetido a tortura ou a tratamento ou pena cruel, desumano ou humilhante". Art. 3º da Convenção Europeia dos Direitos do Homem: "Ninguém poderá ser submetido a tortura ou a pena ou tratamento desumano ou humilhante". Art. 1º, § 1º da Lei Fundamental: "A dignidade do homem é inviolável". Art. 104, § 2º, alínea 2 da Lei Fundamental: "Prisioneiros não poderão ser submetidos a maus tratos psicológicos ou físicos".

4 A esse respeito, cf. Poscher (2004).

a dogmática do direito policial. Luhmann (1993b, p.1), "segundo o bom costume dos juristas", havia construído uma situação de bomba tiquetaqueante,[5] perguntando, numa conferência em Heidelberg, se as pessoas estariam dispostas a torturar o líder de um grupo terrorista se, com isso, pudessem salvar muitas vidas. Como representante da teoria sistêmica, ele estava interessado unicamente no problema da possibilidade de sustentar a diferenciação funcional entre direito e moral – ou, na realidade, entre normalidade jurídica e situação excepcional extralegal – também no caso extremo.[6]

Na esteira de Luhmann, o publicista de Heidelberg, Winfried Brugger, que inaugurou e deu continuidade obstinadamente ao discurso jurídico sobre a tortura, tampouco se interessava pela dimensão prática: a implementação concreta da tortura. Contudo, numa intenção absolutamente prática e legitimatória, e bem ao modo dos juristas, ele argumentava diretamente no sentido da solução dogmática e, como ele admite, "menos pior", substituindo, por essa via, a proibição incondicional da tortura por um "direito condicional de torturar" (Brugger, 2000, p.165 e ss.; vide também idem, "*Das andere Auge*", p.8). O que, no início, podia ser equivocadamente entendido como uma simples pergunta inócua estendeu-se, depois, na dogmática jurídica, a um exercício sobre a questão da dignidade humana e dos deveres de proteção. O apogeu mais macabro desse exercício foi um caso de análise envolvendo tortura no direito público (Brugger, 1995). No romântico palco de Heidelberg, a tortura transforma-se – primeiramente, por meio de uma conferência, depois, por meio de sua reelaboração dogmática – como outras várias medidas de repulsa de perigo da polícia, num objeto de utilidade de seus justificadores, ainda que esse objeto possa

---

5 Vide supra, Capítulo IV, 6.
6 Contudo, Luhmann (1993b, p.27), voltando-se para o aspecto prático, recomendava, afinal, "a despeito de todas as reservas legais", a "autorização da tortura por tribunais controlados internacionalmente, televigilância das cenas em Genebra ou Luxemburgo, controle remoto telecomunicativo", para não sacrificar "inocentes ao fanatismo dos terroristas".

ser reconsiderado.⁷ A documentação do portal *juris*,* que de modo algum abrange totalmente a produção científica nos países de língua alemã e os trabalhos publicados nas mídias impressas, enumera, desde meados dos anos 1990, um número muito superior a cem publicações sobre o assunto.

A par dessa "nova tortura" discutida pela ciência do direito, logo ressurgiu outra, antiga, que se acreditava desaparecida há muito tempo e de que ninguém sentia falta, exceto os sádicos e os cínicos. Em Guantánamo e Abu Ghraib, mas não apenas nesses lugares, ela se tornou uma ferramenta da técnica de Estado.⁸ Tanto a nova tortura atualmente discutida quanto a antiga tortura praticada violam o que muitas normas proibitivas querem subtrair à intervenção estatal com rigidez quase religiosa, por se tratar de um interdito de direitos humanos. Trata-se, aqui, de violações de um tabu, de uma proibição quase sagrada, por meio sua normalização? Uma normalização que, num primeiro momento, foi desencadeada por uma provocação teórica e, depois, atualizada no discurso jurídico, recebendo ventos favoráveis de atentados terroristas e da ação de um homicida e sequestrador em Frankfurt, que, rapidamente, entrou para os anais da história do direito penal como o "caso" mais famoso desde 1945.⁹

Para fins de comparação: o discurso da tortura nos Estados Unidos

O panorama do discurso norte-americano sobre a tortura é instrutivo. Motivado e acelerado pelo atentado terrorista contra o

---

7 Nesse sentido ver a exortação de Hilgendorf (2004).
* Portal da Internet consagrado a temas jurídicos: http://www.juris.de/jportal/index.jsp. [N. T.]
8 Ver Hersh (2004b); Human Rights Watch (*The Road to Abu Ghraib*, http://www.hrw.org/reports/2004/usa0604/usa0604.pdf); Sands (2008).
9 Só a literatura sobre o caso Daschner, ao qual se faz alusão aqui, naturalmente, já é praticamente inabarcável. Vide apenas: Zagolla (2006, especialmente p.196 e ss.); Bourcade (*Folter im Rechtsstaat? – Die Bundesrepublik nach dem Entführungsfall Jakob von Metzler*, http://geb.uni-giessen.de/geb/volltexte/2005/2270/); Erb (2005b); Lochte (2004); Ziegler (2004, sempre com outras remissões).

World Trade Center e pela política antiterrorismo do governo Bush/Cheney, ele dá provas de um amplo espectro de figuras de argumentação, todas, sem exceção, acobertadas por uma retórica da necessidade.[10] O 11 de setembro, a guerra contra o terrorismo, um presidente imperialista, as medidas de interrogatório[11] que podem ser qualificadas como tortura autorizaram e as práticas de tortura em Guantánamo e Abu Ghraib logo despertaram os juristas e deram pretexto a uma multiplicidade de comentários jurídicos críticos e apologéticos em aditamento ao *Military Comissions Act*, de outubro de 2006, e em relação ao *Patriot Act* – uma abreviação eufemística e quase orwelliana de seu verdadeiro nome: *Uniting and Strengthening America by Providing Appropriate Tools Required to Intercept and Obstruct Terrorism Act of 2001*[12] – promulgado anteriormente.

De modo geral, apenas uma pequena parte do discurso estadunidense atreve-se a avançar de uma proibição estrita para uma autorização irrestrita da tortura em casos extremos (Strauss, 2004;

---

10 Quanto à crítica, ver Kutz ("*Torture, Necessity and Existential Politics*", http://ssrn.com/abstract=870602, que, com respeito ao recurso aos "*emergency powers*" do governo Bush/Cheney, traça paralelos com Carl Schmitt. Cf. também Scheuerman (2008) e, recentemente, os controversos trabalhos em Levinson (2004).

11 Cf. Comitê Internacional da Cruz Vermelha (*ICRC Report on the Treatment of Fourteen "High Value Detainees" in CIA Custody*, http://www.nybooks.com/icrc-report.pdf) e, a esse respeito, Danner (2009).

12 Ato para União e Fortalecimento dos Estados Unidos por meio do Adequado Fornecimento das Ferramentas Requeridas para Interceptar e Obstruir o Terrorismo, de 2001. Ver a esse respeito, Abraham ("*The Bush Regime from Elections to Detentions: A Moral Economy of Carl Schmitt and Human Rights*", http://ssrn.com/abstract=942865), que compara essa lei com a *Ermächtigungsgesetz* dos nazistas [lei que concedia diversos poderes especiais ao Chanceler alemão, dentre eles, o de decretar leis sem a autorização do Parlamento] de 1933; Levinson (2004); McCoy (2005); Sands (2008). Ackerman (2006) conserva uma distância crítica em relação à tortura em seu esboço de um "*framework*" jurídico-excepcional. Cf. também: Departamento Americano de Justiça, Gabinete do Inspetor Geral ("*Report to Congress on Implementation of sec. 1001 of the USA-Patriot Act*"). Quanto à crítica às medidas antiterroristas, cf. Goodin (2006); Levy, Pensky, Torpey (2005); Tushnet (2005b); Yoo (2005); Poole (2007, http://ssrn.com/abstract=1013503). Um panorama informativo sobre as medidas antiterroristas – como, por exemplo, *internet monitoring, detentions, renditions* etc. – pode ser encontrado em Cole e Dempsey (2006).

Levinson, 2004). Alguns se referem ao *survival rule* para restringir a coação nos interrogatórios a situações em que ela seja uma "necessidade indispensável à preservação da nação", como disse certa vez Abraham Lincoln. Outros autores operam com padrões de necessidade claramente mais flexíveis, como, por exemplo, *grave risk*, ou *danger for the nation*, ou uma *tendency toward self-destruction*, ou, simplesmente, uma "regra de primazia" em "tempos de perigo público". Outros, por sua vez, argumentam que a tortura deveria ser proibida, mas, não obstante, praticada em segredo, uma vez que a guerra contra os terroristas exigiria certa bifacialidade. Aos apologistas[13] dos *emergency powers* e da tortura contrapõe-se uma maioria de críticos defensores da proibição estrita. Entre esses dois campos movimentam-se autores que, em certa proximidade com a discussão alemã, postulam a regulação *ex ante* da coação, para que se torne pública e transparente uma "prática aleatória" que já existe e que deveria ter "*damn well [...] court approval*" (Dershowitz, 2002; 2006) expôs minuciosamente esta posição em *Why Terrorism Works* e *Preemption*, "*The Torture Warrant*" (idem, 2004, p.275-7).[14]

Não é apenas nas duas *interpretive communities* aqui mencionadas que os adeptos do discurso da justificação questionam o que uma multiplicidade de normas em documentos nacionais, supranacionais e internacionais proíbe estritamente o tempo todo. Muitos autores parecem dispostos a infringir um tabu em nome de uma ética do salvamento ou de uma lógica da necessidade.

Diante do registro proibitivo polifônico dos textos normativos, que proíbem o emprego da coação por parte do Estado em situações de interrogatório de modo relativamente categórica, embora nem sempre com precisão suficiente, não gostaria de entrar numa discussão minuciosa da pertinência de argumentos favoráveis ou

---

13 Quanto ao debate sobre o direito de exceção nos Estados Unidos: Ferejohn e Pasquino (2004), Ackerman (2004; 2006), Dyzenhaus (2006, p.2026).
14 Em sentido semelhante, ver Bagaric; Clarke (2005), que reivindicam um regulamento jurídico para a tortura que, sob certas condições, justifica-se moralmente. Para postura crítica em relação a toda e qualquer justificação, seja ela *ex ante* ou *ex post*, ver Strauss (2004, p.268); Scarry (2009).

contrários à brutalidade estatal calculada, ainda que apenas em casos extremos, não importando sejam eles decorrentes de acontecimentos atuais ou aventados em experimentos mentais acadêmicos. Em vez de apresentar mais uma opinião sobre o labirinto de justificativas e refutações, concentrar-me-ei, na sequência, em situar os argumentos em seu contexto histórico e em analisar sua relação com a normalidade jurídica e com o direito de exceção. A comparação necessariamente limitada entre paradigmas de justificação não significa, de modo algum, que as discrepâncias entre os diferentes contextos históricos, políticos e culturais devam ser negligenciadas. Todavia, o foco no modelo argumentativo poderia ajudar a esclarecer o papel do direito e a aguçar o olhar para mecanismos cuja função é relativizar o estrito interdito de direitos humanos e reintroduzir no direito, normatizar e normalizar aquilo que é excluído e tabuizado por meio de proibição.

2. Equívocos relacionados com a tortura

Sismógrafos da crueldade estatal vêm registrando até nos tempos hodiernos uma multiplicidade de casos de maus tratos organizados, levados a cabo por encargo do Estado ou com a caução estatal. A Human Rights Watch, os diversos comitês antitortura e, com especial assiduidade, a Anistia Internacional mantêm a opinião pública informada sobre a tortura e mostram que se trata de um tabu não raramente violado.[15] Nesses relatórios, bem como na apresentação da mídia, a imagem da tortura, amplamente disseminada – e os equívocos a ela relacionados – é reproduzida como uma prática arbitrária, medieval, que teria desaparecido nos Estados civilizados. O certo nisto tudo é que sobre cada emprego da tortura, mesmo aqueles que são apenas imaginados, precipita-se inevitavelmente a sombra de sua história.

---

15 A Anistia Internacional relata tortura em 153 países: http://www.uni-kassel.de/fb5/frieden/themen/Menschenrechte/folter.html.

Um retorno à Idade Média?

Somente se pode falar de um retorno à Idade Média em regiões – ou melhor, em regimes – nos quais a crueldade ordenada ou tolerada pelo Estado era, até então, proscrita, não importando quais fossem as finalidades estatais. Nesse caso, um retorno significaria que a tortura, contrariamente aos mandamentos categóricos presentes em documentos nacionais, supranacionais e internacionais,[16] teria voltado a ser admitida na corte. Logo, não se está falando de países exóticos, onde esbravejam tiranos insanos ou nos quais um "asianismo"[17] supostamente cruel nada teme, mas de *governments of laws and not of men* civilizados, de Estado de direito.[18] Pode a tortura existir como elemento da prática estatal normal?

A tortura é precedida pela fama de ser uma prática típica da "sombria Idade Média", de cominação irracional e desregrada de suplícios físicos e psicológicos, dirigida contra vítimas presas aleatoriamente. No que diz respeito à Idade Média, é correto que a tortura – também chamada de martírio ou *quæstio* – pode ser apresentada no contexto da jurisdição secular. Suas origens podem ser encontradas na Antiguidade greco-romana, antes de ela se difundir por toda a Europa, como consequência da recepção do direito romano – inclusive no Sacro Império Romano-Germânico (Lea, 1913; Peters, 1991). Mais tarde, porém, na primeira metade do século XVIII, ela "saiu de moda" (Langbein, 1977; Peters, 1996). Na Prússia, Frederico II, após sua ascensão ao trono, em 3 de junho de

---

16 Vide os textos proibitivos supracitados e, além deles: art. 136a, § 1º do Código de Processo Penal alemão: "A liberdade da resolução de vontade e da atuação de vontade do réu não pode ser prejudicada por mau-trato, cansaço, agressão física, administração de substâncias, tortura, fraude ou hipnose. A coação só pode ser aplicada na medida em que for permitida pelo direito processual penal. Proíbe-se a ameaça [...] com uma medida inadmissível segundo seus preceitos". Art. 52, § 2º da Lei de Segurança e Ordem Pública de Hessen: "Exclui-se a coação direta para obtenção de uma declaração".

17 Em seu estudo – de resto, muito informativo e digno de leitura – *La torture*, Mellor (1949) responsabiliza o "asianismo" pela disseminação da tortura no século XX.

18 Art. XXX da Constituição de Massachusetts de 2 de março de 1780, parte I.

1740, por ordem de gabinete, aboliu a tortura de modo geral, mas exceções continuaram sendo admitidas. Foi apenas em 1754 que ele suprimiu totalmente a prática da tortura judicial (Langbein, 1977, p.62). Isso se tornou mais fácil para ele com um novo direito probatório. Historiadores relatam evoluções semelhantes em outros Estados da Europa continental: as leis abolicionistas passam a substituir a antiga tortura por um novo direito probatório no processo penal.

À primeira vista, as representações históricas inserem-se na imagem do caráter medieval da tortura. Entretanto, John Langbein, com seus estudos breves e influentes, revela a relação entre tortura e direito probatório, questionando assim a tese de que o fim da tortura no processo penal poderia ser contabilizado como uma contribuição do Iluminismo, como quase sempre se costuma supor. Desde então, parece questionável que Christian Thomasius, Voltaire, Montaigne, Bentham, Cesare Beccaria e outros críticos da tortura realmente possam ser evocados como garantes da tese do Iluminismo. Pois, por um lado, o discurso cético sobre a tortura como instrumento apto à investigação da verdade remonta à Antiguidade, a Aristóteles, Cícero e outros autores (ibidem, p.8 e ss.). Por outro, os iluministas nem sempre se deixam conduzir pela preocupação humanitária com o sujeito dotado de razão, mas por ponderações sólidas sobre a eficácia. Como muitos de seus contemporâneos céticos, Beccaria critica severamente a prática da tortura como sendo uma "barbárie", mas se escandaliza, sobretudo, com a falta de eficácia e a falibilidade de um procedimento de investigação da verdade que faz da dor "a vara de medição da verdade". No mesmo sentido, Frederico, o Grande considera a tortura um "meio cruel", certamente, mas, sobretudo, "inseguro para investigação da verdade" (Kiesow, 2003, p.103). Assim, olhando-se para o passado, impõe-se a interpretação bastante plausível de que a tortura não teria encontrado um campo de aplicação mais amplo após os sangrentos processos inquisitório e que, portanto, teria sido abolida com o "colapso do sistema probatório" (nesse sentido, a tese de Kiesow, ibidem, p.101) e em razão da falibilidade que atestou. Além disso, a imagem medieval da tortura é dificilmente compatível com a circunstância de essa prática – não obstante sua abolição formal no século XVIII – continuar acompanhando a Modernidade, concebida como esclarecida e civilizada, como uma horrível sombra. Não é sem razão que o século XX é considerado, paradoxalmente, como o "século dos direitos humanos e da tortura".[19] E o século XXI, ao menos nesse ponto, parece não começar de modo muito diferente.

A tortura como prática indiscriminada e desregulada?

A imagem de uma crueldade aplicada *indiscriminadamente* contém um segundo equívoco. Com exceção dos processos inquisitórios, tão bárbaros quanto maciços,[20] a tortura nunca foi praticada aleatoriamente, mas, ao contrário, sempre de modo seletivo.[21] Já na Grécia antiga ela era reservada a escravos e altos traidores. No direito da República romana, ela também podia ser empregada contra homens livres. O direito medieval e o direito canônico, de acordo com a letra e a lógica da bula papal *Ad Extirpanda*, levaram principalmente hereges aos bancos de tortura. Nos séculos XIII e XIV, o círculo das vítimas passou a abranger, no direito secular, "pessoas nocivas ao país" e, cada vez mais, todos os suspeitos de bruxaria. Embora nunca tenha existido uma prática unitária de tortura ordenada pelos tribunais nos diversos países europeus, podemos concluir que a *quæstio* restringia-se, em geral, a determinados tipos de criminosos ou suspeitos de crimes. Crianças e jovens, pessoas ilustres e membros da nobreza gozavam, ao menos, de um "privilégio de clemência".

Por fim, também é enganosa a ideia de uma prática desregulada da tortura, em todo caso, na medida em que ela se refira à tortura regulada nos processos do direito penal e do direito canônico.

---

19 A esse respeito, ver Mellor (1949) e Arendt (1955).
20 Cf. Behringer (2000) e, do ponto de vista contemporâneo, Spee von Langenfeld (1631).
21 A esse respeito e sobre o que se segue, cf. Peters (1991, com outras remissões).

Certamente, no processo inquisitório e em outros processos penais, os métodos cruéis de obtenção da verdade pela força não obedeciam a regras vinculantes ou mesmo legais, nos termos, por exemplo, das noções de direitos humanos hodiernas do *due process* ou do *fair trial*. Ainda assim foram sendo adotados entendimentos e regras de modo progressivo e pontual: desse modo, o direito romano canônico exigia uma "semiprova" para o emprego da tortura (Langbein, 1977, p.13 e ss). De modo geral, a *quæstio* somente deveria ser empregada para a persecução de crimes excepcionais e, nesses casos, sempre "com mesura e razão" e na presença de causas de suspeição graves. Critérios assim indeterminados deixavam margem suficiente para a arbitrariedade e para (atos de) violência, sobretudo nos processos inquisitórios. Apesar disso, a tortura inseria-se em um contexto parajurídico constituído pelo direito canônico e, especialmente, pelas bulas papais, pelos privilégios do imperador e pelas resoluções do Parlamento. Por essa razão, ela era considerada pela grande maioria dos contemporâneos como uma prática *legal* em princípio. Afora excessos de maior relevância, seu emprego também se "assentava em uma verdadeira álgebra das provas e indícios reais, diretos, indiretos, legítimos, supostos, artificiais, manifestos, notáveis, incompletos, leves, parciais, defectivos, prementes, necessários, próximos, distantes".[22] A tortura era, portanto, um "procedimento judicial com regras rígidas" e um "código jurídico do sofrimento" (Foucault, 1981, p.46).

3. Comparativo dos paradigmas da tortura

Tortura repressiva: a rainha dos suplícios

No contexto processual penal, a tortura era considerada como método probatório ou como medida para descoberta da verdade – ou,

---

22 Sobre as "caracterizações das provas que podem ser encontradas nas fontes contemporâneas", cf. Kiesow (2003, p.101).

se assim o quisermos, como técnica de Estado judicial.[23] A confissão obtida de modo violento, mediante "tortura", "provava" a culpa do réu e justificava a sentença de culpabilidade. Assim, a tortura *repressiva*, na qualidade de "criatura do chamado processo probatório legal" do direito romano Canônico, entrava no lugar dos processos probatórios arcaicos, como o juramento de purificação, a sentença divina ou o duelo (Langbein, 1977, p.3). Ela era acompanhada pelo entendimento do combate ao crime como função pública e acompanhou a ascensão e a queda da Inquisição. Por conseguinte, é possível dizer de maneira um pouco exagerada que a *quæstio* "modernizou" o processo penal.

A limitação da tortura a determinados crimes e criminosos – ou, mais precisamente, suspeitos – bem como a determinados métodos aponta, por um lado, para concordâncias entre a Inquisição e outros processos penais e, por outro, para indícios rudimentares de uma "juridificação". Todavia, essas normatizações cautelosas e pouco resistentes não devem ensejar uma minimalização da brutalidade da *quæstio*.[24] A "rainha dos suplícios" inquisitória sabia gerar dores terríveis quando seus cúmplices se dobravam sobre o corpo para dele arrancar a verdade. Ela mandava aplicar seus instrumentos de martírio, de preferência nas articulações especialmente sensíveis à dor, e ordenava que suas vítimas fossem esticadas na roda, de maneira extremamente cruel, de modo a gerar terror e tormento, apertando-lhes torniquetes ou braçadeiras. Quando necessário, mandava repetir o procedimento de tortura até que o suspeito confessasse. Ou avaliava o silêncio, de imediato, como confissão, porque indicava a assistência do diabo.

No século XIX, a prática repressivo-processual da tortura retraiu-se para ilhas externas à comunidade dos "Estados civilizados". A tortura grassa onde vestígios da Inquisição – seu sistema probatório pré-moderno, com a confissão como elemento central – perduram fora do facho luminoso do Iluminismo. Na Europa, os

---

23 Aqui não será contemplado o emprego da tortura no âmbito da execução penal.
24 Ver análise minuciosa em Dirnbeck (2001).

contemporâneos festejam o fim da tortura: "A tortura já desapareceu no abismo da escória, onde a Inquisição já está e para onde a pena de morte deve seguir em breve", escreve Victor Hugo em 1851 (Szeemann et al., 2002) – precipitadamente, como se mostrará. Pois, até hoje,[25] os mencionados sismógrafos da crueldade e, sobretudo, as vítimas que procuram asilo relatam os terrores da tortura *inclusive* nos processos penais.

Tortura preventiva: a tecnologia da agonia

No início do século XX, sobressaem-se os contornos de outro paradigma, tanto antigo quanto novo, que incorpora a tortura no arsenal da técnica de Estado tirânica ou autoritária. As "orgias do suplício" politicamente calculadas empurram a "rainha dos suplícios" inquisitória para fora do palco do teatro da crueldade encenada pelo Estado. Para além da ilha de uma prática repressiva da tortura cuja continuidade é assegurada por um direito probatório que não admite provas indiciais, os festins de sangue de regimes tirânicos de terror e a aplicação fria e calculada da crueldade nos Estados autoritários e totalitários, reunidas, como paradigma *político*, marcam o século XX com a marca de Caim. Irmanadas com a antiga prática inquisitória, ambas as variantes contemporâneas da prática da tortura evitam as luzes da publicidade e são executadas na escuridão, fora ou perto da fronteira do discurso político (Parry, 2005, p.525, nota 39). Todavia, numa medida essencialmente menor, isso também se aplica aos festins sanguinários dos tiranos nos quais instrumentos de tortura são expostos e as libertinagens da crueldade são celebradas na tradição da brutal dos processos inquisitórios.

Diferentemente da prática tirana da tortura, sua prática calculada é caracterizada menos pela brutalidade arbitrária, bestial e orgíaca de ditadores e mais por uma tecnologia atroz da agonia, aperfeiçoada pelos regimes de terror. Nessa medida, a prática

---

25 Assim, a Anistia Internacional relatava já há dez anos que a "tortura [seria] um dos problemas principais do ano de 1999" (AI-Index 44/18/00).

calculada tem em comum com a prática inquisitória certa regularidade e pode ser designada como herdeira legítima da tortura ritualizada no processo penal. Por outro lado, a tortura política – também chamada, às vezes, de tortura moderna,[26] para fins de desbarbarização – parece ter pouco em comum com sua predecessora repressiva, sobretudo por não precisar nem de eventos específicos nem de imputação penal para ser desencadeada. A mais leve suspeita de uma suposta "ofensa à personalidade ideal do Estado com o objetivo de terrorismo"[27] ou qualquer conduta julgada oposicionista pode provocá-la.

Tanto a tortura tirânica quanto a tortura política calculada compartilham da seletividade da tortura repressiva. Na seleção de suas vítimas, ambas evidenciam o programa político que executam. A título de exemplo, cite-se um decreto do ano de 1942 de Himmler (apud Peters, 1991, p.165):

> O terceiro grau somente pode ser empregado neste caso [para obtenção forçada de declarações e informações sobre opositores – nota do autor] no que diz respeito a comunistas, marxistas, testemunhas de Jeová, sabotadores, terroristas, membros de movimentos de oposição, elementos associais, elementos recalcitrantes ou vagabundos políticos e raciais.

Entretanto, diferentemente de seus predecessores inquisitórios, os algozes das ditaduras e seus mandantes não têm em mente nenhum tipo de verdade ilusória. Para eles, trata-se sempre de disciplinar também por meio da extorsão de conhecimentos (Foucault,

---

26 Cf. o título dos trabalhos de Parry (2005; e "*Torture in the Modern World*", http://ssrn.com/abstract=899113). "Fala-se de 'tortura moderna', que, supostamente, existiria em algum lugar e que se caracterizaria pela ausência de marcas, pela relação corporal indireta e pelo fato de ter menos a ver com sangue e sujeira, ou seja, por se mostrar distante da aparência tradicional da violência autotélica, fria e instrumental" (Reemtsma, 2008, p.265).

27 Como ainda se dizia recentemente nos libelos de acusação fundados no art. 8º da Lei Antiterrorismo nº 3.713 da Turquia.

1999; 1980, p.92-106), isto é, sua prioridade não são as informações, mas, sobretudo, vingança, humilhação e sujeição. Nos porões da Gestapo, no arquipélago de Gulag, nos calabouços dos senhores coloniais e nas juntas, nas salas de interrogatório das polícias militares e de segurança, eles praticam a tortura política com crueldade bestial e ânsia arcaica de ver suas vítimas sofrerem.[28] Cúmplices condescendentes de regimes totalitários e autoritários martirizam, infligem dores e geram medo – em nome da soberania, para romper a resistência, para desmoralizar opositores[29] e para intimidar a opinião pública precavida com o terror da tortura. Quanto à intenção de obter informações por meio de tortura, a "tortura moderna" está inserida na tradição dos métodos inquisitórios e de outros métodos processuais penais de uma descoberta da verdade que atua sobre os corpos com violência.

Em contrapartida, se observarmos apenas sua relação com o direito, a tortura política parece escapar de todo e qualquer parentesco com as medidas "legalizadas" ou reguladas da tortura repressivo-processual. Pois, ainda que o torturador político pretexte estar apenas cumprindo seu dever de proteção estatal com sua atividade ou afirme que ela seja necessária para salvar sua pele, ele não pode pretender dizer seriamente que seus métodos sejam legais. Isso também se reflete no comentário incidental de William Blackstone, em 1769, que só foi validado nos séculos seguintes e, depois, de modo ainda mais aterrorizante e maciço no século XX,[30] de que o banco de torturas seria "um instrumento do Estado, não da lei" (Blackstone, 1769).[31]

A tortura política sempre encontrou uma companheira muito próxima na tortura militar, que dela se distingue quanto ao contexto, à autoria e às estratégias perseguidas. O parentesco substancial

---

28 Essa ânsia remete aos festins de sangue tirânicos e dificulta toda e qualquer distinção, mesmo que apenas analítica.
29 Parry (2005, p.525) caracteriza a tortura moderna como "*total domination*".
30 Ver análise minuciosa a esse respeito em Mellor (1949), Alleg (1958), Levine (1930). Sobre a brutalidade da tortura policial, vide apenas *Nunca Más* (Argentina, 1986).
31 A esse respeito, vide também Peters (1991, p.140 e ss., com outras remissões).

e as correspondências tornam-se visíveis já à primeira vista. Regimes autoritários e comandantes militares compartilham tanto da ideia da vítima como inimigo quanto da tendência *preventiva*. Métodos de interrogatório coercitivo são aperfeiçoados dentro de contextos políticos e militares visando à repulsa de perigos e graduados segundo sua intensidade, às vezes, até mesmo mediante aconselhamento científico.[32] A graduação da violência tem por objetivo dificultar a prova de que as crueldades cometidas nos interrogatórios são tortura. Hoje, é incontestável que o mal-afamado "terceiro grau" engloba práticas políticas e militares de tortura. Estas não se produzem tanto nas articulações do corpo, mas atingem todo o sistema sensorial e a *psique*, e fazem-no, tanto quanto possível, sem deixar marcas. A tortura como técnica de Estado aparece em métodos como colocação em celas secretas, privação de sono, eletrochoques, *waterboarding*, queimaduras, prisão em salas com ratos e insetos, desestabilização psíquica, privação sensorial, golpes nas solas dos pés e outras técnicas de produção de dor e terrorização.[33]

Para a estratégia de tortura preventiva, todos os informantes potenciais convêm como grupo-alvo de vítimas: prisioneiros de guerra, espiões, combatentes, sabotadores ou membros da população civil. Nas prisões e campos das forças armadas, a tortura torna-se um elemento da forma moderna – nas guerras mundiais: total – de fazer a guerra. Sem prescindir do efeito aterrorizante, a tortura militar pretende, primariamente, obter informações úteis pela força. Segundo ela, o objetivo é apenas repelir perigos iminentes. Assim, ela remete ao atual modelo de conduta e interpretação, do modo como ele se expressa na chamada tortura de salvamento.[34]

---

32 Sobre o papel auxiliar desempenhado por médicos e cientistas administrativos em Guantánamo, cf. Mayer (2005b), Parry (2005, p.522).
33 Sobre os métodos de tortura no século XX, vide Peters (1991, p.216 e ss.); Anistia Internacional (1984); Comitê Internacional da Cruz Vermelha, *ICRC Report*, e os relatórios tão impressionantes quanto repugnantes em *Nunca Más* (Argentina, 1986).
34 Em seu prefácio de Allegs (1958), Jean-Paul Sartre chama a tortura de "epidemia" e critica a "tortura de salvamento", de que se falará mais adiante, como

"Tortura de salvamento": um novo paradigma?

A comparação com a crueldade inquisitória abolida e a crueldade político-militar que continua acontecendo em situações de interrogatório traz à luz afinidades e diferenças consideráveis em relação à "tortura de salvamento",[35] discutida na atualidade. Apesar do apelo ao seu caráter novo e à sua adequação jurídica, a "tortura de salvamento" – expressão que utilizo como abreviação para as variantes da atual "nova tortura", "tortura em legítima defesa", tortura de *necessity* ou "interrogatório de salvamento motivado por culpa própria" (Lenzen, 2006) – mostra-se menos incomum se comparada a outros paradigmas de tortura.

Na realidade, a "tortura de salvamento" assemelha-se às suas predecessoras inquisitórias e jurídico-processuais pela característica de não evitar as luzes da publicidade e de bater à porta da cidadela do direito, para ser convidada a entrar por vias dogmáticas e alcançar a benção judicial em caso de dissenso. Se é indubitável que o novo paradigma opera longe dos processos inquisitórios e das orgias tirânicas da dor, ele reside, porém, na horrível vizinhança da coação brutal de motivação política e militar. Ele se serve da mesma *rhetoric of necessity* e compartilha, ainda que apenas implicitamente, de seu conceito de guerra, com sua distinção inerente entre amigo e inimigo. Além disso, a "tortura de salvamento" segue a tortura político-militar com sua orientação para o controle e o disciplinamento da conduta nociva, nos termos do *método Foucault*. Ela não visa, como as abordagens tradicionais do direito policial e, sobretudo, do direito penal, à intimidação de *wrongdoers*, mas persegue uma estratégia hiperpreventiva e proativa contra *evildoers*. Hoje, por meio dessa estratégia, a "tortura de salvamento" é incluída no arsenal da "guerra contra o terrorismo" e, numa escala menor, inserida no combate antecipado ao crime.

---

sendo uma "hipocrisia". Sobre a "tortura de salvamento", vide também supra, capítulos IV, 6 e VI, 7.

35 Da literatura praticamente inabrangível, cf. Walter et al. (2004); Beestermöller e Brunkhorst (2006); Nitschke (2005). Outras remissões nos capítulos IV, V e VI.

Na concepção preventiva, tanto o terrorista quanto o criminoso que ameaça a vida de suas vítimas, nomeadamente, o sequestrador, são tratados *de facto* e *de jure* como inimigos.[36] Diferenças entre macro e microcriminalidade, entre a Al-Qaeda e Magnus Gäfgen, o sequestrador e assassino de Jakob Von Metzler, entre proteção da sociedade e proteção da vítima desvanecem-se no cenário da bomba tiquetaqueante:[37] apenas o suspeito de terrorismo capturado sabe onde a bomba está escondida e como ela pode ser desarmada. Somente o sequestrador capturado conhece o local onde a vítima está escondida. A polícia não tem que fazer de tudo, mas de tudo mesmo, para salvar a vida de cem ou até mesmo de uma única vítima?

Do retorno do elemento do salvamento

Como consequência da resposta a essa questão retórica, a violência poderia, do mesmo modo, vir a ser aplicada em situações de perigo policial e militar. Sua orientação preventiva, que precede o prejuízo de um bem jurídico e, por conseguinte, é preemptiva, está apenas a um passo do elemento do salvamento. Se bem analisado, esse elemento não é uma especificidade da "nova tortura", mas aparece mais ou menos claramente como cúmplice visível da violência em todos os paradigmas que se voltam sempre para a justificação de medidas coercitivas de salvamento nas situações de interrogatório. As narrativas de justificação da Inquisição introduziam o elemento do salvamento na roupagem cristã de uma forma paternalista do perfeccionismo moral. A tortura teria por objetivo arrancar a alma do pecador – se necessário, contra sua vontade – das garras do diabo. O dever cristão de salvar o "verdadeiro si-mesmo" do mal autorizava os inquisidores a ignorar a dor real e o sofrimento do "si-mesmo" por eles martirizado e a considerar a tortura como uma benção

---

36 Instrutiva a esse respeito é a tese desenvolvida e defendida há vinte anos por Jakobs do direito penal do inimigo: Jakobs (1985; 2004a, p.41 e ss.). A esse respeito, vide Capítulo IV, 6.
37 A esse respeito e quanto ao que se segue, ver Brecher (2007).

(Santo Agostinho, *De civitate dei*, XIII; Scharff, 2000).[38] O constructo da tortura inquisitória apoia-se, portanto, não só na encenação do poder e na busca da verdade, como também na salvação da alma como elemento central.

Nos cenários militares, o elemento do salvamento retorna sem ideologia cristã e sem benção. Sob o signo da "tortura de defesa", os métodos de tortura não são empregados para salvar o melhor "si-mesmo" do preso. O que deve ser salvo de um ataque insidioso do inimigo é muito mais a companhia, o exército e, por fim, a sociedade e o Estado.[39] O mesmo se aplica ao paradigma político. De fato, nesse caso, o elemento de salvamento é frequentemente diluído pelos comandantes no mero pretexto de que a sociedade ou o Estado estariam ameaçados pela subversão ou pela destruição. Contudo, não faltam tentativas de dar um sentido aos martírios físicos ou psicológicos por meio do motivo do salvamento, para justificar a violência coercitiva contra todos os "elementos" que põem a perigo a estabilidade do sistema, a reputação internacional do regime, a identidade nacional da Turquia etc.

Das reiteradas tentativas de legalização da tortura

Além do elemento do salvamento, o constructo da "tortura de salvamento" tem como proteção de retaguarda a normatividade da normalidade. A tortura deve ser executada em nome do *direito*, ou seja, segundo a lógica da legalidade democrática, isto é, no final das contas, em nome do soberano popular – como exceção dentro do direito e não ao direito. Do ponto de vista da teoria democrática e constitucional, a vítima da tortura também é um membro do povo. Consequentemente, aqueles que gostariam de justificar a tortura não poderiam falar de um "interrogatório de salvamento motivado por culpa própria", mas deveriam falar de um "interrogatório de salvamento" autorizado pelo próprio interrogado, vedando ao

---

38 Cf. também Forst (2003, p.78 e ss.) e Berlin (1969).
39 Análise detalhada a esse respeito em Mccoy (2005).

torturado, segundo a lógica hobbesiana do *volenti non fit iniuria*,[40] invocar os direitos humanos inalienáveis.

Em contraste com as regras da Inquisição, os defensores do novo paradigma podem até insistir no fato de suas doutrinas de justificação serem totalmente seculares e basearem-se em uma ponderação sensata e cuidadosa, que têm em devida conta tanto a dignidade do homem quanto o direito à vida e à integridade física. Todavia, eles precisam aceitar a Inquisição como uma "vizinha no direito" desagradável, ainda que historicamente muito distante.

As interferências jurídicas entre a "tortura de salvamento" e a "tortura de defesa" ou "tortura para defesa do sistema" são menos palpáveis. A primeira não encontra nenhum apoio no direito internacional (Bruha, 2006; Bruha; Steiger, 2006, p.12 e ss.), a última é coberta pelo delgado manto da legalidade – ou melhor, da legitimidade política, na forma do direito de autopreservação do Estado – de um estado de exceção suposto ou real. No contexto do combate ao terror, o *état de siège*, após ter percorrido o campo da normalização, parece estar infiltrado na normalidade, na qual opera como suposição subjacente em diversas doutrinas que apoiam a tortura nas regras de uma situação excepcional (Parry, 2005, p.522-5 e 526-8). Contudo, em comparação com suas irmãs políticas e militares, os defensores da "tortura de salvamento" esforçam-se em conseguir uma bagagem jurídica robusta. Enquanto, na Alemanha, o discurso acadêmico concentra-se na questão de estar ou não o Estado autorizado a torturar, ao menos em casos excepcionais, para evitar o pior, os defensores norte-americanos preferem o recurso argumentativo ao necessário ou sugerem que a tortura seja empregada de modo legal ou, melhor ainda, extralegal, e que a discussão pública do tema seja evitada ao máximo.

Com essas questões, por mais que elas sejam formuladas de modo utilitário ou consequencial, deontológico ou tático, os advogados da violência coercitiva buscam uma autorização para entrar na zona tabu, relativizando os direitos humanos e as garantias do *due*

---

[40] A esse respeito, vide Capítulo I, 2.

A TORTURA NO CAMINHO PARA A TÉCNICA DE ESTADO NORMAL?

process e desvencilhando os técnicos estatais das algemas de Estado de direito com a ajuda do *método Locke*. Na Alemanha, a doutrina da "tortura de salvamento" cristalizou-se não em torno de um ataque terrorista assassino maciço ou de uma tragédia humana comparável, razão pela qual eram de se esperar reações críticas veementes[41] ou, ao menos, prudentes[42] que levassem a uma reflexão sobre o significado fundamental da proibição da tortura ou que advertissem sobre as consequências nefastas da eventual liberação dos poderes demoníacos a serem exorcizados pelo tabu da tortura – ou seja, vozes críticas que temessem uma catástrofe. Tudo isso é fato acontecido e foi claramente dito, e, no entanto, o círculo daqueles que procuram justificar a tortura ampliou-se de modo hesitante mas cada vez mais intenso com o discurso intumescente da tortura – sobretudo depois do 11 de setembro de 2001.[43] No espírito do cenário da bomba tiquetaqueante, que não tolera delongas e fabrica seu próprio direito, foram aventadas outras medidas além da tortura. Nos Estados Unidos, a partir daquele 11 de setembro, o governo Bush/Cheney, apoiado por vozes acadêmicas, alterou as leis de tratamento dos terroristas reais e supostos. Ele criou as condições para que os fins justificassem os meios.[44] Algo semelhante aconteceu na Alemanha, ainda que fora do âmbito da técnica de Estado voltada

---

41 Da literatura novamente e, desta vez, felizmente, quase inabarcável, remete-se apenas a Kiesow (2003), Hecker (2003), Marx (2004a), Jahn (2004b), Denninger (2005b).
42 De maneira muito empática, mas decidida, ver Reemtsma (2004).
43 O presidente da Associação dos Juízes, Mackenrodt, jornal *Frankfurter Rundschau* de 22 fev. 2003; Associação dos Funcionários da Policial Criminal Alemã, jornal *Darmstädter Echo* de 22 fev. 2003; Kirchhof (1976, p.114); Starck (in: Mangoldt; Klein; Starck, 2005, Art. 1 Abs. 1, nota 79); Herdegen (in: Maunz; Dürig, 1958, Art. 1, notas 44 e ss. e 90), visa à finalidade de uma medida de violência da qual pode resultar, no caso concreto, "que a cominação ou a inflicção de mal físico [...] não viole o direito à dignidade em virtude da finalidade dirigida ao salvamento da vida". Muito mais cuidadoso, Horst Dreier (2008, Art. 1, nota 133) pretende, no caso de direitos à dignidade paralelos, "não excluir *a priori* as ideias jurídicas da colisão de deveres justificante"; de resto, ele considera a tortura "inadmissível em geral" (Art. 1, nota 72 e Art. 104, notas 54 e ss.). Em sentido semelhante, anteriormente, já Wittreck (2003). Sobre a justificação da tortura, vide também Trapp (2006b).
44 A esse respeito, cf. Greenberg e Dratel (2005), Steyn (2004); Scheppele (2006).

para a prática. Num primeiro momento, com a tortura, também foram introduzidos o "tiro final de salvamento", ou seja, o tiro mortal e, depois, o abate de aviões *renegade* que se encontrassem no poder de terroristas. Desde que o tribunal constitucional alemão declarou inconstitucional a Lei de Segurança Aérea (*BVerfGE* 115, 118) nesse ponto,[45] não são poucos os políticos que insistem na alteração da Lei Fundamental e na garantia constitucional da mobilização do exército alemão para a repulsa de perigos.

4. Figuras de argumentação para justificação da tortura

Quem observa as figuras de argumentação utilizadas para justificação da tortura em situações extremas ou excepcionais encontra uma lógica que opera num mundo maniqueísta. Nesse mundo, as forças armadas, a polícia ou simplesmente o Estado aparecem como representantes do bem, que deve ser defendido do mal – personificado nos malfeitores que ameaçam a sociedade – e isto, se necessário, com brutalidade calculada.

Atalhos de fundamentação para a justificação e a fabricação do direito

Naturalmente, são muito distintos os atalhos que conduzem à legitimação da tortura em situações extremas.[46] Atalho 1: alguns autores tentam eludir a proibição fundamental de compensar uma vida com outra e de submeter a dignidade humana a qualquer espécie de ponderação trilhando, muitas vezes, o caminho de um *regime de medidas extralegais*. Com isso, porém, eles nem sequer mantêm a fachada da licitude e pouco auxílio jurídico substancial fornecem aos partidários da tortura.[47]

---

45 A esse respeito, vide Capítulo IV, 7.
46 Vide também a discussão sobre as situações de bomba tiquetaqueante no Capítulo IV, 6.
47 Por exemplo, cf. Tushnet (2005a); Gross (2003). Isso se aplica, em princípio, à sugestão de Dershowitz de não fazer frente à tortura com o direito, pois ainda assim

Atalho 2: outras abordagens deixam, primeiramente, o âmbito do direito para buscar apoio na Ética.[48] Nele, elas constroem a situação decisiva como sendo a "escolha trágica" provocada pelos terroristas e, com isso, sinalizam que não pode haver decisão correta. Para ainda assim poder justificar a tortura, essas abordagens substituem uma "ética dos princípios superiores" por uma "ética da prudência" ou apoiam sua justificação ética da tortura em um cálculo utilitário. À primeira vista, a força dessa posição reside no fato de também poder se servir do argumento do sofrimento potencial das pessoas ameaçadas pela "bomba tiquetaqueante" – e de modo eficaz, como se mostrará – contra a proteção incondicional da dignidade e a estrita proibição da tortura. Em nome de uma ética da responsabilidade em casos extremos, que se anuncia na defesa não apenas do abate de aviões de passageiros, mas também da tortura como ética do sacrifício, essa orientação pelo resultado ou esse cálculo utilitário visam impelir para a defensiva os defensores da dignidade humana e da estrita proibição da tortura, presumivelmente orientados por uma ética da convicção.

Entretanto, a ética utilitária ou consequencial exclui ou negligencia necessariamente um tipo de resultado, qual seja, os graves danos para torturados e torturadores, para o Estado de direito e a sociedade que resultam do emprego da tortura. Desse modo, essa estratégia consegue combinar a eticização da problemática do emprego da tortura com um sacrifício de salvamento, dando lugar, assim, a uma remodelagem do arranjo jurídico-constitucional em tempos de crise.[49] Traduzida para o âmbito do direito, essa abordagem conduz a uma liberação praticamente desvelada (não prevista pelos critérios do *método Locke*) da técnica de Estado executiva e à ampliação da discricionariedade judicial, especialmente quando

---

ela não deixa de grassar, mas de regular seu emprego. Em sentido contrário, cf. Ackerman (2006); Scarry (2009).

48 Por fim, e de modo não muito convincente quanto à distinção dos efeitos principais almejados e dos efeitos secundários não almejados, cf. Lamprecht (2009).
49 Ignatieff (2004) argumenta contra a tortura *a priori* e a favor da tortura quando absolutamente necessária, em situações de bomba tiquetaqueante.

medidas antiterroristas devem ser instituídas e apreciadas (Poole, 2007, p.3, nota 14, com outras remissões).

Atalho 3: um terceiro atalho de fundamentação segue tortuosamente pelo centro do ordenamento jurídico – da proteção fundamental da dignidade humana e da vida – em direção à *justificativa excepcional* da tortura em casos extremos, como é o caso típico das situações de bomba tiquetaqueante. Quem quiser trilhar esse caminho deve afirmar querer defender o princípio da legalidade inclusive em tempos de crise, afastando a objeção de que o Estado de direito deixaria de existir se admitisse a tortura: "A tortura não é conciliável com o Estado de direito, porque, por meio dela, o indivíduo é agredido em sua capacidade de ser sujeito de direito e até mesmo, no caso extremo, despedaçado e destruído como indivíduo autônomo" (Reemtsma, 2004, p.125).[50] Os justificadores da tortura tentam neutralizar essa objeção tão nefasta para seu empreendimento desviando o foco do Estado de direito que admite o emprego da tortura e da sociedade[51] que tolera a tortura como técnica de Estado. Em vez disso, eles o dirigem para a vítima e para a estrutura justificante de sua argumentação.[52] Por essa razão, a estratégia de justificativa de Winfried Bruggers, a mais obstinadamente praticada, apoia-se, nas situações de bomba tiquetaqueante, em uma "lacuna axiológica". De acordo com esse argumento, o dogma da imponderabilidade da dignidade humana não forneceria uma resposta convincente, compatível com a dignidade humana para a colisão da dignidade da vítima ou das vítimas com a dignidade do sequestrador ou do terrorista. Numa segunda etapa, os justificadores da tortura constroem uma *colisão de deveres*: na situação de bomba tiquetaqueante, de uma relação de direito constitucional multipolar, o respeito pela dignidade e pela integridade, inclusive a

---

50 Cf. também Bernstorff (2008, p.21 e ss.). É possível deduzir dos relatórios sobre a prática da tortura da CIA que o que se pretende é o quebrantamento do indivíduo: Danner (2009, com outras remissões).
51 Ver esse aspecto é acertadamente tornado central por Reemtsma (2005).
52 Especialmente Brugger, em suas publicações supracitadas. A proibição absoluta da tortura é defendida por Fiss (2006) e Strauss (2004).

de um criminoso, manda que o Estado abstenha-se de empregar o recurso da tortura. Ao mesmo tempo, o dever ordena-lhe proteger a dignidade e a vida da vítima ou das vítimas e, por conseguinte, entrar em ação. Portanto, no que se refere à dignidade, a execução do dever de proteção colide com a execução do dever de respeito: "Respeitar e proteger... a dignidade do homem é obrigação de todo o poder estatal" (art. 1º, § 1º da Lei Fundamental).

Mas se nos ativermos à imponderabilidade da dignidade humana e à estrita proibição da tortura, acabamos sendo conduzidos a uma primazia do dever de respeito.[53] Essa primazia somente pode ser bem fundamentada a partir da perspectiva da inviolabilidade da dignidade humana.[54] O tribunal constitucional alemão indicou claramente essa via de fundamentação em algumas decisões.[55] Complementando, há que se chamar a atenção para o fato de que o Estado, no cumprimento de seus deveres de proteção, limita-se ao emprego de meios legais e não está adstrito à ampliação caso a caso de seu instrumentário de proteção por meio de medidas ilegais ou extralegais.

É justamente essa conclusão que os protagonistas do terceiro atalho de fundamentação não querem aceitar. Para obter uma "legalização" da tortura em situações excepcionais, eles colmatam a *lacuna axiológica* com uma ponte axiológica envisada e erigem uma construção normativamente assimétrica sobre os pilares da infração, por um lado, e da inocência da vítima, por outro. Em virtude

---

53 Assim também pode ser lida a decisão do tribunal constitucional alemão sobre a Lei de Segurança Aérea (*BVerfGE* 115, 118); do mesmo modo, a decisão sobre a custódia de segurança (*BVerfGE* 109, 133). Para análise detalhada e diferenciada sobre a relação entre dever de respeito e dever de proteção, ver Bernstorff (2008, com muitas remissões).
54 "A dignidade do homem é inviolável" (art. 1º, § 1º, alínea 1 da Lei Fundamental).
55 Na decisão sobre as verificações sistemáticas de dados, o tribunal constitucional alemão também fez isso: *BVerfGE* 115, 320/358. Do mesmo modo, Bernstorff (2008, p.35 e ss.), que, entretanto, quanto ao problema do estado de necessidade, pretende levar "em consideração a possibilidade de inocentar *ex post* o agente público por meio de uma lei parlamentar que faça referência ao caso [a situação-limite do abate de aviões de passageiros – nota do autor]" (ibidem, p.40).

de sua degradação motivada por culpa própria em titular de uma dignidade de segunda classe, o criminoso ou o suspeito do crime, sob o aspecto normativo da dignidade, não vê a vítima de igual para igual. Por conseguinte, o que tem lugar não é uma ponderação de resultado não prognosticável, mas uma ponderação previamente prejudicada. Em sentido estrito, trata-se, portanto, não de uma ponderação, mas de uma regra de colisão que, ao ser aplicada, sempre se mostra como regra de primazia em benefício das vítimas. De acordo com as regras penais de imputação,[56] o torturado, como agressor, não apenas se torna instigador ou coautor da tortura "justificada" como, mais ainda, é-lhe imputada, ao mesmo tempo, a degradação e a "ponderação" de sua dignidade que, em si, é imponderável. Com isso, ele não tem nenhuma chance de escapar à violação da dignidade mediante tortura.

Numa terceira etapa argumentativa, a polícia – ou não importa quem seja encarregado do emprego da tortura para a repulsa de perigos – pode, então, estar autorizada a amparar indivíduos, grupos ou toda a sociedade como executora altruísta do dever estatal de proteção. O caráter jurídico-excepcional dessa autorização mostra-se no fato de as graduações entre perigo e risco, suspeita de perigos e perigo putativo serem niveladas para possibilitar a intervenção em situações extremas, mesmo quando as perspectivas de salvamento são incertas. O equívoco sobre quem domina a fonte de perigos e sobre como o perigo pode ser eliminado do modo mais eficaz possível é aceito sistematicamente como algo inevitável. Assim, aquele que supõe a existência de situações em que não haveria alternativas à tortura[57] também deve admitir, por conseguinte, a tortura baseada na suspeita para atingir objetivos de salvamento.

Como produto secundário dessa estratégia de fundamentação, estabelece-se a ideia, bastante bem-vinda do ponto de vista

---

56 Ver análise pormenorizada e diferenciada a esse respeito em Merkel (2007b).
57 Nesse sentido, Merkel (2007b, p.391): "Esse princípio de imputação também se aplica a condutas de legítima defesa quando, em casos extremos, ela somente seja possível na forma da tortura".

estratégico, de que a tortura não seria uma prática do Estado, que a ordena, e de seus agentes, que a executam (Herdegen, in: Maunz; Dürig, 1958, Art. 1, nota 45), mas sim uma coisa de "pessoas [especialmente] perigosas", que precisam mesmo submeter-se à tortura como consequência punitiva lógica.[58] Além disso, os justificadores propõem dois tipos de violência e distinguem a "boa tortura de salvamento" daqueles métodos cruéis de interrogatório que dão à tortura sua reputação sinistra.

Disso resulta, *em primeiro lugar*, que o Estado e os agentes públicos não podem[59] ser chamados a prestar contas pela violação da dignidade humana, porque não há tortura de fato, mas apenas uma extorsão de declaração para fins de salvamento e, além disso, o sofrimento imerecido (real ou potencialmente evitado) prevalece sobre a dor do torturado e justifica medidas de estado de necessidade no interrogatório. *Em segundo lugar*, os mandantes e executores da tortura também são eximidos de sanções jurídicas, porque, segundo a concepção dos defensores da "tortura justificada" pela legítima defesa ou pelo salvamento, os sequestradores ou terroristas são responsáveis pelo que lhes acontece na sala de interrogatório:

> [Aquele que, como o tomador de refém,] tem o controle da situação ou age, como sujeito, de modo a criar ou atrair para si, de maneira previsível, a condição para determinadas consequências e reações não é aviltado quando o poder público *reage* a isso na medida exigida. Pelo simples fato de o tomador de refém transformar tanto o refém quanto, em certa medida, o poder público, encarregado da proteção, em mero objeto de sua ação, não se pode censurar o Estado, que se protege com o derradeiro recurso, por violar a dignidade humana. (Di Fabio, 2004, p.5)[60]

---

58 Do ponto de vista do direito penal: como legítima defesa motivada por culpa própria, nos termos do argumento de Merkel (2007b). Ver análise crítica a respeito em Günther ("*Nothilfe durch Folter?*", manuscrito inalterado: março de 2009) que, acertadamente, assinala que essa argumentação excede as regras de imputação.
59 Vide também Di Fabio (2004).
60 De modo semelhante, cf. Starck (in: Mangoldt; Klein; Starck, 2005, Art. 1, Abs. 1, nota 79); Herdegen (in: Maunz; Dürig, 1958, Art. 1, notas 33 e ss.); Hilgendorf

Segundo essa lógica, imputa-se ao indivíduo quebrantado pela tortura, ou seja, o indivíduo que deixou de existir como pessoa em consequência dos martírios físicos e psicológicos, uma conduta que, em si, só pode ser imputada a pessoas.[61] Ao final, todavia, torturadores e mandantes são remidos da violação do tabu, enquanto os críticos podem ser censurados por desconsiderar a situação emergencial e o sofrimento das vítimas inocentes ou a difícil situação de decisão em que a polícia indiscutivelmente se encontra.

Da incerteza do salvamento

Os defensores da "nova tortura" fazem perceber tanto certa ingenuidade histórica quanto uma redução característica de seu cenário de salvamento. Não sem reservas, mas ainda sim de um modo um tanto quanto desafetado, eles não se importam com entendimentos que, ao seu tempo, subtraíram à tortura inquisitória toda e qualquer – ou, talvez, unicamente a última – legitimação e que, hoje, preocupam até mesmo inveterados militares especialistas em tortura (Bowden, 2003; Mccoy, 2005*)*. Não se trata, aqui, de ponderações insignificantes, situadas abaixo do nível prestigioso da lógica jurídica. Pois quem considera o salvamento como conceito-chave deve presumir a confiabilidade das informações extorquidas, bem como a oportunidade e a utilidade do conhecimento obtido.

Embora orientado para a prática, o discurso de justificação distancia-se de uma série de questões complicadas. Ele mascara que o torturado poderia não ter o conhecimento almejado e que, por conseguinte, poderia ser a pessoa errada; ou que ele diria qualquer coisa para acabar com seus martírios, ainda que apenas por um instante (Bowden, 2003; Danner, 2009). No cenário do salvamento, é totalmente insignificante que o torturado possa ter ainda outras razões

---

(2004, p.338). Contra a relativização da dignidade humana: Böckenförde ("*Die Würde des Menschen war unantastbar*", *Frankfurter Allgemeine Zeitung*, 3 set. 2003, p.33); Perels (2004).

61 Nesse sentido também, com fundamentação pormenorizada, cf. Günther ("*Nothilfe und Folter?*").

para não entregar as informações necessárias, que a informação almejada possa ser mais facilmente obtida por outra via, que o salvamento visado possa fracassar mesmo com a informação extorquida; em resumo, problemas de incerteza, equívoco e execução de ações de salvamento são simplesmente ignorados pelos justificadores de modo sistemático.[62]

Essa ignorância tem suas boas razões, pois lidar seriamente com o risco da incerteza levaria inevitavelmente ao desmoronamento da ponte necessária sobre a "lacuna axiológica". Para salvar, por seu lado, o conceito da "tortura de salvamento", em razão da incerteza prognóstica e da falibilidade de decisões preventivas e privilegiadas quanto ao tipo e à situação da periclitação, bem como sobre a necessidade e a urgência do salvamento,[63] é preciso que se proceda a uma argumentação refletida de modo muito mais enérgico e meticuloso.

E se o indivíduo a ser torturado realmente dispusesse do conhecimento que permitiria o salvamento? Nesse caso, a confissão obtida mediante tortura poderia até se mostrar útil e realmente verdadeira para o salvamento, mas os justificadores precisariam de uma pergunta que sempre evitam – uma pergunta que remete ao contexto de Estado de direito e que pretende esclarecer como a nova tortura deve ser empregada, sob o aspecto formal e material, *lege artis*, ou seja, respeitando as regras da competência, do processo e, por fim, de modo a preservar o máximo possível os direitos fundamentais.[64] A referência a um agente policial experimentado, "licenciado pela Liga Desportiva Alemã [...] na presença de um médico da polícia, [...] para evitar o aparecimento de lesões",[65] como assinalado no caso Daschner, não bastaria nem sequer para o *court approval*

---

62 Sobre as condições da incerteza, cf. Poole (2007). Conclusiva é também a distinção entre condutas "visíveis" e "invisíveis", que pode ser relacionada com a justificação da "tortura em legítima defesa" em Bung (2008a, especialmente p.531 e ss.) e Scarry (2009).
63 Sobre a relação entre o terrorismo e o "*government of risk*", ver Poole (2007, p.13-7).
64 A esse respeito, com intenção crítica, cf. Fuchs (*Frankfurter Rundschau*, 9 jan. 2005).
65 Relato do jornal *Frankfurter Rundschau* de 22 fev. 2003; de modo semelhante, a revista *Der Spiegel* (n.9, 24 fev. 2003). Ver análise detalhada a respeito em Busch (2003).

exigido por Dershowitz. Haveria de ser um torturador cuja competência para a cominação de dor fosse comprovada por formação e diploma. O recurso a um médico, embora tenha a "dignidade" da tradição, dificilmente satisfaria às exigências jurídico-processuais impostas no caso de necessidade de emprego de coação direta extrema, como se pode deduzir das regras legais correspondentes quanto ao emprego da coação direta.

Mas, sobretudo, o discurso da justificação teria que se submeter ao teste da proporcionalidade, que, segundo as regras do direito da repulsa de perigos, serve de critério para todas as medidas policiais. Contudo, ainda não existem ponderações diferenciadas, que contemplam os detalhes necessários, relacionando a cominação de dor com a dimensão do perigo e do mal. Uma diretriz ou instrução para um emprego aceitável ou admissível da violência poderia, talvez, se fosse realmente concebível – dentre os críticos, circula a referência provocativa a um "decreto sobre a tortura federal" – satisfazer a uma finalidade apropriada e à racionalidade da "tortura de salvamento", mas, inevitavelmente, transgrediria os limites do direito e enterraria a ideia da estatalidade de direito. Do mesmo modo, é muito provável que um conceito de "tortura de salvamento" juridicamente implementável tanto desconstruísse a pretensão de legalidade quanto destruísse a visão de uma soberania da lei. Assim, afinal, a tortura seria admitida no direito e, talvez, a bomba tiqueta-queante fosse desarmada. Mas a normatividade da situação normal certamente seria minada em um de seus pontos mais sensíveis, a relação com a violência. A barreira imaginária que nos distingue dos tempos violentos do passado e dos regimes brutais de outros lugares seria derrubada.

5. Manobras de desvio e de dissimulação

O tabu da tortura e também as dificuldades palpáveis em encontrar uma resposta convincente para a pergunta sobre como a tortura pode ser empregada do modo mais discreto e *lege artis* possível talvez sejam as razões para evitar a palavra tortura, "virtualizar", esconder, mentir sobre a tortura ou, então, na prática estatal, dissimular a responsabilidade pelas práticas de tortura ordenadas. Para concluir, gostaria de abordar essas manobras de desvio e de dissimulação.

A virtualização da tortura

Defensores da "tortura de salvamento", da "tortura em legítima defesa" ou da "tortura de necessidade" tentam evitar a zona-tabu deslocando o problema e a sua doutrina de justificação do reino do real para o mundo dos experimentos mentais (isto é, Merkel, 2007b; Brugger, 2000; Trapp, 2006b) ou das construções acadêmicas. Suas projeções baseiam-se no esboço de uma "situação extrema" que, assim afirmam eles, nunca virá a ocorrer, mas com a qual, todavia, o direito normal precisa contar. Para tanto, constroem empiricamente um "caso" o mais implausível possível ou fazem uma lista de condições a serem satisfeitas para que o emprego da tortura possa ser autorizado. De acordo com Brugger, é preciso que exista um perigo claro, direto e relevante para a vida e a integridade física de uma pessoa inocente. Ademais, o perigo deve ter sido causado por um perturbador identificável, que seja a única pessoa capaz de eliminar o perigo, retornando para dentro dos limites do direito. Por fim, o emprego da coação física deve ser o único meio promissor de obtenção da informação (Brugger, 2000, p.167).

Com o recurso estilístico da virtualização, os autores sugerem aos leitores estarem apenas participando de um experimento lógico ou de um exercício dogmático, que se trata apenas de uma tortura fictícia, não *da* tortura brutal. Conceder nesse experimento não significa sujar as mãos, violar de fato o tabu ou tornar-se um "perseguidor implacável". Ao contrário: com ele, o cientista jurídico permanece em sua posição de pensador lógico que, além disso, argumenta em favor de uma boa finalidade. A Convenção das Nações Unidas contra a Tortura já previu desvios legitimatórios desse tipo (Freud, 1974c, p.303) e pretende impor a proibição com "rigidez religiosa":

Em nenhum caso poderão invocar-se circunstâncias excepcionais, como ameaça ou estado de guerra, instabilidade política interna ou qualquer outra necessidade pública como justificação para a tortura. (art. 2º, § 2º)

A normalização semântica

Aparentada com a virtualização e não raramente associada a ela é a estratégia da normalização semântica ou da banalização da tortura. Tanto no discurso jurídico-científico quanto na prática estatal, essa estratégia aposta na pluralidade de sentidos da tortura e tenta explorar sua polissemia para fins legitimatórios ou evidentemente práticos. As expressões "tortura de salvamento" ou "tortura em legítima defesa" permanecem mais no nível de banalizações mais honestas, porque, apesar de tudo, evidenciam, no próprio termo, o caráter violento do procedimento de salvamento. Em contrapartida, são insustentáveis fórmulas como "interrogatório de salvamento motivado por culpa própria" (Trapp, 2006b; 2006, com outras remissões),[66] porque seus criadores negam o ato de brutalidade ordenada pelo Estado e pretendem minimizar a situação de tortura, reduzindo-a a um interrogatório normal ou a um questionamento policial normal. Para ilustrar a brutalidade, citemos apenas um exemplo do arsenal dos métodos da CIA:

> No início do meu tempo de prisão no Afeganistão, fui totalmente despido e assim fiquei durante as duas semanas que se seguiram. Fui colocado em uma cela que media cerca de 1 x 2 metros. Eu tinha que ficar ereto, de pé, com os pés colados ao chão. Minhas mãos foram presas com algemas, acima da minha cabeça, a uma barra de metal que atravessava toda a cela. A cela era escura; não havia luz natural ou elétrica. Durante as duas primeiras semanas, não recebi nenhuma comida, somente água para beber e *Ensure* [um tipo de suplemento alimentar – nota do

---

66 Uma direção semelhante é visada, à primeira vista, pelo discurso absurdo da "tortura" com fundamentação minuciosa das aspas de distanciamento: cf. Lenzen (2006).

autor]. Um guarda segurava a garrafa enquanto eu bebia. [...] Como banheiro, eu tinha um balde na cela. [...] Depois que eu o usava, não permitiam que eu me limpasse. Durante as três semanas que passei ali, tocava música alta constantemente. (Danner, 2009, segundo um relatório da Cruz Vermelha Internacional)

Aqueles que banalizam a tortura emprestam a munição argumentativa a regimes como, nos últimos tempos, o governo Bush/Cheney, que autorizou *an alternative set of procedures*. Pois os regimes que torturam negam a violação do tabu e não poupam esforços para expor publicamente que nem praticam nem toleram tortura, mesmo que com isso precisem admitir que as práticas que lhe são censuradas, e que admitem, eram "cruéis, desumanas e aviltantes" (Parry, 2005, p.520).

À normalização semântica e à banalização da tortura contrapõe-se sua construção conceitual em um "vocabulário quase apenas [...] generalizado" (Peters, 1991, p.197), criticado pelos historiadores, que o chamam de "linguagem do Éden" (ibidem). Com efeito, a indeterminação das normas de proibição da tortura faz com que o debate jurídico se desloque da justificação das exceções para os problemas de definição, abrindo espaços semânticos importantes para tentativas de fuga da zona-tabu. Essas tentativas de fuga podem ser sentidas em uma multiplicidade de redefinições paliativas e cínicas. Assim, nas declarações oficiais do governo Bush/Cheney falou-se frequentemente de *extreme prison conditions*, *disadvantageous* ou *full coercive treatment*, de *torture lite* ou de *extra encouragement* no interrogatório.[67] Em compensação, Susan J. Crawford, juíza aposentada e ex-conselheira em assuntos jurídicos do exército americano revelou que o tratamento de alguns prisioneiros autorizado pelo presidente

---

67 Sobre o empirismo dos métodos de tortura empregados por militares e serviços secretos e suas circunlocuções, cf. Bowden (2003); Hersh (2004a, p.19 e ss.; 2004b); Human Rights Watch (*The Road to Abu Ghraib*); sobre a prática da tortura em Guantánamo, cf. Sands (2008); Parry (2009).

Bush enquadrava-se inequivocamente no tipo penal da tortura (Crawford apud Danner, 2009).

"Outsourcing torture"

Quando a virtualização falha e a banalização fracassa, porque a crueldade praticada, como, por exemplo, o emprego de eletrochoques ou do chamado *waterboarding* deixaram o reino das possibilidades distantes e destruíram a retórica paliativa das "técnicas de interrogatório", os comandantes e praticantes da crueldade recorrem a uma terceira estratégia. Eles mascaram as vias de comando e deslocam a responsabilidade político-jurídica para impedir o escândalo público.

A *torture by proxy* e a *offshore torture* ilustram a lógica da terceirização da tortura praticada, sobretudo no Iraque e no Afeganistão, pela CIA e pelos militares em um *dark and secret universe*.[68] A expressão *torture by proxy* faz referência à delegação da tortura a *proxyholders*. Exemplos disso são, sobretudo, todos os Estados que, em razão de seus métodos de interrogatório extremamente brutais, de suas *brass-knuckled quests for information*, ganharam uma triste fama, como é o caso da Tailândia, do Afeganistão, da Jordânia, do Paquistão, de Singapura, da Somália, do Uzbequistão, da Romênia e do Egito (Comitê Internacional da Cruz Vermelha, *ICRC Report*; Danner, 2009). Além disso, há que se mencionar aqui os chamados *private (military) contractors*, que atuam como terceirizados e cujo objetivo é romper a cadeia de imputação.

A *offshore torture* consiste na estratégia de apoio usada na "guerra contra o terrorismo" de torturar suspeitos em bases militares

---

[68] A esse respeito e sobre o que se segue, cf. Mayer (2005a); Priest ("*CIA Holds Terror Suspects in Secret Prisons*", *The Washington Post*, 2 nov. 2005); União Americana das Liberdades Civis, ("*Extraordinary Renditions – In Depth*", http://www.aclu.org/safefree/torture/25546res20060511.html); Anistia Internacional ("'*Rendition*' and *secret detention: A global system of human rights violations*"); Human Rights Watch (*The Road to Abu Ghraib*); Sands (2008); Comitê Internacional da Cruz Vermelha (*ICRC Report*); Danner (2009).

situadas no exterior, como Guantánamo, e em prisões secretas, ou de levá-los para esses locais para, a partir dali, entregá-los aos chamados "mandatários". Desde o início dos anos 1990 e, mais intensamente, desde o 11 de setembro de 2001, o exército estadunidense mobilizou tropas especiais no âmbito de sua dupla estratégia da *torture by proxy* e da *offshore torture*, para entregar supostos terroristas a "regimes dignos de confiança" fora do âmbito das relações regulares de extradição entre Estados, ou seja, infringindo o direito nacional e internacional. Um relatório de investigação do Comitê Internacional da Cruz Vermelha, que supervisiona a observância das regras da Convenção de Genebra, chegou a esta conclusão:

> As queixas de maus-tratos por parte dos presos indicam que, em muitos casos, os maus-tratos aos quais foram submetidos enquanto se encontravam na prisão da CIA configuraram, isoladamente ou combinados, o crime de tortura. Além disso, muitos desses maus-tratos constituíam, isoladamente ou combinados, formas de tratamento cruéis, desumanas ou aviltantes. (Comitê Internacional da Cruz Vermelha, *ICRC Report*; Danner, 2009)

O caráter secreto e irregular das *illegal renditions* torna fácil para o comitente camuflar as entregas de presos para fins de tortura e furtar-se à responsabilidade: enquanto presos são submetidos à tortura ou a tratamento cruel e desumano segundo a lógica *by proxy* ou *offshore* ou por agências privadas, tanto os clientes estatais quanto outros clientes das informações extorquidas mediante violência podem cuidar de sua imagem de Estado de direito como *innocent bystanders*.[69] Se necessário, a voz da consciência pode ser calada com uma referência à "responsabilidade por nossa

---

69 A não ser que o vice-presidente sugira que se exclua o próprio serviço secreto – CIA – da proibição de torturar e que uma *executive order* do próprio presidente ordene as criticadas técnicas de interrogatório. Ver Human Rights Watch (notícias de 20 dez. 2004, http://www.hrw.org/en/news/2004/12/20/us-did-president-bush-order-torture).

segurança": "Se precisarmos assumir uma garantia de que as informações de outros serviços de informação foram obtidas mediante preservação dos princípios de Estado de direito, podemos suspender as atividades" (Schäuble apud *Spiegel online*).[70]

---

[70] http://www.spiegel.de/politik/deutschland/0,1518,393047,00.html.

POSFÁCIO SOBRE A SEGURANÇA

Segundo critérios humanos, é sempre preciso contar com perigos; segundo a lógica do terror, é preciso estar preparado para outros atentados terroristas. Ninguém será estúpido ao ponto de contestar essa ideia e de não querer ajustar a ela a repulsa do perigo. Todavia, é não só estúpida como também perigosa uma técnica de Estado para a qual "todo dia é um 12 de setembro" e que dá à política de segurança o tom de que ela "nunca mais enfrentará um perigo demasiado tarde".[1] Pois ela coloca a sociedade em um estado de alarme permanente, atiça necessidades de segurança, obtém para si faculdades jurídicas extraordinárias, reduz barreiras de intervenção e estreita a densidade de controle judicial. Tudo isso à custa da liberdade e da proteção jurídica e em prejuízo do *método Locke*.

"Segurança" é a solução de uma técnica de Estado que sugere ao seu público que aceite perdas dos direitos fundamentais como

---

[1] Nesse sentido, porém, ver Wolfgang Bosbach (2008, p.137-8), o presidente suplente do grupo parlamentar CDU/CSU no Parlamento alemão para assuntos de política interna e política jurídica: "*Warum für die Sicherheitspolitik jeder Tag der 12. September ist*".

algo inevitável, como contribuição civil para evitar um novo "11 de setembro", e que confraternize com medidas dos *métodos Hobbes e Foucault*. Além disso, essa técnica de Estado não julga esses mesmos cidadãos capazes, por um lado, de ter a coragem civil de enfrentar os perigos segundo suas possibilidades ou de tolerar a insegurança quando esta seja inevitável. Por outro lado, ela exige dos cidadãos que se acomodem com uma ruptura civilizacional ou até mesmo que atuem como agentes públicos. É justamente essa a mensagem daquelas teorias de justificação que, nos últimos tempos, pretendem introduzir as práticas de tortura da esfera militar e dos serviços secretos na cidadela do direito. É certo que as doutrinas acadêmicas de "salvamento" e os chefes das forças armadas e dos serviços secretos têm uma relação com essas práticas de proximidades distintas por natureza. Todavia, a princípio, eles estão de acordo com a ideia de que o encargo de segurança do Estado na "guerra contra o terrorismo" deve ser cumprido, se necessário, mediante emprego de violência corporal e concordam que, em casos de necessidade, os bons fins justificam os meios lesivos. Os práticos da técnica de Estado, assim como seus adjuvantes acadêmicos dissolvem, assim, seu vínculo com o *método Locke*.

Como era de se prever, o inventário crítico do discurso securitário e, sobretudo, do discurso da tortura não se esgota com uma solução. Ainda assim, é possível, afinal, tentar responder à questão teórica de Niklas Luhmann sobre a existência de normas indisponíveis. Quem acompanhasse até um pouco mais adiante as doutrinas antiterroristas e justificadoras da tortura poderia chegar à conclusão de que a necessidade não conhece regra – nem sequer uma proibição estrita da tortura. Na hora da necessidade, até as normas supostamente indisponíveis são abandonadas.

Entretanto, não existe nenhuma boa razão para aderir aos justificadores e práticos da crueldade organizada pelo Estado. Pelo contrário, tanto a concepção da prática da tortura quanto o infindável discurso de justificação sugerem que nos oponhamos à tirania do pensamento de *ultima ratio*, que nos distanciemos da "solução menos pior" – que, na verdade, é sempre a pior – e que defendamos o *método Locke*, a despeito de suas ambivalências. Quanto ao aspecto prático da repulsa de perigos mediante tortura, que roça a dimensão quase religiosa do tabu, pode-se complementar que os advogados da "tortura de salvamento" podem até pretender reagir de modo mais sensível ao dilema das decisões policiais em situações de periclitação extrema. Não obstante, eles devem considerar que a história tampouco perdoa aqueles que não sabem o que não fazem. Quem legitima a tortura sela um pacto com o diabo.

REFERÊNCIAS

ABENDROTH, W. Zum Begriff des demokratischen und sozialen Rechtsstaats im Grundgesetz der Bundesrepublik Deutschland. In: FORSTHOFF, E. (Org.). *Rechtstaatlichkeit und Sozialstaatlichkeit*. Darnstadt: s. n., 1968.

ACKERMAN, B. The Emergency Constitution. *Yale Law Journal*, n.113, 2004.

_____. *Before the Next Attack*. New Haven: s. n., 2006.

ADLERHOLD, D. *Kybernetische Regierungstechnik in der Demokratie. Planung und Erfolgskontorlle*. München: s. n., 1973.

ADORNO, T. W. *Studien zum autoritären Charakter*. Frankfurt am Main: s. n., 1973.

_____. Spätkapitalismus oder Industriegesellschaft?. In: _____.; TIEDERMANN, R. von. (Org.). *Soziologische Schriften I*, Gesammelte Schriften, Band 8. 3.ed. Frankfurt am Main: s. n., 1990.

_____. Ästhetische Theorie. Gesammelte Schriften, Band 7. Darmstadt: s. n., 1998.

AGAMBEM, G. *Homo sacer*. Die souveräne Macht und das nackte Leben. Frankfurt am Main: s. n., 2002.

_____. *Ausnahmezustand*. Frankfurt am Main: s. n., 2004.

ALBRECHT, P.-A. Feindbild Organisierte Kriminalität. Brechstange gegen Freiheitsrechte. In: MÜLLER-HEIDELBERG, T. et al. (Org.). *Grundrechte--Report 1998*. Reinbek bei Hamburg: s. n., 1998.

_____. *Die vergessene Freiheit*. Strafrechtsprinzipien in der europäischen Sicherheitsdebatte. Berlin: s. n., 2003.

_____. *Kriminologie.* 3.ed. München: s. n., 2005.
ALBROW, M. *Abschied vom Nationalstaat.* Frankfurt am Main: s. n., 1998.
ALEXY, R. *Theorie der Grundrechte.* Frankfurt am Main: s. n., 1985.
ALLEG, H. *La question.* Paris: s. n., 1958.
ANISTIA INTERNACIONAL. "*Wer der Folter erlag...*". Ein Bericht über die Anwendung der Folter in den 80er Jahren. Frankfurt am Main: 1984.
ANDERSON, B. *Die Erfindung der Nation.* Frankfurt am Main: s. n., 1996.
ANSCHÜTZ, G. *Die Verfassung des Deutschen Reiches vom 11. August 1919.* 14.ed. Berlin: s. n., 1933.
ARENDT, H. *Elemente und Ursprünge totaler Herrschaft.* Frankfurt am Main: s. n., 1955.
ARETIN, J. C. von. *Staatsrecht der konstitutionellen Monarchie I.* Altenburg: s. n., 1824.
ARGENTINA. Comisión Nacional sobre la Desaparición de Personas (Conadep). *Nunca Más. The Report of the Argentine National Commission on the Disappeared.* New York: 1986.
ARNDT, A. Der Rechtsstaat und sein polizeilicher Verfassungsschutz. *Neue Juristische Wochenschrift,* 1961.
ARNDT, A. Demokratie – Wertsystem des Rechts. In: _____. FREUND, M. *Notstandgesetz – aber wie?* Köln: s. n., 1962.
AUGSBERG, S. Denken vom Ausnahmezustand her. Über die Unzulässigkeit der anormalen Konstruktion und Destruktion des Normativen. In: ARNDT, F. (Org.). *Freiheit – Sicherheit – Öffentlichkeit.* Baden-Baden: s. n., 2009.
BACHOF, O. Begriff und Wesen des sozialen Rechtsstaates. In: FORSTHOFF, E. (Org.). *Rechtsstaatlichkeit und Sozialstaatlichkeit.* Darmstadt: s. n., 1968.
BACON, F. Über das Herrschen. In: _____. *Essays oder praktische und moralische Ratschläge.* Stuttgart: s. n., 1993.
BAEYER, W. von; BAEYER-KATTE, W. von. *Angst.* Frankfurt am Main: s. n., 1971.
BAGARIC, M.; CLARKE, J. Not Enough Official Torture in the World? The Circumstances in Which Torture Is Morally Justifiable. *University of San Francisco Law Review,* n.39. 2005.
BÄHR, O. *Der Rechtsstaat.* Kassel: s. n., 1864.
BALDUS, M. Streitkräfteeinsatz zur Gefahrenabwehr im Luftraum. *Neue Zeitschrift für Verwaltunggsrecht,* 2004.
_____. Freiheitssicherung durch den Rechtsstaat des Grundgesetzes. In: HUSTER, S.; RUDOLPH, K. *Von Rechtsstaat zum Präventionstaat.* Frankfurt am Main: s. n., 2008.
BALKIN, J. M. The Constitution in the National Surveillance State. *Minnesota Law Review,* n. 93, 2009.

BARATTA, A. Zur Entwicklung des modernen Rechtsstaatsbegriffs. In: BAER-KAUPERT, F-W. (Org.). *Liber amicorum B. H. C. Aubin*. Kehl am Rhein: s. n., 1979.

BECK, U. *Was ist Globalisierung?* Frankfurt am Main: s. n., 1997.

_____. *Risikogesellschaft*. Auf dem Weg in eine andere Moderne. Frankfurt am Main: s. n., 2003.

BECK, U.; GIDDENS, A.; LASH, S. *Reflexive Modernisierung*. Frankfurt am Main: s. n., 1996.

BECKER, F. *Kooperative und konsensuale Strukturen in der Normsetzung*. Tübingen: s. n., 2005.

BEESTERMÖLLER, G.; BRUNKHORST, H. *Rückkehr der Folter*. Der rechtstaat im Zwielicht? München: s. n., 2006.

BEHRENDT, E. L. *Rechtsverzicht als Rechtsgewinn*. München: s. n., 1981.

BEHRINGER, W. (Org.). *Hexen und Hexenprozesse in Deutschland*. 4ed. München: s. n., 2000.

BENDER, D. Verpolizeilichung' des Ausländerrechts – Die ausländerrechtlichen Maßnahmen des Gesetzgebers nach dem 11. September 2001. *Kritische Justiz*, 2003.

BENJAMIN, W. *Zur Kritik der Gewalt und andere Aufsätze*. Frankfurt am Main: s. n., 1965.

_____. Über den Begriff der Geschichte, These VIII. In: _____.; TIEDEMANN, R.; SCHWEPPWNHÄUSER, H. *Gesammelte Schriften, I Abhandlungen, 2, Teil*. Frankfurt am Main: s. n., 1991a.

_____. Zur Kritik der Gewalt. In: _____.; TIEDEMANN, R.; SCHWEPPWNHÄUSER, H. *Gesammelte Schriften,2, Aufsätze, Essays, Vorträge, I. Teil*. Frankfurt am Main: s. n., 1991b.

BENTHAM, J.; BOWRING, J (Org.). *The Works of Jeremy Bentham*. Band IV. Edingburgh: s. n., 1843.

BENZ, A. (Org.). *Governance – Regieren in komplexen Regelsystemen*. Eine Einführung. Wiesbaden: s. n., 2004.

_____. Nationalstaat. In: _____. et al. (Orgs.). *Handbuch Governance*, Theoretische Grundlagen und empirische Anwendungsfelder. Wiesbaden: s. n., 2007.

BERG, W. Der Rechtstaat und die Aufarbeitung der vor-rechtsstaatlichen Vergangenheit. *Veröffentlichungen der Vereinigung der Deutschen Staatsrechtslehrer*, n.51, 1992.

BERLIN, I. Two Concepts of Liberty. In: _____. *Four Essays on Liberty*. Oxford: s. n., 1969.

BERMAN, N. Privileging Combat? Contemporary Conflict and the Legal Construction of War. *Columbia Journal of Transnational Law*, n.43, 2004.

BERNSTORFF, J. von. Pflichtenkollision und Menschenwürdegarantie. Zum Vorrang staatlicher Achtungspflichten im Normbereich von Art. 1 GG. *Der Staat*, n.47, 2008.

BETHGE, H.; ROßMANN, E. (Org.). *Der Kampf gegen das Berufsverbot.* Köln: s. n., 1973.

BETHGE, H. et al. (Org.). *Die Zerstörung der Demokratie in der BRD durch Berufsverbote.* Köln: s. n., 1976.

BETTERMANN, K. A. *Der totale Rechtsstaat.* Göttingen: s. n., 1986.

BIELEFELDT, H. *Freiheit und Sicherheit im demokratischen Rechtsstaat.* Berlin: Deutschen Institut für Menschenrechte, 2004.

BINDER, J. Autoritärer Staat und Rechtsstaat. [1934]. In: JAKOB, E. *Grundzüge dr Rechtsphilosophie Julius Binders.* Baden-Baden: s. n., 1996.

BLACKSTONE, W. *Commentaries on the Laws of England.* Oxford: s. n., 1765-69.

BLANKE, B. Der Deutsche Faschismus als Doppelstaat. *Kritische Justiz*, 1975.

BLANKE, T.; FRANKENBERG, G. Zur Kritik und Praxis des Radikalenerlasses. *Kritische Justiz*, 1979.

BLOCH, E. *Naturrecht und menschliche Würde.* Gesamtausgabe, Band 6. Frankfurt am Main: s. n., 1961.

BLOMEYER, P. *Der Notstand in den letzten Jahren von Weimar.* Berlin: s. n., 1999.

BLUMENBERG, H. *Die Legitimität der Neuzeit.* Frankfurt am Main: s. n., 1966.

BÖCKENFÖRDE, E.-W. *Der Staat als sittlicher Staat.* Berlin: s. n., 1978a.

_____. Der verdrängte Ausnahmezustand. Zum Handeln der Staatsgewalt in außergewöhnlichen Lagen. *Neue Juristiche Wochenschrift*, 1978b.

_____. Rechtsstaat und Ausnahmerecht. *Zeitschrift für Parlamentsfragen*, 1980.

_____. Ausnahmerecht und demokratischer Rechtsstaat. In: VOGEL, H. J. (Org.). *Die Freiheit des Anderen.* Fetschrift für Martin Hirsch. Baden-Baden: s. n., 1981.

_____. Grundrechte als Grundsatznormen. Zur gegenwärtigen Lage der Grundrechtsdogmatik. *Der Staat*, n.29, 1990.

_____. Entstehung und Wandel des Rechtsstaatsbegriffs. In: _____. *Recht, Staat, Freiheit.* 2.ed. Frankfurt am Main: s. n., 1992.

BODIN, J. *Sechs Bücher über den Staat.* 2 V. Organização de B. Wimmer. München: s. n., 1981. (orig.: *Six livres de la Règpublique*, 1576)

BOGDANDY, A. von, *Gubernative Rechtssetzung.* Tübingen: s. n., 2000.

BOHLENDER, M. Metamorphosen des Gemeinwohls. Von der Herrschaft guter polizey zur Regierung durch Freiheit und Sicherheit. In: MÜNKLER, H.; BLUHM, H (Org.). *Gemeinwohl und Gemeinsinn.* I. Historische Semantiken politischer Leitbegriffe. Berlin: s. n., 2001.

REFERÊNCIAS

BÖHR, C. *Liberalismus und Minimalismus*. Heidelberg: s. n., 1985.

BOLDT, H. *Rechtsstaat und Ausnahmezustand*. Berlin: s. n., 2001.

BONß, W. *Vom Risiko. Unsicherheit und Ungewißheit in der Moderne*. Hamburg: s. n., 1995.

BORGS-MACIEJEWSKI, H. Parlament und Nachrichtendienste. Aus Politik und Zeitgeschichte. *Beilag zur Zeitschrift Das Parlament*, B 6, 1977.

BORGS-MACIEJEWSKI, H.; EBERT, F. *Das Recht der Geheimdienste*. Kommentar zum Bundesverfassungsschutzgesetz sowie zum G 10. Stuttgart: s. n., 1986

BOSBACH, W. Der Rechtsstaat in Zeiten des Terrors – Warum für die Sicherheitspolitik jeder Tag der 12. September ist. In: HUSTER, S.; RUDOLPH, K. (Org.). *Vom Rechtsstaat zum Präventionsstaat*. Frankfurt am Main: s. n., 2008.

BOWDEN, M. The Dark Art of Interrogation. *The Atlantic*, oct. 2003.

BRAND, U. et al. *Global Governance*. Münster: s. n., 2000.

BRAUM, S. Nachträgliche Sicherungsverwahrung: In dubio pro securitate. *Zeitschrift für Rechtspolitik*, 2004.

BRECHER, B. *Torture and the Ticking Bomb*. Oxford: s. n., 2007.

BREDEKAMP, H. *Thomas Hobbes Visuelle Strategien. Der Leviathan:* Das Urbild des modernen Staates. Werkillustrationen und Portraits. Berlin: s. n., 1999.

_____. *Ikonographie des Staates*: Der Leviathan und die Folgen. *Kritische Justiz*, p.395, 2000.

BRINK, J.; KELLER, R. Politische Freiheit und strafrechtlicher Gewaltbegriff. *Kritische Justiz*, p.107 e ss., 1983.

BRUGGER, W. Würde gegen Würde – Examensklausur im öffentlichen Recht. *Verwaltungsblätter für Baden-Württemberg*, p.414; p.446 e ss., 1995.

_____. Darf der Staat ausnahmsweise foltern? *Der Staat* 35, p.67 e ss., 1996.

_____. Vom unbedingten Verbot der Folter zum bedingten Recht auf Folter? *Juristenzeitung*, p.165 e ss., 2000.

_____. *Freiheit und Sicherheit – eine staatstheoretische Skizze mit praktischen Beispielen)*. Baden-Baden: s. n., 2004.

BRUHA, T. Folter und Völkerrecht. *Aus Politik und Zeitgeschichte. Beilage zur Zeitschrift Das Parlament*, n.36, 2006.

BRUHA, T.; STEIGER, D. *Das Folterverbot im Völkerrecht*, Beiträge zur Friedensehthik Bd. 39. Stuttgart: s. n., 2006.

BRYDE, B.-O. Die bundesrepublikanische Volksdemokratie als Irrweg der Demokratietheorie. *Staatswissenschaften und Staatspraxis*, n.5, p.305 e ss., 1994.

BUCKEL, S.; KANNANKULAM, J. Zur Kritik der Anti-Terror-Gesetze nach dem "11. September". *Das Argument*, n.44, p.34 e ss., 2002.

BÜLLESFELD, D. *Polizeiliche Videoüberwachung öffentlicher Straßen und Plätze zur Kriminalitätsvorsorge*. Stuttgart: s.n., 2002.

BUNDESKRIMINALAMT (Org.). *Kurzfassung des Lagebildes Organisierte Kriminalität 2007 Bundesrepublik Deutschland*. Wiesbaden: s. n., 2007.

BUNG, J. Terror als Gegenstand einer Phänomenologie der Angst.. *West End. Neue Zeitschrift für Sozialforschung*, n.3, p.64 e ss., 2006.

_____. Sichtbare und unsichtbare Handlungen. *Zeitschrift für die gesamte Strafrechtswissenschaft*, n.120, p.526 e ss., 2008a.

_____. Das Brett des Karneades. Zur Metakritik der Paradoxologie. In: BRUGGER, W. et al. (Org.). *Rechtsphilosophie im 21. Jahrhundert*. Frankfurt am Main: s. n., 2008b. p. 72 e ss.

BUSCH, H. Rechtsstaatlich geregelte Folter? Der Fall Daschner und die politische Falle. *Bürgerrechte & Polizei/CILIP*, n.74, p.62 e ss., 2003.

CAMILLERI, J. A.; FALK, J. *The End of Sovereignty*. Aldershot: s. n., 1992.

CANARIS, C.-W. Grundrechte und Privatrecht. *Archiv für die civilishe Praxis*, n.184, p.201 e ss., 1984.

CANCIO MELIÁ, M. Feind 'strafrecht'? *Zeitschrift für die gesamte Strafrechtswissenschaft*, n.117, p.267 e ss., 2005.

CASSESE, S. The Rise and Decline of the Nation of the State. *International Political Science Review*, n.7, p.120 e ss., 1986.

COLE, D.; DEMPSEY, J. X. *Terrorism and the Constitution*. New York: s. n., 2006.

CREVELD, M. van. *Aufstieg und Untergang des Staates*. München: s. n., 1999.

DANNER, M. US Torture: Voices from the Black Sites. *The New York Review of Books*, n.6, p.56 e ss., 2009.

DARNSTÄDT, T. *Der globale Polizeistaat*: Terrorangst, Sicherheitswahn und das Ende unsere Freiheit. München: s. n., 2009.

DEGENHART, C. Rechtsstaat – Sozialstaat, Anmerkungen zum aktuellen Problemstand. In: ACHTERBERG (Org.). *Recht und Staat im sozialen Wandel*. Festschrift für Hans Ulrich Scupin. Berlin: s. n., 1983, p.537 e ss..

DELEUZE, G. Was ist ein Dispositiv? In: EWALD, F.; WALDENFELDS, B. (Orgs.). *Spiele der Warheit*. Michel Foucalts Denken. Frankfurt am Main: s. n., 1991. p.153 e ss.

DENNINGER, E. *Staatsrecht 1*. Reinbek bei Hamburg: s. n., 1973.

_____. (Org.). *Freiheitlich demokratische Grundordnung*. Materialen zum Staatsverständnis und zur Verfassungswirklichkeit in der Bundesrepublik. Zwein Bände. Frankfurt am Main: s. n., 1977.

_____. Verfassungstreue und Schutz der Verfassung. *Veröffentlichungen der Vereinigung der Deutschen Staatsrechtslehrer*, n.37, p.7 e ss., 1979.

_____. Der Präventionsstaat. *Kritische Justiz*, p.1 e ss., 1988.

_____. *Verfassungsrechtliche Anforderungen an die Normsetzung im Umwelt- und Technikrecht*. Baden-Baden: s. n., 1990a.

_____. *Der gebändigte Leviathan*. Baden-Baden: s. n., 1990b.

_____. *Verfassungsrechtliche Schlüsselbegriffe*. In: _____. *Der gebändigte Leviathan*. Baden-Baden: s. n., 1990c. p.158 e ss.

_____. Vom Elend des Gesetzgebers zwischen Übermaßverbot und Untermaßverbot. In: DÄUBLER-GMELIN, H. et al. (Org.). *Gegenrede. Aufklärung – Kritik – Öffentlichkeit. Fetschrift für Ernst Gottfried Mahrenholz*. Baden-Baden: s. n., 1994, p.561 e ss.

_____. Die Wirksamkeit der Menschenrechte in der deutschen Verfassungsrechtsprechung. *Juristenzeitung*, 1998a, p.1119 e ss.

_____. Lauschangriff – Anmerkungen eines Verfassungsrechtlers. *Strafverteidiger*, 1998b, p.401 e ss.

_____. Staatliche Hilfe zur Grundrechtsausübung durch Verfahren, Organisation und Finanzierung. In: ISENSEE, J.; KIRCHHOF, P. (Org.). *Handbuch des Staatsrecht des Bundesrepublik Deutschland*. Band 5, 2.ed. Heidelberg: s. n., 2000a, §113.

_____. Vom Ende nationalstaatlicher Souveränität in Europa. *Juristenzeitung*, p.1121 e ss., 2000b.

_____. Freiheit durch Sicherheit? – Anmerkungen zum Terrorismusbekämpfungsgesetz. *Strafverteidiger*, p.96 e ss., 2002a.

_____. 'Rechtsstaat' oder 'rule of Law' – was ist das heute? In: PRITTWITZ, C. et al. (Orgs.). *Festschrift für Klaus Lüdersen*. Baden-Baden: s. n., 2002b. p.41 e ss.

_____. Normalfall oder Grenzfall als Ausgangspunkt rechtsphilosophischer Konstruktion? In: BRUGGER, W.; HAVERKATE, G. (Orgs.). *Grenzen als Thema de Rechts – und Sozialphilosophie*. Stuttgart: s. n., 2002c. p.37 e ss.

_____. Fünf Thesen zur Sicherheitsarchitektur. In: _____. *Rechts in globaler Unordnung*. Berlin: s. n., 2005a. p.238 e ss.

_____. Recht, Gewalt und Moral – ihr Verhältnis in nachwestfälischer Zeit. Ein Bericht. *Kritische Justiz*, p.359, 2005b.

DENNINGER, E. et al. (Orgs.). *Kommentar zur Grundgesetz für die Bundesrepublik Deutschland*. 2.ed. Neuwied: s.n., 1989, 3.ed. Neuwied: s.n., 2001.

DEPENHEUER, O. *Selbstbehauptung des Rechtsstaates*. 2.ed. Paderborn: s. n., 2008.

DERRIDA, J. *Gramatologie*. Frankfurt am Main: s. n., 1983.

_____. *Gesetzeskraft. Der "mystische Grund der Autorität"*. Frankfurt am Main: s. n., 1991.

DERSHOWITZ. A. M. *Why Terrorism Works*. New Haven: s. n., 2002.

_____. The Torture Warrant: A Response to Professor Strauss. *New York Law School Review*, n.48, p.275 e ss., 2003-2004.

_____. *Preemption*. A knife that cuts both ways. New York: s. n., 2006.

DI FABIO, U. Grundrechte im präzeptoralen Staat am Beispiel hoheitlicher Informationstätigkeit. *Juristenzeitung*, p.689 e ss., 1993.

_____. *Risikoentscheidungen im Rechtsstaat*. Tübingen: s. n., 1994.

_____. Grundrechte als Wertordnung. *Juristenzeitung*, p.1 e ss., 2004.

_____. Sicherheit in Freiheit. *Neue Juristische Wochenschrift*, p.421 e ss., 2008.

DICEY, A. V. *Introduction to the Study of the Law of the Constitution*. 10.ed. London: s. n., 1959.

DIECKMANN, H-E. Überpositives Recht als Prüfungsmaßstab im Geltungsbereich des Grundgesetzes? Berlin: s. n., 2006.

DIRNBECK, J. *Die Inquisition. Eine Chronik des Schreckens*. München: s. n., 2001.

DONOSO CORTÉS, J. *Obras*. Aliante: s. n., 1854.

DREIER, H. (Org.). *Grundgesetz Kommentar I*. 2.ed. Tübingen: s. n., 2004. III, 2 ed., Tübingen: s. n., 2008.

DREIER, R. *Rechtsbegriff und Rechtsidee*. Frankfurt am Main: s. n., 1986.

DREIST, P. Einsatz der Bundeswehr im Innern – Das Luftsicherheitsgesetz als Anlass zum verfassungsrechtlichen Nachdenken. In: BLASCHKE, U. et al, (Orgs.). *Sicherheit statt Freiheit?* Staatliche Handlungsspielräume um extremen Gefährdundslagen. Berlin: s. n., 2005. p.77 e ss.

DROSTE, B. *Handbuch des Verfassungsschutzrechts*. Stuttgart: s. n., 2007.

DUHM, D. *Angst im Kapitalismus*. 11.ed. Lampertheim: s. n., 1975.

DUSO, G. Repräsentative Demokratie. Entstehung, Logik und Aporien ihrer Grundbegriffe. In: SCHMITT, K. (Org.). *Herausforderungen der repräsentativen Demokratie*. Baden-Baden: s. n., 2003. p.11 e ss.

DWORKIN, R. *Bürgerrechte ernstgenommen*. Frankfurt am Main: s. n., 1984.

DYZENHAUS, D. *Legality and Legitimacy*. Carl Schmitt, Hans Kelsen and Hermann Heller in Weimar. Oxford: s. n., 1997.

_____. Schmitt v. Dicey: Are States of Emergency inside or outside the Legal Order? *Cardozo Law Review*, n.27, p.2005 e ss., 2005-2006.

EDELMAN, M. *Politik als Ritual*. Frankfurt am Main: s. n., 1976.

ENDERS, C. Der Staat in Not. *Die Öffentliche Verwaltung*, p.1039 e ss., 2007.

ENGELMANN, B. *Trotz alledem. Deutsche Radikale 1777-1977*. München: s. n., 1977.

ENGELS, F. *Herrn Euge Dührings Umwälzung der Wissenschaft (Anti-Dühring)*. In: MARX, K.; ENGELS, F. *Werke* XX. Berlin: s. n., 1962. p.16 e ss.

ENGI, L. Governance – Umrisse und Problematik eines staatstheoretischen Leitbildes. *Der Staat*, n.47, p.573 e ss., 2008.

ERB, V. Nothilfe durch Folter. *JURA*, p.24, 2005a.

_____. Notwehr als Menschenrecht. Zugleich eine Kritik der Entscheidung des LG Frankfurt am Main im "Fall Daschner". *Neue Zeitschrift für Strafrecht*, p.593 e ss., 2005b.

ERD, R. Bundesverfassungsgericht versus Politik. *Kritische Justiz*, p.118 e ss., 2008.

ERHARD, L. Rede auf dem XIII. Parteitag der CDU. *Archiv der Gegenwart*, n.35, p.11775 e ss., 1965.

ESER, A. Schlussbetrachtungen. In: _____. et al. (Orgs.). *Die Deutsche Strafrechtswissenschaft vor der Jahrtausendwende*. Rückbesinnung und Ausblick. München: s. n., 2000. p.437 e ss.

EUCHNER, W. Demokratietheoretische Aspekte der politischen Ideengeschichte. In: KRESS, G.; SENGHAAS, D. (Org.). *Politikwissenschaft*. Eine Einführung in ihre Probleme. 3.ed. Frankfurt am Main: s. n., 1971.

EVERS, A.; NOWOTONY, H. *Über den Umgang mit Unsicherheit*. Frankfurt am Main: s. n., 1987.

EWALD, F. *Der Vorsorgestaat*. Frankfurt am Main: s. n., 1993.

FEREJOHN, J.; PASQUINO, P. The Law of the Exception: A Typology of Emergency Powers. *International Journal of Constitutional Law*, n.2, p.210 e ss., 2004.

FETSCHER, I. Einleitung. In: HOBBES, T.; FETSCHER, I. (Org.). *Leviathan*. (1651). Frankfurt am Main: s. n., 1984. p.IX e ss..

FISS, O. The War Against Terrorism and the Rule of Law. *Oxford Journal of Legal Studies*, n.26, p.235 e ss., 2006.

FLEINER, T.; FLEINER, B.; LIDIJA, R. *Allgemeine Staatslehre*. 3.ed. Berlin: s. n., 2003.

FORST, R. *Kontexte der Gerechtigkeit*. Frankfurt am Main: s. n., 1994.

_____. *Toleranz im Konflikt*. Frankfurt am Main: s. n., 2003.

FORSTHOFF, E. Der Ausnahmezustand der Länder. *Annalen des Deutschen Reichs für Gesetzgebung, Verwaltung und Volkwirtschaft*, p.138, Jg. 1923-1925, München: s. n., 1926.

_____. *Der totale Staat*. Hamburg: s.n., 1933.

_____. Die Bindung an Gesetz und Recht (Art. 20 Abs. 3 GG). *Die Öffentliche Verwaltung*, p.41 e ss., 1959.

_____. Der introvertierte Rechtsstaat und seine Verortung. *Der Staat*, n.2, p.385 e ss., 1963.

_____. (Org.). *Rechtsstaatlichkeit und Sozialstaatlichkeit*. Damrstadt: s. n., 1968a.

_____. Begriff und Wesen des sozialen Rechtsstaates. In: _____. (Org.). *Rechtsstaatlichkeit und Sozialstaatlichkeit*. Damrstadt: s. n., 1968b. p.165 e ss.

_____. *Der Staat der Industriegesellschaft*. München: s. n., 1971.

_____. Die Umbildung des Verfassungsgesetzes. In: TOHIDIPUR, M. (Org.). *Der bürgerliche Rechtsstaat I*. Frankfurt am Main: s. n., 1978. p.177 e ss.

FOUCAULT, M. *Wahnsinn und Gesellschaft*. Frankfurt am Main: s. n., 1973.

_____. *Der Wille zum Wissen*. Sexualität und Wahrheit I. Frankfurt am Main: s. n., 1977.

_____. *Dispositive der Macht. Über Sexualität, Wissen und Wahrheit*. Berlin: s. n., 1978.

_____. *Power/Knowledge: Selected Interviews and Other Writings 1972-77*, p.92-106. New York: s. n., 1980. p.92.

_____. Überwachen und Strafen. 4.ed. Frankfurt am Main: s. n., 1981.

_____. *Die Geburt der Klinik*. Frankfurt am Main: s. n., 1988.

_____. *In Verteidigung der Gesellschaft*. Vorlesungen am Collège de France (1975-76). Frankfurt am Main: s. n., 1999.

_____. Die Gouvernementalität. In: BRÖCKLING, U.; KRASMANN, S.; LEMKE, T. (Orgs.). *Gouvernementalität der Gegenwart*. Frankfurt am Main: s. n., 2000. p.41 e ss.

_____. *Schriften in vier Bänden [Dits et Ecrits]* 1976-1979. DEFERT, D.; EWALD, F. (Orgs.). *Schriften in vier Bänden*. Frankfurt am Main: s. n., 2003.

_____. *Geschichte der Gouvernementalität I*. Sicherheit, Territorium, Bevölkerung. Vorlesungen am Collège de France (1977-78). Frankfurt am Main: s. n., 2004a.

_____. *Geschichte der Gouvernementalität II*. Die Geburt der Biopolitik. Vorlesungen am Collège de France (1978-79). Frankfurt am Main: s. n., 2004b.

_____. Die Sicherheit und der Staat. In: _____. *Die Analytik der Macht*. Frankfurt am Main: s. n., 2005. p.137 e ss.

FRAENKEL, E. *Der Doppelstaat*. Frankfurt am Main: s. n., 1974.

FRAHM, F. Entstehungs- und Entwicklungsgeschichte der Preußischen Verfassung. *Forschungen zur Brandenburgischen und Preussischen Geschichte*, n.41, p.248 e ss., 1928.

FRANKENBERG, G. Angst im Rechtsstaat. *Kritische Justiz*, p.353 e ss., 1977.

_____. Staatstreue. Die aktuelle Spruchpraxis zu den Berufsverboten. *Kritische Justiz*, p.276 e ss., 1980.

_____. Passive Resistenz ist keine Nötigung. *Kritische Justiz*, p.301 e ss., 1985.

_____. (Org.). *Auf der Suche nach der gerechten Gesellschaft*. Frankfurt am Main: s. n., 1994.

_____. *Die Verfassung der Republik*. Frankfurt am Main: s. n., 1997.

_____. Datenschutz und Staatsangehörigkeit. In: SIMON, D.; WEISS, M. (Orgs.). *Zur Autonomie des Individuums*. Baden-Baden: s. n., 2000. p.99.

_____. Der lernende Souverän. In: _____. *Autorität und Integration*. Zur Gammatik von Recht und Verfassung. Frankfurt am Main: s. n., 2003. p.46.

_____. Kritik des Bekämpfungsrechts. *Kritische Justiz*, p.370 e ss., 2005.

_____. Und ewig brechen Sie das Tabu. *Kurbuch H.*, n.163, p.6 e ss., 2006a.

_____. Nochmals: Angst im Rechtsstaat. *WestEnd. Neue Zeitschrift für Sozialforschung*, n.3, 2006b, p.55 e ss.

_____.Torture and Taboo: an Essay Comparing Paradigms of Organized Cruelty. *American Journal of Comparative Law*, n.56, p.403 e ss., 2008.

FRANZIUS, C. Warum Governance? *Kritische Justiz*, p.25 e ss., 2009.

FREUD, S. Vorlesungen zur Einführung in die Psychoanalyse [1916-17]. *Studienausgabe I*, Frankfurt am Main, p.227 e ss., 1971.

_____. Hemmung, Symptom und Angst. *Studienausgabe VI*, Frankfurt am Main, p.34 e ss., 1974a.

_____. Das Unbehagen in der Kultur und andere kulturtheoretische Schriften. *Studienausgabe IX*, Frankfurt am Main, p.191 e ss., 1974b.

_____.Totem und Tabu. (Einige Übereinstimmungen im Seelenleben der Wilden und Neurotiker). *Studienausgabe IX*, Frankfurt am Main, p.287 e ss., 1974c.

FRIEDERICH, C. J. *Constitutional Government and Democracy*. Boston: s. n., 1941.

_____. *Die Furcht vor der Freiheit*. Frankfurt am Main, 1988.

FROMM, E.; HORKHEIMER, M.; MARCUSE, H. *Studien über Autorität und Familie*. Paris: s. n., 1936.

FROWEIN, J. Abr.; PEUKERT, W. *Europäische Menschenrechtskonvention. EMRK-Kommentar*. 2.ed. Kehl Am Rhein: s. n., 1996.

FUNK, A. Ausgeschlossene und Bürger. Das ambivalente Verhältnis von Rechtsgleichheit und sozialem Ausschluss. *Kriminologisches Journal*, p.243 e ss., 1995.

FUNK, A.; WERKENTIN, F. Der Todesschuß der Polizei. *Kritische Justiz*, p.121 e ss., 1976a.

_____.; _____. Der Musterentwurf für ein einheitliches Polizeigesetz – ein Muster exekutiven Rechtsstaatsverständnisses. *Kritische Justiz*, p.407 e ss., 1976b.

_____.; _____. Die siebziger Jahre: Das Jahrzehnt innerer Sicherheit? In: NARR, W.-D. (Org.). *Wir Bürger als Sicherheitsrisiko* – Berufsverbot und Lauschangriff – Beiträge zur Verfassung unserer Republik, Reinbek bei Hamburg: s. n., 1977. p.189 e ss.

FUREDI, F. *The Politics of Fear*. Beyond Left and Right. London: s. n., 2005.

GALL, L. (Org.). *Neuerscheinungen zur Geschichte des 20. Jahrhunderts*. München: s. n., 2001.

GALLIE, W. B. Essentially Contested Concepts. *Proceedings of the Aristotelian Society*, n.56, p.167 e ss., 1955-1956.

GALTUNG, J. Gewalt, Frieden und Friedensforschung. In: SENGHAAS, D. (Org.). Kritische Friedenforschung, Frankfurt am Main, p.55 e ss., 1971.

GARLAND, D. *The Culture of Control*. Oxford: s. n., 2001.

GAUCHET, M. Des deux corps du roi au pouvoir sans corps. Christianisme et politique. *Le Débat*, n.14, p.133 e ss. (1981); n.15, p.147 e ss., 1981.

GEERTZ, C. Centers, Kings, and Charisma: Reflections on the Symbolics of Power. In: WILENTZ, S. (Org.) *Rites of Power*. Philadelphia: s. n., 1985. p.13 e ss.

GERBER, C. F. von. *Grundzüge eines Systems des deutschen Staatsrechts*. 3.ed. Leipzig: s. n., 1880.

GERSTENBERGER, H. Zur Theorie der Konstitution des bürgerlichen Staates. *Prokla*, n.8/9, p.207 e ss., 1973.

_____. Klassenantagonismus, Konkurrenz und Staatsfunktionen. *Gesellschaft – Beiträge zur Marxschen Theorie*, Frakfurt am Main, n.3, p.7 e ss., 1975.

GINZBURG, C. Welt der Leviathane – Furcht, Verehrung, Schrecken – Thomas Hobbes' Politische Theologie. *Lettre International*, n.83, p.23 e ss., 2008.

GOODIN, R. E. *What's Wrong with Terrorism?* Oxford: s. n., 2006.

GÖRISCH, C. Die Inhalte des Rechtsstaatsprinzips. *Juristische Schulung*, p.988 e ss., 1997.

GOUGH, J. W. *Fundamental Law in English Constitutional History*. Oxford: s. n., 1955.

GRAMM, C. Der wehrlose Verfassungsstaat. *Deutsches Verwaltungsblatt*, p.653 e ss., 2006.

GRASSKAMP, *Die unästhetische Demokratie. Kunst in der Marktgesellschaft*. München: s. n., 1992.

GRAULICH, K.; SIMON, D. (Orgs.). *Terrorismus und Rechtsstaatlichkeit. Analysen, Handlungsoptionen, Perspektiven*. Berlin: s. n., 2007.

GREENBERG, K.; DRATEL, J. (Orgs.). *The Torture Papers:* The Road to Abu Ghraib. Cambridge: s. n., 2005.

GRIMM, D. Reformalisierung des Rechtsstaats als Demokratiepostulat? *Juristische Schulung*, p.704 e ss., 1980.

_____. Verfassungsrechtliche Anmerkungen zum Thema Prävention. *Kritische Vierteljahresschift für Gesetzgebung und Rechtwissenschaft*, p.38 e ss., 1986.

GROENEWOLD, K. *Angeklagt als Verteidiger*. Hamburg: s. n., 1978.

GROH, R. *Arbeit an der Heillosigkeit der Welt. Zur politisch-theologischen Mythologie und Anthropologie Carl Schmitts*. Frankfurt am Main: s. n., 1998.

GROSS, O. Chaos and Rules: Should Responses to Violent Crisis Always be Constitutional? *Yale Law Journal*, n.112, p.1011 e ss., 2002-2003.

GROß, T. Terrorbekämpfung und Grundrechte. *Kritische Justiz,* p.1 e ss., 2002.

REFERÊNCIAS

GROSSER, A. Die Bundesrepublik, der internationale und der innere Friede. Ansprache anlässlich der Verleihung des Friedenspreises des deutschen Buchhandels 1975. In: DENNINGER, E. (Org.). *Freiheitliche demokratische Grundordnung.* Materialen zum Staatsverständnis und zur Verfassuns wirklichkeit in der Bundesrepublik. I. Frankfurt am Main: s. n., 1977. p.54 e ss.

GROTH, K. Die Transformation der Verfassung durch die Berufsverbote. *Kritische Justiz,* p.295 e ss., 1975.

GRZESZICK, B. Staat und Terrorismus. Eine staatstheoretische Überlegung in praktischer Absicht. In: ISENSEE, J. (Org.). *Der Terror, der Staat und das Recht.* Berlin: s. n., 2004. pp.55 e ss.

GUÉHENNO, J.-M. *Das Ende der Demokratie.* München: s. n., 1994.

GÜNTHER, K. *Der Sinn für Angemessenheit.* Frankfurt am Main: s. n., 1998.

_____. Kampf gegen das Böse? Zehn Thesen wider die ethische Aufrüstung der Kriminalpolitik. *Kritische Justiz,* p.135 e ss., 1994.

_____. Welchen Personenbegriff braucht die Diskurstheorie des Rechts? Überlegungen zum internen Zussamenhang zwischen deliberativer Person, Staatsbürger uns Rechtsperson. In: BRUNKHORST, H.; NIESEN, P. (Org.). *Das Recht der Republik.* Festschrift fur Ingeborg Maus. Frankfurt am Main: s. n., 1999. p.83 e ss.

_____. Kritik der Strafe I. *West End. Neue Zeitschrift für Sozialforschung,* n.I, p.117 e ss., 2004.

_____. Kopf oder Füße? Das Rechtsprojekt der Moderne und seine vermeintlichen Paradoxien. In: KIESOW, R. M.; OGOREK, R.; SIMITIS, S. (Orgs.). *Summa.* Dieter Simon zum 70. Geburtstag. Frankfurt am Main: s. n., 2005. p.255 e ss.

GUSTAV HEINEMANN-INITIATIVE; HUMANISTISCHE UNION (Orgs.). *Graubuch Innere Sicherheit. Die schleichende Demontage des Rechtsstaates nach dem 11. September 2001.* Norderstedt: s. n., 2009.

GUSY, C. *Weimar, Die wehrlose Republik?* Tübingen: s. n., 1991.

_____. Vom Deutschen Reich zur Weimarer Republik. *Juristenzeitung,* p.758 e ss., 1999.

_____. Mehr als der Polizei erlaubt ist? Die Nachrichtendienste im Anti-Terrorkampf. In: HUSTER, S.; RUDOLPH, K. (Org.). *Vom Rechtsstaat zum Präventionensstaat.* Frankfurt am Main: s. n., 2008. p.120 e ss.

HABERMAS, J. *Theorie und Praxis.* 4.ed. Frankfurt am Main: s. n., 1971.

_____. *Der philosophische Diskurs der Moderne.* Frankfurt am Main: s. n., 1985.

_____. Die Schrecken der Autonomie. In: _____. *Einde Art Schadensabwicklung.* Frankfurt am Main: s. n., 1987. p.101 e ss.

_____. *Faktizität und Geltung.* Beiträge zur Diskurstheorie des Rechts und des demokratischen Rechtsstaats. (Vorstudien und Ergänzungen). Frankfurt am Main: s. n., 1992.

HAFFKE, B. Vom Rechtsstaat zum Sicherheitsstaat? *Kritische Justiz*, p.17 e ss., 2005.

HALTERN, U. Internationales Verfassungsrecht? Anmerkungen zu einer kopernikanischen Wende. *Archiv des öffentlich Rechts*, n.128, p.511 e ss., 2003.

HAMM, R. Bürger im Fangnetz der Zentraldateien. *Neue Juristische Wochenschrift*, p.2407, 1998.

_____. Schluss der Debatte über Ausnahmen vom Folterverbot! *Neue Juristische Wochenschrift*. p.946 e ss., 2003.

HANEBECK, A. *Der demokratische Bundesstaat des Grundgesetzes.* Berlin: s. n., 2004.

HARRINGTON, J. *The Commonwealth of Oceana* [1656]. London: s. n., 1883.

HARSCHER VON ALMENDINGEN, L. Grundzüge zu einer neuen Theorie über Verletzungen des guten Namens und der Ehre. Ein philosophisch-juridischer Versuch. In: GORLMAN, K. (Org.). *Magazin für die Philosophie und Geschichte des Rechts und der Gesetzgebung.* Erster Band, Giessen: s. n., 1800. p.1 e ss. e p.133 e sse., Zweiter Band, Giessen: s. n., 1807. p.1 e ss.

HARTLEB, T. Der neue § 14 III LuftSiG und das Grundrecht auf Leben. *Neue Juristische Wochenschrift*, p.1387, 2005.

HARTLIEB, P. Demonstrationsrecht und polizeiliche Überwachung. *Kritische Justiz*, p.287 e ss., 1976.

HASE, F.; LADEUR, K.-H.; RIDDER, H. Nochmals: Reformalisierung des Rechtsstaats als Demokratiepostulat? *Juristische Schulung*, p.794 e ss., 1981.

HASSEMER, W. Zum Spannungsverhältnis von Freiheit und Sicherheit. Drei Thesen. *Vorgänge*, p.10 e ss., 2002.

HAWEL, M. Dämmerung des demokratischen Rechtsstaates? Zur Renaissance des Dezisionismus. *Kritische Justiz*, p.64 e ss., 2009.

HECKER, W. Relativierung des Folterverbots in der BRD? *Kritische Justiz*, p.210 e ss., 2003.

_____. Die Entscheidung des Bundesverfassungsgerichts zum Luftsicherheitsgesetz. *Kritische Justiz*, p.179 e ss., 2006.

HEINE, P. *Konflikt der Kulturen oder Feindbild Islam.* Alte Vorurteile, neue Klischees, reale Gefahren. Freiburg: s. n., 1996.

HEINZ, W. S.; AREND, J.-M. *Internationale Terrorismusbekämpfung und Menschenrechte. Entwicklungen 2003/2004.* Berlin: Deutschen Institut für Menschenrechte (Org.). 2004.

HEINZ, W. S.; SCHLITT, S.; WÜRTH, A. *Internationale Terrorismusbekämpfung und Menschenrechte (Oktober 2001 – April 2003)*. Berlin: Deutschen Institut für Menschenrechte (Org.). 2003.

HELD, D. *Democracy and the Global Order*. From the Modern State to Cosmopolitan Governance. Cambridge: sn, 1995.

HELLER, H. Der Begriff des Gesetzes in der Reichsverfassung. [1928]. In: _____. *Gesammelte Schriften*. Zweiter Band. Leiden: s. n., 1971. p.203 e ss.

_____. *Rechtsstaat oder Diktatur?* Tübingen: s. n., 1930.

_____. *Staatslehre*. 3.ed. Leiden: s. n., 1963.

HENNIS, W. *Regieren im modernen Staat*. Tübingen: s. n., 1999.

HERMANN, H. *Die Folter*. Eine Enzyklopädie des Grauens. Frankfurt am Main: s. n., 2004.

HERRNKIND, M. Personenkontrollen und Schleierfahndung. *Kritische Justiz*, p.188 e ss., 2000.

_____. "Schleierfahndung". Institutionalisierter Rassismus und weitere Implikationen sogenannter verdachtsunabhängiger Polizeikontrollen. In: KOMITEE FÜR GRUNDRECHTE UND DEMOKRATIE (Org.). *Verpolizeilichung der Bundesrepublik Deutschland*. Köln: s. n., 2002. p.99 e ss.

HERSH, S. M. *Chain of Command*. The Road from 9/11 to Abu Ghraib. New York: s. n., 2004a.

_____. Torture at Abu Ghraib. *The New Yorker*. 10 maio 2004b.

HESS, H. Terrorismus und Terrorismus-Diskurs. In: _____. et al. (Org.). *Angriff auf das Herz des Staates*: Soziale Entwicklung und Terrorismus. Erster Band. Frankfurt am Main: s. n., 1988a. p.55 e ss.

HESS, H. et al. *Angriff auf das Herz des Staates*: Soziale Entwicklung und Terrorismus. Erster Band. Frankfurt am Main: s. n., 1988b.

HESSE, K. Grundfragen einer verfassungsmäßigen Normierung des Ausnahmezustandes. *Juristenzeitung*, p.105 e ss., 1960.

HESS, H. Der Rechtsstaat im Verfassungssystem des Grundgesetzes. In: FORSTHOFF, E. (Org.). *Rechtsstaatlichkeit und Sozialstaatlichkeit*. Darmstadt: s. n., 1968. p.557 e ss.

_____. *Grundzüge des Verfassungsrechts der Bundesrepublik Deutschland*. 20.ed. Heidelberg: s. n., 1995.

HETZER, W. *Rechtsstaat oder Ausnahmezustand?* Souveränität und Terror. Berlin: s. n., 2008.

HEUER, J.-U. *Die Rechtsordnung der DDR*. Anspruch und Wirklichkeit. Baden-Baden: s. n., 1995.

HEUMANN, M.; CASSAK, L. *Good Cop, Bad Cop:* Racial Profiling and Competing Views of Justice. New York: s. n., 2003.

HEUSCHLING, L. *État de droit, Rechtsstaat, Rule of Law.* Paris: s. n., 2002.

HILGENDORF, E. Folter im Rechtsstaat? *Juristenzeitung*, p.331, 2004.

HILGER, C. *Rechtsstaatsbegriffe im Dritten Reich.* Tübingen: s. n., 2003.

HILLGENBERG, H. A Fresh Look at Soft Law. *European Journal of International Law*, p.499 e ss., 1999.

HILLGRUBER, C. Der Staat des Grundgesetzes – nur "bedingt abwehrbereit"? *Juristenzeitung*, p.209 e ss., 2007.

HOBBES, T. *Elements of Law Natural and Politic.* [1640]. Organização de F. Tönnies. London: s. n., 1889.

_____. *De Cive.* [1642]. Organização de H. Warrender. Oxford: s. n., 1983.

_____. *Leviathan.* [1651]. Organização de I. Fetscher. Frankfurt am Main: s. n., 1984.

_____. *Thomae Hobbesii Malmesburiensis Vita.* London: s. n., 1679.

_____. *Naturrecht und allgemeines Staatsrecht in den Anfangsgründen.* Darmstadt: s. n., 1990.

HOBE, S. Die Zukunft des Völkerrechts im Zeitalter der Globalisierung. *Archiv des Völkerrechts*, n.37, p.253, 1999.

HOFFMANN, B. *Terrorismus – Der unerklärte Krieg.* Frankfurt am Main: s. n., 2001.

HOFFMANN-RIEM, W. *Modernisierung von Recht und Justiz.* Eine Herausforderung des Gewährleistungsstaates. Frankfurt am Main: s. n., 2001.

_____. Freiheit und Sicherheit im Angesicht terroristischer Anschläge. *Zeitschrift für Rechtspolitik*, p.497 e ss., 2002.

HOFFRMANN-RIEM, W.; SCHMIDT-AßMANN, E, (Orgs.). *Verwaltungsorganisationsrecht als Steuerungsressource.* Baden-Baden: s. n., 1997.

HOFMANN, H. Von den Ursprüngen deutschen Rechtsstaatsdenkens in der nachchristlichen Sozialphilosophie. *Juristische Schulung*, p.9 e ss., 1984.

_____. *Legitimität gegen Legalität.* Der Weg der politischen Philosophie Carl Schmitts. 3.ed. Berlin: s. n., 1995.

_____. Souverän ist, wer über den Ausnahmezustand entscheidet. *Der Staat*, n.44, p.171 e ss., 2005.

HOLDSWORTH, W. S. *A History of English Law II.* 2.ed. London: s. n., 1914.

HOLTSCHNEIDER, R. *Normenflut und Rechtsversagen.* Baden-Baden: s. n., 1991.

HONNETH, A. *Kritik der Macht. Reflexionsstufen einer kritischenGesellschatstheorie.* Frankfurt am Main: s. n., 1985.

_____. *Das Andere der Gerechtigkeit.* Frankfurt am Main: s. n., 2000.

REFERÊNCIAS

HORN, K. Über den Zusammenhang zwischen Angst und politischer Apathie. In: MARCUSE, H. et al. (Org.). *Aggression und Anpassung in der Industriegesellschaft*. Frankfurt am Main: s. n., 1968. p.59 e ss.

_____.*Psychoanalyse – Kritische Theorie des Subjekts. Aufsätze 1969-1972*. Amsterdam: s. n., 1972.

HUBER, H. Niedergang des Rechts und Krise des Rechtsstaates. In: IMBODEN, M. *Demokratie und Rechtstaat*. Festabge zum 60. Geburtstag von Zaccaria Giacometti. Zürich: s. n., 1953. p.59 e ss.

HUMBOLDT, W. von. *Ideen zu einem Versuch, die Grenzen der Wirksamkeit des Staates zu bestimmen*. Breslau: s. n., 1851.

HUNTINGTON, S. P. *The Clash of Civilizations and the Remaking of the World Order*. New York: s. n., 1996.

HURRELMANN, A. et al. (Org.). *Zerfasert der Nationalstaat? Die Internationalisierung politischer Verantwortung*. Frankfurt am Main: s. n., 2008.

IGNATIEFF, M. *The Lesser Evil*. Political Ethics in an Age of Terror. Princeton: s. n., 2004.

ISENSEE, J. Wehrhafte Demokratie. *Das Parlament*, n.3, p.1 e ss., 17 jan. 1976.

_____. *Das Grundrecht auf Sicherheit*. Zu den Schutzpflichten des freiheitlichen Verfassungsstaates. Berlin: s. n., 1983.

_____. (Org.). *Vergangenheitsbewältigung durch Recht*. Drei Abhandlungen zu einem deutschen Problem. Berlin: s. n., 1992.

_____. Das Grundrecht als Abwehrrecht und staatliche Schutzpflicht. In: _____.; KIRCHHOF, P. (Orgs.). *Handbuch des Staatsrechts der Bundesrepublik Deutschland*. Band V. 2.ed., Heidelberg: s. n., 2000. § 111.

_____. Normalfall oder Grenzfall als Ausgangspunkt rechtsphilosophischer Konstruktion? In: BRUGGER, W.; HAVERKATE, G. (Orgs.). *Grenzen als Thema der Rechts- und Sozialphilosophie*. Stuttgart: s. n., 2002. p.51 e ss.

_____. (Org.). *Der Terror, der Staat und das Recht*. Berlin: s. n., 2004a.

_____. Der Verfassungsstaat als Friedensgarant. (II). *Die politische Meinung*, v.414, p.66 e ss., 2004b.

_____. Menschenwürde – die säkulare Gesellschaft auf der Suche nach dem Absoluten. *Archiv des öffentlichen Rechts*, n.131, p.173 e ss., 2006.

JAEGER, R. *Noch einmal:* Rechtsstaat und Gerechtigkeit. Berlin: s. n., 1996.

JÄGER, H. *Makrokriminalität*. Studien zue Kriminologie kollektiver Gewalt. Frankfurt am Main: s. n., 1989.

JAHN, M. *Das Strafrecht des Staatsnotstandes*. Frankfurt am Main: s. n., 2004a.

_____. Gute Folter – schlechte Folter? *Kritische Vierteljahresschrift gür Gesetzgebung und Rechtswissenschaft*, p.24, 2004b.

JAKAB, A. Das Grunddilemma und die Natur des Staatsnotstandes. *Kritische Justiz*, p.323 e ss., 2005.

JAKOBS, G. Kriminalisierung im Vorfeld einer Rechtsgutsverletzung. *Zeitschrift für die gesamte Strafsrechtswissenschaft*, n.97, p.751 e ss., 1985.

_____. Das Selbstverständnis der Strafrechtswissenschaft vor den Herausforderungen der Gegenwart (*Kommentar*). In: ESER, A. et al. (Org.). *Die deutsche Strafsrechtswissenschaft vonr der Jahrtausendwende*. Rückbesinnung und Ausblick. München: s. n., 2000. p.47 e ss.

_____. *Staatliche Strafe:* Bedeutung und Zweck. Paderborn: s. n., 2004a.

_____. Bürgerstrafrecht und Feindstrafrecht. *Online-Zeitschrift für Höchstrichterliche Rechtsprechung im Strafrecht*, p.88 e ss., 2004b.

_____. Terroristen als Personen im Recht. *Zeitschrift für die gesamte Strafsrechtswissenschaft*, n.117, p.839 e ss., 2005.

JARASS, H.; PIEROTH, B. *Grundgesetz für die Bundesrepublik Deutschland*. 10.ed. München: s. n., 2009.

JELLINEK, G. *Allgemeine Staatslehre*. 2.ed. Berlin: s. n., 1905.

JOWELL, J. The Rule of Law Today. In: _____.; OLIVER, D. (Org.). *The Changing Constituition*. 3.ed. Oxford:sn, 1994.

JÜNGER, E. *Der Arbeiter.* Herrschaft und Gestalt. Stuttgart: s. n., 1982.

JUSTI, H. H. G. *Die Natur und das Wesen der Staaten als Grundwissenschaft der Staatskunst, der Policey und aller Regierungswissenschaften, desgleichen als die Quelle aller Gesetz*. 2.ed. Mitau: s. n., 1771.

KÄGI, W. *Die Verfassung als rechtliche Grundordnung des Staates*. Zürich: s. n., 1945.

_____. Rechtsstaat und Demokratie: Antinomie und Synthese. In: TOHIDIPUR, M. (Org.). *Der bürgerliche Rechtsstaat I*. Frankfurt am Main: s. n., 1978. p.127 e ss.

KANT, I. Beantwortung der Frage: Was ist Aufklärung? [1783]. *Werkausgabe*, Frankfurt am Main: s. n., n.XI, p.51 e ss.,1977.

_____. *Grundlagen zur Metaphysik der Sitten*. [1785]. Reimpressão da 3.ed. Hamburg: s. n., 1962.

_____. Über den Gemeinspruch. Das mag in der Theorie richtig sein, taugt aber nicht für die Praxis. *Werkausgabe*, Frankfurt am Main: s. n., n.XI, p.125 e ss.,1977a.

_____. Zum Ewigen Frieden. Ein philosophischer Entwurf. [1795]. *Werkausgabe*, Frankfurt am Main: s. n., n.XI, p.191 e ss.,1977b.

_____. *Die Metaphysik der Sitten*. [1797]. *Werkausgabe*, Frankfurt am Main: s. n., n.VIII, 1977c.

KANTOROWICZ, Mysteries of State. An Absolutist Concept and its Late Mediaeval Origins. In: _____. *Selected Studies*. Locus Valley (NY): s. n., 1965. p.381 e ss.

_____. *Die zwei Körper des Königs*. Eine Studie zur politischen Theologiedes Mittelalters. (Original: *The King's Two Bodies*. Princeton: s. n., 1957). München: s. n., 1990.

KAUFMANN, E. Die Gleichheit vor dem Gesetz im Sinne des Art. 109 der Reichsverfassung. *Veröffentliche der Vereinigung der Deutschen Staatsrechtslehrer*, n.3, p1 e ss., 1927.

KELSEN, H. *Allgemeine Staatslehre*. Berlin: s. n., 1925.

_____. *Reine Rechtslehre*. [1960] 2.ed. Reimpressão. Wien: s. n., 1992.

KENNEDY, D. Challenging Expert Rule: The Politics of Global Governance. *Sydney Journal of International Law*, n.27, p.5 e ss., 2005.

_____. *Of War and Law*. Princeton: s. n., 2006.

_____. The Mystery of Global Governance. *Ohio Northern University Law Review*, n.34, p.827 e ss., 2008.

KERSTING, W. *Die politische Philosophie des Gesellschaftsvertrages*. Darmstadt: s. n., 1994.

_____. *Niccolò Machiavelli*. 3.ed. München: s. n., 2006.

KIERKEGAARD, S. Die Wiederholung. [1843]. In: _____.; RICHTER, L. (Org.). *Wiederholung*. Die Krise um eine Krise im Leben einer Schuspielerin. Frankfurt am Main: s. n., 1984.

_____.; RICHTER, L. (Org.). *Furcht und Zittern*. [1843]. Frankfurt am Main: s. n., 1984a.

_____.; RICHTER, L. (Org.). *Der Begriff Angst*. [1844]. Frankfurt am Main: s. n., 1984b.

KIESOW, R. M. Das Experiment mit der Wahrheit. Folter im Vorzimmer des Rechts. *Rechtsgeschichte*, n.3, p.98 e ss., 2003.

KINZIG, J. *Die rechtliche Bewältigung von Erscheinungsformen organisierter Kriminalität*. Berlin: s. n., 2004.

KIRCHHEIMER, O. Decree Powers and Constitutional Law in France under the Third Republic. *American Political Science Review*, n.34, p.1104 e ss., 1940.

_____. Legalität und Legitimität. In: _____. *Politische Herrschaft*. Fünf Beiträge zur Lehre vom Staat. Frankfurt am Main: s. n., 1967. p.7 ess.

KIRCHHOF, P. Die Zulässigkeit des Einsatzes staatlicher Gewalt in Ausnahmesituationen. In: DEUTSCHEN SEKTION DER INTERNATIONALE JURISTEN-KOMMISION (Org.). *Rechtstaat in der Bewährung*. Band 2. Die Zulässigkeit des Einsatzes staatlicher Gewalt in Ausnahmesituatuinen. Karlsruhe: snl 1976. p.83 e ss.

KLEIN, H. H. Vom sozialistischen Machtstaat zum demokratischen Rechtsstaat. *Juristenzeitung*, p.53 e ss., 1990.

KLOEPFER, M. *Gesetzgebung im Rechtsstaat. Veröffentlichungen der Vereinigung der Deutschen Staatsrechtslehrer,* n.40, p.63 e ss., 1982.
KOELLREUTER, O. *Der nationale Rechtsstaat.* Tübingen: s. n., 1932.
——. *Leviathan und totaler Staat. Reichsverwaltungsblatt,* n.59, p.803 e ss., 1938.
KOJA, F. *Der Staatsnotstand als Rechtsbegriff.* Salzburg: s. n., 1979.
KOMITEE FÜR GRUNDRECHTE UND DEMOKRATIE (Org.). *Ohne Zweifel für den Staat.* Reinbek bei Hamburg: s. n., 1982.
KÖRTNER, U. H. J. *Weltangst und Weltende.* Göttingen: s. n., 1988.
KOSCHORKE, A.; FRANK, T.; LÜDEMANN, S.; MATALA DE MAZZA, E. *Der fiktive Staat.* Konstruktionen des politischen Körpers in der Geschichte Europas. Frankfurt am Main: s. n., 2007.
KRANE, C. *"Schleierfahndung":* rechtliche Anforderungen an die Gefahrenabwehr durch ereignisunabhängige Personenkontrollen. Stuttgart: s. n., 2003.
KRAUSHAAR, W. *Die Protest-Chronik 1949-1959.* Drei Bände. Hamburg: s. n., 1996.
KRESTCHMER, B. Folter in Deutschland: Rückkehr einer Ungeheuerlichkeit? *Recht und Politik,* p.102 e ss., 2003.
KRITISCHE JUSTIZ REDAKTION (Org.). *Der Unrechts-Staat.* Drei Bände. Baden-Baden: s. n., 1983, 1984, 1990.
——. (Org.). *Die juristische Aufarbeitung des Unrechts-Staats.* Baden: s. n., 1998.
KÜHNE, H.-H. Gegenstand und Reichweite von Präventionskonzepten. *Deutsche Richterzeitung,* p.18 e ss., 2002.
——. *Bürgerfreiheit und Verbrecherfreiheit.* Der Staat zwischen Leviathan und Nachtwächter. Trier: Rechtspolitik Forum, n.21, 2004.
KÜHNL, R. *Formen bürgerlicher Herrschaft.* Liberalismus – Faschismus. Reinbek bei Hamburg: s. n., 1971.
KUNIG, P. *Das Rechtsstaatsprinzip.* Tübingen: s. n., 1986.
LAAK, D. van. *Gespräche in der Sicherheit des Schweigens.* Carl Schmitt in der Geistesgeschichte der frühen Bundesrepublik. Berlin: s. n., 1993.
LABAND, P. *Das Staatsrecht des Deutschen Reiches II.* 5.ed. Tübingen: s. n., 1911.
LADEUR, K.-H. *Kritik der Abwägung in der Grundrechtsdogmatik.* Tübingen: s. n., 2004.
——. *Der Staat gegen die Gesellschaft.* Tübingen: s. n., 2006.
LADIGES, M. *Die Bekämpfung nicht-staatlicher Angreifer im Luftraum.* Berlin: s. n., 2007.
LAMPE, K. von. *Organized Crime:* Begriff und Theorie organisierter Kriminalität in den USA. Frankfurt am Main: s. n., 1999.
LAMPRECHT, F. *Darf der Staat foltern, um Leben zu retten?* Paderborn: s. n., 2009.

REFERÊNCIAS

LANGBEIN, J. *Torture and the Law of Proof.* Chicago: s. n., 1977.
LANGE, H.-J. (Org.). *Wörterbuch zur Inneren Sicherheit.* Wiesbaden: s. n., 2006.
LEA, H. C. *Geschichte der Inquisition im Mittelalter.* Drei Bände. Bonn: s. n., 1905, 1909, 1913.
LEFORT, C. *Fortdauer des Theologisch-Politischen?* Wien: s. n., 1999.
LEGENDRE, P. *Le désir politique de Dieu.* Etude sur les montages de l'Etat du Droit. Paris: s. n., 1988.
LEIBFRIED, S.; ZÜRN, M. (Org.). *Transformationen des Staates?* Frankfurt am Main: s. n., 2006.
LEIBHOLZ, G. *Strukturprobleme der Demokratie.* Karlsruhe: s. n., 1958
LEISNER, W. Rechtsstaat – ein Widerspruch in sich? *Juristenzeitung,* p.537 e ss., 1977.
LENIN, W. I. *Staat und Revolution.* Berlin: s. n., 1948.
LENZEN, W. (Org.). *Ist Folter erlaubt?* Juristische und philosophische Aspekte. Paderborn: s. n., 2006a.
_____. Einleitung. In: _____. (Org.). *Ist Folter erlaubt?* Juristische und philosophische Aspekte. Paderborn: s. n., 2006b. p.7 e ss.
LEPSIUS, O. Freiheit, Sicherheit und Terror: Die Rechtslage in Deutschland. *Leviathan,* n.32, p.64 e ss., 2004a.
_____. Braucht das Verfassungsrecht eine Theorie des Staates? *Europäische Grundrechte-Zeitschrift,* p.370 e ss., 2004b.
LEPSIUS, O. Das Luftsicherheitsgesetz unter dem Grundgesetz. In: ROGGAN, F. (Org.). *Mit recht für Menschenwürde und Vervassungsstaat.* Festgabe für Dr. Bukhard Hirsch. Berlin: s. n., 2006. p.47 e ss.
LERCHE, P. Grundrechte der Soldaten, p.475. In: BETTERMANN, K. A.; NIPPERDEY, H. C.; SCHEUNER, U. *Die Grundrechte.* 4. Band. I. Halbband. Berlin: s. n., 1960. p.447 e ss.
LEVINE, E. H. *The Third Degree:* American Police Methods. New York: s. n., 1930.
LEVINSON, S. (Org.). *Torture: A Collection.* Oxford, New York: s. n., 2004.
LEVY, D.; PENSKY, M.; TORPEY, J. (Org.). *Old Europe, New Europe, Core Europe:* Transatlantic Relations after the Iraq War. London: s. n., 2005.
LIETZMANN, H. J. Von der konstitutionellen zur totalitären Diktatur. Carl J. Friedrichs Totalitarismustheorie. In: SÖLLNER, A. et al. (Orgs.). *Totalitarismus* – Eine Ideengeschichte des 20. Jahrhunderts. Berlin: s. n., 1997. p.161 e ss.
_____. *Die Entwicklung der Totalitarismustheorie Carl J. Friedrichs.* Opladen: s. n., 1999.
LINDNER, J. F. Die Würde des Menschen und sein Leben. *Die Öffentliche Verwaltung,* p.577 e ss., 2006.

LIPPHARDT, H.-R. Grundrechte und Rechtsstaat. *Europäische Grundrechte--Zeitschrift*, p.149 e ss., 1986.
LISKEN, H.; DENNINGER, E. (Org.). *Handbuch des Polizeirechts*. 4.ed. München: s. n., 2007.
LOCHTE, A. *Sie werden dich nicht finden*. Der Fall Jakob Von Metzler. München: s. n., 2004.
LOCKE, J. *Zwei Abhandlungen über die Regierung*. (original: *Two Treatises of Government*. London: s. n., 1690). Org. de Walter Euchner. Frankfurt am Main: s. n., 1977.
LOEWENSTEIN, K. Militant Democracy and Fundamental Rights. *American Political Science Review*, p.417 e ss., 1937.
LOSANO, M. G. Der nationale Staat zwischen Regionalisierung und Globalisierung. In: HUBER, J. (Org.). *Darstellung, Korrespondenz. Interventionen*. Zürich: s. n., 2000. p.187 e ss.
LOUGHLIN, M. *Public Law and Political Theory*. Oxford (NY): s. n., 1992.
_____. In Defence of Staatslehre. *Der Staat*, n.48, p.1 e ss., 2009.
LÜBBE, H. Freiheit und Terror. *Merkur*, n.31, p.819, set. 1977.
LÜBBE-WOLFF, G. Rechtsstaat und Ausnahmerecht. *Zeitschrift für Parlamentsfragen*, p.110 e ss., 1980.
LÜDERSSEN, K. (Org.). *Aufgeklärte Kriminalpolitik oder Kampf gegen das Böse*. 5 Bände. Baden-Baden: s. n., 1998.
LÜDTKE, A.; WILDT, M. (Org.). *Staats-Gewalt*: Ausnahmezustand und Sicherheitsregimes. Historische Perspektiven. Göttingen: s. n., 2008.
LUHMAMNN, N. *Politische Theorie im Wohlfahrtsstaat*. München: s. n., 1981.
_____. *Legitimation durch Verfahren*. Frankfurt am Main: s. n., 1983.
_____. Metamorphosen des Staates. In: _____. *Gesellschaftsstruktur und Semantik*. Studien zur Wissenssoziologie der modernen Gesellschaft IV. Frakfurt am Main: s. n., 1999. p.101 e ss.
_____. *Das Recht der Gesellschaft*. Frankfurt am Main: s. n:, 1993a.
_____. *Gibt es in unserer Gesellschaft noch unverzichtbare Normen?* Heidelberg: s. n., 1993b.
LÜTGE, F. *Deutsche Sozial- und Wirtschaftsgeschichte*. 2.ed. Berlin: s. n., 1960.
MACCORMICK, N. Der Rechtsstaat und die rule of law. *Juristenzeitung*, p.65 e ss., 1984.
MACCRUDDEN, C.; CHAMBERS, G. (Org.). *Individual Rights and the Law in Britain*. Oxford: s. n., 1993.
MAQUIAVEL, N. *Der Fürst*. (original: *Il Principe*, 1532). Frankfurt am Main: s. n., 2001.

REFERÊNCIAS

MACNOUGHTON-SMITH, P. Der zweite Code. Auf dem Weg zu einer (oder hinweg von einer) empirisch begründeten Theorie über Verbrechen und Kriminalität. In: LÜDERSSEN, F.; SACK, F. (Org.). *Seminar:* Abweichendes Verhalten II: Die gesellschaftliche reaktion auf Kriminalität I. Frankfurt am Main: s. n., 1975. p.197 e ss.

MACPHERSON, C. B. *Die politische Theorie des Besitzindividualismus.* Von Hobbes bis Locke. Frankfurt am Main: s. n., 1967.

MANGOLDT, H. von.; KLEIN, F.; STARCK, C. (Org.). *Grundgesetz.* Band I. Präambel, Artikel 1 bis 19. 5.ed. München: s. n., 2005.

MANOW, P. Der demokratische Leviathan. Eine kurze Geschichte parlamentarischer Sitzanordnungen seit der französischen Revolution. *Leviathan*, n.32, p.319 e ss., 2004.

_____. *Im Schatten des Königs.* Die politische Anatomie demokratischer Repräsentation. Frankfurt am Main: s. n., 2008.

MARCUSE, H. *Der eindimensionale Mensch.* Neuwied: s. n., 1967.

MARSHALL, T. H. *Citizenship and Social Class.* (em alemão: *Bürgerrechte und soziale Klassen.* Zur Soziologie des Wohlfahrtsstaates. Frankfurt am Main: s. n., 1992). Cambridge: s. n., 1950.

MARX, R. Terrorismusvorbehalte des Zuwanderungsgesetzes. Zeitschrift für Ausländerrecht und Ausländerpolitik, p.275 e ss., 2004b.

MATZ, W. Art. 20. In DOEMMING, K.-B.; FÜSSLEIN, R. W.; MATZ, W. (Bearb.). *Jahrbuch des öffentlichen Rechts*, Neue Folge 1. Entstehungsgechichte der Artikel des Grundgesetzes. p.195 e ss. 1951.

MAU, S. *Transnationale Verrecedorgesellschaftung.* Frankfurt am Main: s. n., 2007.

MAUNZ, T.; DÜRIG, G. (Begr.). *Grundgesetz.* Loseblatt-Kommentar. München: s. n., 1958.

MAUS, I. *Bürgerliche Rechtstheorie und Faschismus.* Zur sozialen Funktion und aktuellen Wirkung der Theorie Carl Schmitts. 2.ed. München: s. n., 1980.

_____. *Rechtstheorie und Politische Theorie im Industriekapitalismus.* München: s. n., 1986a.

_____. Entwicklung und Funktionswandel der Theorie des bürgerlichen Rechtsstaats. In: _____. *Rechtstheorie und Politische Theorie im Industriekapitalismus.* München: s. n., 1986b. p.11 e ss.

_____. Verrechtlichung, Entrechtlichung und der Funktionswandel von Institutionen. In: _____. *Rechtstheorie und Politische Theorie im Industriekapitalismus.* München: s. n., 1986c. p.277 e ss.

_____. Perspektiven 'reflexiven Rechts' im Kontext gegenwärtiger Deregulierungstendenzen. *Kritische Justiz*, p.390 e ss., 1986d.

_____. *Zur Aufklärung der Demokratietheorie*. Frankfurt am Main: s. n., 1992

MAYER, J. Outsorcing Torture. The secret history of America's 'extraordinary rendition' program. *The New Yorker*, 14 fev. 2005a.

_____. The Experiment: The Military Trains People to Withstand Interrogation. Are Those Methods being Misused at Guantánamo? *The New Yorker*, 11 jul. 2005b.

MAYER, O. *Deutsches Verwaltungsrecht*. 3.ed. München: s. n., 1924.

MAYNTZ, R. Verwaltungsreform und gesellschaftlicher Wandel. In: GRANDE, E.; PRÄTORIUS, R. (Org.). *Modernisierung des Staate?* Staatslehre und politische Verwaltung. Bade-Baden: s. n., 1997. p.65 e ss.

MEHRING, R. Governance Theory als fortentwickelte Steuerungstheorie. In: SCHUPPERT, G. F. (Org.). *Governance-Forschung*. Verwisserung überStand und Entwicklungslinien. Baden-Baden: s. n., 2005. p.11 e ss.

_____. *Carl Schmitt*. Aufstieg und Fall. München: s. n., 2009.

MCCOY, A. W. *Foltern und Foltern lassen*. 50 Jahre Folterforschung und-praxis von CIA und US-Militär. Frankfurt am Main: s. n., 2005.

MEINERT, G. Städtische Regierungskunst. Aspekte einer Good Urban Governance. In: BUNDESZENTRALE FÜR POLITISCHE BILDUNG (Org.). *Dossier*. 21 nov. 2006.

MELLOR, A. *La torture. Son histoire, son abolition, sa réapparition au XXème siècle*. Paris: s. n., 1949.

MELZER, W.; HASLACH, C.; SOCHER, O. Der Schadensausgleich nach dem Luftsicherheitsgesetz. *Neue Zeitschrift für Verwaltungsrecht*, p.1361 e ss., 2005.

MERK, H. G.; WERTHEBACH, E. *Innere Sicherheit*. 2.ed. Karlsfeld: s. n., 1986.

MERKEL, R. § 14 Abs. 3 Luftsicherheitsgesetz: Wann und warum darf der Staat töten? *Juristenzeitung*, p.373, 2007a.

_____. Folter und Notwehr. In: PAWLIK, M.; ZACZYK, R. (Orgs.). *Festschrift für Günther Jakobs zum 70. Geburtstag*. Köln: s. n., 2007b. p.375.

_____. Folter als Notwehr. *DIE ZEIT*, n.11, p.46. 6 mar. 2008.

_____. Wenn der Staat Unschuldige opfert. *DIE ZEIT*, n.29, p.33. 8 jul. 2004; letzter Zugriff: 17 dez. 2009.

MERTEN, D. Rechtsstaatsdämmerung. In: SCHREIBER, M. (Org.). *Polizeilicher Eingriff und Grundrechte*. Festschrift zum 70. Geburtstag von Rudolf Samper. Stuttgart: s. n., 1982. p.35 e ss.

_____. Zum Streit um den Todesschuß. Vom Tätermitleid zur Opferpreisgabe? In: HAILBRONNER, K. (Org.). *Staat und Völkerrechtsordnung*. Festschrift für Karl Doehring. Berlin: s. n., 1989. p.579 e ss.

MEYER, G.; ANSCHÜTZ, G. *Lehrbuch des deutschen Staatsrechts*. Reimpressão da 7.ed. München: s. n., 1919; Berlin: s. n., 2005.

MICHELMAN, F. Law's Republic. *Yale Law Journal*, n.97, p.1493 e ss., 1988.
MILL, J. S. *On Liberty*. London: s. n., 1859.
MOHL, R. von. *Das Staatsrecht des Königreichs Württemberg*. Zwei Bände. Tubingen: s. n., 1829.
_____. *Die Polizei-Wissenschaft nach den Grundsätzen des Rechtsstaates*. Zwei Bände. Tubingen: s. n., 1832; 1833.
MOHNHAUPT, H.; GRIMM, D. *Verfassung. Zur Geschichte des Begriffs von der Antike bis zur Gegenwart*. Berlin: s. n., 1995.
MÖLLERS, C. *Staat als Argument*. München, sn, 2000.
_____. *Der vermisste Leviathan*. Staatstheorie in der Bundesrepublik. Frankfurt am Main: s. n., 2008.
MONTESQUIEU, C. de. *Vom Geist der Gesetze*. (original: *De l'esprit des loix*. Genf: s. n., 1748). Stuttgart: s. n., 2006.
MOPIN, M. *L'Assemblée nationale et le Palais-Bourbon d'hier à aujourd'hui*. Paris: s. n., 1998.
MORLOK, M.; KRÜPER, J. Auf dem Weg zum 'forum neutrum'? – Die 'Kopftuch-Entscheidung' des BVerwG. *Neue Juristische Wochenschrift*, p.1020 e ss., 2003.
MOUFFE, C. Über das Politische. Frankfurt am Main: s. n., 2007.
MÜLLER, A. H. *Elemente der Staatskunst*. Berlin: s. n., 1809.
_____. Erste Vorlesung über König Friedrich II. und die Natur, Würde und Bestimmung der preußischen Monarchie. *Pantheon*, p.179 e ss., 1810.
MÜLLER, H. *Amerika schlägt zurück. Die Weltordnung nach dem 11. September*. Frankfurt am Main: s. n., 2003.
MÜLLER, I. Die DDR – ein 'Unrechtsstaat'? *Neue Justiz*, p.281 e ss., 1992.
MÜNCH, I. von. Rechtsstaat versus Gerechtigkeit? *Der Staat*, n.33, p.165,1994.
MÜNCH, I. von.; KUNIG, P. (Org.). *Grundgesetz-Kommentar*. Band 3. Art.70-146. 4./5.ed. München: s. n., 2003.
MÜNKLER, H. *Thomas Hobbes*. 2.ed. Frankfurt am Main: s. n., 2001.
_____. *Die neuen Kriege*. Reinbek bei Hamburg: s. n., 2002.
_____. *Machiavelli*. Frankfurt am Main: s. n., 2004.
MÜNKLER, H.; BLUHM, H. Einleitung: Gemeinwohl und Gemeinsinn als politisch-soziale Leitbegriffe. In: _____.; FISHER, K. (Orgs.). *Gemeinwohl und Gemeinsinn, Historische Semantiken politischer Leitbegriffe*. Berlin: s. n., 2001.
MÜNKLER, H.; FISHER, K. (Orgs.). "Nothing to Kill or Die for..." – Überlegungen zu einer politischen Theorie des Opfers. *Leviathan*, p.343 e ss., 2000.
NEUMANN, F. L. Der Funktionswandel des Gesetzes Im Recht der bürgerlichern Gesellschaft. *Zeitschrift für Sozialforschung*, n.6, p.587 e ss., 1937.

_____. *Angst und Politik*. Tübingem: s. n., 1954.

_____. Zum Begriff der politischen Freiheit. (1953). In: _____. *Demokratischer und autoritärer Staat*. Beiträge zur Soziologie der Politik. Frankfurt am Main: s. n., 1967a. p.76 e ss.

_____. Angst und Politik. In: _____. *Demokratischer und autoritärer Staat*. Beiträge zur Soziologie der Politik. Frankfurt am Main: s. n., 1967b. p.184 e ss.

_____. *Behemoth*. Struktur und Praxis des Nationalsozialismus 1933-1944. Köln: s. n., 1977.

_____. *Die Herrschaft des Gesetzes*. Frankfurt am Main: s. n., 1980.

NIKLAUS, R. *Zum Abschuss freigegeben?* Eine interpretative Mikro-Policy-Analyse des Sicherheitskonzeptes zur Abwehr terroristischer Gefahren aus dem Luftrraum. Marburg: s. n., 2006.

NITSCHKE, P. (Org.). *Rettungsfolter im modernen Rechtsstaat?* Eine Verortung. Bochun: s. n., 2005.

NOACK, P. *Carl Schmitt. Eine Biographie*. Berlin: s. n., 1993.

NOLLAU, G. *Wie sicher ist die Bundesrepublik?* München: s. n., 1976.

NOZICK, R. *Anarchie – Staat – Utopia*. 2.ed. München: s. n., 2006.

OBINGER, H,; ZOHLNDÖRFER, R. Abschied vom Interventionsstaat? Der Wandel staatlicher Subventionsausgaben in den OECD-Ländern seit 1980. *Swiss Political Science Review*, n.13, p.203, 2007.

O'CONNOR, J. *Die Finanzkrise des Staates*. Frankfurt am Main: s. n., 1974.

OERTZEN, P. von. *Die soziale Funktion des staatsrechtlichen Positivismus*. Frankfurt am Main: s. n., 1974.

OETER, S. *Integration und Subsidiarität im deutschen Bundesstaatsrecht*. Tübingen: s. n., 1998.

OFFE, C. Editorial. In: EDELMAN, M. *Politik als Ritual*. Frankfurt am Main: s. n., 1976. p.VII e ss.

OGOREK, R. De l'esprit des légendes oder wie gewissermaßen aus dem Nichts eine Interpretationslehre wurde. *Rechtshistorisches Journal*, n.2, p.277 e ss., 1983.

OPITZ, S. Zwischen Sicherheitsdispositiven und Securitization: Zur Analytik illiberaler Gouvernementalität. In: PURTSCHERT, P.; MEYER, K.; WINTER, Y. (Org.). *Gouvernementalität und Sicherheit*. Bielefeld: s. n., 2008. p.201 e ss.

PARRY, J. T. The Shape of Modern Torture: Extraordinary Rendition and Ghost Detainees. *Melbourne Journal of International Law*, n.6, p.516 e ss., 2005.

_____. Escalation and Necessity; Defining Torture at Home nd Abroad. In: LEVINSON, S. (Org.). *Torture*: a Collection. Oxford, New York: s. n., 2009. p.145 e ss.

REFERÊNCIAS

PAWLIK, M. § 14 Abs. 3 des Luftsicherheitsgesetzes – ein Tabubruch? *Juristenzeitung*, p.1045 e ss., 2004.

PAYE, J.-C. *Das Ende des Rechtsstaats – Demokratie im Ausnahmezustand*. Zürich: s. n., 2005.

PERELS, J. Die Würde des Menschen ist unantastbar – Entstehung und Gefährdung einer Verfassungsnorm. In: BUB, W.-R. et al. (Org.). *Zivilrecht im Sozialstaat*. Festschriftfür Peter Derleder. Baden-Baden, p.635, 2005.

_____. Der soziale Rechtsstaat im Widerstreit. *Kritische Justiz*, p.295 e ss., 2006.

PETERS, E. *Folter. Geschichte der peinlichen Befragung*. Hamburg: s. n., 1991.

_____. *Torture*. Philadelphia: s. n., 1996.

PIEROTH, B. Der Rechtsstaat und die Aufarbeitung der vor-rechtsstaatlichen Vergangenheit. *Veröffentlichungen der Vereinigung der Deutschen Staatsrechtslehrer*, n.51, p.91 e ss., 1992.

PIEROTH, B,; SCHLINK, B.; KNIESEL, M. *Polizei- und Ordnungsrecht*. 4.ed. München: s. n., 2007.

PLACIDUS, J. W. *Literatur der Staatslehre*. Ein Versuch. Strassburg: s. n., 1798.

PLAGGENBORG, S. Staatliche als Gewaltroutine. Sowjetische Geschhichte und das Problem des Ausnahmezustande. In: LÜDTKE, A.; WILDT, M. *Staats-Gewalt*: Ausnahmezustand und Sicherheitsregimes. Historische Perspektiven. Göttingen: s. n., 2008. p.117 e ss.

POLANYI, K. *The Great Transformation*. Frankfurt am Main: s. n., 1978.

POOLE, T. M. Courts and Conditions of Uncertainty in "Times of Crisis". *LSE Legal Studies Working Paper*, n.7, 2007.

POSCHER, R. Die Würde des Menschen ist unantastbar. *Juristenzeitung*, p.756 e ss., 2004.

_____. Eingriffsschwellen im Recht der inneren Sicherheit. *Die Verwaltung*, n.41, p.345 e ss., 2008.

PRANTL, H. *Der Terrorist als Gesetzgeber*. Wie man mit Angst Politik macht. München: s. n., 2008.

PREUSS, U. K. *Legalität und Pluralismus*. Beiträge zur Verfassungsrecht der Bundesrepublik Deutschland. Frankfurt am Main: s. n., 1973a.

_____. Gesellschaftliche Bedingungen der Legalität. In: _____. *Legalität und Pluralismus*. Beiträge zur Verfassungsrecht der Bundesrepublik Deutschland. Frankfurt am Main: s. n., 1973b. p.7 e ss.

_____. Juristen. In: KNIRSCH, H.; NAGEL, B.; VOEGELI, W. (Org.). *"Radikale" in öffentlich Dienst?* Eine Dokumentation. Teil IV. Frankfurt am Main: s. n., 1973c. p.118 e ss.

_____. *Bildung und Herrschaft*. Beiträge zu einer politischen Theorie des Bildungswesens. Frankfurt am Main: s. n., 1975.

_____. Zum Begriff des Politischen bei Carl Schmitt. In: _____. *Politische Verantwortung und Bürgerloyalität*. Frankfurt am Main: s. n., 1984. p.198 e ss.

_____. Souveränität – Zwischenbemerkungen zu einem Schlüsselbegriff des Politischen. In: STEIN, T. et al. (Org.). *Souveränität, Recht, Moral*. Die Grundlagen politischer Gemeinschaft. Frankfurt am Main: s. n., 2007. p.313 e ss.

PRITTWITZ, C. *Strafrecht und Risiko*. Frankfurt am Main: s. n., 1993.

_____. Derecho penal del enemigo: Análisis crítico o programa del derecho penal? In: PUIG, S. M. et al. (Org.). *La política criminal em Europa*. Barcelona: s. n., 2004. p.107 e ss.

PÜTTER, N. *Der OK-Komplex*, 1998.

PÜTTNER, G. Der informale Rechtsstaat. *Kritische Vierteljahresschift für Gesetzgebung und Rechtswissenschaft*, p.63 e ss., 1991.

QUARITSCH, H. Kirchen und Staat. Verfassungs- und Staatstheoretische Probleme der staatskirchenrechtlichen Lehre der Gegenwart, *Der Staat* I, p.175, 1962.

RADBRUCH, G. Die Erneuerung des Rechts. In: MAIHOFER, W. (Org.). *Naturrecht oder Rechtspositivismus?* Darmstadt: s. n., 1966. p.1 e ss.

RAWLS, J. *Eine Theorie der Gerechtigkeit*. Frankfurt am Main: s. n., 1979.

REEMTSMA, J. P. *Folter im Rechtsstaat?* Hamburg: s. n., 2005.

_____. *Vertrauen und Gewalt. Versuch über eine besondere Konstellation der Moderne*. Hamburg: s. n., 2008.

REIMANN, H. Tabu. In: GÖRRES-GESELLSCHAFT. (ORG.). *Staatslexikon*. Recht – Wirtschaft – Gesellschaft. Band 5. 7.ed. Freiburg: s. n., 1989. p.sp.421 e ss.

REINACH, T. *De l'état de siège et des institutions de salut public a Rome, em France et dans les Législations étrangères*. Paris: s. n., 1885.

REINHARD, W. *Geschichte der Staatsgewalt*. München: s. n., 1999.

RICHTER, H.-E. *Eltern, Kind und Neurose*. 2.ed., reimpressão. Reinbek bei Hamburg: s. n., 1969.

RIDDER, H. *Die soziale Ordnung des Grundgesetzes*. In: MÜCK, J. (Org.). *Verfassunsrecht*. Bad Wildunger Beiträge zur Gemeinschatskunde. Band 5. Opladen: s. n., 1975. p.85 e ss.

_____. Vom Wendekreis der Grundrechte. Leviathan, p.467 e ss., 1977.

RITTER, G. A. *Der Sozialstaat – Entstehung und Entwicklung im internationalen Vergleich*. 2.ed. München: s. n., 1991.

ROBERT, P. *Bürger, Kriminalität und Staat*. Wiesbaden: s. n., 2005.

RÖDEL, U.; FRANKENBERG, G.; DUBIEL, H. *Die demokratische Frage*. Frankfurt am Main: s. n., 1989.

ROELLECKE, G. Der Rechtsstaat im Kampf gegen den Terror. *Juristenzeitung*, p.265 e ss., 2006.

ROGGAN, F. *Handbuch zum Recht der Inneren Sicherheit*. Bonn: s. n., 2003.

ROKEACH, M. *The Open and Closed Mind*. New York: s. n., 1960.

ROSENAU, J.; CZEMPIEL, E.-O. (Org.). *Governance without Government*. Order and Change in World Politics. Cambridge: s. n., 1992.

ROSSITER, C. L. *Constitutional Dictatorship*. Crisis Government in the Modern Democracies. (1948). Princeton: s. n., 2002.

ROßNAGEL, A. Der alltägliche Notstand. *Kritische Justiz*, p.257 e ss., 1977.

_____. *Digitalisierung der Grundrechte*. Opladen: s. n., 1990.

ROTH, M. *Strukturelle und personale Gewalt*. Probleme der Operationalisierung des Gewaltbegriffs von Johan Galtung. Frankfurt am Main: s. n., 1988.

ROTTECK, C. von.; WELCKER, C. T. (Org.). *Staats-Lexikon,* nova ed., Altona: s. n., 1846.

ROUSSEAU, J.-J. *Gesellschaftsvertrag*, Schriften I. (original: *Contrat Social*, 1792). Org. de Joachim Ritter. Herdecke: s. n., 1981.

RUCHT, D. (Org.). *Protest in der Bundesrepublik*. Strukturen und Entwicklungen. Frankfurt am Main: s. n., 2001.

RÜTHERS, B. *Die unbegrenzte Auslegung* 6.ed. Tübingen: s. n., 2005.

RYFFEL, H. *Grundprobleme der Rechts- und Staatsphilosophie*. Neuwied: s. n., 1969.

SACHS, M. *Grundgesetz*. Kommentar. 5.ed. München: s. n., 2009.

SALADIN, P. *Wozu noch Staaten?* Bern: s. n., 1995.

SALIGER, F. Feindstrafrecht: Kritisches oder totalitäres Strafrechtskonzept? *Juristenzeitung*, p.756 e ss., 2006.

SANDS, P. *Torture Team*. Deception, Cruelty and the Compromise of Law. London: s. n., 2008.

SATTLER, H. Terrorabwehr durch die Streitkräfte nicht ohne Grundgesetzänderung. *Neue Zeitschrift für Verwaltungsrecht*, p.1286 e ss., 2004.

SCARRY, E. Five Errors in the Reasoning of Alan Dershowitz. In: LEVINSON, S. (Org.). *Torture*: a Collection. Oxford, New York: s. n., 2009. p.281 e ss.

SCHARFF, T. Seelenrettung und Machtinszenierung. Sinnkonstruktion der Folter im kirchlichen Inquisitionsverfahren des Mittelalters. In: BURSCHEL, P. et al. (Org.). *Das Quälen des Körpers*. Eine historische Anthropologie der Folter. Köln: s. n., 2000. p.151.

SCHARPF, F. *Die politischen Kosten des Rechtsstaats*. Tübingen: s. n., 1970.

_____. *Games Real Actors Play*. Actor-Centered Institutionalism in Policy Research. Boulder/Col.: s. n., 1997.

_____. Die neue Bedrohung und die Antwort des Notstandsrechts. *Europäische Grundrechte-Zeitschrift*, p.294 e ss., 2005.

SCHÄUBLE, W. Aktuelle Sicherheitspolitik im Lichte des Verfassungsrechts. *Zeitschrift für Rechtspolitik*, p.210 e ss., 2007.

SCHEERER, S. Ein theoretisches Modell zur Erklärung sozialrevolutionärer Gewalt. In: HESS, H. et al. Angriff auf das Herz des Staates: Soziale Entwicklung und Terrorismus. Erster Band. Frankfurt am Main: s. n., 1988a. p.75 e ss.

_____. Deutschland: Die ausgebürgerte Linke. In: HESS, H. et al. Angriff auf das Herz des Staates: Soziale Entwicklung und Terrorismus. Erster Band. Frankfurt am Main: s. n., 1988b. p.191 e ss.

_____. *Die Zukunft des Terrorismus*. Drei Szenarien. Lüneburg: s. n., 2002.

SCHEIDEMANTEL, H. G. *Das Staatsrecht nach der Vernunft und den Sitten der vornehmsten Völker betrachtet*. 3 Bände. Jena: s. n., 1770-3.

SCHENKE, W.-R. *Polizei- und Ordnungsrecht*. 5.ed. Heidelberg: s. n., 2007.

SCHEPPELE, K. L. North American Emergencies. The Use of Emergency Powers in Canada and the United States. *International Journal of Constituitional Law*, n.4, p.213 e ss., 2006.

SCHEUERMANN, W. Legal indeterminacy and the origins of Nazi Legal thought: the case of Carl Schmitt. *History of Political Thought*, n.17, p.571 e ss., 1996.

_____. Präsidialdemokratie und Ausnahmezustand in den USA nach dem 11. September. In: LÜDTKE, A.; WILDT, M. (Org.). *Staats-Gewalt*: Ausnahmezustand und Sicherheitsregimes. Historische Perspektiven. Göttingen: s. n., 2008. p.275.

SCHILY, O. Das Notstandsrecht des Grundgesetzes und die Herausforderungen der Zeit. *Europäische Grundrechte-Zeitschrift*, p.290 e ss., 2005.

SCHLINK, B. Die Entthronung der Staatsrechtswissenschaft durch die Verfassungsgerichtsbarkeit. *Der Staat*, n.28, p.161 e ss., 1989.

_____. Abenddämmerung oder Morgendämmerung. Zu Habermas' Diskurstheorie des demokratischen Rechtsstaats. *Rechtshistorisches Journal*, n.12, p.57 e ss., 1993.

_____. Rechtsstaat und revolutionäre Gerechtigkeit. *Neue Justiz*, p.433 e ss., 1994.

_____. Das Opfer des Lebens, *Merkur*, p.1021 e ss., 2005.

SCHMIDT, M. G. et al. (Org.). *Der Wohlfahrtsstaat*. Wiesbaden: s. n., 2007.

SCHMITT, C. *Gesetz und Urteil*. Berlin: s. n., 1912.

_____. *Politische Theologie. Vier Kapitel zur Lehre von der Souveränität*. (1922). 3.ed. Berlin: s. n., 1979.

_____. *Unabhängigkeit der Richter, Gleichheit vor dem Gesetz und Gewährleistung des Privateigentums nach der Weimarer Verfassung*. Berlin: s. n., 1926.

_____. *Verfassungslehre*. München: s. n., 1928.

_____. Völkerrechtliche Probleme im Rheingebiet. (1928). In: _____. *Positionen und Begriffe im Kampf mit Weimar – Genf – Versailles, 1923-1939*. Hamburg: s. n., 1940a. p.97 e ss.

_____. Staatsethik und pluralistischer Staat. In: _____. *Positionen und Begriffe im Kampf mit Weimar – Genf – Versailles, 1923-1939*. Hamburg: s. n., 1940b. p.133 e ss.

_____. Die Wendung zum totalen Staat. *Europäische Revue*, n.7, p.241, 1931.

_____. Die staatsrechtliche Bedeutung der Notverordnung, insbesodere ihre Rechtsgültigkeit. (1931). In: _____. *Verfassungsrechtliche Aufsätze aus den Jahren 1924-1954*. Reimpressão da 1.ed. (1958). 3.ed. Berlin: s. n., 1985a. p.235 e ss.

_____. Legalität und Legitimität. (1932). In: _____. *Verfassungsrechtliche Aufsätze aus den Jahren 1924-1954*. Reimpressão da 1.ed. (1958). 3.ed. Berlin: s. n., 1985b. p.263 e ss.

_____. *Staat, Bewegung, Volk*. Hamburg: s. n., 1933.

_____. Der Führer schützt das Recht. *Deutsche Juristenzeitung*, n.sp. p.945 e ss, 1934.

_____. Was bedeutet der Streit um den Rechtsstaat? *Zeitschrift für die gesamte Staatswissenschaft*, p.189 e ss., 1935a.

_____. Der Rechtsstaat. In: FRAK, H. (Org.). *Nationalsozialistisches Handbuch Für Recht und Gesetzbung*. München: s. n., 1935b. p.3 e ss.

_____. *Der Begriff des Politischen*. Text von 1932 mit einem Vorwort und drei Corrollarien. Berlin: s. n., 1963.

_____. *Politische Theologie II*. Die Legende von der Erledigung jeder Politischen Theologie. (1970.) 2.ed. Berlin: s. n., 1984.

_____. *Die Diktatur*. 5.ed. Berlin: s. n., 1989.

_____. *Der Hüter der Verfassung*. 4.ed. Berlin: s. n., 1996.

_____. *Politische Romantik*. 6.ed. Berlin: s. n., 1998.

SCHNEIDER, M. Der Konflikt um die Notstandsgesetze. *Gewerkschaftliche Monatshefte*, p.482 e ss., 1986.

SCHNEIDER, P. *Ausnahmezustand und Norm*: Eine Studie zur Rechtslehre von Carl Schmitt. Stuttgart: s. n., 1957.

SCHOCH, F. Abschied vom Polizeirecht des liberalen Rechtsstaats? – Vom Kreuzberg-Urteil des Preußischen Oberverwaltungsgerichts zu den Terrorismusbekämpfungsgesetzen unserer Tage. *Der Staat*, n.43, p.347, 2004.

SCHRÖDER, M. Staatsrecht an den Grenzen des Rechtsstaates. *Archiv des öffentlichen Rechts*, n.103, p.121 e ss., 1978.

SCHUMACHER, J. *Die Angst vor dem Chaos*. Über die falsche Apokalypse des Bürgertums. Bodenheim: s. n., 1987.

SCHUPPERT, G. F. Verwaltungsrechtswissenschaft als Steuerungswissenschaft. In: HOFFMANN-RIEM, W.; SCHMIDT-ASSMANN, E. (Orgs.). *Reform des Allgemeinen Verwaltungsrechts*. Grundfragen. Baden-Baden: s. n., 1993. p.65 e ss.

SCHUPPERT, G. F.; ZÜRN, M. (Orgs.). Governance in einer sich wandelnden Welt. *Politische Vierteljahrsschrift*, Sonderheft, n.41, 2008.

SCHUSTER, R. Relegalisierung der KPD oder Illegalisierung der NPD? Zur politischen und rechtlichen Problematik von Parteiverboten. *Zeitschrift für Politik*, n.4, p.413 e ss., 1968.

SCHWAGERL, H. J. *Verfassungsschutz in der Bundesrepublik Deutschland*. Heidelberg: s. n., 1985.

SEIFERT, J. *Der Notstandsausschuß*. Frankfurt am Main: s. n., 1968.

_____. *Kampf um Verfassungspositionen*. Köln: s. n., 1974.

_____. 'Die Abhör-Affäre 1977' und der überverfassungsgesetzliche Notstand. *Kritische Justiz*, p.105 e ss., 1977a.

_____. Das Personenkennzeichen. An der Schwelle zur totalen Datenerfassung? In: NARR, W.-D. (Org.). *Wir Bürger als Sicherheitsrisiko*. Reinbek bei Hamburg: s. n., 1977b. p.229 e ss.

SEN, A. *Die Identitätsfalle*. Warum es keinen Krieg der Kulturen gibt. München: s. n., 2007.

SENGHAAS, D. Zur Pathologie organisierter Friedlosigkeit. In: KRIPPENDORF, E. (Org.). *Friedenforschung*. Köln: s. n., 1968. p.217 e ss.

SIEYÈS, E. J. *Qu'est-ce que le tiers état?* Paris: s. n,, 1789.

SINGELNSTEIN, T.; STOLLE, P. *Die Sicherheitsgesellschaft*. Soziale Kontrolle im 21. Jahrhundert. Wiesbaden: s. n., 2006.

SKINNER, Q. *Freiheit und Pflicht*. Thomas Hobbes' politische Theorie. Frankfurt am Main: s. n., 2008.

SLAUGHTER, A.-M.; BURKE-WHITE, W. An International Constitutional Moment. *Harvard International Law Journal*, n.43, p.1 e ss., 2002.

SOBOTA, K. *Das Prinzip Rechtsstaat*. Tübingen: s. n., 1997.

SPEE VON LANGENFELD, F. *Cautio Criminalis*. S. l.: s. n., 1631.

SPERNOL, B. *Notstand der Demokratie*. Der Protest gegen die Notsandsgesetze und die Frage der NS-Vergangenheit. Essen: s. n., 2008.

STAHL, F. J. *Die Philosophie des Rechts*, II/2. Reimpressão da 5.ed. (Tübingen: s. n., 1878). 6.ed. Hildesheim: s. n., 1963.

STARCK, C. Übermaß an Rechtsstaat? *Zeitschrift für Rechtspolitik*, p.209 e ss., 1979.

_____. Der Rechtsstaat und die Aufarbeitung der vor-rechtsstaatlichen Vergangenheit. *Veröffentlichungen der Vereinigung der Deutschen Staatsrechtlehrer*, n.51, p.9 e ss., 1992.

STEGNER, R. Im Zweifel für die Freiheit. In: HUSTER, S.; RUDOLPH, K. (Orgs.). *Vom Rechtsstaat zum Präventionsstaat*. Frankfurt am Main: s. n., 2008. p.151 e ss.

STEIN, L. von. *Handbuch der Verwaltungslehre*. Stuttgart: s. n., 1880.

STEINBERG, R. *Der ökologische Verfassungsstaat*. Frankfurt am Main: s. n., 1998.

STERNBERGER, D. Das Menschenrecht nach Glück zu streben. In: _____. *Staatsfreundsschaft*. Frankfurt am Main: s. n., 1980. p.95 e ss.

STERZEL, D. (Org.). *Kritik der Notstandsgesetze*. Kommentierungen. 2.ed. Frankfurt am Main: s. n., 1969a.

_____. Zur Entstehung der Notstandsgesetze. In: _____. *Kritik der Notstandsgesetze*. Kommentierungen. 2.ed. Frankfurt am Main: s. n., 1969b. p.7 e ss.

STEYN, J. Guantanamo Bay: The Legal Black Hole. *International and Comparative Law Quarterly*, n.53, p.1 e ss., 2004.

STOLLBERG-RILINGER, B. *Des Kaisers alte Kleider. Verfassungsgeschichte und Symbolsprache des Alten Reiches*. München: s. n., 2008.

STOLLEIS, M. Löwe und Fuchs. Eine politische Metapher zur Zeit der Entstehung des modernen Staates. In: MÜNCH, I. von. (Org.). *Staatsrecht, Völkerrecht, Europarecht. Festschrift für Hans-Jürgen Schlochauer*. Berlin: s. n., 1981. p.151 e ss.

_____. Parteienstaatlichkeit – Krisensymptome des demokratischen Verfassungsstaats? *Veröffentlichungen der Vereinigung der Deutschen Staatsrechtlehrer*, n.44. p.7 e ss., 1986.

_____. *Geschichte des öffentlichen Rechts in Deutschland I, 1600-1800*: Reichspublizistik und Policywissenschaft. München: s. n., 1988.

_____. Die Entstehung des Interventionsstaates und das öffentliche Recht. *Zeitschrift fur Neuere Rechtsgeschichte*, p.129 e ss., 1989.

_____. Rechtsstaat. In: ERLER, A. et al. (Org.). *Handwörterbuch zur deutschen Rechtgechichte*. Band 4. Berlin: s. n., 1990a. Sp. p.327 e ss.

_____. *Staat und Staatsräson in der frühen Neuzeit*. Frankfurt am Main: s. n., 1990b.

_____. *Entstehungs- und Entwicklungsgeschichte der Preußischen Verfassung, 1800-1914*: Staatsrechtlehre und Verwaltungswissenschaft. München: s. n., 1992.

_____. *Recht im Unrecht*. Frankfurt am Main: s. n., 1994.

_____. 'Staatsethik', oder: Vom sittlichen Staat zu den Bürgertugenden. *Kritische Vierteljahresschrift für Gesetzgebung und Rechtswissenschaft*, p.58 e ss., 1995.

_____. *Staatsrechtslehre und Politik*. Heidelberg: s. n., 1996.

_____. *Geschichte des öffentlichen Rechts in Deutschland III, 1914-1945*: Staats- und Verwaltungswissenschaft in Republik und Diktatur. München: s. n., 1999.

_____. Besatzungsherrschaft und Wiederaufbau deutscher Staatlichkeit 1945-1949. In: ISENSEE, J.; KIRCHHOF, P. (Orgs.). *Handbuch des Staatsrechts der Bundesrepublik Deutschland*. Band I. 3.ed., Heidelberg: s. n., 2003. § 7.

_____. *Das Auge des Gesetzes*. Geschichte einer Metapher. München: s. n., 2004a.

_____. Was kommt nach dem souveränen Nationalstaat? Und was kann die Rechtsgeschichte dazu sagen? In: HÉRITIER, A. et al. (Orgs.). *European and International Regulation after the Nation State*. Baden-Baden: s. n., 2004b. p.17 e ss.

_____. Angst essen Seele auf, *Merkur*, p.1145 e ss., 2007.

STRANGE, S. *The Retreat of the State*. Cambridge: s. n., 1996.

STRATENWERTH, G.; KUHLEN, L. *Strafrecht Allgemeiner Teil I*. 5.ed. Köln: s. n., 2004.

STRAUSS, M. Torture. *New York Law School Law Review*, n.48, p.201 e ss., 2004.

STÜMPER, A. Die Wandlung der Polizei in Begriff und Aufgaben, *Kriminalistik*, p.242 e ss., 1980.

STÜRNER, R. *Markt und Wettbewerb über alles?* Gesellschaft und Recht im Fokus neoliberaler Marktideologie. München: s. n., 2007.

Süddeutsche Zeitung de 14./15.05.1977, p.5.

SUNSTEIN, C. *Gesetze der Angst*. Frankfurt am Main: s. n., 2007.

SZEEMANN, H. et al. *Aubes – Rêveries au bord de Victor Hugo*. Paris: s. n., 2002.

TEUBNER, G. Globale Bukowina: Zur Emergenz eines transnationalen Rechtspluralismus. *Rechtshistorisches Journal*, n.15, p.255 e ss., 1996.

_____. (Org.). *Global Law Without A State*. Aldershot: s. n., 1997.

THEOBALD, C. *Zur Ökonomik des Staates*. Good Governance und die Perzeption der Weltbank. Baden-Baden: s. n., 2000.

THOMA, R. Rechtsstaatsidee und Verwaltungsrechtswissenschaft. *Jahrbuch des öffentlichen Rechts der Gegenwart*, n.4, p.196 e ss., 1910.

_____. Der Vorbehalt der Legislative und das Prinzip der Gesetzmäßigkeit von Verwaltung und Rechtsprechung. In: ANSCHÜTZ, G.; _____. (Orgs.). *Handbuch des Deutschen Staatsrechts* II. Tübingen: s. n., 1932. § 76, p.221 e ss.

TINGSTEN, H. *Les pleins pouvoirs*. L'expansion des pouvoirs gouvernementaux pendant et après la Grande Guerre. Paris: s. n., 1934.

TRAPP, R. *Folter oder selbstverschuldete Rettungsbefragung?* Paderborn: s. n., 2006a.

_____. Wirklich "Folter" oder nicht vielmehr selbstverschuldete Rettungsbefragung? In: LENZEN, W. (Org.). *Ist Folter erlaubt?* Juristische und philosophische Aspekte. Paderborn: s. n., 2006b. p.95 e ss.

TULLY, J. *A Discourse on Property*. Locke and his Adversaries. Cambridge: s. n., 1980.

TUSHNET, M. Controlling Executive Power in the War on Terrorism. *Harvard Law Review*, n.118, p.2673 e ss., 2004-2005a.

_____. (Org.). *The Constitution in Wartime:* Beyond Alarmism and Complacency. Durham: s. n., 2005b.

UWER, T. (Org.). *"Bitte bewahren Sie Ruhe".* Leben im Feindrechtsstaat. Berlin: s. n., 2006.

VESTING, T. Die Staatsrechtslehre und die Veränderung ihres Gegenstandes: Konsequenzen von Europäisierung und Internationalisierung. Veröffentlichungen der Vereinigung der Deutschen Staatsrechtslehrer, n.63, p.41 e ss., 2004.

VICO, G. *De antiquissima Italorum Sapientia ex linguae Latinae originis eruenda.* Neapel: s. n., 1710.

VOGEL, B. *Die Staatsbedürftigkeit der Gesellschaft.* Hamburg: s. n., 2007.

VOGEL, J. Zur Diskussion um die Normenflut. *Juristenzeitung*, p.321 e ss., 1979.

VOIGT, R. (Org.). *Verrechtlichung.* Königstein/Ts.: s. n., 1980.

_____. (Org.). *Der kooperative Staat.* Baden-Baden: s. n., 1995.

_____. (Org.). *Der Leviathan.* Baden-Baden: s. n., 2000.

_____. (Org.). *Mythos Staat: Carl Schmitts Staatsverständnis.* Baden-Baden: s. n., 2001.

VOLKMANN, U. Der alltägliche Ausnahmezustand oder: Not kennt viele Gebote, *Merkur*, p.369 e ss., 2008.

_____. Polizeirecht als Sozialtechnologie? *Neue Zeitschrift für Verwaltungsrecht*, p.216 e ss., 2009.

VONDUNG, K. *Die Apokalypse in Deutschland.* München: s. n., 1988.

VORLÄNDER, H. Gründung und Geltung. Die Konstitution der Ordnung und die Legitimität der Konstitution. In: MELVILLE, G.; _____. (Orgs.). *Geltungsgeschichten.* Über die Stabilisieerung um Legitimierung institutioneller Ordnungen. Köln: s. n., 2002. p.243 e ss.

WAECHTER, Die 'Schleierfahndung' als Instrument der indirekten Verhaltenssteuerung durch Abschreckung und Verunsicherung. *Die öffentliche Verwaltung*, p.138 e ss., 1999.

_____. Polizeirecht und Kriegsrecht. *Juristenzeitung*, p.61 e ss., 2007.

WALDMANN, P. *Terrorismus und Bürgerkrieg. Der Staat in Bedrängnis.* München: s. n., 2003.

WALTER, B. Schleierfahndung. *Kriminalistik*, p.668 e ss., 2004.

WALTER, C. et al. (Org.). *Terrorism as a Challenge for National and International Law: Security versus Liberty?* Berlin: s. n., 2004.

WALTER, T. Der Rechtsstaat verliert die Nerven. *Kritische Justiz*, p.443 e ss., 2008.

WALTHER, M. Hat der juristische Positivismus die deutschen Juristen wehrlos gemacht? In: KRITISCHE JUSTIZ REDAKTION (Org.). *Die juristische Aufarbeitung des Unrechts-Staat.* Baden-Baden: s. n., 1998. p.299 e ss.

WEBER, M. *Rechtssoziologie.* 2.ed. Neuwied: s. n., 1967.

_____. *Gesammelte Aufsätze zur Wissenschaftslehre.* 3.ed. Tübingen: s. n., 1968.

_____. *Wirtschaft und Gesellschaft.* Tübingen: s. n., 2005.

WEINACHT, P.-L. "Staatsbürger" – Zur Geschichte und Kritik eines politischen Begriffs. *Der Staat*, n.8, p.41 e ss., 1969.

WELCKER, K. T. *Die letzten Gründe von Recht, Staat und Strafe.* Giessen: s. n., 1813.

WIELAND, J. Verfassungsrechtliche Grundlagen polizeiähnlicher Einsätze der Bundeswehr. In: FLECK, D. (Org.). *Rechtsfragen der Terrorismusbekämpfung durch Streitkräfte.* Baden-Baden: s. n., 2004. p.14 e ss.

WIESBROCK, H. (Org.). *Die politische und gesellschaftliche Rolle der Angst.* Frankfurt am Main: s. n., 1967.

WIETHÖLTER, R. Materialisierungen und Prozeduralisierungen von Recht. In: BRÜGGEMEIER, G.; JOERGES, S. (Org.). *Workshop zu Konzepten des postinterventionishen Rechts*, ZERP-Materialen 4. Bremen: s. n., 1984. p.25 e ss.

WIGGERSHAUS, R.; WIGGERSHAUS, R. Was schützt das "Gesetz zum Schutz des Gemeinschaftsfriedens"? *Kritische Justiz*, p.175 e ss., 1976.

WILLKE, H. *Ironie des Staates.* Frankfurt am Main: s. n., 1992.

WINTER, G. (Org.). *Multilevel Governance of Global Environmental Change.* Cambridge: s. n., 2006;

WISNER, D. *The Cult of the Legislator in France 1750-1830.* Oxford: s. n., 1997.

WITTRECK, F. Menschenwürde und Folterverbot. Zum Dogma von der ausnahmslosen Unabwägbarkeit des Art. 1 Abs. 1 GG, *Die Öffentliche Verwaltung*, p.873 e ss., 2003.

WOLF, R. Der ökologische Rechtsstaat als prozedurales Programm. In: ROSSNAGE, A.; NEUSER, U. (Org.). *Reformperspektiven im Umweltrecht.* Baden-Baden: s. n., 1996. p.57 e ss.

WÖRDEMANN, F. *Terrorismus.* Motive, Täter, Strategien. München: s. n., 1977.

YOO, J. *The Powers of War and Peace:* The Constitution and Foreign Affairs After 9/11. Chicago: s. n., 2005.

YOUNG, I. *Auf der Suche nach der gerechten Gesellschaft.* Princeton: s. n., 1990.

ZACHER, H. Das soziale Staatsziel. In: ISENSEE, J.; KIRCHHOF, P. (Orgs.). *Handbuch des Staatsrechts der Bundesrepublik Deutschland.* Band II. 3.ed., Heidelberg: s. n., 2004. § 28.

ZACHER, H. F. et al. (Org.). *Verrechtlichung von Wirtschaft, Arbeit und sozialer Solidarität.* Baden-Baden: s. n., 1984.

ZAGOLLA, R. *Im Namen der Wahrheit*. Folter in Deutscheland vom Mittelalter bis heute. Berlin: s. n., 2006.

ZANGL, B. *Die Internationalisierung der Rechtsstaatlichkeit*. Frankfurt am Main: s. n., 2006.

ZIEGLER, O. Das Folterverbot in der polizeilichen Praxis. Der Fall Daschner als Beleg für die rechtsstaatliche Absolutheit des Folterverbotes. *Kritische Vierteljahresschrift für Gesetzgebung und Rechtswissenschaft*, p.50 e ss., 2004.

ZIPPELIUS, R.; WÜRTENBERGER, T. *Deutsches Staatsrecht*. 32.ed. München: s. n., 2008.

ZUMBANSEN, P. *Ordnungsmuster im Wohlfahrtsstaat*. Lernerfahrungen zwishen Staat, Gesellschaft und Vertrag. Baden-Baden: s. n., 2000.

ZÜRN, M. *Regieren jenseits des Nationalstaates*. Frankfurt am Main: s. n., 1998.

SOBRE O LIVRO

Formato
14 X 21 CM
Mancha
23,7 X 40,6 PAICAS
Tipologia
HOEFLER TITLING 11/14
Papel
OFF-WHITE 80 G/M² (MIOLO)
CARTÃO SUPREMO 250 G/M² (CAPA)
1ª Edição
EDITORA UNESP 2018

EQUIPE DE REALIZAÇÃO

COORDENAÇÃO GERAL
Marcos Keith Takahashi

EDIÇÃO DE TEXTO
Gabriela Garcia
Gustavo Biscaia de Lacerda

PROJETO GRÁFICO E CAPA
Grão Editorial

EDITORAÇÃO ELETRÔNICA
Sergio Gzeschnik